Wolfgang Kemp

FOREIGN AFFAIRS

Die Abenteuer einiger Engländer
in Deutschland 1900–1947

Carl Hanser Verlag

1 2 3 4 5   14 13 12 11 10

ISBN: 978-3-446-23518-2
Alle Rechte vorbehalten
© Carl Hanser Verlag München 2010
Satz: Fotosatz Reinhard Amann, Aichstetten
Druck und Bindung: CPI – Ebner & Spiegel, Ulm
Printed in Germany

Für Catharina

Inhalt

ERSTES KAPITEL
Ein Bummel oder eine Discursion 9

ZWEITES KAPITEL
1900–1914. Die erwünschten Fremden 35

DRITTES KAPITEL
1918–1933. Deutschland –
die »Veränderungszone« der Engländer 137

VIERTES KAPITEL
1933–1945. *The Condemned Playground* 231

FÜNFTES KAPITEL
1945–1947. Die Wacht am Rhein 332

Nachweis der Zitate 367

Bildnachweis 377

Personenregister 378

ERSTES KAPITEL

Ein Bummel oder eine Discursion

Introducing Elizabeth and Her Friends

The Adventures of Elizabeth in Rügen erschien im Jahr 1904 und war das sechste Buch einer Autorin, die sechs Jahre zuvor mit dem anonym veröffentlichten *Elizabeth and Her German Garden* einen sensationellen Erfolg erzielt hatte. Elf Auflagen im ersten Jahr und sehr willkommene 10.000 Pfund an Honorareinnahmen hatte diese erste Veröffentlichung eingebracht, vor allem aber die Ermunterung für »Elizabeth«, den Weg als Schriftstellerin weiterzugehen, was sie dann auch konsequent und unter Abstreifung vieler Fesseln tat – bis zu ihrem Tod im Jahr 1945, da hatte sie 23 Bücher publiziert, mehrheitlich Romane.

Hinter dem Autorinnennamen verbarg sich Elizabeth von Arnim, die 1866 in Australien als Mary Annette Beauchamp geboren worden war. Sie hatte in England die obligate Erziehung der höheren Töchter genossen und 1891 eine Reisebekanntschaft, den deutschen Baron Henning August von Arnim-Schlagenthin, geheiratet. Mit ihm lebte sie auf Gut Nassenheide in Pommern, und dort sind auch ihre ersten Bücher entstanden und angesiedelt: ihr Garten, ihre Tiere, ihre Kinder, von denen sie fünf hatte, vier Mädchen und einen Jungen, sind das Sujet ihrer launigen »Lebensskizzen«, wie ihre deutsche Kollegin Ricarda Huch solche relativ offenen Texte und Textverbünde nannte.

Elizabeth von Arnim macht hier den Anfang, weil sie idealtypisch die Anforderungen erfüllt, um in dieses Buch aufgenommen zu werden. Sie war Engländerin und lebte mit Unterbrechungen 19 Jahre in Deutschland, länger als alle anderen Hauptpersonen. Aber auch für

Elizabeth von Arnim, um 1910

diese anderen gilt, dass nur berücksichtigt wurde, wer mit einem speziellen, persönlichen Anliegen nach Deutschland kam und nicht nur auf Durchreise oder zu Ferienzwecken Deutschland besuchte. (Gäste unserer Hauptfiguren dürfen auch mal kürzer bleiben und werden als Begleit- oder Kontraststimmen zugelassen.) Ausgeschlossen sind die professionellen Vermittler zwischen England und Deutschland, die Journalisten und Diplomaten, und die in Deutschland stationierten Soldaten. Es müssen auch nicht 19 Jahre Deutschland sein. Ich bin versucht, hier den grässlichen Terminus »quality time« einzusetzen. Es muss in dieser Zeit »etwas« geschehen sein. Und dieses Etwas muss sich in einem Werk mitteilen. Wobei wir als idealen Fall annehmen, dass ein Werk von bleibender Bedeutung entstanden ist. Er ist nicht so selten, wie man vielleicht meint. Elizabeth von Arnim, Katherine Mansfield und Dorothy Richardson, um nur drei englische Autorinnen zu nennen, beginnen ihre Karriere mit Büchern, in denen sie ihre Deutschlanderfahrungen verarbeiten und die auf ihre ganz verschiedene Art und Weise Durchbruchswerke sind. Ähnlich liegt der Fall der drei Autoren W.H. Auden, Stephen Spender, Christopher Isherwood, die eine Generation später starten. Ich habe den Werkbegriff hier, dem Zeitalter der Moderne entsprechend, weit gefasst: Arbeiten literarischer Art, Erzählungen, Gedichte, Reiseberichte, Essays, stellen zwar die Mehrheit, aber zugelassen sind auch die Äußerungsformen des medialen Zeitalters, Rundfunkansprachen vor allem, die ab den dreißiger Jahren immer wichtiger werden. Und wir werden uns hier auch einen frühen Fall einer reinen Medienpersönlichkeit vornehmen, die keine äußerlichen Werke hervorbrachte, sondern sich ganz in der Vermittlung entfaltete.

Soweit die strenge Formulierung der Auswahlkriterien. Sie wurden bisweilen gebrochen. So z. B. im Fall von Harold Nicolson, einem Diplomaten, der nach Berlin abgeordnet wurde. Aber Nicolson war auch eine Figur der Literaturgeschichte, und er fungierte während der kurzen zwei Jahre seiner Zeit an der englischen Botschaft als eine so wichtige Anlaufstelle, dass wir unmöglich auf ihn verzichten konnten. Es gilt also, dass auch Journalisten, Diplomaten und Soldaten zugelassen werden, wenn ihre Beschäftigung in und mit Deutschland ihren Einsatzbefehl übersteigt. Es treten hier auch nicht nur Briten aus dem Vereinigten Königreich auf: Elizabeth von Arnim war wie gesagt eine Engländerin aus dem Commonwealth, das gilt auch für ihre Kusine Katharine Mansfield. US-Amerikaner kommen ebenfalls vor, wenn sie wie Ezra Pound und T. S. Eliot ihre künstlerische Sozialisation in London erfuhren und – von Eliot ist die Rede – britische Staatsbürger wurden oder – wie Pound – als Begleiter von Hauptfiguren unverzichtbar sind. Das Wort Abenteuer im Titel des Buches ist nicht nur eine Hommage an von Arnim, sondern deutet auf das bemerkenswerte Faktum hin, dass bis 1945 die behandelten Engländer auf eigene Faust nach Deutschland kamen und sich immer wieder in Affären verwickelten (oder verwickelt wurden), die sie zu Hause vermutlich nie erlebt hätten – zwei Protagonisten bezahlten die abenteuerlichen Verwicklungen ihrer Zeit in Deutschland mit ihrem Leben. Sie alle waren also nicht Abgesandte eines offiziellen Kulturaustausches. Schließlich müssen Engländer und Deutsche nicht immer nur in Deutschland aufeinandertreffen. Das große Exil der deutschen Schriftsteller nach 1933 führte andernorts zu Begegnungen, die in Deutschland gar nicht mehr möglich waren.

»Discursions«

Die Abenteuer der Elizabeth auf Rügen basieren auf einer Reise, die von Arnim mit einer englischen Freundin im Sommer 1902 unternommen hatte, per Kutsche und begleitet von einem offenen Wagen mit dem Gepäck und den Zofen. Rügen hatte um die Jahrhundertwende bereits eine voll entwickelte touristische Infrastruktur aufzuweisen. Auch Ausländer kamen gerne auf die Insel, insofern war die Idee eines Rügen-Buches für englische Leser und Leserinnen nicht ausgefallen. »Als ich dieses Buch begann, wollte ich einen nützlichen Führer durch Rügen schreiben, einen Führer, der die schönsten Gegenden und die am wenigsten unbequemen Gasthäuser jedem englischen oder amerikanischen Reisenden vor Augen führt. Mit jeder Seite, die ich schreibe, wird mir klarer, dass ich diese Absicht nicht ausführen kann. Was z. B. haben Charlotte und die Frau des Bischofs damit zu tun, einem Touristen den Weg zu weisen?« Eine solche Erklärung gehört zum Standardrepertoire der humoristischen Reiseerzählung der Engländer. Bei Jerome K. Jerome, der mit *Three Men on a Bummel* (1900) vorangegangen war, liest sich das nicht anders: »In diesem Buch wird man keine nützlichen Informationen finden. Sollte es jemanden geben, der mit der Hilfe dieses Buches eine Tour durch Deutschland und den Schwarzwald unternehmen wollte, der würde verlorengehen, bevor er auch nur die Nore [die Sandbank an der Mündung der Themse in die Nordsee] erreicht hat. Das wäre wahrscheinlich auch das Beste, was ihm passieren würde, denn je weiter er sich von zu Hause entfernt, desto größer würden seine Schwierigkeiten werden.« Die Anwendung eines solchen Topos ist aber nicht nur ein Gattungsmerkmal, sondern auch eine Reaktion: Nach den Beschreibungsorgien des positivistisch eingestellten 19. Jahrhunderts kehrt an seinem Ende die handlungsorientierte Reiseerzählung zurück. Das Reizwort Abenteuer weist darauf hin, und es passt doppelt gut, weil seit den *Adventures of Robinson Crusoe* Insel und Abenteuer eng zusammengehören.

    Die Reiseerzählung und nicht der Reisebericht wird die Konvention des 20. Jahrhunderts bleiben, auch und gerade im anglophonen Raum. Diese Umstellung aber hat auch zur Konsequenz, dass wir und vor allem die zeitgenössischen Leser auf der rein faktographischen Ebene nicht sehr viel über das bereiste Land erfahren. Diese Bücher taugen wirklich nicht als Reiseführer oder als länderkundliche Abhandlung. Sie tun nicht nur so. Im Grunde stoßen wir hier auf einen Sachverhalt, der für viele der im Folgenden nachzuerzählenden *Adventures in Germany* verallgemeinerbar ist. Diese »Abenteuer« spielen in Deutschland, sind aber vielleicht nicht so an Deutschland interessiert, wie man es erwarten könnte. Nur wenige Autoren haben das den Leser, »den ich während des Schreibens so oft vergaß«, so unverblümt wissen lassen wie Elizabeth von Arnim. Auf der letzten Seite entledigt sie sich ihrer Informationspflicht in Form einer schnöden Liste:

»Das Baden war am schönsten in Lauterbach.
Das beste Gasthaus war in Wiek.
Am glücklichsten war ich in Lauterbach und Wiek.
Am elendsten war ich in Göhren.
Der billigste Ort war Thiessow.
Der teuerste war Stubbenkammer.
Der allerschönste Platz war Hiddensee.«

Dass von Arnim den Deutschen nur eine marginale Rolle einräumen will, überrascht jetzt nicht mehr. Als Einheimische und als konkurrierende Gäste bevölkern sie die Szenerie, reichen aber in die Geschichte nicht hinein. Mit zwei Ausnahmen, die jedoch anders erklärt werden können. Die Deutschen sind lästig, weil sie die attraktiven Quartiere längst für sich reserviert haben und die Schönheiten der Insel nicht wirklich würdigen. Als Einheimische tendieren sie dazu, die Gegend durch hässliche Bauten zu entstellen, und als Feriengäste bekommen sie sowieso nichts mit, weil sie permanent essen müssen. Anders gesagt: Weil für die Deutschen Sommerfrische gleichbedeutend ist mit draußen speisen, deswegen ist die Landschaft mit all diesen Ausflugsrestaurants, Kiosken, Kaffee- und Biergärten verschandelt.

»Stumm gingen wir zurück [...] und verweilten, kurz bevor wir nach Sellin kamen, bei einem Restaurant aus buntem Glas, einem runden hässlichen Bau, der, wie wir später herausfanden, der besondere Stolz von Sellin war, denn später, als wir durch den Wald nach Binz fuhren, zeigten alle Wegweiser in seine Richtung und trugen die Inschrift: ›Glaspavillon, schönste Aussicht von Sellin.‹ War es nicht geschmacklos, den herrlichsten Platz zu wählen, um seine Schönheit mit einem bunten Glasrestaurant zu ruinieren? Jedoch, da steht es und erfüllt den umliegenden Wald mit Suppengerüchen. Leute, die wir beim Mittagessen gesehen hatten, tranken bereits Kaffee und aßen dazu Kirschtorte mit einem Berg Schlagsahne auf jedem Stück, als hätten sie seit dem Frühstück nichts gegessen. Deutlich sichtbar saß an einem Tisch die unverheiratete Tante, noch rosig vom Schlaf. Auch sie hatte Kirschtorte bestellt, die der Kellner ihr gerade brachte, und sie saß eine Weile still da und betrachtete sie liebevoll, sie drehte den Teller, um ihre ganze Schönheit in sich aufzunehmen, und wenn je eine Frau glücklich aussah, so war sie's.«

Die Hauptbesetzung der Geschichte besteht also aus Engländern – außer »Elizabeth« sind das die Harvey-Brownes, die Frau eines Bischofs und ihr Sohn. Unvorhergesehen trifft »Elizabeth« dann noch ihre Kusine Charlotte. Sie alle bewegen sich ziemlich unplanmäßig über die Insel und werden durch Zufälle und divergierende Absichten abgelenkt, getrennt und wieder zusammengeführt, sodass eine ordentliche Routenbeschreibung tatsächlich nicht entstehen kann und Zeit für die Würdigung der Hauptattraktionen kaum bleibt. Dass dann doch noch eine einigermaßen komplette Inselumrundung zusammenkommt, hat letztlich wiederum akzidentellen Charakter. Reisen ist gleichbedeutend mit Kontingenz, Reisen heißt auf mitteilenswerte Weise Scheitern. Von Arnim führt in diese Gesetzmäßigkeit zu Beginn ihres Travellogue mit einem starken Motiv ein: Am ersten Tag, kaum auf der Insel angekommen, merkt der Kutscher nicht, dass seine Fahrgäste vom Wagen abgesprungen sind – Elizabeth und ihre Dienerin Gertrud sehen, wie ein Automobil sich nähert, und sie fürchten, dass die scheuen Pferde bei dieser Begegnung durchgehen. Aber nichts dergleichen geschieht, und Kutscher und Wagen fahren uneinholbar davon. Die Macht der Umstände, die Tücke, zumal der deutschen Objekte, ist auch danach so stark, dass die Erzählerin sich berechtigt sieht, in ihrer Wahrnehmung nicht mehr zwischen der Sache und den sie überformenden Bedingungen trennen zu müssen.

»Es ist nutzlos, Göhren zukünftigen Reisenden zu beschreiben, denn ich bin voreingenommen. Es war kalt dort, ich fror, war hungrig und müde und musste auf dem Dachboden schlafen. In meiner Erinnerung bleibt es ein Ort mit schneidendem Wind, einem steilen Hügel und einem eisernen Waschgestell.«

»Elizabeth« wird von ihrer Route gleichzeitig durch eine Vermeidungsstrategie und eine Verfolgungsjagd abgelenkt, über deren Motive wir noch mehr hören werden. Ihr erratisches Bewegungsmuster ist also auferlegt, aber das macht nur psychologisch, aber nicht faktisch einen Unterschied zu jenem Reisestil, den gerade die *innocents abroad* pflegen und für den sie ein deutsches Wort adoptiert haben. Jerome K. Jerome: »Einen ›Bummel‹ würde ich als eine Reise beschreiben, die lang oder kurz sein kann, aber kein Ziel hat. Die einzige Regel des Bummels wird von der Notwendigkeit diktiert, dass man innerhalb einer gewissen Zeitspanne dorthin zurückkehrt, wo man angefangen hat.« Osbert Sitwell, ein Autor der nächsten Generation, hat für das dazu gehörige Integral aus Bewegungsform und literarischer Darstellung den schönen Begriff der »Discursions« gefunden.

Auf der sekundären Bühne einer deutschen Ferieninsel geschieht alles Wichtige zwischen Personen und nicht zwischen Personen und Sachen oder berühmten Lokalitäten. (Als Gegenposition nehme man Goethes *Italienische Reise*.) Und das zentrale Thema, das zwischen den Personen permanent verhandelt wird, ist die Geschlechterrolle. »Elizabeth« identifiziert als Imperativ und Bürde ihres Seins den Kampf gegen »das grimmige Ungeheuer Konvention«. Zwar hat sie erreicht, dass sie alleine, nur in Begleitung einer Dienerin reisen darf, aber sie darf nicht wandern – und Wandern wäre für sie »der Weg in die Freiheit« gewesen –, sie muss also die Kutsche nehmen. Schon am Beginn der Reise steht ein Kompromiss, an dessen Aushandlung wir zwar nicht beteiligt sind, aber dafür dürfen wir an allen folgenden Auseinandersetzungen um das korrekte Verhalten teilhaben.

Dass »Elizabeths« Bewegungsfreiheit als Frau keine absolute ist, das arbeitet die Geschichte auf der geographischen Ebene anschaulich heraus, indem der Parcours dieser Reise aus vielen Hindernissen und Beschränkungen besteht. Auch in der sozialen Dimension wird »Elizabeths« Freiheit über die ganze Erzählung hinweg herausgefordert und neu justiert, weil zum Zwecke der Kalibrierung ihr zwei Antipodinnen beigegeben sind: das ist auf der einen Seite die zufällig wiedergetroffene Kusine Charlotte, die Vorkämpferin der Frauenrechte, die ihren Mann verlassen hat, und auf der anderen Seite die Frau des Bischofs, welche die englische Mischung aus Snobismus und weiblicher Selbstbescheidung personifiziert. »Charlotte war anstrengend. Und anstrengenden Frauen gehe ich immer aus dem Weg.« Dasselbe wäre von der überkorrekten Frau Harvey-Brown zu sagen, die selbst Charlotte, die keine Geschlechtsgenossin sehen kann, ohne sie zu missionieren, lieber meidet. Drei verheiratete Frauen reisen ohne ihre Männer über Rügen, das als fremdes Land und als Insel doppelt markiert ist, um das Herausgehobene dieser Situation, den Versuchscharakter des Ganzen zu verdeutlichen. Je mehr sich »Elizabeth«, die das »Weltkind in der Mitten« spielt, bedrängt sieht von den kontrastierenden Rollenmodellen links und rechts von ihr, desto beredter wird sie vor sich selbst (und damit vor uns) und desto stärker kehrt sie ihren Individualismus heraus. Und hier berühren sich auf ideale Weise das Freiheitsstreben der Figur, der literarischen Gattung und der sozialen Veranstaltung Reise. Reisen beinhaltet das Versprechen der Freiheit, Reisebücher müssen dieses Versprechen nicht nur abstrakt vermitteln, sondern müssen es verkörpern und können es bis zum Bruch übertreiben. Auf jeden Fall leben sie von der Selbstdramatisierung des reisenden Erzählers. »In jedem Reisebuch«, so hat Paul Fussell, der beste Kenner dieses Genres gesagt, »gibt sich der Erzähler in seinen Bewegungen freier als der Leser, und so ist jedes dieser Bücher [...] eine implizite Feier der Freiheit«.

Der Witz dieses Buches besteht nicht in Standardsituationen wie der oben beschriebenen, dass einem die Kutsche wegfährt oder dass ein aufdringlicher Nachtschwärmer vor dem Fenster rumort oder dass ein Ferienquartier von anderen Gästen belegt ist, sondern in dem Widerspruch zwischen der gelebten und permanent propagierten Freiheit und den Zwängen, die diese »herrlich selbständige« Rügenfahrerin sich selbst auferlegt. »Elizabeth« ist weder bereit, sich auf die Seite der autoritätsgläubigen Frau Bischof zu schlagen, noch ihrer Kusine Charlotte auf dem Weg in die männerlose Freiheit zu folgen, ihre Orientierung ist ein Leben zwischen Kompromiss und Widerspruch. »Elizabeth« verkörpert ziemlich genau die mittlere der drei Positionen, welche nach Vita Sackville-West die Frauen im Edwardianischen England einnahmen: das sind die viktorianische Frau, die zeitgenössische Frau und die New Woman, von denen die mittlere Generation einen Kompromiss zwischen Emanzipation und konventioneller Bindung versuchte. Die störrische deutsche Umwelt ist ein Movens, die Hauptinitiative geht aber vom anderen Geschlecht aus. Bei von Arnim ist es zum einen der Sohn der Bischofsfrau mit Namen Ambrosius, dessen Reaktionen auf die so diverse Weiblichkeit um ihn herum von der Erzählerin sehr aufmerksam registriert werden. Er ist zwar zu jung und trägt zum Schutz den Namen eines großen Bischofs, aber ohne Zweifel läuft hier ein Test, der erweisen soll, ob die erzählte Erzählerin »noch in Frage kommt«. Denn »Elizabeth« und Elizabeth sind/waren beide sehr interessiert an jungen Männern. Wichtiger ist aber noch der Professor, Charlottes Mann. Charlotte und der Professor sind die beiden Deutschen in dieser Geschichte, doch von Arnim tut alles, um sie nicht als *die* Deutschen der englischen Partei gegenüberzustellen, sondern sie fast ohne nationale Kennzeichnung auf gleicher Augenhöhe mit den Engländern verkehren zu lassen. Dass Charlotte die Kusine von »Elizabeth« ist, soll nichts anderes heißen, als dass sie und ihr Mann diesseits der Abgrenzung von den unerheblichen Deutschen agieren. Charlotte ist eine bekannte Vorkämpferin der Frauenemanzipation und Professor Nieberlein ein Gelehrter von internationalem Ruf.

Englische Bücher mit deutschem Hintergrund kommen so gut wie nie ohne den Professor aus, und man kann sich leicht vorstellen, in welche Richtung diese Figur angelegt wird und warum sie eine wichtige Staffage eines Deutschlandbildes ist. Dieser Fall jedoch liegt anders. Der Professor ist zweifellos eine skurrile Person, aber er ist die einzige Figur, mit Ausnahme der Ich-Erzählerin natürlich, die nicht klischiert ist. Er scheint auch der Einzige zu sein, der sich für Rügen und seine Geschichte interessiert, wenn auch sein Hauptinteresse seiner Frau gehört und dem Projekt, sie wieder zurückzuholen. Charlotte ist ihm weggelaufen, und die zweite Hälfte des Buches gilt ihrer Verfolgung. Nieberlein zeigt zwar keinerlei Verständnis für Charlottes publizistische und politische Arbeit, aber seine Ablehnung hat nichts Despektierliches und Tyrannisches, wie es ins Repertoire des verheirateten und professoralen Mannes, zumal des deutschen, passt. Elisabeth von Arnim hat davon in anderen Erzählungen oft genug Gebrauch gemacht; ihren eigenen Mann, der im Buch genauso wenig Erwähnung findet wie ihre Kinder, hat sie durchweg »den Grimmigen« genannt. Der Professor aber ist gutmütig, kein reiner, aber ein liebenswerter Tor. »Elizabeth« findet ihn lustig, mehr noch, er erheitert sie, er ist der Einzige auf dieser Tour, der Spaß macht und der es ertragen kann, wenn man ihn komisch findet. A feminist's nightmare, aber außer der Ich-Erzählerin die einzige echte, unzerstörbare Figur.

»Das beglückende Ergebnis war, dass ich ihn verstand, und ich weiß, dass wir sehr vergnügt waren. Wäre ich Charlotte gewesen, hätte mich nichts von der Seite dieses heiteren Mannes gebracht, der mich zum Lachen brachte. Man stelle sich vor, mit einem Menschen zu leben, der die Welt mit den freundlichsten belustigten Augen ansieht. Man stelle sich vor, im eigenen Haus eine ständige Quelle angenehmster Heiterkeit zu haben, die kühl und erfrischend dahinplätschert, auch an Tagen, da die Welt staubig ist.«

Später legt sich über die Überzeugung, der Professor müsse ein »entzückender Lebensgefährte« sein, eine leichte Trübung, als »Elizabeth« findet, dass sie in so kurzer Zeit noch nie von einem Manne so oft getätschelt worden sei. Gleichwohl unterstützt sie ihn bei der Suche nach Charlotte, denn sie hat sich vorgenommen, »in inbrünstiger Arbeit Charlotte und den Professor wieder zusammenzuführen«. Nach vielen Irrfahrten und Ablenkungen spediert sie den Professor per Boot auf die Insel Hiddensee, sozusagen auf die Insel der Insel, wo Charlotte sich versteckt hält, und überlässt die beiden dort ihrer, wie sie hofft, Wiedervereinigung und gemeinsamen Zukunft. »Die sind auf einer Insel. Völlig unerreichbar bei diesem Wind. Eine reine Wüste – nichts als Seevögel –, man wird seekrank beim Hinfahren.«, antwortet sie der neugierigen Frau Bischof auf die Frage nach dem Verbleib der Nieberleins. »Jedenfalls hatte ich sie wieder vereint – wieder vereint und mich selbst befreit.« Der Schlusssatz spricht jedoch vom Misslingen: »Eine gemeinsame Bekannte erzählte mir, dass Charlotte die Scheidung eingereicht hat. Als ich das hörte, war ich wie vom Donner gerührt.«

Wonach habt ihr da draußen gesucht?

Wenn aus meiner Inhaltsangabe verständlich wurde, dass die Personen dieser Reiseerzählung bestens miteinander beschäftigt sind und keine Kapazität frei haben, um sich mit ihrer fremden Umwelt zu befassen, ist schon das Wichtigste mitgeteilt. Zumal die Verfolgung Charlottes für die Inselumrundung eine höhere Geschwindigkeit bedeutet und noch weniger Plan, wodurch noch einmal deutlich gemacht wird, dass die Geschichte vor der Geographie rangiert. »Ich hatte eine Aufgabe, und wer eine Aufgabe zu erfüllen hat, verbringt seine meiste Zeit damit, die besten Dinge zu versäumen.« Und dass »Elizabeth« als ihr höchstes Ziel angibt, allein sein zu wollen, ist natürlich auch nur ein weiterer Beweis für die zumindest intendierte Indifferenz gegenüber den Deutschen.

Es drängt sich angesichts dieser Prädispositionen die Fragen aller Fragen auf, die an Reisende gestellt wird: »Wonach hast du da draußen gesucht?« In dieser Formulierung wurde sie von Ethel Smyth (1858–1944) gestellt, die als 17 Jahre junge Musikstudentin 1877 in Leipzig auftauchte und die als Pionierin allen mehr oder minder alleinreisenden Deutschlandbesucherinnen vorausging. Smyth konnte diese Frage nach einiger Zeit beantworten, aber sie hatte auch ein sehr konkretes Anliegen, das wohl keine Nation ihr so perfekt erfüllen konnte wie die deutsche. Sie wollte nicht nur Komposition studieren, sondern ein Leben kennenlernen und mitleben, das sich ganz und gar der Musik verschrieben hatte. Aber abgesehen davon, dass ihre professionellen Ziele verwirklicht wurden, sind die deutschen

Jahre eine »goldene Zeit« und die »glücklichste Epoche« ihres Lebens gewesen, weil sie Selbständigkeit, Freiheit und Konzentration auf das Wesentliche bedeuteten. Smyth hatte nur ein kleines Stipendium, musste in einem scheußlichen Wohnblock möbliert wohnen und empfand gleichwohl den »schmuddeligen Bogengang [...], der zu ›Treppe G‹ führte [als] das Tor zum gelobten Land«. Dort lebte sie »in einem Zustand wilder Begeisterung, der die kleinen Brötchen in Manna, den von den Leipzigern so geliebten dünnen Kaffee in Nektar verwandelte und mich sogar die sanitären Umstände als Lokalkolorit betrachten ließ«. Um in dieses gelobte Land zu gelangen, war sie in der Heimat in einen Hunger- und Redestreik getreten.

Deutschland bietet den Vorteil aller fremden Länder: es ist nicht Inland. Im Ausland ist man freier. Bei von Arnim funktionierte das nicht sofort. Im Gegenteil. Deutschland und vor allem der deutsche Mann, der »Grimmige«, der von ihr unablässig eines verlangte, Kinder nämlich, machten sie zunächst einmal höchst unselbständig. Der zweite Anlauf, den sie schreibend nahm, reichte dann für das ganze Leben. Aber er bedeutete nicht nur Behauptung in der Fremde und gegen die Familie, sondern hatte in letzter Konsequenz die Trennung von Mann und Kindern und auch von Deutschland zur Folge. Deutschland ist das Land, das unsere Engländerinnen frei macht, frei auch von der Verpflichtung, sich um Deutschland kümmern zu müssen. Dies ist das Paradox, auf das wir immer wieder gestoßen werden. Ford Madox Ford (1873–1939), der sich verzweifelt bemühte, die deutsche Staatsbürgerschaft zu erlangen, und der als Herausgeber berühmter Zeitschriften einer der besten Kenner des internationalen Literaturgeschehens war, sagte selbst: »Ich bin in Paris gewesen oder in der Provence oder in Rom, mit dem Ziel, diesen Orten etwas abzugewinnen – das heißt, etwas im ›kulturellen‹ Sinne. Aber von Deutschland wie von den Vereinigten Staaten habe ich nie erwartet, mehr zu bekommen als das, was man ›eine gute Zeit erleben‹ nennt. [...] Aber wenn ich Deutschland verließ, hatte ich nie ein Buch im Gepäck.« Jeder wird entgegnen, dass dann die Gründe bei Ford und nicht bei Deutschland zu suchen sind. So war es auch. Nur, die typische und verständliche Erwartung der Inländer und aller Heger und Pfleger von Auslandsbeziehungen, der Fremde möge sich vom Gastland gefälligst beeindrucken und bilden lassen, im kulturellen Sinne versteht sich, geht an den Realitäten zumindest des englisch-deutschen Kontaktes vorbei. Für Rönne, die Hauptfigur von Gottfrieds Benns gleichnamigen Novellen (ab 1914), kommen »Bereicherung« und »Aufbau des Seelischen« als klassische Ziele des transnationalen Kulturaustausches nicht mehr in Frage. Er weigert sich, eine »Erweiterung«, ja »Auflösung« seiner Person durch die Erfahrung der Fremde hinzunehmen. Das Pathos von Rönnes Verweigerung ist die Sache unserer Engländer und ihrer fiktiven Reisenden nicht. Wir müssen uns bei ihnen auf eine sehr viel pragmatischere und auf sich selbst konzentrierte Applikation des Auslandes gefasst machen. So ganz unvertraut ist uns Heutigen das ja nicht. Deutschland ist nicht das Land, das mit der Seele gesucht wird. Deutschland bot und bietet Vorteile. Nach Deutschland zog es unsere Engländer und Engländerinnen, wenn sie ein uneheliches Kind zur Welt bringen wollten, wenn sie die günstigere deutsche Familiengesetzgebung nutzen und sich scheiden oder verheiraten lassen wollten, wenn sie ein neues Leben anfangen wollten, wenn sie billig leben wollten, wenn sie sich sexuell austoben wollten, wenn sie sich heilen lassen wollten, in Bädern oder Psychotherapien. Und es muss früher auch ein anderes Klima in Deutschland gegeben haben. Zumindest, was die zwanziger Jahre angeht, ist immer wieder die Rede von einer Art »Sonnenstaat«, einem Gemeinwesen mit Massen von Licht- und Luftanbetern, deren Freiheit und Leichtigkeit einige Deutschlandbesucher fast zum »going native« verlockt hätten – ja, es gab einmal so etwas wie ein »apollinisches Deutschland«, ein »Deutschland von ›Licht, mehr Licht‹«, wie Stephen Spender es nannte.

»Toto divisos orbe«

Ford Madox Ford und seine Freundin Violet Hunt (1866–1942) haben aus ihren Jahren und Fahrten in Deutschland ein Buch gemacht, das es an Lebendigkeit und Witz ohne weiteres mit den *Adventures of Elizabeth in Rügen* aufnehmen kann. Die Autoren haben ihm und damit sich den Titel *The Desirable Alien*, *Der erwünschte Fremde* verliehen und haben sich dieses Attribut durchaus verdient – die beiden waren germanophil und konnten Deutschland einiges »abgewinnen«, wenn auch nicht der deutschen Kultur, so doch dem Land und (manchen) Leuten. Der Titel *The Desiring Alien* wäre aber genauso gerechtfertigt, denn durch ihre Deutschlandaufenthalte und durch das Buch darüber wollten sie etwas erreichen, sehr viel sogar – man könnte sagen die juristische und ökonomische Neuordnung ihres Lebens. Diese Geschichte wird im zweiten Kapitel erzählt. Aber genauso bedeutend wie diese biographischen Verwicklungen ist die Tatsache, dass Ford das Hauptwerk unter seinen Büchern ohne seine Zeit in Deutschland nie geschrieben hätte. Der Roman, dem wir uns ebenfalls im nächsten Kapitel zuwenden, spielt in Deutschland, ohne dass damit gesagt sein soll, dass er ein Deutschland-Roman sei. Ford geht sogar noch weiter als Elizabeth von Arnim: Deutsche dürfen nicht einmal eine Nebenrolle übernehmen. Sein Personal sind Engländer und Amerikaner, die nach Deutschland kommen, um sich jedes Jahr erneut zu treffen und zu kuren. Beide Motive verdienen Beachtung.

Dass die Engländer zu Deutschland ebenso wie zu allen Ländern eine *special relationship* unterhalten, liegt daran, dass sie im Ausland oder sagen wir: im touristisch erschlossenen Ausland nicht alleine auftreten, sondern sehr schnell Kolonien bilden oder als Einzelreisende sich solchen zugesellen. Dies vermindert natürlich den Anreiz und die Notwendigkeit, sich auf Land und Leute des Gastlandes einzulassen. Thackeray machte sich bereits 1848 darüber lustig, dass es Zeiten gab, da das Auftauchen von elftausend britischen Jungfrauen in Köln, den Begleiterinnen der hl. Ursula, als Wunder galt. Heute seien es jährlich 20.000, plus Dienerinnen. In Bonn angekommen, studiert Thackerays Reisegesellschaft die Gästeliste des »Star Hotel« und stellt fest: »Why, everybody is on the Rhine! Here are the names of half one's acquaintance.« »›Ich sehe, dass Lord und Lady Exborough schon weitergereist sind‹, sagt Lady Kicklebury, die sich natürlich für ihre aristokratischen Mitreisenden interessiert, ›ebenso Lord und Lady Wyebridge und Gefolge, Lady Zedland und ihre Familie.‹« usw.

Nachdem die neu Angekommenen sich eingetragen haben, unter ihnen auch »des Lesers untergebener Diener«, fährt dieser fort: »Ja, wir reisen als Herden umeinander, wir treuen Engländer. Wir können Harvey Sauce und Cayenne Pfeffer und Morrison's Pills in jeder Stadt der Welt kaufen. Wir tragen unsere Nation überall mit uns herum und bleiben auf unserer Insel, wo immer wir hingehen. Toto divisos orbe – allezeit getrennt von den Menschen, in deren Mitte wir uns bewegen.« (Thackeray zitiert hier Vergils *Erste Ekloge*, wo es von den Britanniern heißt, sie seien gänzlich vom Erdkreis abgetrennt: »toto divisos orbe Britannos«.) Am Ende des »Rhenish circuit«, den die Kickleburys absolvieren, steht meist der Besuch eines Bades. So auch hier: Wiesbaden heißt in diesem Buch Noirbourg. Dass viele Europäer und allen voran Engländer im 19. und frühen 20. Jahrhundert Deutschlands Badeorte besuchten, ist ein weiteres besonderes Faktum, das auch im nächsten Kapitel ausführlicher behandelt werden soll. Aber das Motiv, auf seine Grundstruktur hin betrachtet, lässt sich zu all den anderen gesellen, die wir oben aufgelistet haben und die in dieselbe Richtung tendieren: Deutschland als Kolonie des englischen Fremdenverkehrs, auf jeden Fall Deutschland als Zuflucht des erwünschten Fremden.

»Strange People in a Strange Enemy Country«

Der Leser muss sich also auf eine etwas andere Art von Auslandsbeziehungen einstellen. Dieses Buch ist kein weiteres Buch über das Deutschlandbild – in diesem Fall das Deutschlandbild der Engländer. Solche Darstellungen gibt es bereits in großer Zahl, und sie werden heute von einer eigenen Subdisziplin, der Vorurteils- und Stereotypenforschung (Imagologie) oder Fremdheitsforschung (Xenologie) getragen. Abgesehen davon, dass dieser Ansatz nicht unbedingt weitere Zubringerdienste nötig hat, ist dieses Buch anders angelegt als die im wesentlichen quantitativ eingestellten Studien, die Aussagen über »Volkscharaktere« sammeln und sortieren. Die Herkunft dieser Äußerungen interessiert sie in der Regel nicht. Die Passage aus einem Reisebericht, die Meinung eines Zeitungskolumnisten, der das fragliche Land gar nicht aus eigener Anschauung kennt, und das Bonmot eines Politikers, der sich auf einer internationalen Konferenz mit Vertretern aus dem fraglichen Ausland auseinandersetzen musste, sie alle stehen unterschiedslos nebeneinander, vorausgesetzt sie zeigen übereinstimmend in dieselbe Richtung. Die Hauptfiguren meines Buches haben sich ihr Deutschlandbild anders verdient, und sie hatten in ihrer Mehrheit keinen Ehrgeiz, mit einem Bonmot über den deutschen Nationalcharakter in die Geschichte einzugehen. Oder ihr Bonmot nahm eine andere Form an. Harold Nicolson, wir haben es bereits erwähnt, diente über zwei Jahre lang als Counsellor an der britischen Botschaft in Berlin. Nachdem diese Zeit vorüber war, trug er am 1.1.1930 in sein Tagebuch ein: »I was able to perfect my knowledge of the German character; in other words, to make quite certain that I did not understand them in the least.«

Im Grunde ist das gesteigerte Interesse für die anderen ein schlechtes Zeichen. Es war nie größer als während des Ersten Weltkrieges, der Hitler-Diktatur und der unmittelbaren Nachkriegszeit. Dezidierte Bilder vom anderen sind meist von der Art, dass man sich nachher ihrer schämen muss. Und für die Bilder, die man sich in entspannteren Zeiten ausgemalt hatte, gilt, dass sie die beiden beteiligten Nationen nicht kausal in die unglücklichsten Phasen ihrer gemeinsamen Geschichte geführt haben. Nicht weil sie gerechter oder günstiger ausgefallen wären. Die Entscheidungen von 1914 und 1939 resultierten aus den klassischen Mechanismen der europäischen Machtpolitik. Als Harold Nicolson im September 1938 die Beschlüsse der Konferenz von München geißelte, sagte er im Unterhaus: »250 Jahre lang war es der Grundsatz unserer Außenpolitik, was Sir Eyre Crowe ›ein Naturgesetz‹ genannt hat: mit allen uns zur Verfügung stehenden Mitteln zu verhindern, dass Europa unter die Herrschaft einer einzigen Macht oder einer Gruppe von Mächten gerät.« Als Neville Chamberlain ein knappes Jahr später dem Reich den Krieg erklärte, berief er sich nicht auf so großartige »Gesetze«, wie sie dem Geopolitiker und Theoretiker der Diplomatie Nicolson zur Verfügung standen. Er sah sich gezwungen, einzulösen, wozu er sich in seinem »System der Garantien« verpflichtet hatte: den Schutz

Polens, Rumäniens, Griechenlands und der Türkei zu gewährleisten. Wie alles, was er ins Werk setzte, hatte das kleinkarierte Züge, aber das Grundmotiv, das ihn bewegte, war das nämliche: Es galt ein deutsches »Mitteleuropa« und damit die Vormachtstellung des Reiches zu verhindern. Es würde sehr schwer fallen, die Bedeutung von Stereotypen auf die Entscheidungen der Engländer und ihrer deutschen Gegner nachweisen zu wollen. Hinterher freilich ließ sich alles und jedes »ableiten«.

Von Elizabeth von Arnim erwartete man natürlich als Allererstes handliche Urteile oder launige Betrachtungen über die Deutschen, wo sie doch so lange unter ihnen geweilt hatte. Wie sie mit dieser Erwartung erzähltechnisch umging, haben wir eingangs schon kurz angedeutet, aber an dieser Stelle muss unbedingt die Tatsache nachgetragen werden, dass sie dem Verlangen nach solchen Imagines gleich zu Beginn ihres literarischen Schaffens, in *Elizabeth und ihr deutscher Garten*, eine Absage erteilte – in Form einer (lächerlichen) Figur, einer Sammlerin von »national traits«. Minora, wie eine Insel (so eine von »Elizabeths« Töchtern), heißt eine Besucherin auf dem pommerschen Gut der Autorin, eine junge Engländerin, die »Studien treibt«. Sie arbeitet an einem Buch, das sie *Tourist in Teutonien* nennen will. »Vom Autor der *Pirsch- und Pilgerzüge durch Pommern*«, schlägt »Elizabeths« Freundin Irais, ein weiterer Gast, vor. »›Und *Dussliges aus Dresden*‹, sagte ich. ›Und *Blödsinn aus Berlin*‹, setzte Irais noch drauf.« Die beiden haben ihren Spaß mit der ebenso emsigen wie arglosen Deutschlandkundlerin; sie füttern sie bald mit richtigen, bald mit falschen Informationen, und im Grunde entwickeln sie für sie spielerisch einen Zugang zur fremden Kultur, wie ihn erst viele Jahrzehnte später, nämlich heute und in vollem Ernst die Kulturwissenschaften praktizieren. So wenn Irais und »Elizabeth« Themen entwickeln wie »Der verruchte Strumpf oder: Ist Deutschland reif für den Reifrock« oder »Der subtile Sinn von Sofas«, das letztere ein Vorschlag, die Sitzordnung in den guten Stuben der Deutschen zu »lesen«, wie man heute sagen würde. Die beiden Skeptikerinnen wollen nicht verstehen, dass die Kulturwissenschaftlerin avant la lettre die Kinder »Elizabeths« so aufmerksam studiert, »da im Grunde Kinder eigentlich keine Besonderheit der Deutschen sind«.

»›Elizabeths Kinder haben sämtlich die allseits übliche Anzahl von Armen und Beinen und sind genau wie englische Kinder.‹ ›Oh, sie können aber nicht genau so sein, wissen Sie‹, sagte Minora mit irritiertem Gesichtsausdruck. ›Es muss einen Unterschied machen, wenn man hier in dieser Gegend lebt und solch seltsames Zeug isst und ganz ohne Arzt auskommt und nie krank ist. Kinder, die nie Masern oder dergleichen gehabt haben, können nicht genau wie andere Kinder sein; es muss alles in ihrem Organismus stecken und aus irgendeinem Grund nicht heraus können.‹«

Minora kann die Unterschiede zwar nicht angeben, aber sie ist sicher, dass sie »anhand des in den drei Tagen gesammelten Materials« auf »Punkte, in denen sie sich unterscheiden« stoßen wird.

Man könnte vielleicht sagen, dass die Deutschen es im 20. Jahrhundert so weit getrieben haben, bis alle Welt und nicht nur Hobby-Kulturforscher wussten, *dass* sie sich unterschieden, und zwar massiv. In der offiziellen Broschüre *You Are Going Into Germany* lasen englische Soldaten im Jahr 1945: »You are about to meet strange people in a strange enemy country. It is necessary to know something about what sort of people they are.« Der unbekannte Autor warnt: »Wenn Sie auf Deutsche treffen, dann werden Sie wahrscheinlich denken, dass sie uns sehr ähnlich sind. Sie sehen aus wie wir, außer dass der drahtige Typ bei ihnen seltener ist und es mehr große, fleischige, blonde Männer und Frauen gibt, besonders im Norden. Aber in Wirklichkeit täuscht das Aussehen: sie sind uns nicht sehr ähnlich.« Dieser Ernstfall der Charakterologie entlockt dem Deutschlandkenner das Geheimnis des Unterschieds der Deutschen aber auch nicht. Er hat sich offenbar viele Notizen gemacht und kann wie Minora mit einer Menge von kleinen Besonderheiten aufwarten: dass die Deutschen »es nicht verstehen, Tee zuzubereiten, aber sehr gut im Kaffeemachen sind«, dass sie »anstelle des auf englische Art gekochten Gemüses« »eingelegten Weiß- und Rotkohl« präferieren und dass sie »Kuchen mit *Schlagsahne* lieben«, das erfahren die neuen Herren im Detail, aber auch dass »es wohl noch einige Zeit dauern dürfte, bis solche Luxusgüter [wie Kuchen und Schlagsahne] wieder in der Konditorei erhältlich sein dürften«. That's about it.

Große Nicht-Begegnungen

Noch einmal: Unsere literarischen Besucher und Gastarbeiter wollten etwas von Deutschland, und einige wenige wollten auch etwas für Deutschland. Es wurde durchweg produktiv – für die englische Seite –, wenn sie von Deutschland Gebrauch machte. Die wenigen Fälle von starker, ja totaler Identifikation endeten dagegen in Katastrophen. Und die auch nicht viel häufigeren Fälle von kulturanthropologischer Bestandsaufnahme à la Minora konnten nicht so recht überzeugen, am wenigsten die zuletzt mit großer Erwartung geöffneten Tagebücher Samuel Becketts. Auf große, fruchtbare deutsch-englische Begegnungen darf man jedenfalls nicht hoffen. Die Liste der verpassten oder gar nicht erst verabredeten Treffen ist viel länger. Der absolute Höhepunkt der deutsch-englischen Literaturbeziehungen ist eigentlich in dem Moment erreicht, da Erika Mann und W. H. Auden heiraten – sie die Prinzessin, die das literarische Deutschland und sein amtierender Nobelpreisträger zu vergeben hatten, er der »bright young star«, in dem Kenner und Freunde bereits die Stimme seiner Generation erblickten. Die Hochzeit fand im Juni 1935 in England statt. Es war eine marriage blanc, eine Passehe. Die Eheleute, zwei Homosexuelle, hatten sich vorher noch nie gesehen und gingen nach der standesamtlichen Zeremonie sofort wieder auseinander: er in sein Klassenzimmer, sie zurück in die Schweiz. Auch diese Gleichgesinnten von diesseits und jenseits des Kanals mussten es nicht länger miteinander aushalten.

Berührung ist nur ein Randphänomen, um es mit dem Titel einer Lyrik-Anthologie der DDR zu sagen. Das ändert nichts daran, dass Geschichten wie die von der Heirat Mann-Auden sehr erzählenswert und lehrreich sind. Wie auch die folgende, die vielleicht besser als jede andere das noch nicht gehobene Potential der großen Nichtbegegnung oder dramatisch verpassten Gelegenheit vor Augen führen kann. Henry Williamson (1895–1977) gehört zu einer Spezies von Schriftstellern, die in England zu allen Zeiten ein großes und dankbares Lesepublikum fanden: »Naturalists« oder »nature writers« werden sie genannt, und ihre Werke, die das Landleben der Städter, Farmer und Dörfler schildern, aber auch Tiere und Pflanzen im Wandel der Jahreszeiten behandeln, findet man in den Buchhandlungen unter »Country Books« oder »Nature Writing« angeboten. Von Arnim wäre beinahe auch in diese Kategorie gerutscht, aber für Gärtnerinnen ist ihr erstes Buch eine Riesenenttäuschung. Wenn überhaupt hortikulturistische Themen zur Sprache kommen, geht es in *Elizabeth and Her German Garden* vor allem darum, dass »Elizabeth« in ihrem Garten sitzen will – und das möglichst allein. Williamsons *Tarka the Otter, His Joyful Water-life and Death in the Country of the Two Rivers* erschien 1927 als Privatdruck und in einer Auflagenhöhe von 100 Exemplaren. Ein Jahr später, in einer Ausstellung über Nature Books des Victoria and Albert Museum, lag das Manuskript dieser Erzählung bereits unter den Klassikern der Gattung. *Tarka, der Otter* wurde ein Welterfolg, in alle großen Sprachen übersetzt und später auch verfilmt. Sein Autor neigte in seinen politischen Ansichten wie viele seines Fachs der Rechten zu – als Künder des ländlichen England standen sie in scharfer Opposition sowohl zur Industrialisierung als auch zur Kultur der Metropole London. Williamson schloß sich Sir Oswald Mosley und der British Union of Fascists an, er tourte mit größtem Vergnügen durch das nationalsozialistische Reich in einem offenen MG und besuchte als Gast des Führers den Parteitag 1935. Er nannte Hitler einen »national inspirer«, einen »Eckstein für die neue, realistische Befriedung Europas« und schrieb im Vorwort einer 1936 erschienenen Gesamtedition seines mehrbändigen Romanwerks *The Flax of Dreams*: »Ich grüße den großen Mann jenseits des Rheins, dessen Lebenssymbol das glückliche Kind ist« – ein Satz, der sich vermutlich nur erschließt, wenn man an Propagandafotografien vom Typus »Der Führer lässt die Kindlein zu sich kommen« denkt. Auf jeden Fall hat dieser Gruß Williamsons Leser in große Zweifel gestürzt und ist ihm wie ein böses Echo zeit seines langen Lebens gefolgt.

Williamson leitete seine germanophilen Überzeugungen aus dem Weihnachtswunder von 1914 her, das er immer wieder neu erzählt und zum Damaskus-Erlebnis seines Lebens erklärt hat. Als junger Soldat nahm er an dem Waffenstillstand teil, den die Frontsoldaten beider Seiten erzwungen hatten, und besuchte die gegenüberliegenden Stellungen, um mit den Gegnern das Weihnachtsfest zu feiern.

»Am Weihnachtstag 1914 hatte der Verfasser dieser Geschichte eine Unterhaltung mit einem jungen Soldaten aus dem 133. Sächsischen Regiment, die im Niemandsland vor dem Bois de Ploegsteert stattfand. Obwohl er sie damals nicht ganz begriff, war dies die Erfahrung, die seine Weltsicht völlig veränderte.«

Williamson hat wohl seine Zuhörer (aber nicht seine Leser) bisweilen glauben gemacht, dieser deutsche Soldat könne Hitler selbst gewesen sein. Er sah in dem Gegenüber von damals den Mann, der aus dem Krieg das Wissen um den friedliebenden Charakter des gemeinen Soldaten mitgenommen haben musste und jetzt alles daran setzen würde, eine »neue Vision von Europa«, sprich eine Friedensordnung zu verwirklichen. Wie viele seiner Zeitgenossen, gleich ob links, rechts oder in der Mitte stehend, war Williamson aber auch der Überzeugung, dass Versailles ein unverzeihlicher Fehler gewesen war, in seiner Größenordnung nur der Katastrophe von 1914 selbst vergleichbar, und dass folglich die Deutschen alles Recht der Welt hätten, sich wieder »in ein Bild ihrer selbst« zu verwandeln, wie er sich ausdrückte. Dass Hitler dieses Recht so aggressiv wahrnahm, dass zur Rettung des Weltfriedens bald wieder ein Weihnachtswunder nötig werden würde, blieb den englischen Bewunderern »des großen Mannes jenseits des Rheins« nicht verborgen. Williamson setzte nun alles daran, den »privaten Waffenstillstand«, den er mit Hitler 1914 geschlossen hatte, zu einem allgemeinen zu machen. Als unsicherer, öffentlichkeitsscheuer Mann suchte er nach einem Sprachrohr für seine Ideen. Er glaubte es in T. E. Lawrence gefunden zu haben, dem mythischen Lawrence von Arabien, der für viele junge Männer der Jahre nach 1918 den Helden verkörperte, den sie im Krieg und vor allem in ihren Führern nie gehabt hatten.

Ob allerdings ein Mann, der von sich selbst gesagt hat: »Teil meines Misserfolges war es, dass ich niemals den Anführer gefunden habe, der sich meiner bedient hätte«, der richtige war, um die Wunden des Nachkriegseuropa zu heilen, darf bezweifelt werden. Der Lawrence der Jahre nach 1918 hatte nie wieder festen Boden unter den Füßen bekommen, er war ein »arbeitsloser Held«, »a loose gun« in den Augen des politischen Establishments. Churchill sagte sehr schön von ihm: »A rare beast. Will not breed in captivity.« Williamson aber, der mit ihm in ständigem Briefverkehr stand, war besessen von der Vorstellung, dass die beiden Nationalhelden, Hitler und Lawrence, aus demselben Holz geschnitzt seien, und von dem Plan, dass sie gemeinsam ihre Völker zur Verständigung führen könnten. Hitler erschien ihm »als ein sehr weiser und wahrheitsliebender Vater seines Volkes, ein Mann wie T. E. Lawrence, ohne persönlichen Ehrgeiz, ein Vegetarier, Abstinenzler, ohne eigenes Bankkonto«. Lawrence war kein so glühender Verehrer Hitlers, wenn er ihn auch einmal in einem Brief als »a great one« bezeichnete, er war aber auch nicht unempfänglich für das deutsche Modell des starken Staates mit militärischer Orientierung und für die vom Faschismus propagierten, wenn auch nicht gelebten Reinheitsideale. Er vertrat mit anderen politischen Denkern seiner Zeit die Auffassung, dass sich das nationalsozialistische Deutschland und das faschistische Italien trefflich als Bollwerke gegen den Kommunismus gebrauchen ließen. Insofern war Williamsons Plan, in einer »Wirbelwindkampagne« eine Massenversammlung ehemaliger Frontsoldaten in der Albert Hall zusammenzurufen und durch Lawrence den Appell der Völkerverständigung verkünden zu lassen, nicht utopisch. Er sagt, er habe in diesem Sinne an Lawrence geschrieben. »Hitler and Lawrence must meet. I wrote this to him.« Die Antwort von Lawrence kam als Telegramm am 13. Mai 1935: »Lunch Tuesday Wet [or] Fine Cottage One Mile North Bovington Camp.« Nachdem er auf diese Weise Williamson Ort und Zeit des Treffens mitgeteilt hatte, bestieg Lawrence sein schweres Motorrad und verunglückte auf dem Rückweg vom Postamt tödlich.

Nun stirbt eine mythische Gestalt vom Range des T. E. Lawrence nicht, ohne dass ihr Tod zu neuer Legendenbildung anregen würde. Der einzige verlässliche Augenzeuge hatte am Unfallort ein schwarzes Auto gesehen, das ohne anzuhalten weiterfuhr und niemals identifiziert wurde. Die vom Militär anfänglich verhängte Nachrichtensperre und die lückenhafte Untersuchung der Todesursachen haben diverse Spekulationen genährt. Dass Lawrence einer zionistischen Verschwörung zum Opfer gefallen war, war eine von ihnen, der auch Williamson zeitweilig nahetrat. Es kann aber auch schon die Vorgeschichte des Unglücks ganz anders gewesen sein. Es ist zwar nicht gewiss, ob der Briefwechsel Lawrence-Williamson aus der Zeit vor dem Unfall vollständig auf uns gekommen ist, und es ist auch möglich, dass die beiden sich über so wichtige Fragen lieber am Telefon verständigt haben, aber eines ist klar: Das Thema, das Lawrence und Williamson in den letzten Monaten des Briefwechsels beschäftigte, war ein anderer Literat und Kriegsteilnehmer mit Namen V. M. Yeates. Die Briefpartner waren sich in dem Urteil einig, dass ihm in seinem kriegsverherrlichenden Buch *Winged Victory* von 1934 die beste Darstellung des Luftkrieges gelungen sei. »Admirable, admirable, admirable«, urteilte Lawrence. Williamson hatte die Schlussfassung des Buches besorgt und den im Jahr des Erscheinens verstorbenen Autor, einen alten Schulfreund, nach Kräften unterstützt. Der letzte Brief von Williamson, der Lawrence erreichte und sein Kommen ankündigte, ist noch einmal voll von Mitteilungen und Überlegungen, den Nachlass von Yeates betreffend – von Hitler kein Wort. Es ist also denkbar, ja wahrscheinlich, dass Williamson die Geschichte mit dem Treffen Lawrence-Hitler etwas später erfunden hat, als er sich in Deutschland vom Nationalsozialismus mitreißen ließ und seinen Freund und dessen Tod, den er ja mitverschuldet hatte, auf diese Weise instrumentalisieren, wenn nicht gar als Opfer auf den Altar der deutsch-englischen Verständigung heben wollte. »Oh what a tangled web we weave, when first we practice to deceive.«

Flunder auf heißen Stachelbeeren

Aus dem gescheiterten Reiseführer der Elizabeth von Arnim wurde in der Rezeption das als Reiseführer gefeierte Buch. »Da Du das Buch der Gräfin besitzt, hast Du was davon, wenn ich Dir meine Tour beschreibe: Binz (eine Nacht), Lauterbach (drei Nächte, inklusive Jagdschloss, Vilm und Putbus), Sasnitz über Bergen (eine Nacht), dann über Stubbenkammer nach Lohme, wo ich übernachtete. Am nächsten Tag per Dampfer nach Arkona und von dort nach Wiek, wo ich zwei Nächte blieb. Die letzte Nacht in Hiddensee.« Dies schrieb ein Jahr nach Erscheinen der *Adventures* der englische Hauslehrer der von Arnims. Der Zufall wollte es, dass Elizabeth von Arnim in dieser Funktion zwei junge Männer aus England verpflichtet hatte, die später beide als Romanschriftsteller sich einen Namen machten, einen größeren als ihre damalige Herrin: Hugh Walpole und E. M. Forster.

Forster gönnte sich im Jahr 1905 zum Abschluss seines Deutschlandaufenthaltes zwei sehr deutsche Erfahrungen: eine Teilnahme an einem Burschenschaftstreffen in Greifswald und eine Reise durch Rügen. Letztere legte er auf die Art und Weise zurück, die Elizabeth, der Frau von Stand, versagt war, wandernd und ausgestattet nur mit dem, was in seinen Rucksack passte. Binnen kurzem sah er sich genötigt, sein Hemd von innen nach außen zu wenden und danach sich mit dem Pyjama zu behelfen. Forster: »Ich badete oft, manchmal mehrmals am Tage. Ich saß so lange und röstete mich in der Sonne, dass sich auf Rücken und Schultern die ganze Haut abpellte und mein Gesicht eine scharlachrote Farbe annahm.«

Heute weist der Tourismus-Verband Mecklenburg-Vorpommern darauf hin, dass das Gasthaus auf Rügen, wo Elizabeth von Armin Flunder auf heißen Stachelbeeren aß, nach wie vor besteht und dasselbe Gericht weiterhin auf der Speisekarte hat. Von Arnim, die 1910 Deutschland mit größter Erleichterung verließ, ist 100 Jahre später zurückgekehrt. Auch die Bücher, die in Deutschland spielen, wurden zu ihren Lebzeiten nur zu einem kleinen Teil ins Deutsche übertragen. Im Jahr 1996 dagegen, um nur den Höhepunkt dieser einzigartigen Rezeptionsgeschichte zu markieren, erschienen in deutschen Verlagen 24 Titel und eine Biographie. Die *Adventures* wurden 1989 zum ersten Mal übersetzt, und seitdem liegt das Buch auf Rügen in jeder Buchhandlung und jedem besseren Andenkenladen zum Verkauf aus. Es ist *das* Rügen-Buch geworden, und die Leser und vor allem die Leserinnen ergänzen bereitwilligst, was ein solcher Text zu liefern hat, aber in diesem Fall aus genannten Gründen nun einmal nicht liefert – Naturschilderungen, Landschaftsdichtung. Eine Leserin von heute weiß dagegen: »Elizabeth von Arnim besaß die wunderbare Gabe, Bilder mit Worten zu malen. Auch ohne vor Ort zu weilen, ist man hingerissen von der Landschaft Rügens, von jedem Windhauch, von jedem Sonnenstrahl.« Es geht also doch, und es geht, wie man sieht, auch ohne schriftstellerischen Einsatz im Fach Land und Leute. Manchmal bedauert man dieses egozentrische Verhalten der Engländer und wünschte sich ein genaueres Eingehen auf unsere Landschaften, Städte, Kunst und Kultur. Aber noch einmal: Die Gattungskonvention ist die Reiseerzählung und damit liegt das Schwergewicht auf den Personen. Und außerdem hat Vladimir Nabokov, der nach Deutschland aus entgegengesetzter Richtung kam, wohl recht, wenn er sagt: »Couleur locale has been responsible for many hasty appreciations, and local colour is not a fast colour.«

Wir wollen aber Arnim volle Gerechtigkeit widerfahren lassen: Auf den letzten Seiten, nachdem »Elizabeth« ihre Kupplerinnendienste vollbracht hat und nur noch eines will, einen Schlussstrich unter diese Reise ziehen, da gerät sie in eine Flaute und kann zurückgelehnt die Landschaft in einer jener »purple passages« würdigen, die man von einer Reiseschriftstellerin erwartete. Nur hier wechselt sie ins lyrische Fach über und zitiert aus George Merediths großem *Hymn to Colour*:

»Durch den Wieker Bodden mussten wir kreuzen. Stunde um Stunde kreuzten wir und kamen kaum voran. Der Nachmittag verging, es kam der Abend, und wir kreuzten noch immer. Die Sonne ging strahlend unter, der Mond stieg auf, die See war tiefviolett, die Wolken im Osten schimmerten in perligem Weiß, die Wolken im Westen waren über alle Begriffe herrlich. Sie flammten in wunderbaren Farben, und der Widerschein des Lichtes verklärte unsere Segel, unsere Schiffer, unser ganzes Boot wie ein Traumschiff in unirdischen Strahlen – auf dem Wege zum Elysium, bemannt von unsterblichen Göttern.

Nun siehe, wie die Farbe, Bräutigam der Seele,
Das Haus des Himmels wunderbar bereitet für die Braut.

Ich sprach diese Verse voll ehrfürchtiger Scheu, ich schaute in diese weite Flut von Licht, mit gefalteten Händen, in hingerissener Stimmung. Dies war ein feierlicher und großartiger Schluss meiner Reise.«

Der Fall Elizabeth von Arnim ist rezeptionsgeschichtlich Teil eines größeren Musters. Das mit dem Feminismus der sechziger und siebzige Jahre neu belebte Interesse an der Literatur von Frauen hat auch das Werk und das Leben englischer Autorinnen erschlossen, die vorher nur Spezialisten etwas bedeuteten. Über Edith Sitwell, Violet Hunt, Katherine Mansfield, Rebecca West und Elizabeth von Arnim liegen Biographien in deutscher Sprache vor, zum Teil mehrere. Das trifft natürlich auch auf die Hauptautorinnen von Bloomsbury zu, auf Virginia Woolf und Vita Sackville-West, aber diese hatten keine intensiven Kontakte zu Deutschland. Bei den Männern, die uns hier beschäftigen, ist das anders. Ihre Werke wurden schon bald nach dem Krieg in Übersetzungen zugänglich, aber ihre Biographien und damit ihre Begegnungen mit Deutschland blieben und bleiben weitgehend unbekannt. Das gilt für Ford Madox Ford, E. M. Forster, Somerset Maugham, Rupert Brooke, T. S. Eliot, Ezra Pound, Wyndham Lewis, W. H. Auden, Eduard Sackville-West, Christopher Isherwood, Stephen Spender, Brian Howard, Cyril Connolly, P. G. Wodehouse. Ausnahmen bilden D. H. Lawrence und Harold Nicolson, und man darf für beide Fälle die Vermutung äußern, dass ihren Biographien die Aufmerksamkeit deutscher Verleger gehörte, weil sie mit berühmten Frauen liiert waren. Aber all die genannten Autoren sind durch Viten in ihrer Sprache umfassend und materialreich gewürdigt worden. Es war eigentlich nicht viel mehr zu tun, als Forsters berühmtem Motto »Only connect!« zu folgen und die Wege nach und durch Deutschland und die Beziehungen zwischen unseren Autoren und Autorinnen nachzuzeichnen.

ZWEITES KAPITEL

1900–1914. Die erwünschten Fremden

»What's In a Name?«

Im Gießener Stadtarchiv befindet sich folgende »Personenstands-Aufnahme«, die ein Beamter am 3. Oktober 1910 anfing:

»Zugezogen: von London
Namen: Hueffer, Ford Madox
Zeit der Geburt: 17. XII. 73
Geburtsort: London
Staatsangehörigkeit: England
Konfession: k[atholisch].
Stand, Beruf oder Gewerbe: Schriftsteller.
Weggezogen: am 1. 5. 1913 nach England.«

Wäre der Schreiber der Stadtverwaltung gehalten gewesen, den dürren Daten noch ein Signalement, wie man es damals nannte, hinzuzufügen, also eine Personenbeschreibung, dann wäre die vielleicht so ausgefallen: Hochgewachsen, über 1,80 groß, schlank, rotblondes, glatt anliegendes dünnes Haar, wässrig blaue Augen, ein wenig vorstehend, ein rötlicher Schnurrbart, der Teint rosa und weiß, eine hohe, gedehnte Stimme.

Der Beamte wäre aber auch gehalten gewesen, seine Daten teilweise zu korrigieren, denn wie wäre mit der Bestimmung »schlank« das Wort eines Schriftstellers vereinbar gewesen, der von einem »fetten« Hueffer berichtete, während ein anderer Freund von »a pink whale« oder »a pink egg« sprach, wenn er den Betreffenden meinte. Wir haben aber auch Fotos, die eher (wieder?) mit der beinahe amtlichen Beschreibung übereinstimmen.

Ford Madox Ford, 1912
Fotografie von E. O. Hoppé

Der amtlich Registrierte hat mit einem deutschen Vater und einer englischen Mutter zwei Identitäten. Er ist gerade dabei, sich von seiner Frau scheiden zu lassen und dafür die Staatsbürgerschaft zu wechseln. Er hat auch zwei Namen: Bis zum Ende des Ersten Weltkriegs hieß er und publizierte er unter Ford Madox Hueffer, danach verdoppelte er die englischen Namensbestandteile und nannte sich Ford Madox Ford. Die Forschung, die Bibliotheken und die Verlage haben sich darauf geeinigt, das literarische Schaffen des Autors, Romane, Lyrik und Essays, unter Ford Madox Ford zu rubrizieren. Das wollen wir auch tun, obwohl wir von der Zeit handeln, da der Mann noch Hueffer hieß.

Der Amtsschreiber hielt sich an seine engen Rubriken und konstatierte mit den amtlichen Fakten nichts Falsches, aber auch nichts Essentielles, nichts über einen Menschen, der einmal mit Aplomb erklärt hatte: »I have for facts a most profound contempt [...]. Wenn Sie akkurate Fakten wollen, dann wenden Sie sich am besten an… Aber nein, wenden Sie sich an niemanden, bleiben Sie bei mir!« Bei seiner Geburt hieß die Hauptperson dieses Kapitels wie gesagt Ford Hermann Madox Hueffer, und später legte er sich die weiteren Vornamen Joseph Leopold zu – das war anlässlich seiner Konversion zum Katholizismus 1892. Und diese erste Umtaufe erklärt auch ganz gut, warum die zweite große Konversion unmöglich schon im hier interessierenden Zeitraum hätte erfolgen können, warum Hueffer, der zuerst mit 17 Jahren als Buchautor auftrat und 1910 rund dreißig eigenständige Titel und unzählige Zeitungsartikel publiziert hatte, den nicht gerade anglophonen Namen Hueffer beibehielt. Er verband ihn mit seiner deutschen Familie, auf die er große Hoffnungen setzte – das war die sehr katholische Münsteraner Familie der Hüffers, die bis heute in derselben Stadt ihre große Tradition als Verleger fortsetzt. Aschendorff ist allerdings der Name, unter dem der Verlag seit 1720 firmiert. Fords Urgroßmutter hatte die Firma in die Familie Hüffer gebracht, und zu Fords ungedeckten Lieblingsphantasien gehörte sein Anspruch auf den Titel und das Erbe eines Baron von Aschendorff.

»What's in a name?« – »Was ist an einem Namen dran?«, fragt Julia ihren Romeo und findet: nicht viel – die Rose würde auch süß duften, wenn sie anders hieße. Das war wohl Fords Einstellung, bevor er aus politischen Gründen den Nachnamen Ford annahm. Aber die zusätzlichen Vornamen, der Namenswechsel und die Decknamen, von denen er Fenil Haig, Francis M. Hurd, Ignatz von Aschendrof, Daniel Chaucae gebrauchte, seine Spezialität, mit anderen Autoren zusammenzuarbeiten, der bekannteste Fall ist Joseph Conrad, und die Vielfalt der Genres und Stimmen, die er beherrschte, diese geradezu postmoderne Variabilität hat die Zeitgenossen stark irritiert und ihnen die Idee eingegeben, sie hätten es mit jemandem zu tun, der ein Spiel spielte, mal mit ihnen, mal mit sich selbst. H. G. Wells, sein großer Rivale in der Literatur und bei den Frauen, sagte über Ford: »Was er wirklich ist oder ob er wirklich ist, das weiß niemand und er selbst am wenigsten. Er wurde zu einem großen System angenommener Identitäten und dramatisierter Egos.« Spaß war es schon, wenn Ezra Pound in die Sitten des Freundes verfiel und eine Parodie auf Ford unterschrieb mit: Hermann Karl Georg Jesus Maria. Pound behielt diese Namensspielereien über all die schwierigen Jahrzehnte hinweg bei: »My dear ole Freiherr von Bluggerwitzkoff, late baron of the Sunk Ports etc.«, »My dear ole Freiherr von Grumpus ZU und VON Bieberstein«, »Dear Bertran de Struwwelpeter y Bergerac«, so lauten typische Anreden in Pounds Briefen.

Eine Geldquelle: Die deutschen Verwandten

Aber noch einmal zurück zu Fords unbestreitbar deutschen Ursprüngen. Sein Vater Franz Carl Christoph Johannes Hüffer (1845–1889) hatte Deutschland und seine Heimatstadt Münster 1869 verlassen, weil ihm das preußische Regiment Westfalens nicht entsprach – eine Abneigung, die der Sohn übernahm und ausbaute. Hüffer hat sich in London einen Namen als Musikkritiker und Vermittler deutscher Musik und Philosophie gemacht. Er war es, der Schopenhauer und Wagner in England einführte. Dante Gabriel Rossetti, ein Freund, münzte auf ihn den Nonsense-Reim:

» There was a young German called Huffer,
A hypochondrical buffer;
To shout Schopenhauer
From the top of a tower
Was the highest enjoyment of Huffer.«

Fords Mutter war die uneheliche Tochter des präraffaelitischen Malers Ford Madox Brown, dessen Biographie der Enkel später schrieb und bei dem er aufwuchs, als sein Vater starb. Fords Vaterland hieß also Deutschland, Fords Mutterland war England. Ford wäre nicht Ford, wenn er nicht versucht hätte, diese Ausgangssituation umzukehren. Der Vater hatte ihn früh verlassen – als der Sohn zwölf war, wie Ford erinnerte. Tatsächlich geschah dies, als er 15 Jahre zählte. Der Vater war ein strenger Mann gewesen; an seinem Urteil über den Erstgeborenen, »ein geduldiger, aber äußerst dummer Esel«, hat dieser nicht leicht getragen. Der Vater starb mittellos, er verwies den Sohn auf England, auf ein Land, das ihn schwer arbeiten ließ und ihn ebenso hart und undankbar behandelte wie der Vater. Das Land der Wiedergeburt, der Heilung und des Überflusses war Deutschland.

Also das ideale Mutterland. So schien es, aus der Ferne, vor Ort, immer wieder, aber nicht immer. Ford besaß die einzigartige Fähigkeit, sein Leben lang, selbst in aussichtsloser Lage sich wie ein anderer deutscher Baron, ein echter diesmal, an den Haaren aus dem Sumpf zu ziehen. Optimismus und Opportunismus sind bei ihm überhaupt nicht zu trennen, und die Bühne, auf der sie ihre Kunststücke und magischen Akte aufführten, war bis 1914 Deutschland, nach dem Krieg Frankreich und die Vereinigten Staaten. Aus englischen Quellen floss eigentlich nur Geld, das auf die eine oder andere Weise negativ konnotiert war: immer war es zu wenig und unendlich mühsam Agenten, Verlegern, Freunden, Familienangehörigen abgerungen, oder es musste gezahlt werden – und hinter dem »musste« stand nicht selten ein Gerichtsentscheid, um Schulden zu begleichen oder Alimente zu entrichten. Aus Deutschland kam eine andere Art von Geld, das großzügig, überraschend, ohne Auflagen gegeben wurde, Geld, das, wie Ford meinte, gerne gegeben wurde, an das sich Stolz und Familiensinn knüpften. Das Wunderbare an dem deutschen Geld war aber, dass es das Geld strenger, sparsamer, frommer Menschen war.

Fords Schwester Juliet hat in ihrem Erinnerungsbuch *Chapters From Childhood* (1921) die Besuche bei der einen der zwei Erbtanten, die in Boppard lebten, in einer heute noch stehenden herrschaftlichen Villa direkt am Rhein, in Bildern festgehalten, die an die Illustrationen eines alten Märchenbuches erinnern. Sparen ist die Leidenschaft der Frau Goesen:

»Dann erzählte sie mir, dass in Deutschland jeder spare und so wenig wie möglich ausgebe, und das sei der Grund, warum es allen so gut gehe. Sie selbst verfüge noch über die Ersparnisse, die sie in ihrer Jugend angelegt habe und die sie Neffen und Nichten und deren Kindern hinterlassen könne, und dass sie ihre Wollteppiche, Bettbezüge und Stickereien für die Tischwäsche selbst gefertigt hätte, um Geld zu sparen, und dass die Bilder, die gewiss teuer aussähen, von einer jungen Frau gemalt worden wären, die keinen Mann zum Heiraten gefunden habe. Diese Bilder habe sie auf die Rahmen hin angepasst, die ihr ein Verwandter vermacht habe.«

»Dann fragte sie mich, ob ich eine Spardose besitze, und ich sagte nein, und sie sagte, Gott, sie würde mir eine besorgen, damit ich für meine textile Aussteuer sparen könne. Dann stand sie auf und ging quer durch den Raum und öffnete einen Schrank und zeigte mir Reihen von kleinen Dosen mit Etiketten, das waren die Spardosen der Jungfrauen von B., die für ihre Aussteuer sparten, ohne die sie keinen Mann heiraten würden.«

Der Schrank der Tante enthielt außerdem die Dosen der jungen verheirateten Frauen, die darin für ihr erstes Kind sparten, und die Dosen der Babies, die ihnen bei der Geburt zusammen mit einem Gebetbuch von der Wohltäterin geschenkt wurden, »damit für Seele und Körper gleichermaßen gesorgt sei«. Frau Goesen zeigt sich höchst unzufrieden mit der englischen Haltung in diesen Dingen. Sie hätten einmal einen Jungen aus England zu Besuch gehabt, der habe seine Beine auf ihren Sofa-Kissen ausgestreckt und habe sein Taschengeld ausgegeben, ohne um Erlaubnis zu fragen. Wir haben allen Grund anzunehmen, dass es sich bei diesem ungezogenen Gast um Juliets Bruder handelte, der auch in späteren Jahren seinen deutschen Tanten gegenüber der Junge blieb, dessen unvernünftiges Leben sie wieder reparieren mussten, durch Geld, Pflege und viele Ermahnungen.

3000 Pfund hatte Ford 1897 von seinem Onkel Leopold Hüffer geerbt, nachdem er die Auflage von dessen Testament erfüllt hatte und zum Katholizismus konvertiert war; eine ähnlich hohe Summe erwartete ihn aus dem Legat der Tanten – das waren beträchtliche Summen, wenn man sie nicht in Projekte investierte. Zum Vergleich: Als die englischen Gerichte ihn zu Unterhaltszahlungen für seine Frau und zwei Töchter verurteilten, legten sie die Höhe auf 150 Pfund jährlich fest (eine Summe, die freilich Fords Möglichkeiten überstieg und von seiner damaligen Lebensgefährtin bestritten wurde). Katherine Mansfield wurde von ihrem immens reichen Vater jährlich mit 100 Pfund unterstützt – das war das Gehalt eines Lehrers.

Fords Name ist unlösbar mit der vielleicht bedeutendsten Literaturzeitschrift der Insel verbunden. *The English Review* hieß das von ihm geplante, realisierte und zum großen Teil finanzierte Organ, das von 1908 bis 1937 erschien – er selbst war nur bis 1909 verantwortlich. Ford publizierte hier Arbeiten von Arnold Bennett, D.H. Lawrence, G.K.Chesterton, W.B. Yeats, Joseph Conrad, Hilaire Belloc, E.M. Forster, Ezra Pound, Percy Wyndham Lewis, H.G. Wells, Thomas Hardy und vielen anderen. Rececca West, die noch zu jung war, um in der *Review* zu publizieren, schrieb über die Wirkung des Organs auf ihre Generation: »Für uns war sie ein Beweis, dass es noch Zauberei gab, jede neue Ausgabe hatte wieder diese Harmonie des Inhalts, eine Mischung aus Vielfalt und Einheit, die das Merkmal eines großen Herausgebers ist.«

Es ist sehr bezeichnend, dass Ford in der Gründungsphase, als er die größten Summen bewegte und die höchsten Schulden machte, gegenüber seinem Agenten erklärte: »Mein privates Vermögen besteht in der finanziellen Unterstützung, die mir meine Tante, *Frau Geheimrattin* Laura Schmedding gewährt, deren Erbe ich bin. Ihre Zuwendungen sind so elastisch, wie ich sie brauche.« Ganz genau so wird es nicht gewesen sein, aber Tatsache ist, dass die deutsche Verwandtschaft – und das schließt die »friends and relations« der Hüffers in Holland und Frankreich ein – dem englischen Neffen kräftig unter die Arme griff, als er die *English Review* gründete. 2.800 Pfund brachte er mit ihrer Hilfe auf, 2.200 Pfund gab ein reicher Freund.

Es erübrigt sich fast im Zusammenhang mit Ford zu sagen, dass die Spender diese Zuschüsse abschreiben konnten. »Es sieht nicht so aus, als ob dies ein Ort wäre, wo man Geld macht«, sagte D.H. Lawrence bei seinem ersten Besuch der Redaktionsräume. Der Herausgeber antwortete: »Oh, we don't make money here. We spend it.« Wenn Ford auch nicht mit den Pfunden zu wuchern verstand, die man ihm anvertraute, so hat er sie doch nicht verschwendet. Man kann also festhalten, dass ein deutscher Familienclan ein Monument der frühen englischen Moderne mitfinanziert hat.

Der englische Patient

Die Kehrseite von Fords enormer Schaffenskraft (im Durchschnitt drei Bücher pro Jahr) und seiner Proteusnatur, die es ihm gestattete, ja abverlangte, sich immer wieder neu zu erfinden und in anderen Egos das Neue zu suchen, waren regelmäßig eintretende Krisen und Zusammenbrüche. Weil er alles verwertet hat und im Abstand eher humoristisch sah oder darstellen musste, klingen seine Berichte eher harmlos und unterhaltsam. Aber man darf sich nicht täuschen lassen: Ford mag ein geübter Stehaufmann gewesen sein, die Abgründe jedoch, aus denen er wieder aufstehen musste, reichten tief. Selbstmord gehörte zu den Optionen.

Als Kranker gute Beziehungen zu Deutschland zu haben, Deutsch zu können und Deutschland zu kennen, erwies sich unbedingt als Vorteil. Deutschland ist vor allen anderen das Land gewesen, in dem man sich an Leib und Seele kurieren ließ. Das gilt für die mondäne Welt bis ca. 1914, das gilt auch für Ford. So wie später die Deutschen die italienische Adria oder Mallorca als ihr Territorium reklamierten, so gehörten der Rhein, der Schwarzwald und ausgesuchte Bäder im 19. und frühen 20. Jahrhundert den Engländern. »Das waren damals glorreiche Zeiten für einen jungen Engländer. Man hatte immer Gott auf seiner Seite. Man besaß den halben Globus; man brillierte in allen männlichen Künsten; man war sauber, nüchtern, aufrichtig; man hasste Ungerechtigkeiten, ein Blick genügte, und man entdeckte in jedem angeberischen Husar den Feigling; man rächte Missetaten, man sprang den Unterdrückten bei. Mit dem Rücken zur Wand trotzte man den Schwertern einer ganzen feindlichen Armee!«

Die erste dieser Kuren absolvierte Ford 1891. Da war er 18. Im Rückblick erscheint zunächst wieder eine Szenerie wie aus einer Illustration zu Grimms Märchen, aus »Holy Grimm«, wie Ford sagte: »Das war immer noch das alte Deutschland mit seinen spitzen Giebeln, seinen schwarz-weißen Fachwerkhäusern, Schweinehirten, abenteuerlustigen Schneidern, fleißigen Lehrlingen, Störchen, Weinflakons und Gemütlichkeit. [...] Es war ein Land, wo man Duelle focht, es war patriarchalisch und archaisch, und es befestigte Räder auf dem Dach, damit die Störche dort ihr Nest bauen konnten.«

Nach einem Aufenthalt in einem kleinen Dorf im Spessart ging Ford, von seinem Tutor begleitet, zur Kur nach Bad Soden. Bad Soden war *fun*. Sein Tutor, ein angehender protestantischer Geistlicher, konnte den Zögling nicht davor bewahren, die wesentlichen Dinge mitzubekommen. Die Bonner Husaren, das fescheste aller deutschen Regimenter, machte Quartier in dem kleinen Taunus-Bad und stürzte die jungen Leute des Ortes in größte Verwirrung: »Die jungen Männer des Ortes traten umgehend in die Sozialdemokratische Partei ein; die jungen Frauen wurden zu glühenden Imperialisten, von einigen ernsten Studentinnen abgesehen.« Im nahen Frankfurt fand die Internationale Elektronische Ausstellung statt. Ein »kolossales« Ereignis, das man jeden Abend besuchte. »Es war ein großer Spaß: Die Bogenlampe stotterten wie verrückt. Niemand von den Besuchern hatte so viele Lichtereignisse gesehen.« Dass dieses Fanal der neuen Zeit aus der alten Fachwerkstadt Frankfurt und aus Deutschland kam, registrierte der junge Engländer mit einem gewissen Misstrauen, in dem er sich durch einen Vorfall dieser Tage bestätigen ließ.

Es betraf den Regimentschef der Husaren: »Als er am nächsten Tag gen Frankfurt an der Spitze seines Regiments ritt, trat sein Pferd auf die elektrische Schiene der Straßenbahn. Das Pferd fiel tot nieder – und mit ihm sein Reiter. Dieser Unfall wurde – zumal von den militärischen Autoritäten – als Gottesurteil betrachtet. Der Mensch hatte das edle Tier der Kavallerie durch ein Verkehrsmittel ersetzt, das frevelhaft modern war. Es war ohne Zweifel eine sozialdemokratische Erfindung – und wenn das nicht, dann stammte sie von den Franzosen.«

Hier deutet sich ein Deutschlandbild an, das Ford mit ganz vielen, auch mit denen, die Deutschland viel weniger gut kannten als er, teilte. Dieses Land gibt es zweimal: gut und schlecht, vor der Reichsgründung und nach dem deutsch-französischen Krieg, vorpreußisch und preußisch (»musspreußisch«, wie Ford bevorzugt sagt), Bad Soden und Frankfurt, Kavallerie und elektrische Straßenbahn – und der Kenner kann sich aussuchen, ob er das gute alte Deutschland noch fortwirken lässt oder als abgestorben ansieht. 1915 meint Ford, er habe den endgültigen Umbruch um 1903/04 registriert: »Es war nicht mehr das Deutschland der Rückert, Brentano, Heine, des stillen Rheinweins und der Weinblätter zwischen einem selbst und den hellen Sternen. Nein, es war ein Deutschland des *Simplicissimus*, der Restaurants mit ungeheuer viel Vergoldung, des roten Plüschs, der hohen Spiegel, des deutschen Schaumweins mit vergoldeten Flaschenhälsen und alkoholisierten heißen Getränken, der Stadtplanung, des Wettbewerbs und der beängstigend verbitterten Politik.« Das schrieb er unter dem Eindruck der kriegsbedingten Distanzierung von Deutschland. Aber bereits 1912, auf dem Höhepunkt von Fords echter oder antrainierter Germanophilie heißt es: »Hätte ich ein Buch über Deutschland zu schreiben, würde ich zuerst sehen, was Bismarckismus, Nietzscheanismus und Agnostizismus vom Typ des Jatho aus dem Land des (sic!) guten Grimm gemacht haben.« Man ahnt, dass das nichts Gutes gewesen war – Carl Jatho hieß im Übrigen ein freigeistiger evangelischer Prediger, der einmal in Boppard gewirkt hatte und 1911 amtsenthoben wurde.

Die Kur: »That Great German Institution«

Im Sommer 1904 hatte Ford die nächste schwere Krise. Es war genug zusammengekommen, um auch den Stärksten zu fällen. Ford war seit 1894 mit seiner Jugendliebe Elsie Martindale, der Tochter eines Apothekers, verheiratet und hatte mit ihr zwei Kinder, zwei Mädchen. 1903 hatte er eine Affäre mit der Schwester seiner Frau angefangen. Der Roman *Romance*, das in mühevollen Monaten mit Joseph Conrad erarbeitete Gemeinschaftswerk, war kein Erfolg, auch wenn Henry James es mit der merkwürdigen Empfehlung versah, man müsse das Buch als einen Plum-Pudding betrachten und nächtens davon naschen. Gleichwohl wurde die Zusammenarbeit fortgesetzt. Man hatte nahe Wohnungen in Kensington bezogen. Beide Familien wurden von Unfällen und Krankheit heimgesucht. Die Influenza wütete. Elsie, Fords Frau, brach sich den Arm; Jessie, Conrads Frau, verletzte sich bei einem Fall die Knie so schwer, dass sie zeit ihres Lebens behindert war; Christina, die Tochter Fords, verbrannte sich die Haare und wäre selbst verbrannt, hätte nicht das Kindermädchen unter Inkaufnahme eigener schwerster Verbrennungen sie gerettet. Conrad erlitt einen »writer's block«, Ford, der Ärzte, Krankenschwestern, Schuldner zu bezahlen hatte, schrieb weiter, für Conrad, für sich, ohne zu wissen, ob er Abnehmer finden würde. Der Sommer auf dem Lande brachte keine Besserung. Eine Freundin erinnert sich: »Fords Zustand akut. Sehr ungemütlicher Tag. Am Abend gingen wir raus auf die Ebene und pflückten Glockenblumen und ruhten uns im Freien aus. Weinerliche Stimmung. ›The bowl is broken... the axe is laid to the root.‹« Ein Spezialist wurde zu Rate gezogen. Das Verdikt lautete: »Nervöser Zusammenbruch. Heilung in zwei Jahren möglich. Seereise und sechs Monate lang keine Arbeit.«

Im Verständnis der Zeit litt Ford an der *maladie du fin de siècle*: Neurasthenie, oder in den Worten von Karl Kraus: Beklemmung mit Entzündung. Beklemmung hieß in diesem Fall: »Platzangst«, ein Wort, das Ford im Verlauf seiner Kuren lernte und mit Vergnügen anwendete. »Die Krankheit war rein imaginärer Natur, aber das machte die Sache kein bisschen besser.« Geld für eine Seereise war natürlich nicht vorhanden. Else versuchte, bei den Conrads eine Schuld von 100 Pfund einzutreiben, was nicht gelang. Also machte sich Ford im Juni 1904 wiederum nach Deutschland auf – »in der damaligen Zeit der übliche Ausweg für jemanden mit Nervenproblemen«, wie der Ford-Biograph Mizener lakonisch hinzufügt.

Ford begab sich zunächst in die Obhut der Tanten, die in Boppard lebten: »Frau Regierungsrat« Emma Goesen, die Frau G. aus Schwester Juliets Erinnerungen, und Frau »Geheimrattin« Laura Schmedding. »Man behandelt mich hier wie einen Halbgott.« Gleichwohl verschlechterte sich sein Zustand, er fühlte das Ende nahe. Natürlich hatte er Arbeit mitgebracht. Die Geldsorgen drückten; das Buch über Holbein musste fertiggestellt werden. Die Tanten versuchten ihn abzuhalten. Sie nahmen dem Nachtarbeiter die Kerzen weg. Als das nichts nutzte, bot Tante Laura an, Ford für den Honorarausfall zu entschädigen, wenn er das Schreiben aufgeben würde. Ford akzeptierte. Zur Ablenkung ging man auf Reisen und besuchte die Verwandten in Münster, dem Stammsitz der Hüffers. Ihm gefiel auch Telgte, wo die Familie einen Landsitz hatte. Fords Deutschland war bevölkert von Doktoren, Rechtsanwälten und Dienstpersonal – sowie Reisenden. Als Deutschland-, sprich: Rheinlandkenner schätzte er Heine. Unter seinen vielen literarischen Porträts und Kritiken sind deutsche Autoren nicht zu finden – mit der einen Ausnahme von Gerhart Hauptmann. Hauptmann ist überhaupt einer der ganz wenigen Autoren am Übergang vom 19. zum 20. Jahrhundert, der es nach England geschafft hatte. Eine Reihe von Prosatexten und Dramen war übersetzt worden; 1905 erhielt er die Ehrendoktorwürde der Universität Oxford.

Im Münsterland traf Ford auf eine lebendige Tradition, die orts- und familienverbunden war. Literatur oder Kunst als Haushaltsgegenstand oder Familienbetrieb, das war ihm als Präraffaeliten der dritten Generation aus der Kindheit wohlvertraut.

»Das Gefühl der Tradition war an diesem Ort in gewisser Weise überwältigend: Mrs Levin Schücking ist noch am Leben – und bei ihr waren zwei ihrer Enkel: Lothar und Levin. Lothar ist nicht weiter interessant, aber was Levin anbelangt, so bin ich mir sicher, dass Du Dich in ihn verlieben würdest. Natürlich ist er ein Dichter. Und vor dem großen Kamin zu sitzen, in dem gewaltige Scheite brennen, in einem Georgianischen Wohnzimmer, umgeben von den Porträts der Schückings aus vielen Jahrhunderten, draußen ein alter Garten mit Alleen und beschnittenen Hecken und alten Bäumen, erfüllt vom Mondlicht und von Nebel – und Levin zuzuhören, wie er seine Gedichte mit enormer Stärke und Lebendigkeit in seiner etwas bellenden Stimme vorträgt, das war schon sehr eindrucksvoll.

Ich weiß nicht, ob es weniger eindrucksvoll war, als ich meine Verse las, und zu fühlen, dass im Vergleich mit den ihren, so gut sie auch waren, die meinen besser waren, und zu fühlen, dass sie dasselbe fühlten, auch das war tief bewegend! Du hast keine Vorstellung, wie intelligent diese Leute sind (ich meine die Schückings und die Droste-Hülshess [!], die nebenan in einem alten Schloss leben).«

Wir wissen nicht, welche Verse Ford seinen Verwandten vorlas, aber im Gästebuch der Familie Hüffer hat er bei ähnlicher Gelegenheit ein Gedicht in englischer und deutscher Sprache eingetragen, dessen deutsche Version hier wiedergegeben sei:

»Die Jahreszeiten ziehen vorbei: wir reisen in die Welt hinaus,
Doch steht im stillen, breiten Land das alte Haus:
Und junge Kinder werden alt und hatten geschafft und getanzt:
Es wird beerdigt und geweint, geerntet und gepflanzt:
So ruft uns von der Schattenwelt: ›Gedenke dass du menschlich bist!‹
Und schattenweise geht alles vorbei, was sterblich ist,
Doch hier im alten Lande stehen die Dächer halb-verborgen
Vom grünen Laub; sie grüßen hier, ruhig, den neuen Morgen –
Und in der Sonne und im Schnee wir reisen in die Welt hinaus:
Wir, endlich, kehren nicht zurück: doch steht das alte Haus.«

Das ist, verglichen mit späteren Gedichten Fords, nicht sehr beeindruckend, aber dennoch würden wir in diesem kleinen Sängerwettstreit dem Engländer und nicht dem Deutschen die Krone geben wollen. Levin Schücking dichtete, als sei seit der deutschen Romantik kein Tag vergangen:

»Ein fremdes Lied
Mich hat einmal ein Mädchen jung
In Engelland ein Lied gelehrt,
Sie sang es in der Dämmerung
Des Abends, wenn ich heimgekehrt. […]«

Ford hatte in Sassenberg bei Münster, dem Familiensitz der Schückings, noch einen Zipfel des »malerischen und romantischen Westfalens« gegriffen, um aus einem Buchtitel Levin Schückings zu zitieren, des 1883 gestorbenen Schriftstellers und Freundes der Droste-Hülshoff. Seine Frau Louise, geb. von Gall, war 1855 gestorben; Ford traf also nicht auf sie, sondern auf deren Tochter, die Mutter des 1878 geborenen jüngeren Levin Schücking. Der Anglist Schücking, der bis 1964 lebte, ist als Autor des Buches *Soziologie der literarischen Geschmacksbildung* (1923) bekannt geworden. 1904 ging er als Privatdozent nach Göttingen und wirkte danach an mehreren deutschen Universitäten als ordentlicher Professor.

Ford revanchierte sich bei Schücking später für die in schweren Tagen empfangenen Wohltaten. In der ersten Nummer der *English Review* von 1909 erschien neben Thomas Hardy, Henry James, John Galsworthy, H. G. Wells auch Levin Schücking mit seinem Gedicht »Of Gottingen University«. Umgekehrt berücksichtigte Schücking den Lyriker Ford in seiner schönen, 1931 zuerst herausgegebenen Sammlung *Anthology of Modern English Poetry*. Dieses Buch erschien als Band 5000 (!) der in Leipzig publizierten *Tauchnitz Collection of British and American Authors*. Interessanterweise führt Schücking seinen Verwandten dort noch unter Hueffer und nicht unter dem längst gültigen zweiten Nachnamen Ford.

»Ich bin in Paris gewesen oder in der Provence oder in Rom, mit dem Ziel, diesen Orten etwas abzugewinnen – das heißt, etwas im ›kulturellen‹ Sinne. Aber von Deutschland wie von den Vereinigten Staaten habe ich nie erwartet, mehr zu bekommen als das, was man ›eine gute Zeit erleben‹ nennt. [...] Aber wenn ich Deutschland verließ, hatte ich nie ein Buch im Gepäck.« Als Ford im ersten Kriegsjahr 1914 mit Deutschland abschließt, glaubt er zu wissen: »Deutschland hat seit 1870 keine kapitale Kunst mehr hervorgebracht, Kunst und Gelehrsamkeit sind in Deutschland schon seit 1848 permanent im Niedergang.« Ford ist so unklug, sein Urteil nicht in dieser erhabenen Allgemeinheit zu belassen, sondern Namen zu nennen: Hauptmann, Sudermann, »the brothers Mann of Hamburg«, Freiherr von Ompteda und Clara Viebig sind ihm als Repräsentanten der deutschen Literatur aufgefallen, womit er zumindest den Inhalt der ersten Behauptung, dass er Deutschland immer ohne Buch im Koffer verlassen habe, zu großen Teilen bestätigt.

Der Besuch in Münster wurde nach einem Rückfall abgebrochen. Einige Zähne ärmer und kein bisschen gesünder, brach Ford Anfang Oktober nach Basel auf, um an seinem Holbein-Buch weiterzuschreiben. Zwei Wochen später hatte er den nächsten Zusammenbruch, der ihn bewog, Hilfe in einem Sanatorium am Bodensee zu suchten.»Ein einziges Bild kommt zurück«, schreibt Ford 27 Jahre später: »Ich nahm 90 kalte Bäder und 30 lauwarme Mineralwasserduschen in 30 Tagen. Ich war danach so schwach, dass es nicht der Agoraphobie bedurft hätte, um mich am Gehen zu hindern.« Als seine Mutter aus England kam, um ihm Gesellschaft zu leisten, blühte er auf und brach kurzentschlossen die Kur ab. Die beiden kehrten nach Boppard zurück, und Ford, erneut rückfällig geworden, wurde in die Obhut der Rheinischen-Kaltwasser-Heilanstalt Marienberg gegeben, die in einem Kloster oberhalb der Stadt untergebracht und eine der großen und renommierten Anstalten ihrer Ausrichtung war. In den siebziger Jahren hatte sie einmal (erfolglos) Friedrich Mann, den Onkel von Thomas Mann, aufgenommen, der das Vorbild für den Christian der *Buddenbrocks* abgegeben hatte. Die beiden Patienten hatten vielleicht eines gemeinsam, die Disposition zur Hypochondrie, aber zwei diametral verschiedene Vorgeschichten führten sie in dieselbe Anstalt.»Mangel an ordentlicher Arbeitslust und Arbeitskraft, die alles beginnen und nichts vollenden kann«, diese auf Mann gemünzte Diagnose konnte für Ford überhaupt nicht gelten.

Über Marienberg schreibt Ford: »Diese erschien mir als die grausamste von allen Institutionen, die mich gequält hatten. Hier wurde man mit Schweinefleisch und Eiscreme gestopft. In Mammern waren es trockene Erbsen und Trauben gewesen – eine Traube pro Viertelstunde, 16 Stunden am Tag. Der Direktor der Kaltwasser-Heilanstalt war ein Hüne von einem Mann, dabei dünn und mit einem wasserfalllangen grauen Bart, den er mit seinen Fingern kämmte, bevor er eine Bemerkung machte. Er trug normalerweise eine dunkle Brille. Um zu beweisen, dass meine Beschwerden irgendeine obskure sexuelle Ursache hatten, pflegte er von Zeit zu Zeit mich überfallartig mit unanständigen Fotografien von einer einzigartigen Banalität zu konfrontieren. Er erwartete, dass ich mit einem Anfall oder mit Ohnmacht reagierte. Ich tat nichts dergleichen.« Die klassischen Kuren der Hydrotherapie und Thermotherapie, für die Boppard seit 1839 berühmt war, wurden also durch neue Schockverfahren mit vermutlich Freudscher Ausrichtung ergänzt. Es ist sehr die Frage, ob Ford hier nicht in der Spur der Geschichte eines Patienten weitererzählt, der typischerweise zwei Mitteilungen zu machen hat: erstens, dass er allen Behandlungen zum Trotz wieder gesund wurde und zweitens, was die Ärzte nicht alles an ihm ausprobiert haben, hilflos, wie sie nun einmal sind. Ford hegte zeit seines Lebens eine Aversion gegen die »Seelenordner« der Psychoanalyse, behauptete gar, in Wien einen der führenden Vertreter, wenn nicht den Meister persönlich konsultiert zu haben, was aber in seiner Biographie nicht unterzubringen ist – es kann also durchaus sein, dass er eine pseudofreudianische Schockmethode dazufabuliert hat, um die Länge seiner Leidensstrecke zu vergrößern. Damit ist nicht gesagt, dass die englischen Patienten in Deutschland in den besten Händen waren. Man wundert sich immer wieder über die Widersprüchlichkeit und Variabilität der angewandten Heilverfahren. Friedrich Mann wurde in Boppard mit Schwällen kalten Wassers übergossen, und in Stuttgart erfuhr er direkt darauf eine Behandlung »per Glüheisen«. Weil wir gerade bei Freud waren: In den zwanziger Jahren begab sich Eddy Sackville-West, der uns im nächsten Kapitel öfter begegnen wird, in die Behandlung eines Freudianers in Freiburg im Breisgau, um seine Homosexualität zu »heilen«. Als alle analytischen Ansätze versagten, schwenkte der Arzt radikal zu einer endikronologischen Behandlungsmethode um, ein eklatanter Widerspruch zum Ansatz Freuds und gleichwohl vom Haupt der Bewegung gedeckt. Freud hatte sich zuerst gegen eine biologische Erklärung der Homosexualität und anderer »Störungen« ausgesprochen und diesen Ansatz verächtlich als »sexuellen Chemismus« abgetan, sich dann aber anders besonnen und sich sogar in die Behandlung des Hauptvertreters dieser Richtung begeben. Eugen Steinach hieß der Wiener Physiologe, der die »Umstimmung« der Homosexualität durch eine Steigerung der Keimdrüsensekretion bewerkstelligen wollte. Dies war die weniger drastische und gefährliche Methode, die wir mit seinem Namen verbinden. Die andere bestand in der Kastration des Patienten und der Organtransplantation von Heterohoden, ein Verfahren, das auch der große Magnus Hirschfeld eine Zeitlang unterstützte. Es bedarf kaum der Versicherung, dass alle diese Methoden nicht zum Ziel führten und von ihren Erfindern zum Teil selbst zurückgezogen wurden. Robert Hathorne-Hardy, der Bruder Eddies, vermutete einige Jahre später, dass dieser Dr. Marten in Freiburg »für seine Experimente englische Patienten benutzte, die einige Zeit zuvor noch Feinde seines Landes gewesen waren«. An die Verschwörung eines deutschen Arztes zu glauben, ist aber völlig abwegig. Was wir hier beobachten, ist der ganz normale Wahnsinn, medizinischer Fortschritt genannt.

In Boppard verfiel man auf Schlafentzug: »Zehn Stunden ohne Schlaf war mehr, als ich ertragen konnte. Ich sagte dem Doktor, dass ich zum Weihnachtsfest wieder in London sein wollte. Er antwortete: ›Wenn Sie das tun, werden Sie sterben‹, und er fügte hinzu, dass er, auch wenn ich nicht sterben würde, mich nicht wieder behandeln würde. Selbst diese Drohung konnte mich nicht abschrecken.« Ford war zur Weihnachtszeit wieder in London. Sein Onkel William Rossetti, der Bruder von Dante Gabriel Rossetti, hatte ihm sein Haus für den Winter überlassen. Als der Arzt, der nächste in einer endlosen Reihe, kam, lag Ford auf dem Sofa, auf dem Shelley seine letzte Nacht verbracht hatte, umgeben von Reliquien des großen Dichters und der Präraffaeliten. Die Prognose lautete: »Ja, Sie können Ihr Leben Holbeins beendigen, wenn Ihnen die Zeit reicht. Sie werden in einem Monat tot sein.« »Kaum war er fort, sprang ich auf, zog mich an und fuhr ganz allein mit einer Droschke zum Piccadilly Circus. Ich erinnere daran, dass mein Hauptleiden darin bestand, dass ich unfähig war, unter Menschen zu gehen. Nun, hier ging ich über den Circus hin und zurück, anderthalb Stunden lang. Ich sagte zu mir: ›Verdammt sei der Idiot. Ich werde nicht in einem Monat tot sein.‹«

Die erwünschten Fremden

Seine ersten ausgedehnten Aufenthalte in Deutschland hatte Ford allein absolviert und mit dem Gedanken eines Bleibens nur gespielt. Das dritte Mal, das war, als man ihn in Gießen registrierte, war er nicht allein und bereiter als je zuvor, es mit Deutschland zu versuchen, »fremdzugehen«. *Going native* war ein großes Thema, eine Obsession geradezu in einem Land, das einen beträchtlichen Anteil seiner Bevölkerung in fernste Fremden schickte. Ford stand hier vielleicht unter dem Einfluss seines Co-Autors Joseph Conrad, der nach eigener Aussage selbst über »diese Grenzlinie gespäht« hatte, die Grenzlinie, die den weißen Kulturbringer vom kulturellen Überläufer trennt. Es darf nicht verwundern, dass Conrads Romanfigur, die in das *Heart of Darkness* (1903) vordringt und dort bleibt, einen deutschen Namen trägt, obwohl ihr Vorbild in der Kolonialgeschichte Engländer gewesen sein soll: Herr Kurtz heißt der Elfenbeinhändler, der zum Herrscher, ja Gott eines Eingeborenenstammes geworden ist. »Doch die Wildnis hatte ihn früher durchschaut und fürchterliche Rache an ihm genommen. (...) Ich denke, sie hat ihm Dinge über ihn selber zugeflüstert, die ihm unbekannt waren, Dinge, von denen er gar keinen Begriff hatte, ehe er mit dieser großen Einsamkeit zu Rate ging – und das Geflüster hatte sich als unwiderstehlich bestrickend erwiesen.« Kurtz hat das Herz der Dunkelheit in seinen eigenen Abgründen gefunden.

Wir wollen nicht übertreiben: Ford war ja als halber Deutscher schon selbst Teil des Auslandes, in dem er sich nun ansiedelte, und wahrscheinlich war er niemals wirklich versucht, sein englisches Ich einzutauschen. Und Deutschland, so primitiv es ihm und seiner Begleiterin auch erscheinen mochte, war nicht die Wildnis. In dem von Violet Hunt und Ford gemeinsam verfassten Reisebericht *The Desirable Alien* (1913) malten sie sich ein Deutschlandbild, das es ihnen, ihrem Publikum, ihren Freunden in England ermöglichen sollte, ihre Übersiedlung und »Naturalisierung« zu akzeptieren. Mehr noch: Das Buch ist das positivste Zeugnis der englischen Deutschlandliteratur. Die Autoren besetzen ihre Position nicht gegen die Invasionsphantasien der Romane und nicht gegen die antideutsche Position der Denkschriften.

»Aber dies ist der Strand des Rheins. Dies ist Deutschland. Und wie ich auf dem Balkon des Hotels sitze und mich umschaue, auf die silberne Weite des Stroms blicke, die Lichter auf der anderen Seite, den tiefen Purpur der hohen Wälder und das dünne Schnitzel Mond über mir, der mich zum ersten Mal auf dieser Reise begrüßt und beglückwünscht, da kommt mir in den Sinn, was ich antworten würde, wenn ich nach einer Reise durch dieses weite Land zum ersten Mal wieder die Gangway eines Schiffes betrete und gefragt werde: ›Sind Sie British Untertan?‹ ›Nein‹, würde ich dann antworten, weil ich von diesen Trauben gekostet, diesen Wein getrunken und das Fließen dieses – des Flusses gehört habe. Wenn ich in mein Heimatland zurückkehre, dann als erwünschte Fremde, da bin ich mir sicher.«

Den Titel *The Desirable Alien* würde man also so verstehen, dass die Berichterstatter in Deutschland aufgenommen wurden, dass sie, wie der Untertitel sagt, sich »At Home in Germany« fühlen, nicht zuletzt ja deswegen, weil sie allem Deutschen so aufgeschlossen gegenüberstehen. Nun schreibt aber Violet Hunt, die für diese Passagen verantwortlich ist, als Engländerin von Geburt und Nationalität, sie kehre aus Deutschland in ihr Heimatland nicht als Britin, sondern als erwünschte Fremde zurück. Oder ist im letzten Satz gemeint, dass die Wanderin zwischen den Welten in ihrem neuen Heimatland eine erwünschte Fremde ist? Ohne hier letzte Gewissheit zu haben, kann man vielleicht sagen, dass die Fremdgängerin eine erwünschte Fremde in beiden »Heimaten« sein will. Es muss verwundern, dass schon der Buchtitel so grundlegende Fragen aufwirft, aber noch fragwürdiger sind die Realitäten eines Deutschen auf Probe, der die Staatsbürgerschaft erringen will.

Bemerkenswert ist, dass das Buch bei aller Kritik und Überheblichkeit im Detail die eigene Haltung für so selbstverständlich, so natürlich nimmt, dass es seine Schlüsse ohne polemische Akzente zieht. Allerdings muss man einräumen, dass die Reisenden sich nicht durch die preußischen Kernlande bewegten, sondern die preußischen Annexionsgebiete (Kur-Hessen, Rheinland, Westfalen) kennenlernten. Und als Ford sich in Deutschland niederließ, wählte er gewissermaßen den letzten Außenposten nichtpreußischen Gebiets, Gießen, als Heimstatt. Später, nach Ausbruch des Krieges, machte sich Ford als Propagandist nützlich. *When Blood Was Their Argument*, seine antideutsche Kampfschrift, handelte im Wesentlichen von der »unerwünschten« Macht Preußen. Die alte Westfälin aus der Familie Schücking spielt dabei den Antitypus des guten Deutschland. Am

Beispiel der verheerenden Folgen der preußischen Flurreform in Westfalen lässt Ford sie die Theorie der grundsätzlichen Falschheit preußischer Politik exponieren.

Warum also nicht zur Abwechslung Deutschland, versuchten die beiden vor 1914 zu fragen, wo doch Hunderttausende von Engländern überall auf der Welt festen Wohnsitz bezogen hatten: in Italien, Frankreich, Spanien, auf den Balearen, in den Kolonien. Eine absolut berechtigte Frage, doch sind so immer noch nicht die Motive erläutert. Wobei wir so misstrauisch sein und annehmen dürfen, dass es der Zauber des Rheins und der Wälder allein nicht war, der sie die Möglichkeit einer »Naturalisierung« in Erwägung ziehen ließ.

Im *Hinterland der Seele*

Nach wie vor galt es, die Verwandten bei guter Laune zu halten, um in den Genuss des Erbes zu kommen oder von ihnen zwischendurch unterstützt zu werden. Drängender war aber im Moment noch ein anderer Beweggrund. Deutschland, das Mutterland im Fordschen Sinne, konnte auch das Land einer Liebe sein, die freier war, als es die realen Mütter je gewollt hätten. Das galt zunächst einmal für Ausländer, die an den Fremdenverkehrsorten, in den Bädern vor allem, ideale Bedingungen vorfanden, um ihre illegitimen Amouren auszuleben, zu pflegen oder neue anzufangen. In dieser Hinsicht berühmt sind die Begegnungen in und mit Deutschland von Frieda Weekley, geb. von Richthofen (1879–1956), und D.H. Lawrence (1888–1930). Aus deren Geschichte wird aber auch deutlich, wie sich im Reiseland Deutschland die Vorzüge der Anonymität ausnahmsweise mit den inspirierenden Beiträgen des Ideenlandes Deutschland verbinden ließen, eine Fusion, von der Ford nie Gebrauch gemacht hat.

Lawrence war eine der großen Entdeckungen Fords. Er erzählte die Geschichte so, dass er eines Abends im Büro der *English Review* die ersten drei Sätze einer Kurzgeschichte las und sie dann in den Korb für die angenommenen Manuskripte legte. »Meine Sekretärin schaute hoch und sagte: ›Wieder mal ein Genie entdeckt?‹ Ich antwortete: ›Diesmal ein besonders großes‹, und ging nach oben, um mich umzuziehen.« Umzuziehen für ein Abendessen mit literarischen Größen wie G. K. Chesterton, Hillaire Belloc und H. G. Wells, denen er sogleich von seiner Entdeckung erzählte. Der Betroffene, ein 21 Jahre alter, gänzlich unbekannter Schullehrer, wusste nichts von alledem, denn seine Jugendliebe hatte hinter seinem Rücken das Manuskript an Ford geschickt. Ford und seine Freunde haben dem »Fuchs«, wie Ford ihn wegen seines leuchtend roten Haarschopfes und flinken Wesens nannte, den Übergang vom Lehrer zu einer Weltkarriere als Schriftsteller geebnet, konnten ihn aber nur ein kurzes Stück des Weges begleiten. Sobald Lawrence anfing, seinen, wie Ford es treffend nannte, »inverted puritanism« literarisch auszuleben und darauf bestand, »dass der Phallus ein großes heiliges Sinnbild ist«(Lawrence) und ein sexueller Fundamentalismus »eine moralische Pflicht und eine Art von Heroismus«(Ford) darstellten, trennten sich ihre Wege. Der oberste Artikel der Fordschen Weltanschauung lautete, nicht Weltanschauung zu treiben oder zu schreiben.

Lawrence hatte in Sachen sexuelle Revolution und Liebesreligion einiges aufzuholen, als er Ford begegnete. Aber die nächste Person von Bedeutung, die er traf, der wichtigste Mensch in seinem Leben überhaupt, war wie nur wenige prädestiniert, diesem Defizit abzuhelfen. Über Frieda Weekley, die wir besser unter den Namen Frieda von Richthofen oder Frieda Lawrence kennen, schrieb einer der Lawrence-Biographen: »Extramarital relationships were something Frieda specialized in.« Wie die Frau eines Philologie-Professors in Nottingham zur Verkörperung der Neuen Frau und zur Ehefrau und Muse eines hageren Schulmeisters mit feuerrotem Bart und Haupthaar wurde und wie die Ehe der beiden von vielen Zeitgenossen als »Offenbarung« und »schöpferische Auseinandersetzung« erlebt wurde – diese Geschichte ist oft erzählt worden, von den Beteiligten und von zahlreichen späteren Biographen und Psychohistorikern. Während Ford ungalant über Frieda Lawrence schrieb, dass sie der »Germania oberhalb des Rheins bei Rüdesheim« gleiche, sah der Chefideologe der Freien Liebe, Otto Gross, in ihr die Inkarnation der »Frau der Zukunft« und pries sich glücklich, diese »lebend gesehen, lebend geliebt zu haben«. Gross, der Psychopathologe der Schwabinger Boheme, ja der Menschheitspsychose, betrieb sein Leben als ein einziges Selbstexperiment in Analyse, Drogen und Lebensreform, ein Dauerversuch, der leider nicht nur für ihn, sondern auch für andere schlimme Folgen zeitigte. Er hatte ein Verhältnis nicht nur mit der verheirateten Frieda, sondern auch mit ihrer nicht minder verheirateten Schwester Elsa, eine Konfiguration, welche die beiden allerdings nicht im Sinne ihres Liebhabers auslebten, der Beziehung auf einen »Pakt der perfekten Freiheit« basieren wollte: sie führten sich eher wie Krimhild und Brunhilde auf.

Gross schrieb an Frieda Briefe wie den folgenden, der die Behauptung Bertrand Russells, Lawrence habe »das alles«, sprich: das Programm seiner erotischen Revolution, von Frieda bezogen, vielleicht etwas pauschal, aber nicht falsch erscheinen lässt: »Ich weiß jetzt, wie die Menschen sein werden, die nicht mehr befleckt sein werden von allen Dingen, die ich hasse und bekämpfe – ich weiß es durch Dich, den einzigen Menschen, der heute schon frei geblieben ist von Keuschheitsmoral und Christentum und Demokratie und alledem gehäuften Unrat – freigeblieben durch seine eigene Kraft (...).« Die derart apostrophierte »Liebesgöttin« kehrte zwar nach Nottingham zu Mann und Kindern zurück, aber es dürfte sie nicht gewundert haben, dass ihre Tochter damals zu ihr sagte: »Du bist nicht unsere alte Mutter. Du hast zwar die Haut unserer alten Mutter, aber du bist nicht unsere Mutter, die weggegangen ist.« Frieda Weekley zeigte nach der Trennung ihrem Mann diese Briefe von Otto Gross, der sie tatsächlich las und zurückgab, was vielleicht das erstaunlichste Faktum dieser Geschichte ist.

1912, als ihr ein ehemaliger Schüler ihres Mannes begegnete, war es, war sie dann so weit. Er schreibt ihr nach der ersten Begegnung: »Sie sind die wunderbarste Frau in ganz England.« Wenige Wochen später trennt sie sich von ihrem Mann und ihren drei Kindern und brennt mit Lawrence nach Metz durch, in das damalige deutsche Lothringen. In Metz leben ihre Eltern, der Vater als pensionierter Offizier. Als sie ankommen, feiert die Familie das fünfzigjährige Jubiläum seines Eintritts in die Armee. Das Elternhaus ist übervoll, alle sind beschäftigt, Frieda und Lawrence ziehen in ein Hotel, in getrennte Zimmer. Sie waren ohne Plan losgefahren, sie wollten eigentlich nur gemeinsame Zeit gewinnen, jetzt merken sie auf einmal, wie schwierig alles ist, zumal unter den Bedingungen einer preußischen Festungsstadt. Der hagere Fremde mit den stechend blauen Augen wird zum »unerwünschten Fremden«, als er auf einem Spaziergang in den Fortifikationen einem Posten auffällt – man verdächtigt ihn, ein englischer Spion zu sein. Dank des Einspruchs des Vaters von Frieda wird Lawrence freigelassen; er flieht aus Metz und verbringt glücklichere Tage erst in Trier, dann bei Verwandten in Waldbröl im heutigen Nordrhein-Westfalen. Lawrence war nämlich nach Deutschland nicht einfach nur mitgekommen, weil Frieda dort ihre Heimat hatte. Er hatte schon im Vorfeld dieser Ereignisse den Plan erwogen, als Lektor nach Deutschland zu gehen, dessen Sprache er ausreichend beherrschte und wo er, wie gesagt, Verwandte hatte. Um sich in dieser Angelegenheit Rat zu holen, hatte er seinen alten Lehrer Weekley aufgesucht – und war auf Frieda getroffen.

Aus Hennef, wo er auf der Fahrt nach Waldbröl den Zug abwartete, schickte er Frieda eines seiner schönsten Liebesgedichte:

»Bei Hennef
The little river twittering in the twilight,
The wan, wondering look of the pale sky,
This is almost bliss. [...]
And at last I know my love for you is here;
I can see it all, it is whole like the twilight,
It is large, so large, I could not see it before,
Because of the little lights and flickers and interruptions,
Trouble, anxieties and pains.
You are the call, and I am the answer,
You are the wish, and I the fulfilment,
You are the night, and I the day.
What else – it is perfect enough.
It is perfectly complete,
You and I,
What more--?
Strange, how we suffer in spite of this.«

Man trifft sich wieder in München und erlebt für ganz kurze Zeit den Zustand des »perfectly complete« – ohne »suffering«. »Aber endlich münden alle Zweifel und Hoffnungen, alle Seelenqual und Ungewissheit, alle Verwirrung und Lächerlichkeit in eine Woche vollkommenster sexueller Erfüllung.« »Die Frieda und ich haben unser Zusammenleben in Beuerberg im Isartal angefangen – im Mai 1912 – und wie schön es war!«, schreibt Lawrence später in deutscher Sprache an einen Freund. Der im Folgenden zitierte Brief teilt sehr gut den Epiphanie-Charakter dieser Tage und Wochen in Bayern mit, und wir hören in dem von nun an ziemlich konstanten Lawrence-Sound deutlich Frieda und durch sie hindurch Otto Gross und das ganze Schwabinger Befreiungsprogramm mitschwingen: »Ich will nicht nach England zurück. Ich werde mir eine Tätigkeit in Deutschland besorgen. F[rieda]. möchte Europa ganz und gar verlassen und irgendwohin, außerhalb der Zivilisation leben. Es ist erstaunlich, wie barbarisch einen die Liebe macht. Man findet sich im *Hinterland der Seele* wieder und das ist ein wunderlicher Ort. Ich habe nicht gewusst, dass ich so geartet war. Was für verdammte Narren diese Engländer sind, welche sich vor der großen wilden Bestimmung ihres Wesens abgrenzen. Seit ich in Deutschland bin, ist meine kleine armselige Traurigkeit und Weichheit verschwunden, und ich bin oft erschrocken darüber, wie ich mich selbst finde.

Nun gehen F. und ich schwimmen in der Isar. Sie schwimmt sehr ordentlich und sieht höchst sinnlich aus, wie sie im bleichen grünen Wasser tollt. Es ist hier ganz einsam und wild, also können wir nackt baden, was sowieso die richtige Art ist.«

Scheidung auf Englisch

Zuerst aber musste Frieda geschieden werden. Und damit kommen wir zu dem vierten Motiv, das Deutschland für Ford und nicht nur für ihn attraktiv machte. Wir hatten bislang Geld, Kuren und freie Liebe notiert. Die Scheidung war nach englischem Gesetz, das erst 1969 aufgehoben wurde, »ein Geschenk des geschädigten Ehepartners an den schuldigen Teil«, wie es Brenda Maddox, die Biographin von D.H. und Frieda Lawrence ausdrückt. Der unschuldige Teil konnte also nicht gegen seinen Willen geschieden werden. Um dies freilich feststellen zu können, wurden endlose Prozesse geführt, an denen Rechtsanwälte großartig verdienten und die Öffentlichkeit ohne Beschränkungen teilnahm. Francis Russell, den zweiten Mann von Elizabeth von Arnim, kosteten die Prozesse, die er im Laufe seines Lebens führte und die sich fast ausschließlich um Scheidungs- und Unterhaltsfragen drehten, 30.000 Pfund. Dass Francis Russell der Autor eines Buches mit dem lapidaren Titel *Divorce* war, scheint ebenso verständlich, wie die Richtung seiner Forderungen vorhersehbar. Überhaupt wurde im Kontext aktueller Scheidungsverfahren viel geschrieben und publiziert. Auch Russells erste Frau Edith und ihre Mutter Lady Scott hatten für einen Monsterprozess, bei dem es um die Wiederherstellung der ehelichen Rechte ging, Broschüren herausgegeben, die als juristische Abhandlungen getarnt waren, aber in Wirklichkeit Schmähschriften waren. Der von ihnen beschäftigte Verfasser war ein Mann, der mit Kondomen und pornographischem Schrifttum handelte.

Aber das primäre Medium der Prozessberichterstattung waren natürlich die Zeitungen. 1912 zählte man in England und Wales 587 Scheidungen. Und weil sie selten waren und als Skandale galten, wurde der größte Teil von ihnen in lokalen und überregionalen Zeitungen abgehandelt. Anders als heute unterstützte das gesellschaftliche Establishment und allen voran die Kirche den Pranger-Effekt solcher Veröffentlichungen, auch wenn immer wieder Mitglieder der eigenen Klasse betroffen waren. Die Scheidung Ernest Weekleys von seiner deutschen Frau Frieda, geb. von Richthofen, schaffte es 1914 auf die Titelseite der *News of the World* und teilte sich dort den Platz der Top-Nachrichten mit dem österreichischen Ultimatum an Serbien und der englischen Kabinettsentscheidung zugunsten einer partiellen Autonomie Irlands. Dass in den Blättern eines Weltreiches und nicht nur im *Nottinghamshire Guardian* die Scheidung eines Professors am University College von Nottingham ventiliert wurde, darf also nicht wundern, es erhöhte jedoch den Nachrichtenwert immens, dass der Codefendant, ein Lehrer namens D.H. Lawrence,

Frieda Lawrence und D.H. Lawrence (rechts), wahrscheinlich am Tage ihrer Hochzeit, gemeinsam mit dem Trauzeugen John Middleton Murry. Selwood Terrace in London, 1914

nicht nur durch sein Handeln, sondern auch durch gemeingefährliche Äußerungen aufgefallen war. Da die Trennung einer Ehe in der Regel Ehebruch voraussetzte, war in den Prozessen auch der oder die Dritte als Mitangeklagter (Codefendant) einbezogen. Das bedeutete in unserem Fall, dass Briefe, die Lawrence an Ernest Weekley geschrieben hatte, als Beweismittel eingesetzt und damit öffentlich wurden. Der *London Evening Standard* gab seinem Bericht die

Überschrift »Seltsame Analyse der weiblichen Natur«. »Der Zeitung war Lawrences Feststellung in seinem Brief an Weekley aufgefallen, dass ›Frauen von Natur aus wie Riesinnen‹ seien. Das war eine Nachricht. Erst einen Tag vorher hatte der britische Pressezar Lord Northcliffe in einer Rede in Chicago behauptet, Frauen würden das Britische Empire beherrschen, wenn man ihnen dieselben Freiheiten ließe wie Männern: ›Kein Mann, der etwas auf sich hält, wird sich von Frauen beherrschen lassen.‹«

Frieda und D. H. Lawrence hatten Glück. Sie wurden geschieden, weil Ernest Weekley sie freigab. Entgegen der Meinung, welche die Lawrence-Richthofen-Literatur von ihm hat, scheint er ein großzügiger Mensch gewesen zu sein. Am 28. Mai war die Scheidung komplett. Am 13. Juli 1914 fand die Trauung statt. Trauzeugen waren Katherine Mansfield und ihr Lebensgefährte und Schriftstellerkollege John Middleton Murry, später auch ein Liebhaber Friedas. Katherine Mansfields Ehemann war nicht bereit, in die Scheidung einzuwilligen, vermutlich weil er von seiner Frau zu wenig, eigentlich gar nichts gehabt hatte: Ihre Ehe währte nur wenige Stunden, ganz zu schweigen von einer Nacht. Lawrence dagegen schwor auf das Sakrament der Ehe, das er auch »Mysterium der Ehe« nannte, dies ungeachtet der permanenten Infusion deutscher Ideen über freie Liebe und Sexualmoral, die ihn via Frieda erreichten, und der dementsprechenden Verarbeitung in seinen freizügigen Romanen, ungeachtet auch der Tatsache, dass Frieda ihrer »Spezialität«, dem Seitensprung, nicht abschwor, sogar in jenem ersten glücklichen Sommer in Bayern nicht, und dass die beiden die stürmischste Ehe führten, die in den Annalen der Literaturgeschichte verzeichnet ist. »Wenn ein Mann und eine Frau sich wahrhaft zusammenfinden, wenn eine Ehe geschlossen wird, dann kommt eine unbewusste, vitale Verbindung zwischen ihnen zustande, wie ein pulsierender Blutkreislauf.« Lawrence klingt hier in Ton und Botschaft wieder ganz ähnlich wie sein Vorgänger Otto Gross, nur dass dieser vergleichbare Gedanken zur Verteidigung der freien Verbindung der Geschlechter angeführt hatte.

»Keine Szenen«

»Von seinem schöpferischen Genius getrieben, trat er [Lawrence] ein in die Ehe, und getrieben von demselben Genius, offenbarte er seine Ehe der Welt. Wir waren unmittelbarer Zeuge [...].« So spricht der Lawrence-Jünger John Middleton Murry. Hätte man Ford erklären wollen, dass die Ehe nicht auf Konvention, sondern auf die »Weisheit des Blutes« gegründet sei und dass sie als eine öffentliche Lehrveranstaltung gelebt werden müsse, er hätte schallend gelacht. »Marriage was a matter of behaviour«, beschied er seine Geliebte. Die neuen Ideologien kamen ihm zupass, wenn er Satiren verfasste, so in dem 1911 in einem Monat und zwar in Deutschland geschriebenen Roman *The Panel*, wo die Reformer jeglicher Couleur ihr Fett abbekommen: die »Societies for the Suppression of Sin, the Abolition of Conventional Marriage, for the Abolition of Vice«, samt und sonders Konventikel, die Ford erfunden hatte, die aber nicht so überzeugend klangen wie die realexistierenden Gruppen National Social Purity Crusade oder die National Vigilance Association. Ford war kein Lawrence, kein Gross, der eine »Hochschule zur Befreiung der Menschheit« gegründet hatte, kein H.G. Wells, der offiziell verheiratet war, mit Ehefrau, Haus und Kindern, und daneben seine Liebesbeziehungen (mit Elizabeth von Arnim, Violet Hunt, Rebecca West und Dorothy Richardson, um nur die zu nennen, die in diesem Buch eine Rolle spielen) wie Demonstrationen zum Thema moderne Geschlechterbeziehungen veranstaltete und sie natürlich alle in Romanform und in autobiographischen Schriften verarbeitete.

Aber Ford hätte zu früh gelacht. In seinem Roman *No More Parades* (1925) erklärt Christopher Tietjens, die Hauptfigur, dessen Frau Sylvia sich kategorisch einer Scheidung verweigert: »So wie er es sah, betrachten gutsituierte Engländer als die Grundlage aller ehelichen Vereinigungen und Trennungen die Maxime: Keine Szenen. Keine Szenen um der Öffentlichkeit willen. [...] Und für ihn war der Instinkt, seine Privatsphäre, also seine Beziehungen, seine Leidenschaften, ja seine harmlosesten Motive zu schützen, so stark wie der Instinkt zu leben selbst. Er wäre lieber tot als ein offenes Buch.«

Als Ford diese Sätze in den zwanziger Jahren schrieb, hätte er nach dieser Regel längst tot sein müssen. Im Januar 1910 wurde Ford auf Betreiben seiner Frau Elsie vom Divorce Court aufgefordert, zu ihr zurückzukehren. Er hatte sie und die beiden Töchter um einer anderen Frau willen verlassen und auf Scheidung geklagt. Elsie willigte aber in das Scheidungsbegehren nicht ein und gab als echten oder vorgeschobenen Grund an, dass Ford seine Töchter hatte katholisch taufen und erziehen lassen und dass eine Scheidung quasi deren Katholizität schwer beeinträchtige. Ganz abgesehen davon, dass für den Katholiken Ford sowieso eine Auflösung der Ehe nicht in Frage komme, nicht durch ein weltliches Gericht zumindest. Ford war hier in eine für ihn typische Zwickmühle geraten. Katholisch war er geworden, um sich sein deutsches Erbe zu sichern, die beiden Töchter hatte er in Münster vor den Augen der deutschen Hüffers katholisch taufen lassen, jetzt stand sein Zweckkatholizismus einem anderen Zweck in der Quere. Allerdings hätte es gereicht, wenn Elsie Hueffer auch ohne Angaben von Gründen die Scheidung verweigert hätte. Ford seinerseits war entschlossen nicht zu Elsie zurückzukehren und wurde im April 1910 dazu verurteilt, an die Klägerin Unterhalt zu zahlen. Weil er nicht einsehen konnte, dass seine Frau nicht in die Scheidung einwilligte, zahlte Ford nicht und ging dafür lieber zehn Tage lang ins Gefängnis. Seine literarischen Freunde machten daraus einen gewaltigen Aufstand, den Zeitungen war der Vorgang es wert, Sandwich-Männer mit dem Text des Urteils auf die Straßen zu schicken. Soviel zum Thema keine Öffentlichkeit, keine Szenen.

Aus dem Gefängnis holte man ihn ab und beförderte ihn stracks zum Hotel Continental, wo er vor ein großes Beefsteak gesetzt wurde. Er zeigte seine Gefängnisandenken vor: Wachs, starken Faden und ein Stück Sackleinwand. Ford hatte Postsäcke nähen müssen. Eine schlechte Nachricht wartete auf ihn. Sie handelte vom Ableben seiner deutschen Erbtante Laura und davon, dass diese ihr Testament eine Stunde vor ihrem Tod geändert und das Erbe des Neffen bis zum Januar 1911 ausgesetzt hatte – bei guter Führung, »contingent on his good behaviour«. Ford rechnete nach. Laura war zwei Tage vor seinem Eintritt ins Gefängnis verstorben. Hatte diese Nachricht Deutschland erreicht? War sie vielleicht aus dem Leben geschieden, weil sie erfuhr, dass ihr Lieblingsneffe einsaß, »that he

Violet Hunt, 1912
Fotografie von E. O. Hoppé

was ›doing time‹«? Die Zwickmühle war um eine Variante reicher geworden. Konnte er angesichts dieser Belastungen und Auflagen die Scheidungspläne weiterverfolgen? Die Frau, die ihm im Hotel Continental gegenübersaß, die ihm die Nachrichten überbracht hatte und ihn danach mit nach Hause nehmen würde und von der wir all diese Einzelheiten wissen, dürfte diese Frage vielleicht nicht in diesem Moment gestellt haben – ihr Gegenüber war sichtlich strapaziert und geschockt. Aber es war die Frage aller Fragen. Es ging schließlich um sie: Violet Hunt.

»Eine Frau für illegitime Verhältnisse«

Violet Hunt (1866–1942) teilte mit Ford den Beruf des Schriftstellers, ja sie teilte eine kurze Zeit auch die Schriftstellerei mit ihm, wie etwa in dem gemeinsamen Deutschlandbuch *The Desirable Alien*, und schließlich teilte sie dann auch noch allen alles mit, was sie und Ford betraf. Das geschah in ihren »Tell-it-all«-Memoiren, die sie den zehn Jahren mit Ford widmete und die sie 1926 unter dem wenig Gutes verheißenden Titel *I Have This To Say* herausbrachte. Kein englischer Schriftsteller ist in der ersten Hälfte des letzten Jahrhunderts derart komplett in der Öffentlichkeit ausgezogen worden. Ford war, wie Lawrence nach kürzester Zeit erkannt hatte, »a fool about life«, ein Tor in Sachen Leben, mit anderen Worten: Hunt hatte genug zu erzählen. Vermutlich hat sie weniger erfinden müssen als Ford, aber erfunden hat sie natürlich auch.

Violet Hunt dagegen war kein »fool«. Ihre Unvorsichtigkeit war die der Abenteurerin. Das gilt vor allem für ihre Liebesbeziehungen. Ihr Beuteschema, wie man heute sagt, blieb lange Zeit konstant: verheiratete Männer, die einer künstlerischen Profession nachgingen. Bis zu ihrem 30. Lebensjahr mussten sie bedeutend älter sein, danach markant jünger. Hunt, eine Neue Frau, eine Mitläuferin der Suffragetten, war in Sachen Ehe mehr als gespalten: »Warum muss es am Ende immer Ehe sein? – Aber ich glaube, das will ich doch, einen Anker, einen Ehemann, den ich anbeten kann. Und doch kann ich mich zum Abstieg in die ›Mittelmäßigkeit‹ nicht entschließen. Werde ich flirten bis zum Ende meiner natürlichen Lebenszeit (mit 30 oder 35) oder heiraten und mich bessern?« Das schrieb sie ins Tagebuch 1890, als sie 28 war und *Femme impossible*, den schwülen »roman passionel« des Franzosen Richard Lesclide, las. Als sie 52 Jahre später starb, war die Frage endgültig beantwortet: Sie war und blieb eine »unmögliche Frau« oder, mit den ebenso treffenden Worten eines abgewiesenen Kandidaten gesagt, »eine Frau für illegitime Verhältnisse«. Soll heißen: Niemand hatte sie zur ehrbaren Frau gemacht. Lawrence war nur einer von vielen, der sie nicht heiratbar fand: »viel zu teuflisch clever« war sein Urteil.

»Was sollte so schlimm daran sein, sich ein bisschen Liebe dort zu holen, wo sie zu haben ist? Ich vertrage mich eben am besten mit einem *homme arrivé*, der mich versteht.« Die beiden wichtigsten »Arrivierten« und »Illegitimen« waren – nach einem platonischen Vorspiel mit Oscar Wilde – George Boughton, ein zu seiner Zeit erfolgreicher, heute vergessener Maler, 29 Jahre älter als seine junge Freundin, und Oswald Crawfurd, Exdiplomat, Autor, Verleger und Redakteur zweier Zeitschriften, 28 Jahre älter. Mit H. G. Wells, dem damals schon berühmten Autor von *Die Zeitmaschine* und *Krieg der Welten*, und Somerset Maugham beginnt die Staffel der jüngeren

Männer. Von 1908 dann bis 1918 war sie mit Ford liiert, einem, wie sich zeigen sollte, sehr verheirateten Mann, der 13 Jahre jünger war als Hunt und aus demselben unendlich fruchtbaren Milieu stammte wie sie. Auch sie war eine Präraffaelitin, in ihrem Fall eine Präraffaelitin der zweiten Generation. Ihr Vater, Alfred Hunt, war ein anerkannter, aber nur mäßig erfolgreicher Aquarellmaler gewesen, der sich der Patronage John Ruskins erfreute; ihre Mutter schrieb gängige Gesellschaftsromane – mit der Tochter zusammen übersetzte sie Grimms Märchen ins Englische. Die Tochter übersetzte allerdings auch Casanovas Memoiren, was sehr gut zu dem Pas de deux passt, den sie mit sich selbst auf dem gesellschaftlichen Parkett aufführte: Auf eine konventionelle Figur folgt unweigerlich ein wilder Ausfallschritt.

Violet Hunt war nicht Frieda von Richthofen. Die ideale Trias, die Otto Gross in Frieda vereint fand, »Geliebte, Freundin, mütterliches Weib«, erfüllte sie allenfalls zu zwei Dritteln. Eines war Violet sicher nicht, eine Mutter. Und sie war auch kein Vollblutweib. Hätte einer ihrer Männer von ihr verlangt, was der immer schwülstige Gross Friedas »unvergleichlich reiches und heißes üppiges Sich-Schenken« nannte, Violet hätte sich mit Grausen abgewandt. Sie war eine Neue Frau, aber ihr politischer Kampf an der Seite, besser in der Nachhut der Frauenbewegung war mehr aufgesetzt. Vielleicht sollte man die Übersetzerin Casanovas einen verspäteten Libertin nennen. Während die anderen die Pfosten ihrer Beilager mit Parolen dekorierten, verlangte Violet Hunt nach dem Abenteuer, dem Theater der Liebe. Sie wollte ihren neuen Liebhaber Ford in dem Bett lieben, in dem sie zur Welt gekommen war, angetan mit »einem einfachen weißen Leinennachthemd, das aus einem alten Hemd von meiner Großmutter gemacht war«, und über dem Bett sollte das Bild des verflossenen Liebhabers hängen. Kein Wunder, dass dieses Arrangement nicht zu dem gewünschten Erfolg führte. Ford schätzte nach allem, was wir wissen, eher Hausmannskost. Hunt dagegen brauchte wie ihr Partner Crawfurd den Frisson, der sich aus dem gewagten Spiel mit den gesellschaftlichen Konventionen gewinnen lässt. Getrennt erscheinen sie auf dem Ball, kennen einander scheinbar nicht, flirten heftig, trennen sich – und hinterher das geheime Treffen im Liebesnest.

»Das alles macht mich ganz toll, ich werde eine andere Frau, oder ich zeige mich als eine andere. Ich weine und lache – ich bin alles, nur nicht die praktische, abgebrühte Person, die ich meistens bin. Mein ganzes Sein strömt dem Mann entgegen, der so nah bei mir ist, dass ich die Hitze seines Körpers spüre, dessen Hände mich so warm und eng umfangen halten, ohne fiebrig zu sein, lebensspendende Hände – ich schaudere, wenn er sie auf meinen Nacken legt.«

Die um 1900 noch wohldefinierte Position der Lebedame erfüllte Violet Hunt aus zwei Gründen nicht: Erstens ließ sie sich nie aushalten; eher galt das Gegenteil. Zweitens verfügte sie über einen Beruf, den sie mit Ehrgeiz und beträchtlichem Erfolg ausübte. Und ihr Beruf als Schriftstellerin erschloss ihr eine zweite Demimonde, in der sie viele Jahre lang eine führende Rolle spielte. Sie war eine der großen Salonnieren der Edwardianischen Epoche. South Lodge hieß das Haus, das ihr Vater gebaut hatte und das berühmte Künstler ausgestattet hatten. Und South Lodge wurde zur Hauptadresse einer »Szene«, eines Treffpunkts von »les jeunes«, wie Ford und Hunt ihre jungen Freunde nannten: Wyndham Lewis, Ezra Pound, G. B. Stern, Rebecca West, Katherine Mansfield, John Middleton Murry, D. H. Lawrence, Brigit Patmore, H. D., Jacob Epstein, Henri Gaudier-Brzeska, Cunninghame Graham, May Sinclair und viele andere verkehrten dort. Und auch »les vieux« beehrten das Haus von Zeit zu Zeit mit ihrer Gegenwart: Joseph Conrad, G.B. Shaw, William Butler Yeats, H. G. Wells. Einer ihrer Gäste sagte, bei Hunt treffe man »jeden intelligenten Menschen, den es im Edwardianischen London zu treffen lohne«.

Gottes Finger zeigt nach Deutschland

Was Ford an Hunt fand und umgekehrt? Außer den üblichen unberechenbaren Gründen der Liebe, das Körperliche war es wohl eher nicht. In beiden Fällen nicht. Hunt war mittelgroß, eher zart gebaut, und trug ihr Haar etwas altmodisch »à la greque«, in einer zu großen Locken gebändigten Frisur. Sie besaß ein prägnantes Profil, das sie gerne ins rechte Licht rückte, das ihr aber im Alter, als die Wangenknochen stark hervortraten, etwas Hexenhaftes verlieh. Es ist auch nicht anzunehmen, dass ihre langgeübten erotischen Künste in der Beziehung zu Ford die Hauptattraktion waren. Anfangs vielleicht, aber sicher nicht auf die Dauer der neun bis zehn Jahre gerechnet, die durch den Krieg stark verkürzt wurden. Ich nehme an, dass beide, Hunt wie Ford, den folgenden Satz mit großer Überzeugung hätten nachsprechen können: »Whatever else I have desired, invariably the leading thing I have desired has been personal response.« Das sagt der Erzähler von H. G. Wells *The World of William Clissold*, und aus dem Munde von Ford, an die Adresse von Hunt gerichtet, klingt es so: »Siehst du nicht, wie viel es mir bedeutet, nur einfach jemanden zu kennen, mit dem man bis ans Lebensende reden kann? Das allein schon wäre himmlisch! Und dass Du es auch noch bist!« Oder man kann auch die berühmte, oft zitierte Stelle aus *Parade's End* hier anführen, wo der Protagonist seinen Standpunkt darlegt, man verführe »eine junge Frau, nur um seine Gespräche mit ihr zu Ende führen zu können. Würde man sie nicht verführen, könnte man nicht mit ihr zusammenleben, aber das ist nur ein Nebeneffekt. Wichtig ist, dass man sonst nicht mit ihr reden kann.« Wenn ein Mann dies einen anderen Mann sagen lässt, spricht er entweder ironisch oder im Ernst. In diesem Falle war es ernst gemeint. Zwei Mythomanen, zwei existentiell der Republic of letters verschriebene Menschen, zwei ebenso neugierige wie indiskrete Literati hatten sich gefunden – da wurden ihr gemeinsames Leben und ihre Zusammenarbeit zum Dauergespräch und zur fortgesetzten Konversation im täglichen Austausch der Briefe.

Hunt nannte Ford in Wort und Schrift ihr Leben lang Joseph Leopold. Das klang lustig und ein wenig herablassend, aber auch ominös, betrachtet man die Geschichte aus der Rückschau, denn es waren die Taufnamen, die sich Ford zugelegt hatte, als er zur katholischen Kirche übertrat. Die erste große Reise und Unternehmung, die sie gemeinsam machten, führte sie im Sommer 1910 nach Deutschland. Als Grund dieser Tour wurden nicht nur die Wünsche nach unbeschwerter Zeit zu zweit und nach Erholung, sondern auch der Tod der Tante Laura genannt, deren Erbe Ford sich sichern wollte, ja musste. Nachdem er seine Frau verlassen hatte, fiel an Einnahmen weg, was ihr die Eltern zahlten, und er war unterhaltspflichtig geworden. Von daher dürfte seine Motivlage nicht grundsätzlich verschieden von derjenigen Violets gewesen sein, die später schrieb: »Ich schäme mich für meine Gewinnsucht, aber der Gedanke war nicht abzuweisen, dass zwischen Joseph Leopold und einem großen Vermögen nur noch zwei an dünnem Faden hängende Leben standen.« Ford sollte der verbleibenden Erbtante in Boppard erklären, dass die Ereignisse der letzten Monate durch Mächte herbeigeführt worden waren, die er nicht hatte loslassen wollen, und sich dann demütig in die Warteschlange hinter der Tante und deren gebrechlicher Tochter einreihen. »And, anyway, it would be a great adventure!«, fährt die unerschrockene Chronistin fort. Die Logistik der Unverheirateten sah so aus, dass eine Freundin von Violet Hunt, »die Gräfin«, die in Bad Nauheim lebte, die Begleiterin spielen würde. Solche Vorsichtsmaßnahmen entsprachen zwar nicht Hunts Grundsätzen als Neue Frau, waren aber als Fassade für die deutsche Erbtante wohl geboten. Hunt selbst stand auch unter Beobachtung, denn in einem endlosen Prozess kämpfte sie gegen ihre Schwestern um das Sorgerecht für ihre demente und so gut wie blinde Mutter, das ihr einen Gutteil ihrer Einkünfte sicherte. Dabei ging es auch um ihren Ruf. »Ein kleiner gesellschaftlicher Fehltritt meinerseits hätte für meine Mutter das Armenhaus und für mich ewige Reue bedeutet.« Ihr Beschluss stand fest: »Nicht mehr ohne Anstandsperson also, wie tugendhaft das Leben auch sein mochte. Ich war für eine Neue Frau zu alt.«

Die Freundin traf die beiden in Tilburg; dort schiffte sich das Trio auf einem Rheindampfer ein, der sie in Etappen flussaufwärts brachte. In Assmannshausen machte man Station. Von dort aus wurden die Bopparder Verwandten besucht. Bei ihnen zu wohnen verbot sich: Mit der Tatsache Violet mussten sie erst langsam vertraut gemacht werden. Und die Chaperonne neutralisierte die Situation auch nur bedingt, da sie selbst belastet war – als »divorcée«, eine Tatsache, die sogar einen Gegenbesuch in Assmannshausen verhinderte.

Hunts abschließende Betrachtung zu diesem Thema: »Die Ehe wird eine Tyrannei, die durch Scheidung gemäßigt wird. Man sollte von Letzterer so oft wie möglich Gebrauch machen, um Erstere ertragen zu können.« Die Freundin zieht es nach Bad Nauheim. Das Paar geht mit.»Welch ein Unterschied! Erst die tiefe, ernste Strömung des Rheins, die dunklen Wälder, in denen man höchstens einem Förster begegnete, der eine Feder am Hut trug, dann eine Ansammlung von Villen und Gärten, wo Leute herumwanderten und durch Zelluloidhalme aus Trinkbechern tranken.«

Wir befänden uns nicht im spätesten 19. Jahrhundert, wenn nicht Zelebritäten in der Nähe wären. Auf dem Dampfer war man in Gesellschaft von Aubrey Beardsleys Mutter und eines der berühmtesten Tenöre der Epoche gefahren; in Nauheim nahmen der Zar und seine todkranke Frau, Alice von Hessen, die Kur, was die Sache aufregend machte. Denn wo der Zar sich aufhielt, konnten die Bombenleger nicht weit sein. Hunt behauptet, dass die Stadt Friedberg, in deren Mauern die Zarenfamilie wohnte, die öffentlichen Gebäude auf seine Kosten hatte versichern lassen. Auch der regierende Großherzog von Hessen-Darmstadt, ein Verwandter des englischen Königs («seine Züge très en Edouard«), weilte in Bad Nauheim.»Nachdem er sich problemlos von seiner Frau wegen Unverträglichkeit hatte scheiden lassen, gab er mit leichter Hand die Revenuen seines Herzogtums aus: Er spielte täglich auf der überdachten Veranda des Kursaals oder im Parterre Bridge, umgeben von roten Geranien, den blauen Käppis der Musiker und den bunten Toiletten der Amerikanerinnen, der Kokotten und der berufsmäßigen Schönheiten. Jeden Tag erwartete er, dass er von der einen oder anderen zum Dinner aufgefordert werden würde – und er wurde.«

Die eigentliche Sensation des Aufenthaltes in Bad Nauheim war aber eine andere, sie rechtfertigte, dass Hunt ihren Bericht mit »God's finger points to Germany« überschreibt.

»Der Zeitpunkt meiner Rückkehr war gekommen. Und ich wollte noch so gerne Marburg sehen und die Töpfer, die dort an der Straße ihre Töpfe drehen, und die Studenten, die fechten und sich von anderen Studenten ein Scheibchen vom Kopf absäbeln lassen, damit sie die Narbe vorzeigen können. Die Gräfin war einverstanden, wir buchten für Donnerstag im Hotel zum Ritter am Elisabeth-Platz, und ich erwartete jede Menge Krönchen mit blauen Bändern zu sehen.

Aber vor diesem Donnerstag – ich ahnte nicht, welch ein Schicksalstag es war – bestieg Joseph Leopold auf Geheiß der Gräfin, die an unseren Problemen starken Anteil nahm, den Zug nach Giessen, eine Universitätsstadt, eine halbe Stunde entfernt, und kehrte zum Abendessen zurück, bei dem er so bedeutungsschwanger, wie es einem Wesen mit hellblauen Augen zu Gebote steht, erklärte, dass wir wie verabredet nach Marburg fahren, ihn aber dort zurücklassen würden. Er bliebe in Deutschland.«

Scheidung auf Deutsch

Fords plötzlicher Entschluss, nicht nach England zurückzukehren, erscheint in der Rückschau als der Anfang vom Ende der Beziehungen Hunt–Ford. Obwohl er das Gegenteil bezweckte: die Scheidung von Elsie als Voraussetzung für eine eheliche Verbindung mit Violet. Hunt schreibt in einem Brief:

»Die Gräfin nannte ihm den Namen eines guten Rechtsanwalts dort. Er fuhr und traf diesen Mann gestern und ist im Moment eifrig damit beschäftigt, seine Papiere zu übersetzen. Ich wünschte, ich könnte deutsch. Das Dumme ist, dass ich ziemlich krank bin und nach Hause muss, während F., wenn ich ihn richtig verstehe, sechs Monate hier bleiben muss, um die Sache durchzubringen, und nur im Fall, dass er einen sehr guten Eindruck macht, die Autoritäten bewegen kann, ihn innerhalb eines Monats zum Deutschen zu machen, auf der Basis der Einbürgerung seines Vaters im Jahre 1872.« Und dann Violet at her best: »Wir stehen mit dem Großherzog des betreffenden Staates, dessen Burger Ford werden will, auf freundschaftlichem Fuße.«

Ford wollte nicht Deutscher werden, weil »the Fatherland« ihn rief, weil das Blut sprach, wie Lawrence es gesagt hätte. Der Begriff des Vaterlandes, so könnte man eine berühmte Formulierung von Dolf Sternberger abwandeln, erfüllte sich für Ford im moderneren Scheidungsrecht. In Bad Nauheim, wo Scheidungen, auch gerade internationale, ein großes Thema waren und wo gerne der Grund für neue Scheidungen gelegt wurde, wie wir noch erfahren werden, hatte man ihm den Weg gewiesen, wie er aus seinem Dilemma herauskommen konnte. Die deutschen Gesetze kannten das englische Prinzip der Einwilligung beider Partner nicht. Und anders als in England spielten sich Scheidungsprozesse hinter verschlossenen Türen ab. Jetzt galt es nur noch, Deutscher zu werden. Fords Einbürgerungsbegehren fiel in eine Zeit intensiver Debatten um das Thema »Naturalisierung« oder »Naturalisation«, deren Grundsätze zwei Jahre später im »Reichs- und Staatsangehörigkeitsgesetz« festgeschrieben wurden. Damals wurde reichsweit Gesetz, was sich in der Praxis in den deutschen Territorien schon seit der Reichsgründung durchgesetzt hatte: Leitgedanke war das »ius sanguinis«, das Abstammungsprinzip, das den Nationalstaat als eine ethnische Gemeinschaft postulierte und damit die »Naturalisation der Fremden« erschwerte. Diese Tendenz kam Fords Antrag insofern entgegen, als sein deutscher Vater, als er britischer Staatsbürger wurde, damit nicht auch die Nationalität seiner Kinder mitgenommen hatte. Insofern hatte Hunt recht, wenn sie an anderer Stelle schreibt, dass die »eingebildeten Deutschen« die Kinder, selbst die im Ausland geborenen Kinder eines deutschen Auswanderers als potentielle Deutsche betrachteten. Die somit gegebene Inanspruchnahme des »ius sanguinis« reichte aber nicht aus. Wie eigentlich immer in solchen Rechtsangelegenheiten gab es da noch die Ausführungsbestimmungen und das berühmte Kleingedruckte. Die Rückkehrwilligen mussten einen festen Wohnsitz vorweisen und – ich zitiere wieder aus Hunts Brief – »die Bürgermeister irgendeiner deutschen Stadt dazu bewegen, sie als Personen zu akzeptieren, die gute Mitbürger werden würden und reich genug waren, um regelmäßig die Steuern zu zahlen«. So stellte sich wenigstens die Situation im Großherzogtum Hessen-Darmstadt und in der guten Stadt Gießen dar.

»Kiessen Is Good Enoff!«

Hunts Gesundheitszustand verschlechterte sich. Ein Arzt riet zur Operation. Sie weigerte sich und kam durch Bettruhe und Diät langsam wieder auf die Beine. In den ersten Tagen des Oktobers 1910 trat sie die Rückreise nach England an, und Ford bezog seine neue Wohnung in Gießen, Nordanlage 29. Kurz darauf beschreibt Ford seine neuen, möblierten Lebensumstände: »In dem einen Raum befinden sich ein Tisch, ein Schreibtisch, ein Sofa, fünf Stühle und ungefähr 250 Ornamente, die von Korallenstücken, die wie menschliche Gehirne aussehen, bis zu vergoldeten Lohengrin-Büsten reichen. Im anderen Raum stehen ein Bett, ein Tisch, eine Kommode, ein Schrank, ein Waschtisch, und es gibt noch einmal 250 Ornamente.« Fords Tagesablauf: Aufstehen um 8 Uhr 30. Frühstück um 9. Wanderung den Stadtgraben entlang, rund um die Stadt. Besuch des Rechtsanwalts Paul John. Rückkehr 10 Uhr 30. Arbeit bis zum Mittagessen. Danach Spaziergang in der Stadt bis 15 Uhr 30, Nickerchen bis 16 Uhr 30. Schreiben bis 18 Uhr. Abendessen im Hotel Großherzog (1, 50). Zurück um 21 Uhr, Schreiben bis 22 Uhr, Patience bis 23 Uhr. Zu Bett.

Das literarische England musste sich an diese Adresse gewöhnen: Gießen, 29 Nordanlage, ab März 1911 dann 15 Friedrichstr. (für letztere Adresse hatte sich Ford Briefpapier drucken lassen!). »28. Okt. Mein lieber Herr Jepson, ich bin, vielen Dank, wohlauf, glücklich und beschäftigt. Mit der rechten Hand schreibe ich eine Geschichte der Cholera in Irland; mit der linken einen historischen Roman über die Scheidung der Anna Boleyn, den ich als Haken benutze, an dem ich Überlegungen über die Scheidung im Allgemeinen aufhängen kann. Meine Füße bedienen die Pedale einer Schreibmaschine, die an einem Text über die englische Literatur der beiden letzten Jahre schreibt, während meine Augen die Materialien für meine monumentale Biographie des Sejanus sichten. Alles Gute, mögen Sie den blinden Fleck im Auge Gottes einnehmen. Dann wird es Ihnen gut gehen. Ihr...«

Kein Wunder, dass der Fremdarbeiter bei dieser Belastung bald von einem schweren Schreibkrampf heimgesucht wurde und die

Hilfe einer deutschen Kraft in Anspruch nehmen musste. Alles psychologisch bedingt, meint Hunt im fernen London, das Ford, je länger Herbst und Winter sich hinziehen, immer attraktiver findet, doch die Aushilfssekretärin, die Stimme des Vaterlands, das verdient werden will, weist ihn jedesmal zurecht: »What do you want to go to London for? Kiessen is good enoff!« Doch dann gibt es einen guten Grund zur Rückkehr: Hunt muss sich schließlich doch der großen Operation unterziehen. Ford eilt ans Krankenbett. Die Genesung findet im belgischen Spa statt, Ford und Hunt verbringen dort gemeinsam die Weihnachtszeit. Dann heißt es für Ford wieder zurück ins »Fatherland«, ab nach Gießen, um den erwünschten Fremden und potentiellen Mitbürger zu mimen.

Die Einführung des Hosenrocks in Gießen

1911 bringt dann Violet Hunts Besuch, besser Auftritt, in Gießen. Diesmal sorgt Fords Mutter für die notwendige Anstandskulisse.

»Kurz nach meiner Ankunft in H- [Gießen] zog ich den Rock an, um Joseph Leopold und seiner Mutter einen Gefallen zu tun, und wir machten einen Besuch. […] Ich hatte Frau Rechtsanwalt B- [John] und ihrem Ehemann versprochen, den berühmten Hosenrock in re vorzuführen, von dem sie schon so viel gehört hatten. Sie hatten ihn in den Illustrierten abgebildet gesehen und hatten von ihm im Zusammenhang mit polizeilichen Festnahmen wegen Erregung öffentlichen Ärgernisses gelesen, aber ihn im Kino karikiert zu sehen, wie ich es habe, das war ihnen entgangen, aus dem einfachen Grund, dass respektable Deutsche nicht ins Kino gehen. Der Herr Rechtsanwalt verließ seine Praxis früher, um an der Vorführung teilnehmen zu können. Ein Preußischer Major, der auf seinem fetten weißen Schimmel die Stadt unsicher machte, kam ebenfalls zum Tee. Und Joseph Leopold und seine Mutter gingen als Anstandsbegleiter mit. […]
Ich gelangte lebend über die Straße. Ich schmeichelte mir, dass

meine unauffälligen fahnengleichen Schöße aus blauem Serge, welche über die unschuldigsten dunkelblauen Seidenhosen hingen, auf diese Weise den Schritt versteckten, sodass das Ganze als der normale kurze Rock des Jahres durchgehen würde. Gleichzeitig musste ich voller Zorn an jene Aufstände zurückdenken, welche England wegen dieses Kleidungsstücks vor wenigen Monaten erlebt hatte und was für ein Wirbel darum entstanden war, dass eine Frau ihre Beine in je eine Tuchröhre und nicht wie vorher beide in eine einzige steckte. [...]
Ich ging über die Straße, mit einer Leichtigkeit und Freiheit, die mir kein anderes Stück Kleidung bis dahin ermöglicht hatte, und stieg Frau B-'s bequeme, eichene Treppe hinauf und betrat ganz unerschrocken dieses deutsche Wohnzimmer, denn was tat ich schon anderes, als zum ersten Mal wie ein Mann zu gehen, so bequem und umstandslos wie ein Mann. [...]
›Es ist nichts dabei!‹, erklärte meine Gastgeberin, nachdem der erste Schock sich gelegt hatte und der Kuchen gereicht worden war. ›Es wäre mir nicht aufgefallen, wenn Sie es mir nicht vorher gesagt hätten.‹
Ihr Gatte schwieg. Er war Rechtsanwalt, und vielleicht hatte er mich über die Straße gehen gesehen. Vielleicht malte er sich im Geiste schon aus, wie die Polizei ihn aufforderte, mich davon abzuhalten, den Bürgern von H- weiteren Anlass zum Anstoß zu liefern. Was in der Tat geschehen sollte.
Der Preußische Offizier war ein Mann von wenigen Worten, wirklich von sehr wenigen Worten. Ich habe ihn danach noch öfter getroffen, in Deutschland und in England, und seine Rede bestand darin, dass er weich und verführerisch sagte, wenn man ihm begegnete: ›Wie geht's Ihnen?‹ Der Preußische Offizier saß an meiner Seite und murmelte von Zeit zu Zeit, mehr zu sich, als zu mir sprechend: ›*Hosen-rock!*‹.«

Wir lesen das natürlich wie alles von Violet Hunt mit großem Vergnügen, fragen uns nur, welchen Beitrag Hunt und Ford sich von diesen Auftritten zu jenem höheren Zweck erhofften, der sie nach Deutschland und nach Gießen geführt hatte: ging es doch schließlich nur um eins, zu den blutmäßigen Voraussetzungen des Deutschwerdens auch noch die sozialen Parameter hinzuzufügen. Ford wird seinem Rechtsanwalt die wahren Gründe seines Einbürgerungsbegehrens nicht verschwiegen haben; wir dürfen annehmen, dass Paul John bereits die Scheidungsklage vorbereitete. Das alles vorausgesetzt, war es trotzdem vielleicht keine so gute Idee, das eigentliche Motiv, das den Neubürger in spe bewog, in Person und in einem polizeiauffälligen Outfit vorzuführen. London ließ sich aber aus Gießen nicht heraushalten.

Ford wälzt sich auf dem Boden, oder: Der Anfang der Moderne

In den ersten Tagen des August 1911 erschien in Gießen eine malerische Gestalt, unverkennbar ein Dichter und Freidenker. Wenig wahrscheinlich, dass der dünne Mann mit den wirren roten Haaren und seinen Tanzschritten in die Gesellschaft von Paul und Linchen John und Bahnhofsvorsteher Walloth gepasst und die Aussichten des Anwärters auf die deutsche Staatsbürgerschaft vermehrt hat. Als Ford ihm zwei Jahre zuvor das erste Mal begegnete, »trug er Hosen aus grünem Billardtuch, eine rosa Jacke, ein blaues Hemd, eine von einem japanischen Freund handgemalte Krawatte, einen riesigen Sombrero, einen flammenden Spitzbart und einen einzelnen blauen Ohrring«. Mit Ezra Pound (1888–1972) trat ins Gießener Exil Fords der Repräsentant einer anderen Generation und einer neuen Kunstepoche ein. Von welchletzterer die Beteiligten noch wenig wussten. Aber man kann sagen, dass die Begegnung in Gießen ein Schritt auf dem Weg war. Für beide. Auch für Ford, den Mann des Übergangs.

Wie Ford war Pound nicht nur auf der Suche nach dem *mot juste*, sondern auch nach der richtigen Heimat. Pound, 1885 in Idaho geboren, war einige Jahre jünger als sein Freund und Mentor, aber er hatte bereits geschafft, was dieser im Moment noch vor sich hatte: die erfolgreiche Akkulturation. Sein Modell war möglicherweise Turgenjew, der in Russland geboren wurde, in Paris sich niederließ und Europa gehörte. Pounds Schützling T.S. Eliot (1888–1965), ein

Ezra Pound, ca. 1914
Fotografie von E. O. Hoppé

Expatriate wie Pound, nannte 1917 in einem Artikel für *The Egoist* Turgenjew »ein perfektes Exempel für die positiven Effekte der Verpflanzung. Nichts ging verloren, er verstand sogleich, wie man Paris nehmen musste und ausnutzen konnte.« Und was Eliot danach ausführt, gilt ohne Abstriche auch für Pound: »Er nimmt eine Position ein, die er buchstäblich selbst geschaffen hat, ja, man kann sagen, er hat sie erfunden.«

Binnen kurzem hatte er Zugang zu den wichtigen Salons (wie dem von Hunt und Ford), beschickte er (erfolgreich) die entsprechenden Zeitschriften mit Dichtungen und machte sich unentbehrlich als Organisator, als »generalissimo« des »modern movement«, als Kulturkommissar und Stifter von »Bewegungen«. Die Imagisten und die Vortizisten, zwei extrem kurzlebige Strömungen, die Pound mit angestoßen hatte, seien genannt. Selbst noch der Entdeckung und Förderung bedürftig (z. B. von Ford), betätigte Pound sich als Entdecker und Förderer: James Joyce, T. S. Eliot und die Dichterin, die unter dem Kürzel H. D. bekannt wurde, verdanken ihm entscheidende Unterstützung und Impulse.»In sehr kurzer Zeit nahm er erst mich, dann die Zeitschrift, dann ganz London in Beschlag«, schrieb Ford im Rückblick.

Ezra Pound besuchte den einsamen Freund in Gießen, um für ihn, wie Violet Hunt so schön schreibt, einige »geflügelte Worte« vom Himmel herunterzuholen. Sie machten Ausflüge zu einer Reihe von Burgen, im Blick auf Pounds Ziel einer Erneuerung der mittelalterlichen Dichtkunst. Als aber der Mittelalterforscher Pound mit dem realexistierenden mittelalterlichen Oberhessen vertraut gemacht wurde, bockte er, was er gerne tat, um dann in unerwartete Richtungen auszubrechen. In einer ruinösen Kirche entdeckten die Fremden ein Gerüst, das Mysterienspielen als Bühne gedient hatte. Pound kletterte hinauf und trug von dort oben seine eigenen Verse »in einer Art von mittelalterlichem Singsang vor, für den seine Vorgänger von damals sich nicht hätten zu schämen brauchen. Und dann auf einmal ein heimtückisches Krachen, Pound verschwand und fuhr zur Hölle, und der Staub der Himmelsbühne senkte sich auf ihn nieder.«

Wo stand Pound 1911? Als er dem Freund in Gießen vorlas, wälzte sich dieser lachend und abwehrend auf dem Boden, eine Aktion, die Pound nie vergessen sollte. Eine Positionsbestimmung könnte sein, dass er ein Spezialist in Troubadour-Dichtung war. Womit er sich damals beschäftigte, mag folgende Episode verdeutlichen. In Gießen nahm Pound eines Tages den Zug und fuhr nach Freiburg im Breisgau, um Professor Emil Levy (Pound schreibt Löwy), eine Koryphäe für provenzalische Sprache und Lyrik aufzusuchen. Er zeigte ihm die Transkriptionen, die er in diesem Sommer in Mailand von den Notationen gemacht hatte, welche die Gedichte Arnault Daniels begleiten. Dieser Troubadour des 12. Jahrhunderts zeichnete sich durch den Stil des »trobar clus« aus, der schwierigen und dunklen Dichtart, wovon die Unterredung Levy–Pound Zeugnis ablegt, die letzterer später in *Canto 20* wie folgt erinnert:

»Und er sagte: ›Womit kann ich Ihnen helfen?‹
Und ich sagte: ›Keine Ahnung, mein Herr, oder
Ja doch, Doktor, was meinen Sie, wenn sie *noigandres* sagen?‹«

Dieses Wort war eine ungelöste Crux in der Ausgabe der Dichtungen Arnaut Daniels, die Pound benutzte.

»Und er sagte: ›Noigandres! NOIgandres! Wissen Sie, seit sechs Monaten meines Lebens Jede Nacht wenn ich zu Bett gehe, sage ich zu mir: Noigandres, eh, noigandres, Nun, was beim TEUFEL kann das bedeuten!‹«

Pound nahm also den Weg durch die Geschichte der Lyrik und zwar vor allem durch ihre vergessenen und schwierigen Regionen. In einem Kraftakt, der genaue Forschung und radikale Anverwandlung zusammenzwang, versuchte er den Historismus zu überwinden und die neue Dichtung auf einen historischen Relativismus der großherzigen und nicht der achselzuckenden Art zu verpflichten: »Morgendämmerung liegt über Jerusalem, während Mitternacht über den Säulen des Herkules lagert. Alle Zeitalter sind gleichzeitig. In Marokko herrscht heute die Zeit vor Christi Geburt, in Russland waltet noch das Mittelalter. Die Zukunft regt sich schon in den Geistern der Wenigen. Dies trifft besonders auf die Literatur zu; denn in ihr ist die wirkliche Zeit unabhängig von der scheinbaren Zeit; und in ihr sind viele Tote schon die Zeitgenossen unserer Enkel, während viele unserer Zeitgenossen bereits in Abrahams Schoß versammelt sind.«

Gelang das Experiment, die Weltliteratur vom Museum zur Werkstatt umzubauen, Geschichte weder als Fortsetzung zu betreiben, noch sie radikal zu verdrängen? Wir sind, wie gesagt, im Jahr 1911, die Uhr der Moderne läuft und tickt, 1909 hatte Marinetti im Pariser *Figaro* das Manifest des Futurismus veröffentlicht. Nach Gießen hatte Pound seinen letzten Gedichtband *Canzoni* mitgebracht. Wir wissen nicht, welche Stücke er vortrug und welche Verse es waren, die Fords unbändige Reaktionen auslösten. Aber ein sehr typisches Exempel für Pounds sogenanntes »persona-Verfahren«, für das Sprechen durch die Maske eines Dichters der Vergangenheit, ist das folgende Minnegedicht, das Pound unter dem Namen des Troubadours Bertran de Born verfasst hat.

»Bertrans de Born
Na Audiart

Herrin
Ob du mir gram auch bist,
      Audiart, Audiart,
Wo deine Miederschnur beginnt,
Wie Efeufinger sich
durch Spalten schlingen,
      Audiart, Audiart,
Stattlich, groß und lieblich zart, Wer denn zollte
Audiart, Audiart
Lob, das wäre deiner Art?«

Die Rhythmik und die Art, wie das aparte, modernistische Layout, das sogenannte »cadenced sentencing«, sie unterstützen, aufhalten und weiterschicken, sind exquisit. Und gleichwohl ist das Gedicht ein guter Grund, sich auf dem Boden zu wälzen. Eine feine Drechselarbeit, radikal vielleicht nur in der Haltung, die sich dem Vorbild bewusst stellt und es nicht verstohlen einarbeitet. Hatte Ford etwas dagegenzusetzen?

»The Revolution of the Word«

In seinem Nekrolog bezieht sich Pound auf das Vorbild Ford wie folgt – er spricht vorrangig vom Lyriker Ford: »Es handelt sich um eine Dimension der Dichtung, magari, eine homerische Dimension. [...] Bei ihm kann man keine halbe Seite lesen, ohne auf melodische Innovationen zu stoßen, die immer noch so frisch sind und wirken, als würde man in Wirklichkeit den Stimmen alter Männer zuhören.
 Es ist diese Qualität, die Fords Dichtung so wichtig macht, für sich selbst genommen und in ihrer Wirkung auf die Nachfolgenden. Möge dies kein junger Snob vergessen.«
 »Das ist das Problem der heutigen Lyrik; sie wird zu oft in Tem-

peln praktiziert und zu selten in Autobussen geschrieben – LITERARISCH! LITERARISCH! Nun, das ist das Letzte, was Dichtung jemals sein sollte, denn in dem Moment, da ein Medium literarisch wird, hat es sich vom Leben der Menschen entfernt, ist es stumpf, schlaff, kränklich und schließlich tot.« Mit Ford, so Pound, begann »the revolution of the word«. Er meinte die Revolution des gesprochenen, des prosaischen Wortes. Ford selbst sagte 1921 in einem berühmt gewordenen und oft abgewandelten Satz: »Ich musste für mich selbst die Entdeckung machen, dass Verse mindestens so gut geschrieben werden müssen wie Prosa, um als Poesie bestehen zu können.«

Wann machte er diese Entdeckung? Ganz bestimmt noch nicht zu der Zeit, als er den Verwandten im Münsterland aus seinen Gedichten vorlas. Erst in den Gießener Jahren ist er soweit, wie es seine programmatischen Statements fordern. Von Gießen aus urteilend, schrieb Ford: »In Germany, the poet writes exactly as he speaks.« Es ist nicht klar, an welche deutschen Dichter Ford dachte, denn, wie oben bereits mitgeteilt, hatte er keine substantielle Vorstellung vom deutschen Literaturgeschehen. Oder er tat so. Es gab eine Zeitschrift in England, die gerade damals, als Ford in Gießen weilte, ausgesprochen germanophil orientiert war. Sie hieß *New Age*, war »näher am Puls der Zeit als jede andere Zeitschrift«, wenn wir Arnold Bennett Glauben schenken, wurde von A. R. Orage herausgegeben und durfte sich rühmen, die ersten Erzählungen Katherine Mansfields abgedruckt zu haben, die später gesammelt unter dem Titel *In einer deutschen Pension* erschienen.

Im Jahrgang 1909 konnte man dort Texte von Stefan George, Hugo von Hofmannsthal, Ernst Hardt, Karl Vollmöller lesen, 1910 waren ebenda Else Lasker-Schüler, Peter Hille, Peter Baum, Maximilian Dauthendey und Alfred Mombert vertreten. Es kann also durchaus sein, dass Ford über den Umweg einer englischen Zeitschrift von einer Lyrik erfahren konnte, die in freien Rhythmen und freien Versen sich artikulierte, die nicht nur vom Vers zur Prosa strebte, sondern auch in einer kolloquialen Haltung verfasst war, eine Disposition, die zu übernehmen dem Erzähler Ford leicht fallen musste. Detlev von Liliencrons freirhythmisches Gedicht »Einer Toten« (1883) stehe beispielhaft für einen großen, heute so gut wie abgetriebenen Kontinent deutscher Lyrik:

»Wir essen heute abend Erbsensuppe,
Und der Margaux hat schon die Zimmerwärme;
Bring also Hunger mit und gute Laune.
Dann liest du mir aus deinen Lieblingsdichtern.
Und willst du mehr, wir gehen an den Flügel
Und singen Schumann, Robert Franz und Brahms. [...]«

Wenn wir uns vorstellen, was Ford seinerseits Pound vorgelesen oder vielleicht sogar diktiert hat, dann fällt unsere Wahl eindeutig auf das große Gedicht »To All the Dead«. Es ist das Hauptstück des 1911 mit dem Titel *High Germany* herausgebrachten Gedichtbandes, und es darf auch als das pièce de resistance von Fords *Collected Poems* gelten, die 1914 herauskamen. Anders als Pounds lyrische Kunststücke ist dies ein Langgedicht mit einem Umfang von 13 Seiten. Es ist in freien Versen abgefasst, die Zeilen sind unterschiedlich lang, mit einer Tendenz zum Fünftakter, der Rhythmus fließt ungehindert. Ford reimt und ist gehalten, das »welke Hinterteil der Endreime« zu meiden, wie Richard Wagner sich ausdrückt. Er verwendet Wörter, die, wie wir das häufig in der Free-Verse-Bewegung antreffen, einerseits reine, unauffällige Paarungen bilden (noise/boys; saying/braying), andererseits so auffällige, gewagte Kombinationen bilden, dass ein ironisches Signal gesetzt wird. Ein berühmtes Beispiel ist Eliots ebenfalls 1911 verfasstes Zeilenpaar: »In the room the women come and go/talking of Michelangelo.« Das Gedicht verweist auf seinen Versschmuck, den man sonst über seiner Prosanähe und bei dem aufhaltlosen Fließen übersehen könnte. Wenn Ford im Folgenden auf »rococco« »Marocco« reimt, dann liegt ein solcher Fall vor.

»To All the Dead« beginnt mit dem sorgfältig ausgemalten Bild einer chinesischen Königin, die inmitten ihres Palastes und umgeben von ihrem Hofstaat thront, leblos, »as still as a partridge, as still as a mouse«, so als wäre sie seit 9000 Jahren tot. Der Prinz kommt sie besuchen, die Szene belebt sich kurz mit orientalischem Gepränge, dann erstarrt die Königin wieder, das Bild steht still. Warum das

Tableau mit der Königin am Anfang des Gedichtes eingestellt ist, wird im Grunde erst sehr viel später evident, die Verbindung zum nächsten Abschnitt wird denkbar lässig hergestellt, indem das lyrische Ich erklärt: »The Queen was last night«, während alles Folgende im Zeichen des »Now« steht: »Now it happened that in the course of to-day/ (The Queen was last night) in the rue de la Paix/ [...] I sat there, and a friendly Yankee/Was lecturing me on the nature of things [...].« Der Erzähler sitzt in einem Raum der Pariser rue de la Paix und schaut auf ein typisches Pariser Stadthaus mit Läden und Apartments, während ein amerikanischer Freund ihm etwas erzählt. Bei Letzterem dürfen wir an Pound denken, der mindestens zweimal in diesem Jahr mit Ford in Paris zusammentraf.

»Worüber mein amerikanischer Freund sprach,
Ich hatte keine Idee – da war zuviel Lärm
Der durch die offenen Fenster kam – die Motoren kreischend,
Das Geklapper der Hufe in einem stetigen Strom
Und ein Schrei,
Unablässig, von zwanzig Zeitungsjungen kommend,
Mit zwanzig Versionen, um unsere Aufmerksamkeit zu erringen.
In Stilen, die vom Mutigen über das Fröhliche zum Rokokohaften reichten,
Von lauten Schlagzeilen über Marokko [...].

But of what my American friend was saying
I haven't a thought – there was too much noise
Through the open windows – the motors braying,
The clatter of hoofs in a steady stream,
And a scream
Unceasing from twenty paper boys,
With twenty versions to take your choice,
In styles courageous or gay or rococco,
Of clamorous news about Marocco ...«

»The course of today« und »steady stream« sind die paradigmatischen Bilder, weil das Gedicht als Parallelgeschehen ihrer Verlaufsform folgt: der Strom der Sprache, der Gedanken und der fließenden Welt entsprechen ihrer Natur nach zwar einander, wollen aber unablässig koordiniert, auf Kurs gebracht werden. Der »stream« wird durch die kurze Zeile »and a scream« unterbrochen, aber auch der dramatisch punktuelle Schrei, das Gegenprinzip zum Fließen, wird als Reim eingebunden und sofort wieder in den Plural gesetzt und in das Kontinuum des unendlichen, kakophonischen Außengeschehens überführt. Das Gedicht hat bis zu diesem frühen Punkt zwei Zeitsysteme eingeführt: das erste einer fast überzeitlichen, stillgestellten, absoluten Vergangenheit, die Welt der Königin, und das zweite einer Gegenwart, die als verwirrende Gleichzeitigkeit gekennzeichnet ist. Das lyrische Ich sitzt am Schaltpult, es lässt die großen Modi einander abwechseln und schaltet innerhalb des Modus Gleichzeitigkeit zwischen den äußeren und inneren Vorgängen hin und her. Aber als wichtigstes »Bezugssystem«, um Einsteins Hauptbegriff aus seiner gleichzeitigen Theorie der Gleichzeitigkeiten aufzurufen, ist die Instanz am Pult doch nicht gänzlich Herr über die Ströme.

»Und mit einem Mal sagt er: ›Sandusky!‹
Nun, was war der Grund, dass er anfing in diesen mit Moschus-
duft erfüllten
Und wurmzerfressenen Räumen in der rue de la Paix zu sprechen?«

»He« ist nach wie vor der weiter vor sich hin erzählende Freund, und Sandusky ist nicht das Flaubertsche mot juste, sondern das protosurrealistische Schlüsselwort. Der Amerikaner erzählt offenbar von seiner Kindheit und Jugend in den unberührten Weiten der USA, während der Zuhörer doppelt abgelenkt, irritiert von dem Stichwort, mit dem er noch nichts anfangen kann, und mit dem Blick auf das Straßenbild vor sich, sich einen Moment noch für Letzteres entscheidet, wo er zwei chinesische Hühneraugenoperateure im Haus gegenüber beobachtet:

»Zwei chinesische Fußpfleger, schurkenhafte Genossen,
Mit Gesichtern in der Farbe von Schwefel – und Zitrone –,
gelb eben,
Blicken hinaus mit jenem starren Blick, der halb fanatisch ist.«

Um nach ausführlicher Beschreibung der Chinesen doch dem inneren Assoziationsstrang den Vorzug zu geben:

> »[...] aber ich verlor sie
> als das Wort ›Sandusky‹ erklang. Eine Landschaft kam
>   dazwischen,
> Eine Szene wie aus einer Vision, nicht mehr und nicht weniger,
> Ganz und gar klar und grau in der rue de la Paix.«

Jetzt geht der lyrische Erzähler zurück, doppelt zurück, zu einer Fluss(!)reise den Hudson hinauf, die er vor sieben Jahren unternahm und während welcher er einer Bucht ansichtig wurde, die er mit dem magischen Namen »Sandusky« belegt, und zurück zum Anfang des Gedichts, zum Titel und den vielen Toten, einer anderen Vergangenheitsform.

> »Und plötzlich sahen wir einen Strand
> Einen grauen, alten Strand und einige graue Grabhügel darauf,
> Von denen eine Beruhigung ausging, welche die Geräusche
>   des Dampfers
> stillzustellen schien;
> So still waren sie und alt und grau und ruinös.
> Denn dort lagen sie, die Tumuli, die Grabhügel,
> Die indianischen Gräber [...]«

Der Kurs des Gedichtes scheint sein Ziel gefunden zu haben, der Gang beruhigt sich wieder, und wie am Anfang erscheint ein Bild: ein einsamer Strand mit verlassenen indianischen Grabhügeln. Aber das Ritardando wird sogleich wieder verraten, schon erfolgt der nächste Schnitt und zehn Minuten später:

> »Ich war mit einem Mal weg von der rue de la Paix
> In einem Zug nach Trier.«

Doch das Stichwort »Sandusky« wirkt weiter, während der Zugfahrt, während eines Rundgangs durch Trier, im Anblick der Porta nigra, wo Amerika in Gestalt kamerabewaffneter Touristinnen präsent ist. »Sandusky«, das Bild der Totenruhe an einem fernen Strand, treibt das reizbare moderne Individuum an, die Koexistenz von Vergangenheit und Gegenwart in sich auszuhalten und außer sich in immer neuen Konstellationen wahrzunehmen. Das römische Stadttor »hat seine schwarze, harte und düstere Komplettheit bewahrt/ so als ob die flüchtigen Minuten mit all ihrer Flüchtigkeit nichts anhaben könnten«. Aber die Moderne duldet diese Sonderstellung nicht und dringt mit ihren Mitteln auf eine Gleichzeitigkeit des Ungleichzeitigen.

»Aber wir haben es mit Wällen umgeben, wenn man so sagen kann,
Mit elektrischen Bahnen, die sich funkensprühend und kreischend
   voranbewegen
Und die Nacht mit Quietschen und Klirren füllen
Wie eben Eisenräder auf Eisenkanten schleifen [...].«

»To All the Dead« exemplifiziert die poetologischen Prinzipien, die Ford in diesen deutschen Jahren im Vorwort zu den *Collected Poems* und in seinem wichtigsten (und weitgehend textgleichen) Essay »On Impressionism« niedergelegt hat. Danach entspricht es dem »impressionistischen« Ansatz, dass eine Dichtung

»zwei, drei oder beliebig viele Schauplätze, Personen, Gefühle evoziert, die alle zugleich den Autor beschäftigen. Eine sensible Person, gleichviel ob Lyriker oder Prosaschriftsteller, kann sehr wohl das Gefühl haben, dass sie an zwei Orten zugleich ist oder dass sie im Gespräch mit einer Person so stark an eine andere Person erinnert wird, dass sie in Gedanken abgelenkt wird. Alles im Impressionismus, so wie ich ihn sehe, arbeitet darauf hin, diese übereinanderliegenden Eindrücke wiederzugeben. [...] Denn unser ganzes Leben ist doch so beschaffen: Wir befinden uns an einem Ort und sind in Gedanken ganz woanders.«

Ford beruft sich auf sein großes Vorbild Flaubert und erwähnt das berühmte Landwirtschaftsfest von Yonville in *Madame Bovary*, wo die Erzählung hin- und herschneidet zwischen dem Liebesgestammel im oberen Saal des Rathauses und der Preisverleihung, die draußen ihren hemmungsreichen Gang nimmt. 1910/11 eine solches Vorbild als neu und als Impressionismus zu bezeichnen, bereitet Schwierigkeiten. Zur selben Zeit haben die Italiener und Franzosen, die sich eindeutig als Postimpressionisten empfanden, ein Dichten nach diesem Programm Simultaneismus genannt. Doch gibt es Differenzen: Fords »poetry of life« entsteht aus der Koordination von Bewusstseinsakten, während die italienischen Futuristen und die französischen Simultaneisten eine objektivere und härtere Version geben, die scheinbar ohne eine zentrale Instanz auskommt. Die Welt als Gleichzeitigkeit ist kürzer noch getaktet und entsteht aus der Schaltung technisch und medial produzierter »Bezugssysteme«. Das klingt bei Blaise Cendrars 1913 dann so:

»Funken
Chromgelb
Man stehe in Kontakt
Auf allen Linien rücken Ozeandampfer vor
Entfernen sich
Alle Uhren gestellt
Und die Glocken läuten
»Paris Midi« meldet, dass ein deutscher Professor im Kongo von Kannibalen gefressen wurde.
Nicht schlecht.«

Grundsätzlich aber ist Fords Bestimmung des »Impressionismus« so weit von den Programmen der französischen und italienischen Technopoesie nicht entfernt. Auch für ihn ist seine Kunst, die moderne Kunst einer Funktion der Revolution der Verkehrsmittel und der modernen Rastlosigkeit. Das Gedicht »To All the Dead« trägt den Entstehungsvermerk: »Paris 6. September – Giessen 1. November 1911« und es bildet diese Ortsveränderung, aber auch frühere Reisen und Fernreisen des lyrischen Erzählers ab. Wo sein Autor in diesem einen Jahr 1911 überall war, würde eine beeindruckende, aber auch langweilig lange Liste ergeben. »Sehen Sie, das ist, was man unter *l' art moderne* versteht: Sie malen New York von der Provence und den Strand des Mittelmeeres von New York aus. [...] Das ist zumindest die Art und Weise, wie ich schreibe.«

»›Ta-whys‹ lautete ihr richtiger Name«

Wenn der Kopf des Dichters vor lauter »Modern Movements« schwirrt, dann zieht er sich auf die Heide zurück, in den Gießener Stadtwald, um auf einem Grabhügel sitzend an die Toten zu denken. Was im Folgenden vor sich geht, ist so verschieden von dem nicht, was er in Trier beobachtete. So wie dort die Straßenbahnen kreischend und klingelnd das antike Monument umkreisen, so drehen sich erst die Gedanken in immer größeren Spiralen um die Geschichte der Region, die todbringenden Vorgänge des 30-jährigen Kriegs z. B., sie beziehen »Sandusky« und die chinesische Königin mit ein, und dann nimmt die Geschichte Gestalt an – es rührt sich etwas. Der Dichter auf dem Tumulus denkt erst, es handele sich um eine Köchin und einen Soldaten, die sich an diesem einsamen Ort zum Stelldichein treffen, aber später erweist sich das als Irrtum, die ominösen Gestalten stellen sich selbst vor: als »Bewohner« des Grabhügels, auf dem der Erzähler sitzt. Sehr charakteristisch ist für Ford das Nach- und Miteinander von überscharfer Wahrnehmung, sich daran anschließenden und weit ausholenden Spekulationen, die in Visionen und Träume übergehen, um durch kleine schockartige Einwirkungen von außen korrigiert und umgelenkt zu werden. »They call these mounds the Hunnen Gräber – Graves of Huns«, erklärt das Paar, das hier »wohl an die 9000 Jahre geschlafen hat«, er von einem Wolf getötet, sie ihm ins Grab gefolgt, wie der Brauch es will. »And so they buried us/ Finger to finger as the ritual is.« Wie der Mann während Tausender von Jahren sich seiner Situation langsam, ganz langsam bewusst wird und im Grab versteht, was seine Frau sagt: »Your lips! your lips! your lips!« Die Bewohner des Grabhügels waren Zeitgenossen der chinesischen Königin, die jetzt mit Namen genannt wird:

»Ich kannte diese Königin, die mit ihrem reisweißen Gesicht lachte – ›Ta-whys‹ lautete ihr richtiger Name.«

Man weiß nicht so recht, wie man das Ende des Gedichts bewerten soll. Wie auf einer Geisterbahn wird bremsend und knirschend in die Gegenwart zurückgeführt:

> »Um mich herum stand offen die Lichtung, und weißer Nebel
> Und Rauhreif hingen über den Büscheln alten Grases.
> Und im Mondlicht erhob sich ein Pfahl mit einem Schild
> (Ich konnte die untere Reihe der Worte nicht lesen.),
> Das sagte: ›Verboten!‹ Das ist Oberdeutschland.
> Erhebt eure Gläser. ›Prost‹ auf die Vergangenheit,
> Auf alle Toten.«

Das eigentlich Gespenstische liegt wohl darin, dass die vielen Bewegungen des Gedichtes eine Zeitform nicht erreichen – und das ist die Zukunft. Das Setting dieses Gedichts ist interkulturell und international, es hat Platz für Paris und Gießen, für China und Sandusky. Als die *Collected Poems* herauskamen, 1914, weigerte sich Ford, nach Gießen zurückzukehren, denn er fürchtete bei einem eventuellen Kriegsausbruch eingezogen zu werden und als Neu-Deutscher gegen Frankreich, sein literarisches »Heimatland«, die Geburtsstätte des Impressionismus, kämpfen zu müssen.

»Hier ist eine Lücke«

»Und Joseph Leopold kümmerte sich nicht um seinen Job. Die beiden Dichter – der Luftikus von Sekretär Ezra und er – verbrachten offenbar ihre Zeit damit, durch das Herzogtum, dessen Untertan er werden wollte, und durch andere Herzogtümer mit dem Auto zu kutschieren [...] Sie waren in Homburg und Nauheim, wo eine große Verführerin lebte [die Gräfin] [...] und begleiteten deren Schwester zu Fachärzten, sie waren sehr freundlich zu ihr und erfreuten sich des Lebens. [...] Ich klang eifersüchtig, nun ja!«

Die Trennung zerrte an beiden und an ihrer Beziehung. Hunt wartete nur darauf, dass Ford endlich »aus diesen nervtötenden Wäldern heraus wäre«, wie sie sich ausdrückte. »Für eine Zeitlang konnte ich nicht schreiben.« Darauf Ford: »Was auch immer Du sagen oder nicht sagen oder verschweigen willst, tue es, aber schreibe nicht nicht! Es gibt Grausamkeiten und Nuancen von Grausamkeiten, aber wie grausam auch immer Du zu mir in Worten bist, ich kann es besser ertragen als Schweigen. Denn Du musst wissen, Du musst glauben, dass was auch immer Du bist oder nicht bist, auf jeden Fall bist Du das einzige Verbindungsglied zur Welt, das ich besitze.« Hunt: »Wenn mein Schweigen Dich elend macht, gut, dann schreibe ich eben, und sage mir um Gottes willen nicht, dass ich die nobelste Frau in der Welt bin. Und sei bitte nicht ›resigniert‹!« Es gab genügend Gründe, resigniert zu sein, gesundheitliche, finanzielle, juristische. Lawrence konnte bald Fords Briefe mit ihrer Mischung aus hemmungslosem Zynismus und stoischer Selbstermahnung nicht mehr ertragen. Er forderte Ford auf, seine Verzweiflung doch einfach »dem immer aufnahmebereiten Himmel schamlos vorzuheulen«. Wusste Lawrence nicht, dass Ford von der Polizei beobachtet wurde?

In die Naturalisierungsangelegenheit waren drei Instanzen involviert: der Stadtrat, das lokale Landgericht und das Staatsministerium in Darmstadt. Die drei Parteien haben sich allem Anschein nach gegenseitig behindert und in der Folge den Antragsteller mit immer neuen Anfragen und Nachforderungen gequält. Im Gießener Stadtverordnetenprotokoll vom 11. Mai 1911 heißt es unter Tagesordnungspunkt 3: »Gesuch des Schriftstellers Joseph Leopold Hueffer, früher London, jetzt in Gießen, um Aufnahme in den hessischen Untertanenverband: Das Gesuch wird mit Rücksicht auf den Beschluss vom 21. September 1893 nicht befürwortet.« Damals hatte der Stadtrat sich einen Beschluss der juristischen Kommission vom 18. September 1893 zu eigen gemacht: »Gesuch des Hermann Lublinsky zu Gießen um Verleihung der hessischen Staatsangehörigkeit: Die Kommission hegt mit Rücksicht auf frühere Vorgänge und im Hinblick auf die Nachteile, die dem öffentlichen Wesen durch Aufnahme Fremder, nicht hinlänglich mit der Gemeinde und der Stadt verwachsener Elemente, erwachsen können, den Wunsch, dass regelmäßig Aufnahmen von Nichtdeutschen nicht vor Ablauf eines fünfjährigen Aufenthaltes in der Gemeinde erfolgen möchten, und spricht sich daher zur Zeit gegen das Gesuch des Lublinsky aus.« Der Inhalt spricht eine deutliche Sprache, das Interessanteste an dem Dokument ist eigentlich das Datum. Der 11. Mai 1911 liegt beträchtlich vor Fords rührenden Bemühungen um seine Gießener Gewährsleute anlässlich der Krönungsfeierlichkeiten in London, er liegt vor Ezra Pounds Besuch in Gießen und vor jener angeblichen Feier aus Anlass der Einbürgerung Fords, bei der Rechtsanwalt John und seine Frau sich so merkwürdig mürrisch verhielten. Kann es sein, dass Ford von dem Beschluss der Stadt nicht informiert wurde, jedenfalls nicht sofort, um ihn weiter hinzuhalten und zu melken? Kann es sein, dass John ihm später die Fünfjahresfrist als akzeptabel und seine Naturalisierung damit als sicher verkaufte, vielleicht auch mit dem Hinweis, dass er für eine Verkürzung kämpfen werde? Kann es also sein, dass Ford diese großartigen Visionen von einem zukünftigen Leben in Gießen entwickelte und diese Stadt in einer Londoner Zeitung als »modernes Utopia« verkaufte, weil er wusste, dass er noch vier weitere Jahre dort würde ausharren müssen? Kann es sein, dass diese vagen Hoffnungen und der Vorgang einer Eheschließung unter vier Augen irgendwie koagulierten und dem frustrierten Ford wie eine neue Entwicklungsstufe erschienen, ein »so gut wie«, das aber schon belastbar schien?

Im Oktober schrieb Ford an seinen Agenten, dass er und Violet seit dem 5. September verheiratet seien und dass er seine Briefe an seine Frau dementsprechend adressieren solle. Wir haben darauf hingewiesen, dass Ford ein nichttraditionelles Verhältnis zur Wahrheit hatte. Conrad beschuldigte ihn einmal des permanenten »juggling with the realities of life«. Ford hasste Fakten, und er konnte mit ihnen so lange »jonglieren«, bis er sie in einen neuen Zustand versetzt hatte. Um noch einmal Rebecca West zu zitieren: »Lügner sehen Tatsachen, wie sie sind, und transformieren sie dann in Phantasien, doch in Fords Fall verwandeln sich Fakten in dem Augenblick in Phantasien, in denen sie auf die Sinne treffen.«

Am Ende des Jahres gab Ford, der mit Hunt wieder einmal in Spa weilte, dem *Daily Mirror* ein Interview, das kurz darauf mit der

Überschrift »Autor heiratet. Mr Ford Madox Hueffer hat im Ausland bekannte Romanschriftstellerin geheiratet« herauskam. Ford wird dort mit der Aussage zitiert, dass er nach der Scheidung von seiner ersten Frau Violet Hunt in Deutschland geehelicht habe und die deutsche Staatsbürgerschaft besitze. »Ich bin der Erbe großer Erbgüter in Preußen [...].« Wenn der Journalist nicht alles selbst erfunden hat, dann sprach er an diesem kalten Dezembertag mit Joseph Leopold Baron von Aschendorff. Damit nicht genug. Die Zeitschrift *Throne* pubizierte im April 1912 ein Bild mit der Unterschrift »Miss Violet Hunt (now Mrs Ford Madox Hueffer)«. Elsie Ford klagte gegen beide Veröffentlichungen und erhielt in jedem Fall recht. Die Verleger mussten 300 Pfund an Elsie zahlen und ca. 700 Pfund Gerichtskosten. Der mit Ford persönlich und geschäftlich eng verbundene Verleger des *Throne* war gezwungen, sein Blatt einzustellen. Das in jeder Hinsicht merkwürdige englische Recht ließ eine Klage zu, die nur zwischen den Parteien Kläger und beklagter Verbreiter der angeblichen Verleumdungen verhandelt und entschieden wurde. Die in den Artikeln wie auch immer Titulierten waren nicht geladen und mussten keine Dokumente vorlegen. Die neue Mrs Hueffer und der Mann der beiden Mrs Hueffers hätten es wohl auch nicht gekonnt. Aber der schwer geprüfte Verleger hatte eine dementsprechende Unterstützung sicher erwartet. Nun waren beide, Hunt und Ford, »in the papers«. Am 7. Februar 1913 druckte die *Times* den gesamten Prozessverlauf ab, biographische Details, die Ehe der Hueffers betreffend, eingeschlossen.

»Der *Throne*-Fall war ein Skandal von beträchtlichen Auswirkungen«, schreibt Fords Biograph Max Saunders. »Goldring verglich ihn mit dem Skandal, den die Affäre George Sand-Alfred de Musset ausgelöst hatte. Hunt und Ford waren beide bekannte Größen der literarischen Szene und dies zu einer Zeit, als viele Intellektuelle auf eine Reform der Scheidungsgesetze hinarbeiteten. Hunt war eine Suffragette. Der *Throne*-Fall stellte sie in die Mitte der Debatten um Sexualität, Scheidung, Moral und Zensur, Debatten, welche die *English Review* [deren Gründer und Herausgeber bis 1909 Ford war] auf die Tagesordnung gesetzt hatte und die andere stark beachtete Fälle weiter zuspitzten, so der Fall von Arthur Balfour, der mit einer

Frau zusammenlebte, mit der er nicht verheiratet war, oder von König Edward VII. höchstselbst, der nicht nur Mätressen hatte und in Skandale involviert war, sondern auch in Scheidungsprozessen als Zeuge auftreten musste.«
»Hier ist eine Lücke«, schrieb Violet Hunt in ihrer späteren Rekonstruktion der entscheidenden Monate. Sie scheint etwas zu verschweigen, was sie beide angeht, vielleicht ja wirklich so etwas wie ein privates Bündnis, eine Scheinehe im positiven Sinne. Denn die beiden blieben ja zusammen, auch die Prozesse und der Wirbel in der Öffentlichkeit scheinen ihrer Beziehung nicht massiv zuzusetzen. Hunt meint zwar: »Well, it was Joseph Leopold's funeral«, was die Effekte des *Throne*-Prozesses angeht. Aber genau genommen war sie die eigentlich Geschädigte, denn Ford war, wenn nicht ihr Ehemann, so doch ihr letzter Heiratskandidat gewesen. Hunt wurde in diesem Jahr 47. Ford dagegen kam relativ gut weg. Hätte der Prozess ihm gegolten, so wäre er für unabsehbare Zeit bankrott gewesen. Er war schon in Sachen Unterhalt so gut wie zahlungsunfähig. Die triumphierende Elsie zog ihn deswegen 1913 noch gleich zweimal vor Gericht – hell knows no fury. Gesellschaftlich war er unten durch, zumindest bei der »public society of decent people«, wie er sich einmal ausdrückte, aber die Kreise, in denen er viel lieber verkehrte, waren da nicht so empfindlich.

Die allertraurigste Geschichte

Was tat Ford? Vom Prozess blieb er fern, er überwinterte in Amiens, wo er »die Whisky-Flasche strafte«. Er weinte so viel, wie es »nur ein Deutscher kann«. Er ging mit Violet auf eine ausgedehnte, unerholsame Frankreichreise. Dann schrieb er einige seiner besten Werke. Essays, Gedichte, Theoretisches und das Buch, das immer mit seinem Namen verbunden bleiben wird. Unter den 79 Büchern sein »großes Auk-Ei«, wie er es nannte, in Anspielung auf den ausgestorbenen Vogel und seine Eigenheit: »Der Große Auk legt ein Ei und platzt.«

Das Buch ist ein Roman. Er spielt in Deutschland, genauer in Oberhessen, in »High Germany«. Es ist ein kammermusikalisches Stück, das von vier Personen, zwei Ehepaaren, aufgeführt wird und darüber hinaus nur noch zwei Extras, zwei Gastspieler, benötigt. Die Paare treffen sich neun Sommer lang in Bad Nauheim. Damit sind der Ort und der Zeitraum genau abgesteckt. Sie begegnen einander zum ersten Mal im Sommer 1904 – das ist wohlgemerkt der Sommer, in dem Ford in Deutschland in der Kur seine Heilung sucht – und die Geschichte endet aufs Allertraurigste im Sommer 1913, in demselben Jahr, da Ford den Roman zu schreiben beginnt, am 17. Dezember, seinem 40. Geburtstag. Fertiggeschrieben ist das Buch ziemlich genau in jenen Tagen, die im Sommer 1914 den Untergang vieler Welten brachte, auch der mondänen Society, die Kurorte wie Bad Nauheim frequentierte. Es treten auf, miteinander, gegeneinander, die Engländer, »the good soldier« Hauptmann Edward Ashburnham und seine Frau Leonora, sowie die Amerikaner John Dowell und seine Frau Florence. Alle Protagonisten sind in den Dreißigern, stellen das ideale Badepublikum, weil sie reich und unabhängig sind und, im Fall von Florence und Edward, mit chronischen Krankheiten behaftet, die sie immer wieder nach Bad Nauheim führen. Mit dem Wissen, ja mit Unterstützung seiner Frau hat Ashburnham ein Liebesverhältnis mit Florence, die ihre Herzschwäche nur vortäuscht, um ihren Mann sich vom Leibe zu halten und um gute Gründe zu haben, sich mit Edward »zur Kur« zu treffen. Edward aber ist mit Leonora und Florence noch nicht ausgelastet. Gleichzeitig liebt er die kleine und hübsche Mrs Maidan, »so sanft, so jung«, deren Reise von Indien nach Bad Nauheim Leonora bezahlt, weil sie ihren Mann und seine Liebesabenteuer so besser unter Kontrolle hat und weil diese Mätresse sie nicht so teuer zu stehen kommt wie die anderen. Und da ist Nancy, die Ziehtochter des kinderlosen Ehepaares Ashburnham, in die sich Edward für seine Verhältnisse zu ernsthaft verliebt, eine Passion, die von Nancy ebenso stark erwidert, in diesem einen Fall aber von der Beziehungsmanagerin Leonora blockiert wird. Sie klärt die junge Konkurrentin über den polygamen Edward auf, und Nancy bestraft diesen durch eine Art Weltreise, die er als endgültiges Aus interpretiert. Edward begeht daraufhin Selbstmord, und Nancy wird verrückt. Und Florence hatte sich schon vorher selbst aus dem Weg geräumt, als sie von der Liebe Edwards zu Nancy erfuhr. John Dowell, der auf seine »matte Art« Nancy geliebt hat, endet »als Wärter, nicht als der Ehemann eines hübschen Mädchens, das mir keine Beachtung schenkt«.

Das Buch hat zwei Titel. Ursprünglich sollte es *The Saddest Story* heißen und den Untertitel tragen »A Tale of Passion«, was zweifellos den nicht so werbewirksamen Obertitel ausgleichen sollte, denn der Fachbegriff »roman passionel« versprach gewagte Erotik. Der immer wachsame englische Zensor hätte aber keine »Stellen« gefunden, die er hätte beanstanden müssen. Dass er von fortgesetztem Ehebruch und illegitimen Amouren las, damit hatte er sich längst abfinden müssen – bei diesem Autor verwunderte es ohnehin nicht. Das Buch erschien dann aber 1915 unter dem Titel *The Good Soldier,* und das war ein echter Fehlgriff. Erstens, weil der gute Soldat Edward Ashburnham zwar ein Hauptmann ist, aber nur eine von vier Hauptfiguren darstellt, und zweitens, weil der Titel im ersten Kriegsjahr nur schwer den anderen »guten Soldaten« zu vermitteln war, diesmal denen, die wie Ford selbst ihren Mann in den Schützengräben Flanderns standen.

The Good Soldier war also ein ironischer Titel, gerichtet an eine unironische Zeit. Ein Kritiker schlug vor, das Buch *Der gute Deckhengst* zu nennen. *Die Allertraurigste Geschichte*, diesen Titel trägt der Roman insofern zu Recht, als von den vier plus zwei Charakteren am Ende vier ausgelöscht sind und ein fünfter, der Erzähler zu den allertraurigsten Menschen gerechnet werden muss. Gleichzeitig ist dies ein komisches Buch, das man ohne Zynismus oder Schadenfreude mit Vergnügen liest. Und das liegt an dem »unwitting ironist«, dem Erzähler, der gleichzeitig der gehörnte Ehemann ist, aber nicht deshalb komisch wirkt. Komisch ist sein verzweifelter Versuch, die Täuschungen von neun Jahren im Rückblick aufzuarbeiten, Stück für Stück das Puzzle auseinanderzunehmen und neu zu ordnen, dabei immer wieder irre werdend an den neu entstehenden Mustern und der übergroßen Bereitschaft zum erneuten Selbstbetrug nachgebend. Die folgende Passage mag einen Eindruck von der Mühsal und Aufhaltsamkeit des (Selbst-)Aufklärungsprozesses vermitteln:

»Ja, mein Wort, unser vertrauter Umgang glich einem Menuett, einfach weil wir bei jeder Gelegenheit und unter allen Umständen wussten, wohin wir gehen, wo wir sitzen, welchen Tisch wir in Einmütigkeit wählen würden; und wir konnten uns alle vier erheben und weitergehen, ohne dass einer von uns ein Zeichen davon gegeben hätte, immer nach der Musik des Kurorchesters, immer in dem milden Sonnenschein oder, wenn es regnete, im Schutz der Wandelgänge.«

Darauf die noch tastende, ungläubige Einbeziehung des aktuellen Wissensstandes: »Ich kann nicht glauben, dass jenes lange friedliche Leben, das sich wie die Figuren eines Menuetts bewegte, nach neun Jahren und sechs Wochen innerhalb von vier zerschmetternden Tagen verschwunden sein soll.« Und dann die zerstörerische Übertreibung, diktiert von der ernüchterten Konfrontation mit den »Fakten«, die der Erzähler ebenso hasst wie sein Erfinder. »Nein, bei Gott, es ist falsch! Es war kein Menuett, das wir tanzten; es war ein Gefängnis – ein Gefängnis voll schreiender Hysterien, die geknebelt lagen, damit sie nicht das Räderrollen unserer Kaleschen auf den schattigen Alleen des Taunus übertönten.« Und dann wieder zurück in die Regression, um das schöne Eingangs- und Ausgangsbild zu konservieren. »Und doch schwöre ich beim heiligen Namen meines Schöpfers, es war die Wahrheit. Es war wahrer Sonnenschein, wahre Musik, und wahr auch das Plätschern der Fontänen aus dem Mund der steinernen Delphine.«

Welche Mühen der unsichere Erzähler sich und seinem Zuhörer abverlangt, den er sich als Gegenüber im Gewehrzimmer eines englischen Landsitzes imaginiert, machen gleich die ersten drei Sätze deutlich, auf die Ford besonders stolz war: »Dies ist die traurigste Geschichte, die ich je gehört habe. Neun Jahre hindurch hatten wir während der Kursaison in Bad Nauheim mit den Ashburnhams in der größten Vertrautheit verkehrt – oder vielmehr in einem Verhältnis zu ihnen gestanden, das so lose und unbeschwert und doch so eng war wie das eines guten Handschuhs mit Ihrer Hand. Meine Frau und ich kannten Hauptmann und Mrs Ashburnham so gut, wie man jemanden nur kennen kann, und doch wussten wir andererseits auch wieder gar nichts von ihnen.« Schon an dieser Stelle möchte man ausrufen: Ja, was denn nun? Und weiter fragen: Was will Dowell damit sagen, dass diese Geschichte die traurigste sei, »die ich je gehört habe«. Alles weist doch darauf hin, dass der Erzähler diese Geschichte nicht gehört, sondern erlebt und mitgestaltet hat und sich jetzt daran macht, sie uns zu erzählen. Oder? Im vierten Satz spricht er von der Jetztzeit des Erzählens als vom »heutigen Tag, da ich mich hinsetze, um herauszutüfteln, was ich von dieser traurigen Affäre weiß«.

Im Bade

»Ich weiß nichts – wahrhaftig nichts – von den Herzen der Menschen.« Das ist ohnehin eine *tall order*, wie der Engländer sagt, aber Dowell weiß noch nicht einmal, wann ihn seine Frau betrogen hat, wo er sie doch rund um die Uhr betreute – bis auf die Ausnahmen eben: wenn er noch mal in den Salon auf ein Gespräch unter Männern ging oder sein Bad nahm oder seine »Schwedischen Übungen« machte oder, oder... Das Bad beruht, zumal wenn es sich um die mondäne Ausgabe handelt, auf einer »schweigenden Voraussetzung«: Man befindet sich unter seinesgleichen, es sind »good people«, die einen umgeben. Leo Tolstoi schreibt im 30. Kapitel von Buch 2 der *Anna Karenina* (1878) und meint Bad Soden, ein anderes berühmtes Taunusbad: »Wie überall, wo viel Publikum zusammenkommt, vollzog sich auch in dem kleinen Kurort, wo sich die Schtscherbazkijs aufhielten, jene übliche Kristallisation der Gesellschaft, die jedem Einzelnen seinen bestimmten und unverrückbaren Platz anweist. Wie ein Wassertropfen im Frost seine feststehende und unveränderliche Form als Eiskristall bekommt, so wird auch jedem Badegast sogleich nach seiner Ankunft der ihm gebührende Platz zugewiesen. Auch der Familie ›Fürst Schtscherbazkij samt Gemahlin und Tochter‹ wurde auf Grund der Wohnung, die sie bezogen, auf Grund ihres Namens und der Bekanntschaften, die sie hier machte, in diesem Kristallisationsvorgang die ihr zukommende

Stellung eingeräumt.« Das Bild der Kristallisation evoziert einen geradezu naturläufigen Prozess mit hoher Genauigkeit. Ganz so einfach war es aber nicht. Die soziale Topographie des Modekurorts war alles andere als übersichtlich und sicher. »Die sensiblen gesellschaftlichen Standesunterschiede fallen fort. Jeder gilt für das, was er scheint«, schreibt ein deutsches Ratgeberbuch von 1895 und spricht offen aus, dass Halbwelt und kriminelle Elemente ebenso wie Aufsteiger und Absteiger im Badeort ideale Bedingungen vorfinden, um sich in Szene zu setzen. Niemand wusste das besser als die Kurverwaltungen. Eine ihrer Vorsichtsmaßnahmen bestand in der Veröffentlichung der sogenannten Kurliste, in der alle Gäste samt Titel und Herkunft verzeichnet wurden. Zweitens setzte der Kurbetrieb eine große Zahl von Regeln, an deren Auslegung bzw. Befolgung oder Nichtbefolgung die Gäste einander erkennen konnten. Auf unsicherem Grund wurde permanent eine Ordnung und Normalität erarbeitet, deren Herstellung ein harmloses Naturell, wie es Dowell eines ist, so sehr beschäftigt und befriedigt, dass er auf andere Gedanken gar nicht kommt. »Wir nahmen als selbstverständlich an, dass wir alle das Rindfleisch wenig durchgebraten mochten, dass die beiden Männer nach dem Mittagessen gern einen guten Cognac zu sich nahmen, dass die Frauen einen sehr leichten Rheinwein mit Fachinger Wasser vermischt tranken – solche Dinge. Es wurde ebenfalls als selbstverständlich angenommen, dass wir beide vermögend genug waren, uns alles zu leisten, was wir uns nur an Vergnügungen, die mit unserer Kur vereinbar waren, wünschen mochten...« Kurz: das Bad braucht und kultiviert die »moderne zivilisierte Gepflogenheit – die moderne englische Gepflogenheit –, jeden als selbstverständlich zu nehmen«. Ist das so, dann kann die Komödie oder Tragödie der Irrungen und Täuschungen beginnen.

Hier spricht Dowell, der gute Kurgast, der Mann, der im Sinne des Badearztes nicht krank ist, aber mitmacht und von Leonora vom ersten Tag an, da sie ihn eingehend mustert, so behandelt wird, »als wäre ich der Kranke und nicht Florence«. Dowell ist ein Verwandter Hans Castorps, der, wie Robert Musil zu bedenken gab, ein Glied aus Gips besitzt. Sieben Jahre, tausend Seiten, eine Liebesnacht werden Castorp zugebilligt. Dowell sagt selbst: »Ich habe Leonora stets geliebt, und noch heute würde ich ihr zuliebe mit Freuden mein Leben lassen, oder was davon übrig ist. Aber ich bin sicher, dass ich niemals auch nur die leiseste Regung dessen, was man den Geschlechtsinstinkt nennt, für sie empfunden habe.«

Ein Ausflug

»Wie bringt man seine Zeit hin? Wie ist es nur möglich, neun Jahre zu verleben, ohne irgendetwas daraus vorweisen zu können? Gar nichts, verstehen Sie?« Wer so fragt, hat das Bad als Institution der freien Liebe verpasst, er wird mehr noch als die anderen Kurgäste auf die harmlosen Mittel des Zeitvertreibs, auf Ausflüge zum Beispiel, verfallen. Bad Nauheim war ein Kurort, ein intenationales Bad ohne markante und den Roman voranbringende Merkzeichen. Marburg, das Ziel des Ausflugs, ist anders: Dieser Ort macht aus dem Roman eine Erzählung, die in Deutschland spielt.

»Die alte Stadt M... liegt, von Nauheim mit einem guten Zug in fünfzig Minuten zu erreichen, auf einer großen Basaltkuppe...« Die Literaturwissenschaft und erst recht die Lokalforschung haben sehr wenig, nämlich nichts, aus der Tatsache gemacht, dass einer der großen Texte des vergangenen Jahrhunderts in Marburg kulminiert und das aus dichtungslogischen Gründen und nicht nur durch die Geographie diktiert. Eine deutsche Abhandlung zu Fords Raumdarstellungen belässt es bei Fords Kürzel »M...« und spricht wie er vom »Schloss Elisabeths von Ungarn«, so als gelte es die Fiktionalität der Erzählung nicht durch einen Namen aus der Wirklichkeit zu verunreinigen. Ich möchte mich dieser einen Episode aber genauer zuwenden, weil sie wie keine zweite von Fords Ortskenntnis profitiert. Mit Lokalkolorit hat das nichts zu tun, selbst wenn Ford sich durchweg als Impressionist bezeichnet, so zuletzt in seinem theoretischen Haupttext *Impressionism* von 1913, in Gießen entstanden.

Florence ist es, welche auf solche Exkursionen sich bestens vorbereitet und die Truppe mit ihren historischen Informationen ausgiebig versorgt. Der Ausflug nach Marburg ist für sie eine »Gala-Angelegenheit«. Wir finden uns dort ein, wo die Gesellschaft in einem der Ausstellungsräume des Schlosses mit einem wichtigen Dokument konfrontiert wird.

»Florence war wie elektrisiert. […] ›Da!‹, rief sie, und Fröhlichkeit, Triumph, Keckheit klangen aus ihrer Stimme. Sie wies auf ein Stück Papier, das wie ein halber Briefbogen aussah. […] ›Da ist er – der Protest.‹ Und dann, als wir alle gebührend unsere Verblüffung an den Tag legten, fuhr sie fort: ›Wisst ihr denn nicht, dass wir darum alle Protestanten heißen? Das ist der Bleistiftentwurf des Protests, den sie aufsetzten. Ihr seht die Unterschriften von Martin Luther und Martin Bucer und Zwingli und Ludwig dem Kühnen …‹«

Das Vorbild für diese Szene findet sich in dem von Violet Hunt verfassten Teil von *The Desirable Alien*, der auch einen Ausflug nach Marburg beschreibt. Auch hier ist der Höhepunkt die Begegnung mit jenem ominösen Papier der Männer, »welche diese Kerze angezündet hatten, deren Schein uns in England ein Stückchen weit den Weg wies«. »[Ford] wanderte herum im Zustand einer Ekstase, die weniger seinen strengen religiösen Überzeugungen, als vielmehr seiner Eigenschaft als Verfasser historischer Romane entsprach.

›Da‹, sagte er, zu seiner Mutter gewandt, ›das ist es, weswegen ich euch hierhergebracht habe. Der Protest von Zwingli, Luther und Bucer. Dieses Stück Papier *ist* der Protestantismus. Alles begann damit, dass sie dieses Papier unterschrieben.‹ Und an meine Adresse sagte er: ›Das ist es, was Du meinst, wenn Du sagst, Du bist ein Protestant!‹

›Aber ich sage es doch gar nicht‹, wandte ich eher hilflos ein, wie schon zahlreiche Male zuvor. ›Ich leugne es sogar.‹

Nutzlos! Ein ›Prot‹ bin und bleibe ich in den Augen dieses schwarzen Papisten.«

Worum geht es Ford hier? Zunächst darf man sich nicht wundern, dass Florence (und auch ihr Schöpfer?) sich im Irrtum befinden. Das Ereignis, von dem der Protestantismus seinen Namen hat, die »Protestation« der evangelischen Stände, fand nicht in Marburg, sondern

auf dem Reichstag zu Speyer 1529 statt. Das Marburger Religionsgespräch des gleichen Jahres 1529 betraf vor allem innerprotestantische Streitfragen. Was aber ist der höhere Sinn des Hinweises auf dieses Dokument? In Hunts Reiseerzählung läuft Fords Eifer auf witzige Weise ins Leere, denn die Protestantin Violet protestiert gegen ihre Festlegung auf diese Gründungsurkunde ihrer Religion. Ganz anders im Roman. Florence, Dowells Frau und Ashburnhams Geliebte, wendet sich nach ihrer Erklärung an Letzteren und blickt ihm in die Augen: »›Diesem Stück Papier ist es zu verdanken, dass Sie ehrlich, mäßig, fleißig, fürsorglich sind und ein sauberes Leben führen. Wenn dieses Stück Papier nicht wäre, dann wären Sie wie die Iren oder die Polen, aber besonders wie die Iren...‹
Und sie legte einen Finger auf Hauptmann Ashburnhams Handgelenk.«

Diese Geste ist vergleichbar der Signatur, welche die »Protestanten« auf dem Papier hinterlassen haben. Bis zu den drei Punkten lesen wir Florences Rede an ihren Partner im Ehebruch als eine faustdicke Lüge, denn längst sind wir von dem Treiben der beiden unterrichtet worden. Aber jetzt ist der Moment gekommen, da der Erzähler Dowell den erzählten Dowell etwas merken lässt. Dowell reagiert auf die Szene wie folgt:

»Plötzlich spürte ich etwas Hinterhältiges in diesem Tag, etwas Erschreckendes, etwas Unheilvolles. Ich kann es nicht genauer beschreiben, ich weiß nicht, womit ich es vergleichen soll. Es war nicht, als hätte ich eine Schlange in ihrem Loch lauern sehen. Nein, mir war, als hätte mein Herz einen Schlag ausgesetzt. Mir war, als müssten wir alle laut schreiend auseinanderstürzen, alle vier in verschiedene Himmelsrichtungen, mit abgewandtem Gesicht. Ich weiß noch, Ashburnhams Gesicht verriet reine Panik. Ich war furchtbar entsetzt, und dann entdeckte ich, der Schmerz an meinem linken Handgelenk rührte daher, dass Leonora es fest umklammert hielt.

›Ich halte das nicht aus‹, sagte sie in ganz außergewöhnlichem, leidenschaftlichen Ton, ›ich muss hier heraus.‹ Ich erschrak furchtbar. Einen Augenblick überkam mich das Gefühl, obwohl ich keine Zeit hatte, darüber nachzudenken, sie müsse eine wahnsinnig eifersüchtige Frau sein – eifersüchtig auf Florence und Hauptmann Ashburnham.«

Das ist also der Moment, wo die »außerordentlich feste Burg« ins Wanken gerät. Dowell und Leonore fliehen die Szene »in heller Panik« und halten erst wieder auf einer Terrasse, von der aus sie Stadt und Lahntal überblicken.»›Sehen Sie denn nicht?‹, fragte sie. ›Sehen Sie denn nicht, was vorgeht?‹ [...] ›Nein! Was ist los? Was ist denn los?‹« Leonora merkt, dass Dowell verunsichert ist, aber nichts wirklich begriffen hat. Sie überwindet ihren Panikanfall und legt »einfach wieder Mrs Ashburnham«, ihre Rolle an.»›Wissen Sie nicht‹, sagte sie mit ihrer klaren, harten Stimme, ›wissen Sie nicht, dass ich eine irische Katholikin bin?‹«

Das war knapp. Auch die Position hoch über dem Lahntal hat ihm nicht den nötigen Überblick verschafft. Dowell wird noch weitere Jahre im Ungewissen über die Vorgänge hinter seinem Rücken bleiben. Er greift begierig nach dem Ersatzköder, den die nur kurzzeitig ihre Contenance verlierende Leonora ihm angeboten hat: die Religionsfrage und Florences taktlose Bemerkung.

Ford erreicht hier zweierlei: Erstens demonstriert er, wie gut die Täuschungskunst und Selbstbeherrschung der anderen auch im Moment der Krise funktionieren. Zweitens baut er für uns eine Falle. Wenn Dowell erleichtert glaubt, dass es nur um Glaubensfragen geht, glauben wir das automatisch nicht. Wenn wir das aber gar nicht glauben, dann entwerten wir den Sachgehalt der Szene und der Ortswahl. »Das veritable Stück Pergament, das diese Geißel des Protestantismus auf die katholische Welt losgelassen hatte – Luthers Protest«, wie Ford sich Hunt zufolge ausdrückte, ist zumindest in der Konstruktion dieses Romans weiterhin wirksam. Das Dokument der Spaltung war ja gerade noch Anlass, der die vier spaltete. Und schon lange vorher gespalten hatte: Dowell ist ein Quäker, seine Frau eine nicht genauer charakterisierte Protestantin, Ashburnham ein Anglikaner und Leonora eine irische Katholikin. Aber wir dürfen auch mit Max Saunders daran denken, wie stark Ford in diesen Jahren auf ein anderes Dokument wartet, das zugleich trennende und bindende Wirkungen gehabt hätte. In einer globalen Perspektive betrachtet, ist die Spaltung der Christenheit, die im Jahr 1523 einsetzte, egal ob in Speyer oder Marburg, die Ursache, die in letzter winziger Konsequenz auch die Kalamitäten bewirkte, in die Ford sich hineinmanövriert hatte: als zum Katholizismus konvertierter Mann einer protestantischen Engländerin, die ihm die Scheidung auf Grund seines Katholischseins – formal zumindest – verweigert und der in Marburg, of all places, gelandet ist, weil er in der Nachbarstadt als renaturalisierter Deutscher eine deutsche Scheidung erwirken möchte.

Aber es ist noch ein anderer Gehalt in diesem Spaltungspapier akut. Ford, der ein exquisiter Kenner der Epoche Heinrichs VIII. war und ihr einen Roman und eine Biographie gewidmet hat, wusste, dass der beginnende Protestantismus mit einem anderen großen P-Thema befasst war: der Polygamie. Auf dem Marburg-Ausflug berührt Dowell bzw. die Vortragende Florence dreimal diesen Sachverhalt, sodass der Leser ausreichend sensibilisiert ist. Schon auf der Zugfahrt unterrichtet Florence die Truppe, wie der hessische Landgraf und Marburger Schlossherr »Ludwig der Kühne drei Frauen zugleich haben wollte – worin er sich von Heinrich VIII. unterschied, der sie nacheinander haben wollte, was sehr viel Verdruss zur Folge hatte«. »Später sprach sie über Ludwig den Kühnen, Landgraf von Hessen, der drei Frauen auf einmal haben wollte und Luther protegierte – oder so ähnlich.«

Das ehebrecherische Treiben unserer »good people«, zumal des »good soldier«, hat sein großes Vorbild in den Fürsten der Reformationszeit. Es ist nicht Ludwig der Kühne, der das Marburger Gespräch herbeiführte, sondern Landgraf Philipp der Großmütige, einer der wichtigsten Verbündeten Luthers im Reich. Die Natur hatte ihn um 50 Prozent besser ausgestattet als die anderen Männer: seine sogenannte Triorchie und die daraus abgeleitete Hypersexualität rechtfertigten in seinen Augen das Begehren, sich mit zwei (nicht drei) Frauen gleichzeitig zu verheiraten, was mit und ohne Unterstützung führender Reformatoren vonstatten ging und den politisch ehrgeizigen Landgrafen erpressbar machte. Sein englischer Kollege, Heinrich VIII., brauchte weniger Rücksichten zu nehmen: Um seine Scheidung von Katharina von Aragón durchzusetzen, sagte er sich

1534 von Rom los und gründete die seitdem dem Protestantismus zugerechnete anglikanische Kirche. Unsere Vier, könnte man sagen, finden sich also zu Recht an dem historischen Ort wieder, wo ihrer Meinung nach das polygame Verlangen des Mannes vielleicht seine größte historische Wirkung entfaltet, die Neuerfindung der Religion legitimiert und die Spaltung der Christenheit herbeigeführt hat. Damit aber noch nicht genug des Subtextes. In Marburg ging es noch um eine andere Spaltung. Der Versuch, die Auseinandersetzungen der Reformatoren Luther und Zwingli in Bezug auf die Abendmahlformel zu schlichten, scheiterte. Luther wollte sagen: »Dies *ist* mein Leib«, Zwingli: »Dies *bedeutet* meinen Leib«. »Und sie legte einen Finger auf Hauptmann Ashburnhams Handgelenk.« Man wundert sich ein wenig über den dramatischen Effekt, den diese Gebärde auslöst. Leonora und mit ihr die Leser verstehen aber, worum es geht. Florence »bedeutet« mit ihrer Geste, »dies ist mein Leib«.

»Another Fine Mess«

Wie schon gesagt, fing Ford nach eigenen Angaben am 17. Dezember 1913 damit an, diesen Roman zu verfassen. Das war sein 40. Geburtstag. Es war genug zusammengekommen, um das, was heute Midlife-Crisis heißt und damals Crise de quarantaine hieß, vollkommen zu machen. Nach Gießen und ohne dort erfolgreich naturalisiert und geschieden worden zu sein, nach gerichtlich festgestelltem Bankrott, lebte er als verheirateter Mann mit einer anderen Frau zusammen, die sich trotz deutlicher gerichtlicher Warnungen weiterhin als verehelichte Mrs Ford ausgab. Aber auch anders wäre die Zwickmühle nicht aufgegangen: Wäre die deutsche Scheidung von Elsie zustande gekommen und hätte er Violet geheiratet, Ford wäre in England aller Wahrscheinlichkeit nach als Bigamist verfolgt worden. Aber damit nicht genug. Ford beginnt *The Saddest Story* unter Bedingungen, die Julian Barnes »Another Fine Mess« genannt hat. Zu Teilen diktierte er den Roman einer jungen Frau, in die er sich verliebt hatte – einer zarten, biegsamen irischen Elfe, dem genauen Gegenteil von Violet. Ihr Name war Brigit Patmore, sie war verheiratet, hatte zwei Kinder und war von Violet Hunt in den Kreis um South Lodge hineingezogen worden. Hunt entging nicht, dass Ford ihr entglitt. Es kam einer Verzweiflungstat gleich, dass sie Ende 1913 Brigit Patmore als einzigen Gast in ihr Landhaus in Selsey einlud. »Sie realisierte«, kommentiert Max Saunders diese Handlung, »dass sie Fords Liebe verlor. Vielleicht dachte sie, dass sie wie Leonora in *The Good Soldier* ihren Mann besser im Griff hätte, wenn sie nicht nur seine Gelddinge, sondern auch seine Liebesaffären managte.« What else happened we don't know. Zu einer intensiven und längeren Beziehung kam es zwischen Ford und Patmore nicht, aber Ford entfernte sich seit 1914 erst innerlich und dann auch äußerlich von Hunt, als er in den Krieg zog, den er anders als sein »good soldier« Edward an der Front absolvierte und über den er sein zweites Hauptwerk, einen vierteiligen Roman verfasst hat. Aber man stelle sich dieses Tableau vor: Ford diktiert im Hause seiner »Frau« einer jungen Geliebten die Erzählung eines Erzählers, der sich in eine junge Frau verliebt, die einem anderen Mann gehört und die von einer anderen Frau quasi ferngelenkt wird. Es hilft nichts, dass der Autor Ford zu starken Distanzierungsmitteln greift und seinen Erzähler quasi zum Eunuchen macht und die begehrenswerte Nancy verrückt werden lässt. Selbst der asexuelle Dowell muss ganz zum Schluss glauben, dass auch er jene Veranlagung in sich hat, die für alle Geschichten, inklusive die Geschichten der Weltgeschichte, verantwortlich zu sein scheint: »Auf meine mattere Art [in my fainter way] gehe ich anscheinend den gleichen Weg wie Edward Ashburnham. Vermutlich neige ich wirklich zur Polygamie; mit Nancy und mit Leonora und mit Maisie Maidan und vielleicht sogar mit Florence. Ich bin ohne Zweifel wie jeder andere Mann; nur bin ich, wahrscheinlich wegen meiner amerikanischen Abkunft, matter. Nichtsdestoweniger kann ich Ihnen versichern, ich bin ein im strengsten Sinne ehrbarer Mensch. Ich habe nie etwas getan, gegen das auch die ängstlichste Mutter einer Tochter oder der gewissenhafteste Domdekan etwas einwenden könnte. Ich bin nur auf meine matte Art in meinem unbewussten Verlangen Edward Ashburnham nachgegangen. Nun, das ist alles vorbei. Nicht einer von uns hat bekommen, was er eigentlich wollte. Leonora wollte Edward, und sie hat Rodney Bayham bekommen, eine Art sympathisches Schaf. Florence wollte Branshaw, und ich bin es, der das Gut von Leonora erworben hat. Ich wollte es nicht eigentlich; vor allem wollte ich nicht länger Krankenwärter sein. Nun, ich bin Krankenwärter. Edward wollte Nancy Rufford, und ich habe sie bekommen. Nur ist sie wahnsinnig. Es ist eine komische und phantastische Welt. Warum können die Menschen nicht bekommen, was sie wollen? Es war alles da, jeder hätte zufriedengestellt werden können; aber jeder hat nun das Verkehrte. Vielleicht werden Sie daraus klug; ich verstehe es nicht.«

In einer deutschen Pension

Wenn wir aus der anglo-amerikanischen Roman- und Reiseliteratur eine Liste der *deutschen* Orte, Institutionen und mit ihnen verbundenen Praktiken aufstellen, dann haben Anspruch auf die ersten Plätze die Universitätsstadt und die Bräuche der Verbindungen, vor allem die Mensuren sowie die Saufgelage, weiterhin die Biergärten und Gasthäuser in freier Natur, der Badeort und die Anwendungen. Und ganz bestimmt die Pensionen und Pensionate. Diese beiden Schauplätze sind nicht dasselbe, weil sie verschiedenen Zwecken dienen, aber ihnen ist gemeinsam, dass Fremde für eine begrenzte Zeit unter einem Dach zusammenleben. Wir werden beide Institutionen hier im Spiegel zweier Erstlingswerke der englischen Literatur aufsuchen, die Pension zuerst und anschließend das Pensionat.

Jede Pension ist eine Art Zoo, verschieden ist nur die Art der Zusammensetzung. Es ist dort entweder eine rein einheimische oder eine international sortierte Fauna zu besichtigen, und dann gibt es noch den speziellen Fall der Pension, die – im Ausland wohlgemerkt – nur Engländer aufnimmt. Vermutlich hat keine andere Nation es jemals im internationalen Tourismus zu dieser Art von Exklusivität gebracht – und sie für selbstverständlich gehalten. In einem vergessenen Roman des Jahres 1911, in Sybil Spottiswoodes *Her Husband's*

Country, der Geschichte einer unglücklichen Ehe zwischen einer Engländerin und einem Deutschen, beschwert sich ein englischer Urlauber, den die Heldin im Schwarzwald trifft: »Warum dringen die Deutschen in unsere Reservate ein? Warum frequentieren sie Hotels, in denen exklusiv Engländer verkehren? Ich bin mir sicher, dass ich niemals Engländer getroffen habe, die in ein rein deutsches Hotel oder eine ebensolche Pension gegangen wären.« Die Florentiner Pension Bartolini, die E. M. Forster in *A Room with a View* (1908) beschreibt, ist ein solch exklusives englisches Reservat. Die Pension, die Katherine Mansfields Erzählungsband *In einer deutschen Pension* (1911) im Titel hat, wird dagegen nur von Deutschen frequentiert, mit der einen entscheidenden Ausnahme der jungen Engländerin, die uns von ihr erzählt. Obwohl er fand, dass er in ihr lauter »Forster-Charakteren« begegnete, war das Publikum, das Rupert Brooke 1912 in seiner ersten Münchner Pension, der Pension Bellevue in der Theresienstraße, antraf, ausgesprochen international: »Zwei englische Ladies, ein rumänischer Ökonomen, sein Bruder, Professor für Physik in Bukarest, ein italienischer Conte im Range eines Kavallerie-Leutnants, ein australischer Schaf-Farmer, eine französisch-deutsche Tanzlehrerin und ca. acht Deutsche, Männer und Frauen.« Somerset Maugham, der als 16-jähriger eine Zeitlang in einer Heidelberger Pension lebte und dieser in dem Roman *On Human Bondage* ein literarisches Denkmal setzte, zählt an der Gemeinschaftstafel sechzehn Personen, darunter drei Amerikaner von der Ostküste, einen Chinesen, eine Holländerin, den einen Engländer und ansonsten ein Assortissement von Deutschen beiderlei Geschlechts und verschiedensten Alters. In der berühmtesten aller literarischen Fremdenpensionen, in dem Etablissement des Fräulein Schröder in der Berliner Nollendorfstraße, hat sich einige Zeit später – wir sind jetzt am Anfang der dreißiger Jahre – ein ganz unbürgerliches, aber auch internationales Publikum eingemietet: außer »Mr Issyvoo« (Isherwood), dem wir diesen Einblick verdanken, der Barmixer Bobby, die Prostituierte Fräulein Kost, Fräulein Mayr, die als Jodlerin in einem Vergnügungslokal auftritt, und Miss Sally Bowles, die englische Edelhure und Cabaretsängerin.

Pensionen sind keine Hotels oder Gasthäuser, was bedeutet, dass ihr Rang schwerer anzugeben ist und es nicht zuletzt den Gästen obliegt, diesen durch permanente gegenseitige Taxierung und Feinabstimmung selbst zu erarbeiten und zu schützen. Darin ähneln sie Kurorten. Sehr schwer macht es in dieser Beziehung der Baron in Mansfields gleichnamiger Geschichte, weil er kein Wort spricht und sich ganz apart hält, mit anderen Worten, sein hohes soziales Kapital nicht unter die Leute bringt. Deswegen fühlt sich der Oberlehrer verpflichtet, die junge Engländerin aufzuklären:

> »›Es muss doch sehr interessant für Sie sein, gnädige Frau, alles beobachten zu können … natürlich ist das hier ein sehr vornehmes Haus! Im Sommer hatten wir eine Dame vom spanischen Hof hier; sie hatte eine Leber. Wir unterhielten uns oft.‹
> Ich machte ein erfreutes und demütiges Gesicht.
> ›In England findet man in einem *boarding-house* nicht die Erste Klasse – wie in Deutschland.‹ […]
> ›Der Baron kommt jedes Jahr her‹, fuhr der Herr Oberlehrer fort, ›wegen seiner Nerven. Er hat nie mit einem der Gäste gesprochen – *noch nie!*‹«

In der Erzählung *Die Schwester der Frau Baronin* scheint dagegen alles klar. Die Gäste der Pension werden unterrichtet, dass hochadliger Besuch erwartet wird: die Baronin von Gall schickt ihre kleine, stumme Tochter zur Kur und lässt sie von ihrer jüngeren Schwester begleiten. Sie selbst kommt einen Monat später.

> »›Die Baronin von Gall?‹, rief die Frau Doktor, die ins Frühstückszimmer trat und buchstäblich Witterung von dem Namen aufnahm. ›Sie kommt hierher? Erst letzte Woche war ein Bild von ihr im Heft *Sport und Salon*! Sie verkehrt bei Hofe. Ich habe gehört, dass sie von der Kaiserin geduzt wird. Ist ja ganz reizend! Ich werde den Rat meines Arztes befolgen und noch sechs Wochen länger hierbleiben. Es geht nichts über jugendliche Gesellschaft!‹«
> Die neuen Gäste treffen ein: »Anstrengende Tage folgten. Wäre sie auch nur eine Spur weniger hochwohlgeboren gewesen, hätten wir die ständigen Gespräche über sie nicht durchstehen können, die Loblieder auf sie und die genauen Berichte über ihr Tun und

Treiben. Doch huldvoll ertrug sie unsere Verehrung, und wir waren mehr als zufrieden.«

Der Dichter bedichtet sie, der Student aus Bonn bändelt mit ihr an, den Damen erzählt sie im Vertrauen ihr Leben (»Sie hat bereits sechs Heiratsanträge gehabt!«) und arg zudringlichen Männern ihre Pläne (»Die Schwester der Frau Baronin hat mir versichert, dass sie in ein Kloster eintreten will.«) – nicht die Ausländerin, sondern die Standesfremde ist es, welche die kleine Welt der Pension unablässig in Bewegung und Spannung hält. Das Ende kommt überraschend und mit Schrecken:

»Ein großes Auto röchelte vor dem Eingang. Im Salon großer Aufruhr. Die Frau Baronin stattete ihrer kleinen Tochter einen Überraschungsbesuch ab. [...]

›Aber wo ist meine Zofe?‹, fragte die Frau Baronin. ›Eine Zofe ist nicht gekommen‹, erwiderte der Geschäftsführer, ›nur Ihr Fräulein Schwester und das Töchterchen.‹ ›Meine Schwester?‹ rief sie scharf. ›Dummheit! Ich habe keine Schwester. Mein Kind reist mit der Tochter meiner Schneiderin!‹

Vorhang!«

Mit ebenso großer Lust und Schadenfreude bringt Mansfield auch in der Geschichte *Der Baron* die Blase zum Platzen, um mit dem wunderbaren Satz zu schließen: »*Sic transit gloria deutsche mundi.*« Sie hat recht: Die Pension ist zweifellos der Ort, an dem soziale Prätentionen gepflegt und demaskiert werden können. Aber dass Standesdünkel ein Privileg deutscher Pensionen und Deutscher in Pensionen sei, wird Katherine Mansfield nicht mit guten Gründen behaupten dürfen. Das Wort und die Sache Snobismus stammen schließlich aus England, und wie sie sich unter den gegebenen Umständen auswirken, das hatte E. M. Forster in *A Room with a View* einige Jahre zuvor beschrieben – wobei die Bewohner seiner Pension noch nicht einmal vor der Herausforderung stehen, dass sich Angehörige des Adels, echte oder unechte, unter ihnen aufhalten. Die Standesdamen und Renommisten Forsters hätten bei einem eventuellen Abstecher nach Deutschland eher amüsiert registriert, dass die Deutschen auch »so etwas« haben. Dass Fremdsein Bessersein impliziert, spricht aus jeder Seite des Frühwerks von Mansfield. Die Konstruktion ihrer Erzählungen macht es ihr aber auch unwiderstehlich leicht, denn sie braucht keine expliziten Urteile über die Deutschen abzugeben: Diese richten sich selbst durch ihre Handlungen und durch ihre Ansichten, vor allem durch das Bild, das sie sich von England machen. Aus diesen Äußerungen könnte man nun ein ganzes Florilegium binden; es soll genügen, aus der Geschichte mit der falschen Schwester die folgende Seitenbemerkung zu zitieren, welche die Frau Doktor an das Referat der sechs Heiratsanträge, einer romantischer als der andere, anschließt: »Natürlich ist so etwas für euch Engländerinnen schwer zu verstehen, da ihr immer auf den Kricketplätzen eure Beine zeigt und im Hintergarten Hunde züchtet. Zu schade! Jugend sollte wie eine wilde Rose sein! Ich für mein Teil verstehe nicht, wie ihr Engländerinnen überhaupt geheiratet werdet!« Am Ende von Jerome K. Jeromes Radtour durch Deutschland erlaubt sich der Ich-Erzähler ebenfalls einen Nationenvergleich, und diesmal ist er nun wirklich ironisch gemeint: »Die Deutschen gehen sogar so weit, dass sie sich den Angelsachsen überlegen fühlen. Das ist ganz und gar unverständlich. Man denkt, sie müssen das vortäuschen.«

Die Begegnungen, die in der Pension notwendig stattfinden, beschränken sich also nicht allein auf die Ebene der gegenseitigen Taxierung und Wahrnehmung. Die Begegnung ist eine der universellsten Figuren der Erzählung, sie für das Habitat der Pension genauer zu fassen heißt, noch einmal auf die zugegebenermaßen immer noch sehr schwache Bestimmung zurückzugreifen, die besagt, dass die Zeit des Miteinanders in der Pension länger ist als im Hotel. Zwischen der Zufallszeit (Hotel) und der Entwicklungszeit (Familie) gestaltet die Pensionserzählung eine episodische Zeit. Diese kennt eine gewisse Konstanz und Redundanz, hat aber keine Zeit für Entwicklungen. Da nun die Art und Zahl der Begegnungen größer und unvorhersehbarer sind als in der Familie und kleiner als im Hotel, stoßen wir hier noch einmal auf einen Mittelwert, der es uns erlaubt, von einer Art vorstrukturiertem Kaleidoskop zu sprechen, das eine überschaubare Zahl von Gästen in wechselnde, aber begrenzte Konstellationen bringt. Von daher ist es leicht zu verstehen, dass Forster seine Florentiner Pension verlassen muss, sobald er eine einlinige Entwicklungsgeschichte einfädelt, und dass die beiden bekanntesten Erzählungen unseres Subgenres, Mansfields *In einer deutschen Pension* und Isherwoods *Berlin Stories*, Episodencharakter haben. Es liegt auch in der Natur der Sache, dass sich letzteres Buch problemlos zu einer Revue umarbeiten ließ und als *Cabaret* auf der Bühne und der Leinwand sensationell erfolgreich wurde. Auch die Revue tut so, als folge sie einem Handlungsfaden und besteht doch nur aus einem Nebeneinander kleiner Höhepunkte. Zwar spielen nicht alle Episoden der *Berlin Stories* in der Pension, aber sie sind von ihr aus verfasst, sie nehmen ihr Zeit- und Gestaltungsmaß auch in die anderen Schauplätze mit.

Die dritte Mittelposition, welche die Pension innehat, ist vielleicht die wichtigste und diejenige, die von den Wahrnehmungen der anderen zu den Verwicklungen mit ihnen führt. Leben in der Pension heißt, sich einrichten zwischen der Privatheit, die als Schutzraum nur ein einziges Zimmer hat, und einer pensionsinternen Öffentlichkeit, welche die Herausforderungen und Zumutungen der Welt draußen zwar gefiltert, aber oft auch konzentriert an den Gast weitergibt. Dass man den Anderen nicht entkommen kann, selbst wenn man in seinem Zimmer bleibt, dass die Erzählung des privaten Lebens immer unter Beobachtung stattfindet, macht ein Bericht Alix Stracheys deutlich, die 1924 für ein knappes Jahr die Berliner Pension Bismarck bezog:

»Ruhe, vollkommene Ruhe, dachte ich. Aber zwei grässliche Amerikanerinnen sind ins Zimmer nebenan gezogen, und zwischen uns ist nur eine einfache Tür. Im Augenblick schüttet die eine gerade an der Schulter der anderen ihr Herz aus (stelle ich mir vor) und die andere artikuliert lautstark tröstende Worte, – mein Bücherregal erzittert von dem Lärm. Was, in aller Welt, kann man tun? Kann ich darauf bestehen, dass eine Doppeltür installiert wird, oder muss ich fliehen? Oder kann ich sie irgendwie einschüchtern? Oder, wenn das nicht geht, sie einfach vergiften? Gerade, als ich mich zu einem ruhigen Stündchen mit Brief an

Dich niederlassen wollte und einem entspannenden Buch (über Schülerselbstmord) und einer Zigarette und dem ganzen Nachmittag vor mir. Oh verdammt, ihr blöden Ziegen und Miststücke.... Was würde geschehen, wenn ich das laut herausrufen würde? Stell' Dir vor, plötzlich, diese himmlische Ruhe, die von zwei zitternden Frauen ausgeht.«

Zur Standardbesetzung der Pension gehört der impulsive Mann, auch der »compulsive talker«, seltener der transgressive Mann, zu dem wir noch später kommen. Mit dem Überfall durch eine solche Figur, welche die Signale der Nähe in der Pension falsch deutet, beginnt klassisch *A Room with a View*. Die erste Seite des Buches ist kaum zu Ende, da wird der private Austausch zwischen Lucy und ihrer Begleiterin und Chaperonne Miss Bartlett über die Misslichkeit des Raums ohne Aussicht durch einen Unbekannten unterbrochen.

»Einer ihrer Tischnachbarn, einer jener schlecht erzogenen Zeitgenossen, auf die man im Ausland trifft, lehnte sich über den Tisch und mischte sich tatsächlich in ihre Unterhaltung ein. Er sagte: ›Ich habe eine Aussicht, ich habe eine Aussicht.‹ Miss Bartlett schrak auf. Normalerweise verhielten sich Leute in einer Pension so, dass man sich gegenseitig ein oder zwei Tage lang musterte, ehe man miteinander sprach, und manchmal war man wieder auseinandergegangen, ehe man überhaupt hatte herausfinden können, ob man zueinander passte. Sie wusste, dass der Aufdringling schlecht erzogen war, noch bevor sie in seine Richtung blickte.«

Mr Emerson will eigentlich nur Gutes, er will den Damen sein Zimmer anbieten, aber wie manche Menschen, die den vorgeschriebenen räumlichen Abstand nicht wahren, kann er machen, was er will, er wird nie passen, »he did not do« in der Sprache des Romans, »he is not our sort«, wie es dann in Forsters nächstem Roman *Howards End* heißen wird. Miss Bartlett ist geradezu »machtlos« im Angesicht von soviel »Brutalität«.

Mansfield beginnt ihren Erzählungsband mit einem anderen »brutalen« Pensionsgast und mit einer Geschichte, die schon durch ihren

Katherine Mansfield, 1914

heftigen Titel *Deutsche beim Fleisch* der Voraussetzungslosigkeit des Kommenden vorarbeitet:

»Die Brotsuppe wurde auf den Tisch gestellt. ›Ah‹, sagte der Herr Rat, beugte sich über den Tisch und spähte in die Terrine, ›das ist's, was ich brauche! Mein Magen ist seit mehreren Tagen nicht in Ordnung gewesen. Brotsuppe, und genau die richtige Konsistenz! Ich bin selbst ein guter Koch...‹, wandte er sich an mich. ›Wie interessant!‹, erwiderte ich und bemühte mich, das genau richtige Maß an Begeisterung in meine Stimme zu legen. ›Doch ja. Wenn man nicht verheiratet ist, ist es notwendig. Was mich betrifft, hatte ich von Frauen auch ohne Heirat alles, was ich haben wollte.‹ Er stopfte sich seine Serviette hinter den Kragen und blies während des Sprechens auf seine Suppe.«

Diese Engländerinnen wollen eigentlich nur den An- und Abstand gewahrt wissen, zumindest für den Anfang. Andere gehen in die

Fremde und mieten sich in einer Pension ein, weil sie ein Geheimnis zu hüten haben. Katherine Mansfield wurde im Juni 1909 von ihrer eigens aus Neuseeland nach London angereisten Mutter nach Bad Wörishofen verfrachtet und in einer Pension eingemietet, damit sie dort, fern von England, fern der Heimat ihr uneheliches Kind bekommen konnte. »Irgendwann Ende Juni oder Anfang Juli hatte sie in diesem Zimmer eine Fehlgeburt, wahrscheinlich, als sie ihren Koffer vom Schrank hob.«

Nur einer Person von der Unbeugsamkeit und Unbekümmertheit Katherine Mansfields konnte Folgendes einfallen und gelingen. Kaum hatte sie ihr Kind verloren und war in eine andere Fremdenpension umgezogen, bat sie eine Vertraute in London, ihr ein der Kur und Pflege bedürftiges Kind aus England zu schicken. Mit einem Schild um den Hals gelangte ein gewisser Charlie Walter in Wörishofen an, den seine Familie der langen Reise und einer völlig unbekannten Frau anvertraut hatte. Die Kühnheit oder Sorglosigkeit wurden belohnt: Der achtjährige Charlie, ein unterernährtes Kind aus den Londoner Slums, der eine Brustfellentzündung hinter sich hatte, wurde Katherines Ersatzkind für die Dauer der Sommerferien, dann wurde er auf gleichem Weg, aber um einige Kilo schwerer wieder zurückgeschickt. Er musste sie Sally nennen – »wieder so ein Geheimname«, schreibt ihre Biographin, »als konnte sie es nicht ertragen, allzu lange der gleiche Mensch zu sein«. Mansfield zeichnete übrigens einige ihrer Briefe mit »Kath Schönfeld«, einer Übersetzung ihres Mädchennamens Beauchamp.

Es verwundert nicht, dass die junge Engländerin, aus deren Sicht die meisten Erzählungen Mansfields verfasst sind, vielleicht kein Geheimnis hat, aber so wenig wie möglich von sich preisgibt. Was sie erst recht zum Objekt der Neugier macht. Wenn der Herr Professor, der im Aufgebot deutscher Charaktertypen nicht fehlen darf, sagt: »Das ist meine kleine englische Freundin. Sie ist ein Fremdling in unserer Mitte«, dann gibt die angesprochene Frau Godowska zurück: »Wie reizend! Meine Tochter und ich haben Sie oft durchs Schlafzimmerfenster beobachtet, nicht wahr, Sonia?« Und weil die »englische Freundin« so wenig sagt, sagt man ihr alles, auch das sie Betreffende – manchmal direkt, manchmal indirekt.

»›Ich bin noch nie in England gewesen‹, unterbrach mich Fräulein Sonia, ›aber ich habe viele englische Bekannte. Wie kalt sie sind!‹ Sie schauderte zusammen. ›Fischblütig‹, tadelte Frau Godowska. ›Ohne Seele, ohne Herz, ohne Charme! Aber ihre Kleiderstoffe sind unübertrefflich.«Wie um diese Charakterisierung zu bestätigen, kann die Ich-Erzählerin dann nicht anders, als die »moderne Seele«, das Fräulein Sonia nämlich, und ihre frei fließenden Konfessionen nüchtern zu kontern: »›Und was so erstaunlich ist: ich bin nicht nur sapphisch, sondern ich entdecke in allen Werken aller großen Schriftsteller, besonders in ihren unveröffentlichten Briefen, einen Hauch, eine Spur von mir selbst – eine Ähnlichkeit, einen Teil meiner selbst, wie etwa tausend Widerspiegelungen meiner Hände in einem dunklen Spiegel.‹

›Das ist aber lästig‹, sagte ich.«

Dass dies das Buch einer jungen Frau ist, die ihr Kind verloren hat, nach schwierigen und abenteuerlichen Verhältnissen mit Männern, wird auf der Ebene von Einzelaussagen wie »Ich liebe leere Betten« oder »Aber ich halte Kinderkriegen für den allerschmachvollsten Beruf« ebenso evident wie auf der Ebene des Plots, wenn etwa eine unendlich lang sich hinziehende Niederkunft die Hintergrundkulisse für die Tändeleien zwischen Serviermädchen und Gast abgibt und der erste Kuss gestört wird durch den ersten Schrei des Neugeborenen oder wenn, zum ersten Mal, Gewalt im Ehebett zum Thema wird: »Sie sank auf's Bett, und wie ein Kind, das darauf gefasst ist, dass man ihm weh tut, legte sie den Arm übers Gesicht – und Herr Brechenmacher kam hereingetaumelt.«

Aber wenn wir noch einmal zum Aspekt Geheimnis zurückkehren, so muss man sagen, dass die kleinen, im Buch dargestellten und enthüllten Heimlichkeiten zurücktreten vor dem Geheimnis, welches Mansfield im Buch selbst verbirgt. Dies ist eine höchst kuriose und zugleich bedrückende Geschichte. Vermutlich sah sich Mansfield durch die Größe des Geheimnisses, das sie in diese deutsche Pension geführt und das sie dort zu hüten hatte, dazu veranlasst, auch das Buch über diese Pension zum Ort eines Versteckspiels zu machen. Eine der 13 Geschichten des Bandes entstammt nicht ihrer Erfindung, sondern ist eine Adaption, manche sagen: ein Plagiat einer Erzählung von Tschechow – ohne Urheberangabe. Es ist dies eine reißerische Geschichte, in der eine sehr junge Haushaltsgehilfin, die durchweg als das »KIND-DAS-MÜDE-WAR« apostrophiert wird, nach einem Tag voller Plackereien und permanent gequält durch ein schreiendes Baby, dieses schließlich umbringt:

»Der kleine Junge schlug die Augen auf, und beim Anblick des KINDES-DAS-MÜDE-WAR schrie er aus Leibeskräften. Sie hörte, wie die FRAU aus dem Nebenzimmer nach ihr rief.
›Gleich, gleich!‹, rief sie. ›Er schläft schon beinah!‹
Und dann kam sie leise auf Zehenspitzen und lächelnd mit dem roten Kissen vom Bett der FRAU an, deckte das Gesicht des Babys damit zu und drückte mit aller Kraft, als er sich wehrte – ›wie eine Ente zappelt, die keinen Kopf mehr hat‹, dachte sie.«

Wir werden nie wissen, was zum Verlust des ungeborenen Kindes geführt hat, ob schuldhaftes Verhalten im Spiel war oder nicht, aber dass Schuldgefühle übrig blieben, ist mehr als selbstverständlich. Einzigartig dürfte die daraus erwachsene Konstellation sein: Die verhinderte Mutter adoptiert die Geschichte eines Säuglingsmords, gibt sie unter eigenem Namen heraus und belastet ihr Geheimnis und ihre Schuld damit dauerhaft.

Mansfield lernte in Bad Wörishofen einen 28-jährigen Polen namens Floryan Sobieniowski kennen. Er war gutaussehend, literarisch gebildet, ein Projektemacher und Parasit. Mit ihm setzte Mansfield ihr riskantes Konzept fort, das beinhaltete, dass nur wer viel und tief erlebt hat, auch ein großer Dichter werden kann. Der Pole hinterließ ihr dafür zwei »Danaergeschenke« (Claire Tomalin): die Geschlechtskrankheit, die Mansfields Leben zu einer Marterstrecke werden ließ und es frühzeitig beendete, sowie die Kenntnis Tschechows, den er im Original las, der damals aber schon zu großen Teilen ins Deutsche, nicht jedoch ins Englische übersetzt worden war. Sobieniowski ließ 1920 Mansfields Mann John Middleton Murry wissen, es sei besser, wenn er für Briefe Katherines, die sich in seinem Besitz befänden, 40 Pfund zahle. Mansfield wies ihren Mann mit besonderem Nachdruck an, diese für das Paar nicht unbedeutende

Summe aufzubringen. Die Mansfield-Biographen sind sich ziemlich sicher, dass der Hebel, mit dem der Pole seine Erpressung ansetzte, der Plagiatsvorwurf gewesen sein muss. Er hätte eine Frau vernichtend getroffen, die wie kaum eine andere stolz auf ihre Berufung als Schriftstellerin war. »Katherine Mansfield sah sich ebenso selbstverständlich als Schriftstellerin wie Queen Victoria als Königin«, hat Lady Ottoline Morrell einmal sehr schön gesagt. 1922, als eine englische Übersetzung von Tschechows Geschichte erschienen war, teilte Mansfield ihrem Agenten mit, dass sie einer Neuauflage ihres ersten Buches nicht zustimmen könne.

Die Pensionswirtin

Pensionen werden grundsätzlich von Frauen geführt, von unverheirateten oder verwitweten. Sind Männer vorhanden, so sind sie an den Rand und darüber hinaus gedrängt worden wie im Fall der von James Joyce beschriebenen Dubliner Pension, wo sich die Wirtin von ihrem trinkenden und gewalttätigen Mann getrennt hat, oder die Männer sind praktischerweise verschieden oder haben sich unsichtbar gemacht: »Wir sind eine so glückliche Familie, seit mein lieber Mann tot ist«, sagt Mansfields Pensionsbesitzerin Frau Hartmann, die mit Familie das Gesamt der Pension meint. »Frau Professor Erlin nannte ihr Etablissement eine Familie und nicht eine Pension«, schreibt Somerset Maugham in *On Human Bondage* (1915) und fährt fort, »aber es würde die Unterscheidungsgabe eines Metaphysikers bedürfen, um anzugeben, wo wirklich der Unterschied lag.« Den Mann der Frau Erlin gibt es noch, aber was seine Präsenz in der Pension und damit in der Geschichte anbelangt, so könnte Frau Erlin ebenso unverheiratet geblieben sein, wie das Fräulein Schröder Christopher Isherwoods. Der Hauptzweck der Männer scheint sich oft darin zu erschöpfen, dass sie den Pensionswirtinnen einen werbewirksamen Titel hinterlassen haben. Die Pension, welche die spätere Komponistin und damalige Musikstudentin Ethel Smyth 1877 in Leipzig bezog, hörte auf den klangvollen Namen Place de Repos und wurde von einer Frau Professor Heimbach geleitet, einer Dame »mit gesunden Nerven«. Den Herrn Professor trifft die Engländerin nicht (mehr?) an; »ich war nicht einmal in der Lage herauszufinden, welche Universität dem späteren Herrn Professor Heimbach den hohen Titel verliehen hatte«.

Cecily Ullmann Sidgwick, die mit ihrem Buch *Home Life in Germany* die beste Sozialanthropologie der Deutschen vor 1914 verfasst hat, schreibt zur Ökonomie der Pension: »Eines der unlösbaren Rätsel des Lebens in Deutschland besteht darin, dass die Miete für möblierte Zimmer gering ist verglichen mit der Höhe der Mietpreise sonst.« In Leipzig betrage die monatliche Rate 10 Schillinge für einen Raum, in Hamburg habe sie selbst zwei Zimmer mit Alsterblick für 1 Pfund 10 mieten können. Damit sind Pensionen angesprochen, die garni betrieben werden und keine Mahlzeiten anbieten. Mit Verpflegung liegt nach Sidgwick der Preis zwischen 3 und 7 Pfund. Wenn man aber die Mietkosten für die ganze Wohnung kenne, frage man sich, wie die Wirtinnen mit dem überleben könnten, was ihnen die Gäste zahlten. »Einige vollbringen Wunder an Sparsamkeit, besonders wenn sie Kinder zu ernähren und großzuziehen haben. Am Ende eines langen, harten Winters, währenddessen die Alster für mehrere Monate zugefroren war, fand ich heraus, dass meine Wirtin, eine traurige, ältliche Frau mit einem kleinen Sohn, niemals ein Feuer angezündet hatte. Sie hatte jeden Raum ihrer großen Wohnung vermietet, mit Ausnahme der Küche und einer von ihr abgehenden Kammer. Das wenige Essen, das sie brauchte, kochte sie auf einem Ölöfchen, nachts hatte sie eine Lampe und natürlich machte sie niemals ein Fenster auf.«

Diese Verhältnisse führen dazu, dass Pensionen genauso wie ihre Besitzerinnen und ihre Bewohner oft bessere Tage gesehen haben: »Sehen Sie, Herr Issyvoo, damals konnte ich mir's leisten, da war ich mit den Leuten, die hier wohnen wollten, sehr penibel. Ich hatte die Wahl und konnte sie mir aussuchen. Ich nahm sie nur, wenn sie gut empfohlen und gebildet waren – wirklich feine Leute (so wie Sie, Herr Issyvoo). Einmal hatte ich einen Freiherrn, und dann einen Rittmeister und einen Professor. Sie schenkten mir oft etwas – eine Flasche Cognac, eine Schachtel Pralines oder ein paar

Blumen.« Jetzt aber hat Fräulein Schröder nicht einmal ein eigenes Zimmer mehr, sie schläft hinter einem Wandschirm im Wohnzimmer, und so wie Berliner Miethauswohnungen nun einmal geschnitten sind, heißt das, dass die Mieter nachts an ihrem Lager vorbeimüssen.

Ihre Wohnung kann die Vermieterin wie ein Palimpsest lesen.»Sie zeigt mir gerne die verschiedenen Spuren und Flecken, welche die Mieter dieses Zimmers hinterlassen haben.« Fräulein Schröder scheint die Beschädigungen nicht als Angriff auf ihr Eigentum zu empfinden, sondern als eine Art Chronik der Pensionsgeschichte, vor allem in ihren besseren Tagen, wertzuschätzen:»Ja, Herr Issyvoo, jeder hat mir ein Andenken vermacht.« Da ist der Fleck, den ein Herr Noeske auf der Bettdecke hinterlassen hat, als er sich auf sie übergab –»Was mag er bloß gegessen haben, dass es so einen Fleck gibt?« – , da sind die Kaffeespuren, die der Rittmeister auf der Tapete hinterließ, wenn er nicht wie angeraten am Tisch, sondern auf dem Sofa mit seinen Damen saß und »im Eifer des Gefechts« das eine oder andere überschwappen ließ –»So ein feiner Herr.« –, da sind die Tintenflecke des Professor Koch auf dem Teppich –»Schließlich legte ich sogar Löschpapier um seinen Stuhl, auf den Fußboden«.

Fräulein Schröders neuer Gast wird bei dieser Spurensuche »tief unglücklich«. Es ist nicht der Ekel, der ihn ergreift, sondern die Melancholie des Spurenlesers:»Wo sind alle diese Mieter geblieben? Wo werde ich in zehn Jahren sein. Gewiss nicht hier.« Herr Issyvoo ist der einzige Gast, dem die episodische Verfasstheit des Lebens in der Pension aufgeht.

»Preoccupation With the Matter of Sex«

Normal ist, dass die Gäste einer Pension sich gegenseitig in die Klemme bringen. Davon haben Mansfield und Forster exemplarisch erzählt. Die Hauptklemme aber ergibt sich aus dem gemischten Charakter der Pensionen. Sie sind nun einmal das ideale Setting, um unter stark erleichterten Bedingungen dem anderen Geschlecht näherzukommen. Wie immer interessiert diese Situation am meisten, wenn junge, noch unerfahrene Frauen und Männer ihr ausgesetzt werden. In diesem Sinne ist die Pension eine große Lehranstalt. Der 16-jährige Philip Carey, die Hauptfigur in Somerset Maughams Roman *On Human Bondage*, darf das Vorrecht seines Alters, die »preoccupation with the matter of sex«, nur indirekt miterleben. Sein Schöpfer bewahrt ihn vor anderen als intellektuellen Versuchungen, ganz im Gegenteil zu dem gleichaltrigen Somerset, der in der Heidelberger Pension seine Unschuld an den »waster« und homosexuellen Drifter John Ellingham Brooks verlor – im Buch heißt er Hayward. Philip und die anderen Pensionsgäste wohnen staunend der unglaublichen Geschichte des Chinesen Sung und des Fräuleins Cäcilie bei, die sich ziemlich schamlos zusammentun, erst heimlich, dann öffentlich, und Spaziergänge unternehmen, um sich schließlich auf ihren Zimmern zu besuchen, er ein Student an der Universität, der dort »Western conditions« studiert, was auch immer das sein mag, sie ein ca. 16-jähriges und offenbar schwieriges Mädchen, das ihr Onkel in die Obhut der Pension Erlin abgeschoben hat. Gutes Zureden nützt nichts. Fräulein Cäcilie lässt alle Vorwürfe an sich abprallen, weil sie in den Chinesen verliebt ist. Der Chinese seinerseits streitet schlankweg jegliche Beziehung zu Fräulein Cäcilie ab. Frau Professor Erlin muss also abwägen: Herr Sung, der zwei Räume gemietet hat und jeden Tag eine Flasche Mosel konsumiert, und Fräulein Cäcilie, das sind drei Räume, drei über den Winter sichere Vermietungen, die gegen den guten Ruf des Establissements zu halten sind, der natürlich der Wirtin sehr am Herzen liegt, der aber vor allem von drei »elderly ladies« eingeklagt wird, die zwar auf äußerste Ökonomie bedacht sind und den geringsten Satz zahlen, aber gleichwohl als Dauermieter verlässliche Einnahme bedeuten. »Human bondage«, das »menschliche Gebundensein« kennt sehr verschiedene Bindungsarten, und der Roman Maughams tut nichts anderes, als von seinen Personen die schmerzliche Abwägung zwischen ihnen zu fordern. Insofern ist Frau Professor Erlin eine phänotypische Figur, an der Philip Carey früh im Roman studieren kann, was das Leben verlangt: mit einer Verbindung höherer Ordnung umzugehen. Noch ist der 16-jährige nur bereit, diejenigen Kräfte anzuerkennen, die ihm die einsinnigen Bindungen nahelegen und sagen: Weg von Gott, hin zur Kunst, im Gegensatz zu dem Theologie-Studenten, der sagt: Weg von den Ästheten, hin zu Gott usw. Die Pension funktioniert in diesem Sinne als Anordnung, die nicht nur zu kurzfristigen Begegnungen führt, sondern auch das Optionale aller Bindungen zur Anschauung stellt. In diesen Pensionen wird sehr viel geredet, vor allem über Einstellungen und Maximen; sie ist die Bühne aller Lebensphilosophien, die Matthew Arnold unter dem Stichwort des »Porro unum esse necessarium« versammelt hatte: Eins aber ist nötig!, doch der Austragungsort der Konsequenzen ist sie nicht, und das ist vielleicht so, weil die Pension, diese lose Vergesellschaftungsform, auf der Nicht-Bindung bestehen muss. Umso faszinierender wirken dann diejenigen, die Bindung ernst meinen.

Die Krise wird dadurch herbeigeführt, dass die Pensionswirtin durch den Hausknecht den Tatbestand gewissermaßen amtlich erheben lässt, dass sich Fräulein Cäcilie im Zimmer des Herrn Sung aufhält. Dies ist der Ernstfall. Erst denken alle, das Problem habe sich erledigt, weil Herr Sung nicht zu Tisch erscheint. Aber dann kommt er doch, die personifizierte asiatische Höflichkeit, schenkt Frau Professor Erlin ein Glas seines Moselweins ein und bietet ein zweites der Anführerin der Moralfraktion an.

»Die drei alten Damen saßen schweigend da und zeigten ihre Missbilligung deutlich der Frau Professor, die sich kaum von ihrem Weinanfall erholt hatte. Ihr Mann schwieg bedrückt. Die Unterhaltung schleppte sich dahin. Philip entdeckte auf einmal Züge des Schreckens an der Versammlung, an der er so oft teilgenommen hatte. Sie alle sahen plötzlich im Licht der zwei Hängelampen ganz anders aus. Auf unbestimmte Weise fühlte er sich ungemütlich. [...]
Einige Tage lang ging das so weiter. Die Luft war von der unnatürlichen Leidenschaft geschwängert, die alle fühlten, und die Nerven des kleinen Haushaltes schienen bis zum Zerreißen gespannt. Nur Herr Sung zeigte keine Wirkung und erschien genauso lächelnd, zutraulich und höflich, wie er immer gewesen war. Es war schwer zu sagen, ob in seinem Betragen die zivilisierte Art triumphierte

oder ob er auf diese Weise die Verachtung des Orientalen gegenüber dem verlorenen Westen ausdrücken wollte. Cäcilie gab sich demonstrativ unberührt und zynisch. Schließlich konnte die Frau Professor die Situation nicht länger ertragen.«

Sie schreibt dem Onkel Cäcilies, dass er seine Nichte zu sich nehmen solle, und setzt Cäcilie von diesem Brief in Kenntnis, wiederum vor der Öffentlichkeit der Table d'hôte. Darauf brennen die Liebenden miteinander durch. Die Hausordnung ist wieder hergestellt, um den Preis der Erkenntnis, dass die Macht der Pension nur bis zu der Gartentür reicht, durch welche das unbotmäßige Paar entkam.

Das Problem der Pension ist, dass sie viel zu interessant ist. Aus guten Gründen kann man wie Maughams Hayward 25 Jahre alt werden und in Pensionen wohnen bleiben, ohne je etwas zustande zu bringen. Englands erfahrenste Deutschlandführerin Mrs Sidgwick schreibt zum Thema Pensionen: »Die Gesellschaft, die man in diesen Etablissements antrifft, ist normalerweise kosmopolit, und das Deutsch, das dort gesprochen wird, ist eher Warnung als Lehrstoff. Es ist nicht wirklich das deutsche Leben, das man auf diese Weise kennenlernt, obwohl die Pensionsbesitzerin und ihre Gehilfinnen deutsch sein können.« Lucy, die Heldin von Forsters *A Room with a View*, spürt das Problem in dem Moment, da sie die Florentiner Pension betritt, von einer Wirtin mit Cockney-Akzent empfangen wird und mit »zwei Reihen« von Landsleuten am Abendbrottisch konfrontiert ist. »Was this really Italy? Charlotte?«, fragt sie ihre Begleiterin ängstlich. »Fühlst Du nicht auch, dass wir genauso gut in London sein könnten? Ich kann kaum glauben, dass all diese anderen Dinge da draußen sein könnten.« Lucys Schöpfer, der einschlägige Erfahrungen in italienischen und deutschen Pensionen bei einer Reise im Jahre 1902 sammelte, sah den Nähr- und Lehrwert der Institution natürlich genau andersherum: »Oh was für einen Aussichtspunkt gibt das Hotel oder die Pension für Engländer ab. Unser Leben ist dort, wo wir schlafen und essen, und die Blicke auf Italien, die ich erhasche, sind ganz zufällig.«

In einem deutschen Pensionat

Miriam Henderson ist der Name einer Junglehrerin, die England verlässt, um an einem Mädchenpensionat in Hannover zu unterrichten und um »on the job« selbst unterrichtet zu werden. *Pointed Roofs – Spitze Giebel* heißt der wenig glücklich betitelte erste Roman von Dorothy Richardson, in dem Miriam die Rolle übernimmt, welche die Autorin 1891, mit 17 Jahren innehatte, als sie an einer Lehr- und Erziehungsanstalt für höhere Töchter in Hannover ihr Berufsleben begann. Und dieser erste Roman bildet den Anfang zu ihrem monumentalen *Pilgrimage*-Zyklus – insgesamt zwölf Bände, die von 1915 bis 1935 erschienen. Das Buch war wohl 1913 weitgehend fertiggestellt, erschien aber erst 1915, vier Jahre nach Katherine Mansfields *In a German Pension* und könnte genauso gut *In a German Pensionate* heißen. Doch abgesehen vom vergleichbaren Schauplatz und der ähnlichen Positionierung der Hauptfigur verbindet die Erzählungen wenig. Mansfield schreibt Kurzgeschichten, in denen Personencharakterisierung, Szene, Dialog und Erzählerkommentar hoch diszipliniert zusammenarbeiten. Verglichen mit der typisch Mansfieldschen Wachheit und Kontrolle gilt verstärkt, was Richardsons erster Kritiker J. D. Beresford im Vorwort zu *Pointed Roofs* 1915 feststellte: Sie habe als Romanautorin »the final plunge« getan, sie sei als Erste ganz und gar ins Wasser gesprungen, würde »weder in ihm treiben noch waten, sondern in ihm untergehen«, »kopfunter« sich in dem Element bewegen, das sie beschreibe. Das ist sehr gut getroffen. Die Bewegung der Hauptperson geht wie durch ein Medium und gegen einen permanenten Widerstand, sie kennt Augenblicke einer übergroßen Klarheit und dann wieder Momente atemloser Beklemmung und des Wegdriftens, Sich-treiben-Lassens. »Ein- oder zweimal vergaß sie für einen Augenblick, wo sie war«, heißt es an einer Stelle über Miriam, und das lässt sich auf viele Situationen übertragen, auf Momente, wo ihr schwindlig wird, wo sie in Gedanken sich verliert, tag- oder nachtträumt, imaginäre Dialoge führt, wo also alle die Zwischenreiche zwischen Bewusstsein und Unbewusstsein, zwischen Innenwelt und Außenwelt ausgeschritten werden. Wie große Luftblasen steigen überall die Leerstellen auf, die typographisch durch Absätze markiert sind, während die kleinen Aussetzer sich in den unzähligen Punkten und Gedankenstrichen mitteilen, die den Text ebenso unterbrechen wie binden.

»Während die Teestunde fortschritt, sah Miriam ihre Augen immer wieder und wieder zu diesen gerade ausgepackten, nach Kampfer duftenden Kleidern gezogen... und als die Unterhaltung nach Augenblicken des Schweigens hervorbrach... schattiges Blattwerk... der noch heiße Garten... das drückendheiße Holzzimmer hinter dem sonnigen Saal, das Licht, das durch die drei Räume flutete und auf dem Tisch glänzte... es waren die karierten Kleider der Martins, auf die sie blickte.« »Sie hat [...] einen Satz erfunden«, schreibt Virginia Woolf über die Technik ihrer Konkurrentin, »der aus elastischeren Fasern besteht als die alte Art von Satz, ein Satz, der sich bis zum Äußersten ausdehnen kann, an dem die feinsten Partikel hängen bleiben können und der die ungenauesten Gestalten einzuhüllen vermag. [...] Es ist dies der Satz einer Frau, dies aber nur in dem Sinne, dass er von einer Autorin benutzt wird, die weder stolz noch furchtsam ist, wenn es um die Psychologie ihres Geschlechts geht, und ihn braucht, um die geistigen Prozesse der Frau zu beschreiben.« Hand in Hand arbeiten so das »Abenteuer des Seins«, zu dem Miriam aufbricht, und das »Abenteuer des Textes«, von dem die Autorin am Ende der absolvierten »Pilgrimage« im Jahr 1938 sagt, dass sie »mit dem Gefühl auf einem frischen Weg zu sein, zu einem Abenteuer« sich damals auf den Weg gemacht habe.

Die junge Gouvernante, die im Grunde selbst der Führung bedarf, ist das Medium eines Romans, durch den der Leser ohne Gouvernante sich bewegen muss. Miriams deutsche Erziehung geht über die Sinne: zuerst sind es die Musik und das Gehör, die ihr die neue Umgebung erschließen, denn das Haus und die Schule sind eine Gemeinschaft der Musizierenden – an einem Mädchenpensionat muss jede Schülerin ein Instrument erlernen. Wir sind in Deutschland. Da kann sie sehr gut mithalten. Danach macht sie die Augen auf; die Erzählung beobachtet vermehrt ihr Sehen und referiert seine Wahrnehmungsweisen und -inhalte. Und da spielen Kleider und ihre Unterschiede die wichtigste Rolle, um die Eigenarten der Nationalkulturen, Klassen, Generationen und Geschlechter anzusprechen, aber nicht unbedingt zu entscheiden und zu bewerten: »Komische deutsche Kleider, dachte Miriam, komisch... und altmodisch. Sie grübelte, und ihre Gedanken kreisten um diese deutschen Kleider – mochte sie sie oder mochte sie sie nicht – sie hatten etwas – sie warf einen Blick auf Elsa, die in ihrem stumpfen, ausgeblichenen Stahlblauen mit den schwarzen Spitzenärmeln gegenübersaß, das sie trug, seitdem es so warm geworden war. Sogar Ulrica, nun dünn und aufrecht... wie eine Stange... in einem engen, geschmacklosen Kleid aus safranfarbenem Musselin, das mit braunen Blättern bemalt war, sogar sie schien etwas von dem zu haben, das all diese deutschen Kleider gänzlich verschieden von allem machte, das englische Mädchen je getragen hatten. Was war es?«

Eine Erziehung der Sinne

Diese Frage wird nicht beantwortet, nicht direkt, das macht die grundsätzliche Eigenschaft langer Passagen aus, die von Geschmack handeln und geschmacklos im Sinne von neutral bleiben. Die intensive Sinnestätigkeit führt zu einem Nachsinnen, das sehr selten zu einem abschließenden Urteil gelangt. Das ist kein Qualitätsurteil, denn erstens wird so die Unsicherheit eines jungen Mädchens in fremder Umgebung literarische Form, und zweitens gelingen Richardson wunderbare kleine Miniaturen, die einen Moment lang an Vermeer denken lassen: »Die Art und Weise, in der das Licht auf das Haar der Haushälterin fiel, das braun glänzte und platt an jeder Seite ihres glänzenden, rot-weiß gefleckten Gesichtes klebte, und die Kurven ihres schokoladenbraun-weiß gestreiften Baumwollmieders, all das erinnerte sie allzu deutlich an etwas, das sie einmal gesehen hatte... es war im Haar, das gegen das harte Weiß der Stirn lag und in den flachen, breiten Wangen mit der tiefroten Färbung, die sie fast gänzlich bedeckte... etwas in der Art, in der sie sich hielt und gegen die anderen hervorstach...« Wir werden nie erfahren, was nun der Inhalt der »deutlichen« Erinnerung war.

In der Phase, in der das Gefühl die »psychischen Grundakte« dominiert, wie es damals Martin Buber gesagt hätte, geht es nicht mehr nur um Orientierung in der Welt, sondern um die größeren Fragen, wie sich die Protagonistin in ihrer Rolle fühlt und was das Gefühl der Gefühle, die Liebe, von der neuen Umgebung und Lage erwarten kann. Damit sind wir auch beim unerlässlichen Topos der Gefährdung der jungen Frau im Ausland. Seit den 1890er Jahren gibt es eine eigene Subspezies der populären Literatur, die sogenannten Invasionsromane, die England während oder nach dem Einmarsch der Deutschen schildern. Eine Spielart dieser Gattung ist der Angriff des Auslandes auf eine Frau. Mansfield hat mehrere Erzählungen dieser Thematik gewidmet. Wenn die ungleich geschütztere Miriam Richardson in eine vergleichbare Situation gerät, dann wird der Vorgang so indirekt und symbolisch verschlüsselt behandelt, dass die Hauptperson im entscheidenden Moment nicht realisiert, was sich da vorbereitet – die Leserin und die Leiterin des Pensionats aber sehr wohl. Der Anstaltspfarrer Lahmann ist es, dessen Annäherungsversuch Miriam erst richtig und dann falsch versteht. Nachdem er die junge Lehrerin durch eine sehr persönliche Ansprache (»Sie sind sehr glücklich, Mademoiselle.«) für sich gewonnen hat, eröffnet er auch selbst seine Lebenspläne und zitiert das englische Sprichwort: »Ein Landstück, ein kleines, das immer gepflügt,/Ein Weibstück, ein kleines, das immer sich fügt,/ – sind große Schätze.« Dieses Ansinnen löst bei Miriam Alarm aus, weil sie es völlig korrekt auf sich bezieht und gegen ihr Selbstbild als Frau gerichtet hält.

»Es machte sie wütend, als eines der vielen kleinen gefügigen Dinger angesehen zu werden, die vom kleinen Mann dazu berufen waren, willige Weiber zu sein. Sie musste ihm zu verstehen geben, dass sie etwas wie ›ein williges Weib‹ nicht einmal kannte. Sie spürte, wie sich ihr Blick verhärtete, und wandte zuerst den Blick und dann sich von ihm ab.
›Weshalb tragen Sie eine Brille, Mademoiselle?‹«

Was nun folgt, ist sehr geschickt gefügt. Miriam ist wie immer in Gedanken und klärt dort für sich ihre Haltung – hinter der Brille. Man könnte sagen, der Pfarrer spielt Doktor und lässt sich die Brille

Miriams geben. »Ihre halbe Sehkraft hatte sie mit der Brille fortgegeben, nur undeutlich sah sie nahebei einen schwarzummäntelten Allwisser, der ihr vielleicht helfen konnte.« Der »Helfer« ist nun sehr nahe an ihr dran und hat durchaus anderes im Sinn als eine augenärztliche Untersuchung: »Als Kind waren Sie sehr, sehr blond, blonder sogar noch, als Sie es jetzt sind, Mademoiselle?«, aber bevor er noch direkter, möglicherweise handgreiflicher werden kann, unterbricht ihn die hereinkommende Leiterin mit den von Richardson kursiv gesetzten Worten: »*Na, guten Tag, Herr Pastor.*« Miriam wird von ihr »mit stummen, beharrlichen Blicken aus dem Raum« gejagt – was dort weiter geschieht, müssen wir uns denken. Miriam jedenfalls geht mit einem guten Gefühl aus der Situation heraus: »Pastor Lahmann hatte sie vergessen lassen, dass sie Erzieherin war. Er hatte sie wie ein Mädchen behandelt. Des Fräuleins Augen hatten es verdorben. Aus irgendeinem merkwürdigen Grund war das Fräulein darüber verärgert.«

Dorothy Richardsons Biographin Gloria Fromm hat sich diese Szene einer Sinnesberaubung einmal im Manuskript genauer angeschaut und Folgendes festgestellt: »Ohne die Brille ist ihr [Miriam] die Hälfte ihrer ohnehin schon beeinträchtigten Sehkraft genommen, und es scheint, als habe Dorothy an dieser Stelle ebenfalls die eigene Brille abgesetzt, um die Szene unter demselben Handicap wie die Heldin zu Ende zu bringen, denn die Handschrift wird auf einmal ganz anders. Beide schauen sie zur gleichen Zeit auf das verschwommene Bild Lahmanns, so wie er in die ›lame eyes‹ des ›poor child‹ zurückschaut und bemerkt, wie ›vairy, vairy blonde‹ sie als Kind gewesen sein muss.«

Der heiratbare Deutsche

Zu Richardsons Grundüberzeugungen gehört, dass Frauen »im JETZT den ewigen Moment voll ausleben« und dass ihr »Gefühl fur das Sein [...] bei den meisten von ihnen das Streben zu Werden« überformt. Letzteres ist für Richardson männlich konnotiert. Insofern fällt die Protagonistin Richardsons programmatisch immer wieder auf sich zurück, auch und gerade dann, wenn die Arbeit am Ich eigentlich auf Zukunft und Werden ausgerichtet ist. Und in diesem Sinne werden wir auch nie genau erfahren, was letztlich das »Weiterkommen« der jungen Lehrerin in Deutschland verhindert und ihre Rückkehr nach England bedingt. Gerade hat Miriam noch innerlich die *Aus*sicht zurückgewiesen, eine fügsame, lächelnde Frau an der Seite Pastor Lahmanns zu werden, da lässt sie sich schon wieder ganz auf ihre Erfüllungsdimension, die Gegenwart ein, als ihr der Mann die Sicht nimmt. (Wirksamer wird Lahmanns Annäherungsversuch allerdings noch dadurch, dass sich Miriam von ihm nicht als Frau und nicht als Erzieherin, sondern als Mädchen angesprochen fühlt und damit vermeintlich aus der Gefahrenzone heraus ist.) Das Selbstsein und das Sein im Jetzt ist bei Miriam unlösbar mit ihrem Körpersein verwachsen. »My body is so selfconscious«, schreibt Mansfield am Beginn ihrer Deutschlandreise, und Miriam könnte dem sekundierend hinzufügen: Mein Selbstbewusstsein ist so körperlich. Während aber Mansfield in diesen Zustand erhöhten Selbstgefühls gerät, weil sie schwanger ist und etwas in ihr wächst, wächst der Körper Miriams selbst noch. Die Fühlung, die sie mit ihm aufzunehmen sucht, ist sehr oft die Tuchfühlung und in einem weiteren Sinne ein probeweises Anziehen und Sich-Anpassen an Stoffe, Haartrachten, Moden und die in ihnen steckenden Bilder und Erwartungen.

»Jeder Atemzug, den sie tat, war ein großer Sehnsuchtsseufzer. Sie spürte, wie sich ihr Körper unter der schweren Jacke wohlig streckte.... ›Vielleicht sollte ich kein eng anliegendes Mieder mehr tragen‹, grübelte sie [...]. Vielleicht hatte Lillas Mutter bei den Blusen recht... vielleicht waren sie ›schlumpig‹. Sie erinnerte sich Wendungen, die sie über das Aussehen von Leuten gehört hatte... ›über alle Ufer treten‹... ›das Wuchern im mittleren Alter‹... Das würde sie früh erreichen, so alt und besorgt wie sie war... Vielleicht war das der Grund, warum man Mieder mit Fischbeinstäbchen tragen musste... und niemals gierig Luft schlucken konnte wie eben?... Es war, als ob alle Sorgen von ihren Schultern abfielen. Sie spürte, dass ihre Augen lebhaft und scharfsichtig wurden; eine Bärenruhe erfüllte sie – und sie spürte sich nur behindert von dem schweren Haufen Haare, der an ihrem Hinterkopf aufgesteckt war, von den Konturen ihres Hutes, von den glühenden Druckstellen um ihre Hüften und von ihren engen, steifen Schultern.«

Man kann von einer unsicheren und hochgradig selbstbezogenen jungen Frau kein profiliertes Deutschlandbild erwarten. Für einen Roman, der im Titel auf ein deutsches Architekturmotiv Bezug nimmt, die spitzen Giebel norddeutscher Fachwerkhäuser, hat das in ihm beschriebene Deutschland nur sehr wenige Spezifika in Sachen Landschaft, Architektur, Urbanistik aufzuweisen. Nun, welche Autorin und welcher Verlag hätten 1915, am Höhepunkt des Propagandafeldzugs gegen Deutschland, es noch gewagt, eine Erzählung vorzulegen, in der die Hauptfigur und eine zweite Romangestalt in folgendem Wunsch übereinstimmen: »›Alles würde ich tun‹, sagte Millie, ›um in Deutschland zu bleiben.‹ ›Weißt du,‹ sagte Miriam und staunte sie an, ›ich auch – alles, was man sich nur denken kann.‹« Eine Entschiedenheit, der wir in Kenntnis einer anderen Aussage der Hauptfigur widersprechen können. Denn wenn Miriam sich vorstellt, sie würde dieses Ziel durch die Heirat mit einem Deutschen erreichen, dann weiß sie, dass sie es nicht kann.

»Auf einen deutschen Mann wäre sie sicher sofort böse. Sie dachte an die Männer, die sie gesehen hatte – in den Straßen, Kaffeehäusern und Gärten, die Lehrer an der Schule, Photographien in den Alben der Mädchen. Alle waren ihr sofort zuwider gewesen. Etwas an ihrem Auftreten, in ihrem Benehmen... rücksichtslos und unverschämt... [...] Niemals wäre es ihr möglich, ein deutsches Zuhause zu haben.«

Der Kontext dieser Passage macht aber ganz deutlich, dass diese Unmöglichkeit ihren Grund in Miriams ganz allgemeiner Furcht vor Männern, ja vor menschlicher Gesellschaft hat. Im Grunde ihres Herzens will sie schon einen Mann und mit diesem Mann in Deutschland bleiben. »Es gäbe einen Garten und deutsche Lenze und Sommer und Sonnenuntergänge und starke, liebevolle, trostspendende Arme. Sie würde so glücklich werden. Niemand würde sie je wiedererkennen. [...] Es half nicht. Niemals würde sie es so weit bringen. Niemals. Sie könnte sich nicht lange genug verstellen. Alles wäre zu Ende, lang ehe ihr eine Möglichkeit gegeben würde, zu einer glücklichen deutschen Frau zu werden.«

Das Wort »verstellen« führt uns zu einer Schlüsselszene des Romans und zu einer der bemerkenswertesten Umwertungen deutschenglischer Stereotype. Gleichzeitig tönt die Szene das große Thema der Identitätssuche an. Miriam, siebzehneinhalb Jahre alt, wie sie sich korrekt vorrechnet, hat, als sie ihre erste Stelle in Hannover antritt, noch nie als Lehrerin gearbeitet: »Wie unterrichtete man Englisch? Wie fing man an? Englische Grammatik... auf Deutsch? Das Herz schlug ihr bis zum Halse. [...] Es war eine Dreistigkeit, eine dreiste Invasion... diese schreckliche, schlaue, fremde Schule... Sie würde von ihnen ausgelacht werden...« Sie hält sich also für eine kleine Hochstaplerin und bemerkt nicht ohne Schaudern, dass ihr Vater, ein anderer Angeber, die Verdingung Miriams als Junglehrerin gegenüber einem Dritten »als Vollendung ihrer Erziehung im Ausland« erklärt. Auf gewisse Weise hat er damit nicht unrecht, und die erzogene Erzieherin macht ihre Sache erstaunlich gut, zumindest wird sie von ihrer neuen Umgebung, vor allem von den Schülerinnen, angenommen – Peinlichkeiten, Rückschläge, Missverständnisse eingerechnet. Nach einiger Zeit ist es sogar Miriam selbst, die sich unterfordert fühlt und den Vorwurf der Verstellung umdreht – gegen die Pensionatsleitung, die den Zöglingen zu wenig anbietet und noch weniger abverlangt.»Es war Schwindel, alles nur Schwindel. Sie dachte an die Eltern, die Schulgeld zahlten, und an den möglichen Prospekt: ›Französische und englische Erzieherinnen‹.« Aber das ist auch nur eine Meinung und momentane Reaktion, die im Verlauf der Erzählung korrigiert werden kann, von Miriam selbst oder von den Lesern. Wie eben alles in diesem Buch fließend ist, eine »jellyfish structure«, eine Quallenstruktur hat, wie Wyndham Lewis einmal über *Ulysses* urteilte, den Roman, den Joyce 1914, ein Jahr später als Richardson den ihren, begann. Als Miriam dann die Sorge los ist, dass man ihre »Verstellung« durchschauen könnte, wird sie am Ende des Schuljahres von der Leiterin mit dem Vorwurf einer ganz anderen Verstellung konfrontiert.

»›Sie geben sich viel zu kühl und viel zu förmlich. Sie wirken steif, was sicher nicht in Ihrem Sinne ist, das will ich Ihnen wohl glauben.‹
Miriam war leicht schwindelig.
›Sollte es Ihnen nicht gelingen, sich lustiger, einfacher und natürlicher zu verhalten, dann werden Sie sich weder verständlich machen können, noch von Ihren Schülerinnen geliebt werden.‹«

Ford Madox Ford hatte 1914 einen großen Teil seiner Kampfschrift *When Blood Was Their Argument* dem deutschen Bildungs- und Erziehungswesen gewidmet und dessen eingefleischten Hang zu Pedanterie, Unfreiheit, Drill etc. angeprangert – die Schule als Pendant zur Kaserne. Ford fiel es nicht schwer, diese Anklage zusammenzutragen. Er konnte sich auf prominente deutsche Kritiker berufen. Es mag ja dem allgemeinen Bild von der Engländerin entsprechen, dass Miriam von außen als gefühlsarm und zu beherrscht wahrgenommen wird. Dass aber eine deutsche Lehrerin und Schulleiterin von sich aus das Gegenteil empfiehlt und möchte, dass ihre Untergebene sich »lustiger, einfacher und natürlicher« verhält, das stellt vielleicht nicht die Verhältnisse, aber alle Nationenklischees auf den Kopf.

»Mitten in Deutschland«

Eine der großen Szenen des Romans spielt an einem anderen deutschen Ort, dem Café. Miriam ist mit einigen ihrer englischen Schülerinnen dahin gegangen. »Hier saßen sie alle, frei. Deutschland umgab sie. Sie waren mitten in Deutschland.« Bevor sie den Ort und seine deutschen Besucherinnen genauer in Augenschein nehmen kann, muss Miriam die euphorisierende Wirkung eines Daseins »im Ausland«, »entkommen zu sein«, erst einmal in Gedanken auskosten. Sie kann sich gar nicht davon losreißen und stellt sich vor, wie die englischen Familien sie hier sehen würden, »dass sie sich alle in diesem kleinen deutschen Restaurant so vollkommen heimisch fühlten, frei von den Einflüssen der Heimat, in einer kleinen Welt, die nur ihnen gehörte«. »Sie saßen bequem umher.« Dann widmet sie sich den anderen. »Es waren nur Frauen da – wunderschöne deutsche Frauen zu zweit oder zu dritt – Damen, die Einkäufe tätigten, vermutete Miriam. Es gelang ihr, drei oder vier von ihnen im Wechsel zu beobachten, und sie fragte sich, welche Art der Unterhaltung sie so entschlossen machte – ob es daran lag, dass sie sich so gerade hielten und ›freiheraus sprachen‹, und dass alles, was sie sagten, derart wichtig schien. Nie zuvor hatte sie Frauen mit derart viel Entschlossenheit in ihrem Benehmen gesehen. Sie bemerkte, dass sie sich aufrichtete.«

Der letzte Satz ist Richardsons Bewusstseinkunst in Reinkultur. Miriam richtet sich nicht auf, sie bemerkt, dass sie sich aufrichtet. Und wir wissen nicht genau, warum sie das tut. Es könnte sich um eine sympathetische Reaktion handeln, es kann aber auch sein, dass sie sich wappnet oder Abstand nimmt. »Sie hörte das Lachen der Deutschen. Sie war erregt, als sie den Klang hörte, und sie hielt begierig nach lachenden Gesichtern Ausschau ... Sie waren anders... Das Lachen klang anders, und die lachenden Gesichter waren anders. Wenn sie lachten, waren ihre Augen ausdruckslos – oder bösartig... sie hatten diese Art zu lachen und alles selbstverständlich zu finden – doch anders als die Engländerinnen gaben sie nicht vor, kultiviert zu sein... sie waren gleichermaßen abscheulich... doch sie waren.... lustig... Wenn sie wollten, konnten sie laut ausrufen.«

Die anderen werden aufmerksam wahrgenommen und mit den eigenen verglichen und eingeordnet. »Sie waren gleichermaßen abscheulich«, lautet in diesem Fall das Urteil, aber der Gesamttenor der Szene würde auch die gegenteilige Bewertung ertragen oder eine Unterscheidung nach positiv hier, negativ dort überflüssig machen. Darauf kommt es letzten Endes nicht an, weil die Situation der freien Fremden vis-à-vis der freien Einheimischen die ist, dass sie die Unterschiede nicht nur fasziniert feststellt, sondern sie auch aushält. Es wäre falsch, hier von Darüberstehen zu sprechen, obwohl die räumliche Situation darauf einen Hinweis gibt, denn Miriam und ihre Schülerinnen sitzen »hoch oben über einem Laden voll seltsamer Delikatessen«. In Zeiten, da man von Dichtung noch mehr verlangte, hätte man den Gehalt der Szene vielleicht als »Erhöhung des Lebens« angesprochen.

Die großartige Spannung dieser und anderer Szenen ergibt sich doch daraus, dass das Mädchen, die Junglehrerin Miriam, unsicher wie sie ist, nach Sicherheiten im Urteilen und Beurteiltwerden strebt, dass sie aber als Frau weiß, dass diese Sicherheiten sie nicht befriedigen können. Zum »Abenteuer des Seins« gehört offenbar entscheidend, dass die Urteile, auch die kontroversen und schmerzlichen, in der gesteigerten Sinnesgegenwart eingelagert werden und diese nicht zerreißen oder überformen. Die beiden letzten kleinen Abschnitte dieser Szene sprechen in ihrer Opposition deutlich vom Reichtum des »ewigen Moments« und von der Armseligkeit des Urteils, das ihn zu fassen versucht: »Drei Tassen dickflüssiger Schokolade, von denen jede ein kleines Sahnehäubchen trug, wurden an ihren Tisch gebracht. Clara bestellte Kuchen. Nachdem sie das erste Schlückchen getrunken hatte – ihre Lippen hatten am überraschend dicken Tassenrand hilflos nach Halt gesucht – wies Miriam alle anderen Getränke, die sie bislang kennengelernt hatte, als unwürdig zurück. [...].« Nur noch dieses zum Schluss: Dieser Roman wurde in zweiten Jahr des Krieges in einem Londoner Verlag publiziert.

»Ich werde nichts Aufregendes zu berichten haben«

Ganz kann noch nicht Schluss sein: Hier muss noch einer untergebracht werden, ein Amerikaner, der nicht zuletzt auf Grund seiner deutschen Erfahrungen nach England ging und dort zum Engländer wurde: T. S. Eliot. Im Juli 1914 reiste Eliot nach Marburg, um der Philosophie willen. Marburg galt als Zentrum des Neukantianismus, wohin auch Eliot in seiner philosophischen Arbeit zielte. Wieso er am Ende dieses Kapitels figuriert, hat mit dem Anfang des nächsten und mit dem letzten Kapitel zu tun, in denen Eliot als Engländer

T. S. Eliot, 1948. Fotografie von John Gay

sui generis auftritt. In diesem Sommer 1914 bereitet sich Eliot auf einen ruhigen Studienaufenthalt vor. »Ich werde nichts Aufregendes zu berichten haben, was diesen Sommer angeht; das ist hier das friedvollste Leben, das man nur finden kann«, schreibt er am 26. Juli. Und so, als gelte es diese Prognose zu festigen, heißt es in demselben Brief: »Das wird kein aufregender Sommer, aber ich denke, es wird ein ansprechender werden.« Er tut alles dazu, um den Aufenthalt in der »alten Stadt M...« zu einem »Gala-Ausflug« werden zu lassen, wie eine vergleichbare Bildungstour in *The Good Soldiar* bezeichnet wird. Er wohnt im Haus des evangelischen Superintendenten, hoch über Marburg, mit einem Blick, der schon ziemlich der Aussicht nahekommt, welche die zu Tode erschreckten Dowell und Leonora von der Terrasse des Schlosses aus haben. Eliot nimmt fünf Mahlzeiten pro Tag zu sich, beteiligt sich am abendlichen Zusammensein mit Lesung und Klavierspiel. Er flirtet mit Hannah, der Tochter des Superintendenten. Man hat das Gefühl, dass hier einer, der spätabends Husserls *Logische Untersuchungen* durcharbeitet und bald die Kurse von Professor Natorp besuchen wird, eine Art going native im gemütlichen Deutschland betreibt. Es ist eine ganz andere Welt und Haltung, die Ford in seiner Marburg-Episode wiedergibt. Zwar erfahren wir dort nichts über Marburgs einzige Straßenbahn, aber die Vierergesellschaft diskutiert, ja arbeitet an der angeblichen Gründungsurkunde moderner Religion und an den eigenen Beziehungsproblemen. Und tut dies unter Hochspannung. Eliot dagegen fühlt, dass er »in darkest Germany« eingekehrt ist, in der tiefsten Provinz, umgeben von einer lieblichen, nicht heroischen Landschaft. Eliot hasst heroische Landschaften. Kurz: Er ist angekommen. Deutschland ist keine feindliche Fremde, die Leute sind alle sehr »zuvorkommend«. In den Zeichnungen, die seine Briefe schmücken, bedient er die Klischees des Deutschtums: die Wanderer, die vertrocknete alte Jungfer – nach der Beischrift zu schließen das Inbild der Marburgerin –, der Verbindungsstudent mit seinen Schmissen, der Besucher aus der Großstadt, das Innenleben eines Cafés. Der längste Brief mit den Karikaturen ist an eine gewisse Eleanor Hinkley gerichtet. Ihr schreibt er wieder knappe vier Wochen später: »Ich bin gerade nach fünf Tagen unterwegs in London angekommen. Die Deutschen haben uns wie Könige behandelt, aber wir mussten in Marburg zwei Wochen verbleiben, ohne Verbindung mit der Außenwelt, und haben uns dabei nicht sehr wohl gefühlt.«

Der Grundsatz des Marburger Neokantianismus »Die Realität ist die Konstruktion der Realität« hatte einen guten Gefolgsmann in dem Amerikaner, der den Sommerkurs in Neokantianismus gar nicht absolvieren konnte. Aus London schrieb er in den folgenden Tagen: »›Deutschland kaempft um das Existenz‹ sagen sie und sie haben recht. Aber ich denke, dass es besser ist, wenn Deutschland verliehrt.« »Ich bin sehr dafür, dass Deutschland geschlagen wird.« »Ich bin nicht gegen Deutschlands ›Verbrechen‹, sondern gegen

Deutschlands ›Zivilisation‹ – dieses ganze System der Ämter und Professoren. Dagegen bin ich. Aber nutzvoll ist es schon für die Welt, wenn es in seinen Grenzen bleibt.« »Es ist wirklich viel interessanter, jetzt in London und nicht in Deutschland mehr zu sein. Die letztere Erfahrung war der Kindheitsfrustration sehr ähnlich, im oberen Bett eines Schlafwagens zu liegen, wenn der Zug durch eine große Stadt fährt. – In Wirklichkeit war es furchtbar langweilig.«

DRITTES KAPITEL

1918–1933. Deutschland – die »Veränderungszone« der Engländer

»Echt deutsch« – das berühmteste Gedicht der Moderne und sein Anfang

Das berühmteste Gedichte der Moderne beginnt mit einer Anrufung des Monats April: »April is the cruellest month«. Das ist bekannt. Weniger bekannt ist allerdings der Grund, warum ausgerechnet der April der grausamste Monat sein soll. Einer der deutschen Übersetzer von T. S. Eliots *The Waste Land* hat öffentlich darüber nachgedacht, ob man ihm wohl die Freiheit durchgehen lassen würde: »Der Mai ist der grausamste Monat« zu schreiben. Er neige dazu, weil der englische Frühling im April und der deutsche im Mai beginne. Dem klimatischen Unterschied wäre so Rechnung getragen, nur würde die Frage nach dem Grund der Grausamkeit nicht nur verschoben, sondern eigentlich noch verschärft: der Wonnemonat Mai der grausamste Monat? Eliot verbindet ganz präzise den April und keinen anderen Monat des Jahres mit einer Reminiszenz, die schon 1922, als er sein Gedicht herausbrachte, nicht mehr so unbedingt galt wie in all den Jahrhunderten davor. Ich meine jetzt nicht die literarische Verbeugung, die er hier macht, die Erinnerung an Chaucers *Canterbury Tales* und ihre Eingangsverse: »Whan that Aprill with his shoures soote/ The droghte of March hath perced to the roote....« – »Als jener April mit seinen süßen Schauern/ Die Trockenheit des März bis zu den Wurzeln getränkt hatte ...« Natürlich sabotiert Eliot diese frohgestimmte Anrufung des Frühlings, weil er im Folgenden noch viele andere grausame Dinge ansprechen wird, aber der sachliche Grund, den April derart zu apostrophieren, ist ein anderer, auch Chaucer wohlbekannter. Der April galt als der grausamste Monat, weil er der letzte war, da man sich von den erschöpften Wintervorräten ernährte und Frisches noch kaum nachgewachsen war.

Wenn wir also wissen, wann, in welchem Monat *The Waste Land* beginnt, können wir auch sagen, wo, in welchem Land das Gedicht einsetzt? Das berühmteste Gedicht der Moderne beginnt in Deutschland, genauer: in Bayern und mehr noch, in Zeile 12, spricht es auch Deutsch.

»April is the cruellest month, breeding
Lilacs out of the dead land, mixing
Memory and desire, stirring
Dull roots with spring rain.
Winter kept us warm, covering
Earth in forgetful snow, feeding
A little life with dried tubers.
Summer surprised us, coming over the Starnbergersee
With a shower of rain; we stopped in the colonnade,
And went on in sunlight, into the Hofgarten,
And drank coffee, and talked for an hour.
Bin gar keine Russin, stamm' aus Litauen, echt deutsch.
And when we were children, staying at the archduke's,
My cousin's, he took me out on a sled,
And I was frightened. He said, Marie,
Marie, hold on tight. And down we went.
In the mountains, there you feel free.
I read, much of the night, and go south in the winter.«

»April, der grausamste Monat von allen, treibt
Flieder aus dem toten Land, mischt
Erinnerung mit Begehren, schreckt
Dumpfe Wurzeln auf mit Frühlingsregen.
Der Winter hielt uns warm, hüllte
Die Erde in Schnee und Vergessen, fütterte
Ein wenig Leben mit trockenen Knollen.
Der Sommer überraschte uns, er kam über den Starnberger See

Mit einem Regenschauer; wir flüchteten unter die Kolonnaden
Und gingen weiter im Sonnenschein, in den Hofgarten hinein
Und tranken Kaffee und redeten eine Stunde.
Bin gar keine Russin, stamm' aus Litauen, echt deutsch.
Und als wir Kinder waren und wohnten beim Erzherzog,
Meinem Vetter, nahm er mich mit auf seinem Schlitten
Und ich hatte Angst. Marie, sagte er,
Marie, halt dich fest. Und runter gings.
Im Hochgebirge, da fühlst du dich frei.
Ich lese nächtelang und überwintere im Süden.«

Man kann das so verstehen, dass die echt deutsche Litauerin, die kurz darauf als Marie angesprochen wird, eine Geschichte aus ihrer Kindheit erzählt. Das wäre die »natürliche« Lesart, die aber durch die Angaben der Erzählerin, sie habe die Winter ihrer Kindheit am Hof ihres Vetters, des Erzherzogs, verbracht, irritiert wird. Einer solchen Person würde man nicht die Beteuerung »Bin gar keine Russin, stamm' aus Litauen, echt deutsch« in den Mund legen. Ein posthumer Kommentar der Witwe Eliots erlaubt es, die Erzählerin mit der Gräfin Marie Louise Larisch von Wallersee zu identifizieren, die in der Tat die Kusine eines Erzherzogs war, nämlich Erzherzogs Rudolf von Österreich, aber in gleicher Stellung auch mit König Ludwig II. von Bayern verwandt war, der bekanntlich im Starnberger See den Freitod suchte. Diese historische Person, die Eliot laut Mitteilung der Witwe in München zu einem nicht genau benennbaren Zeitpunkt getroffen haben will, stammte aber, wie man sich denken kann, nicht aus Litauen. Als uneheliche Tochter des Herzog Ludwigs in Bayern und einer Schauspielerin wurde sie in Augsburg geboren und verbrachte ihre Jugend im Bayrischen, bevor sie nach Schlesien verheiratet wurde. Als Werkzeug und Agentin habsburgischer Hofintrigen, als Vertraute und Verstoßene des europäischen Hochadels, aber auch als Abenteurerin von eigenen Gnaden verkörperte sie eine kosmopolitische Existenzform, wie sie vielleicht vor dem Krieg relativ normal war, nach dem Krieg aber sowohl modisch als auch notwendig wurde. Wie gut diese deutsche Gräfin, die sich zwischendurch auch mal nach Florida verheiratete und im Weltkrieg an der

Westfront Verwundete pflegte, als Gallionsfigur zu *The Waste Land* passt, wird noch deutlich werden, aber wichtig ist an dieser Stelle nur, dass zwischen den Zeilen eine Disjunktion entsteht zwischen der Litauerin und der Verwandten des Erzherzogs. Stellt man sich also gut kubistisch auf eine neue Perspektive ein und um und liest gegen das Angebot des Enjambements »echt deutsch./ *And* when we were children ...« an, dann kann man den ersten deutschen Satz dieses Gedichtes nur als ein isoliertes Fundstück begreifen, einen Konversationsfetzen, der vom Nachbartisch herüberweht, während sich das lyrische Wir mit besagter Marie unterhält. Was heißen würde, dass die Zeile in Deutsch nicht als Mitteilung an *uns* gerichtet ist, sondern als Einsprengsel, wie auch die später folgenden deutschen Zitate aus Wagners *Tristan und Isolde,* die Funktion hat, den Fluss der Eigensprache immer wieder zu unterbrechen, Perspektivwechsel vorzubereiten und das wüste Land der Moderne als ein Territorium vieler Länder und Zungen zu konstituieren. Nicht ohne Grund sollte dieses Gedicht einmal den Titel *He Do the Police in Different Voices* tragen. Diese kryptische Formulierung bezieht sich auf eine Figur, die in Dickens' Roman *Our Mutual Friend* vorkommt, den Waisenjungen Sloppy, der die Aussagen der Londoner Polizisten, so wie sie in den Zeitungsreportagen zitiert werden, »mit verschiedenen Stimmen« vortragen kann. Diese Kunstfertigkeit der Romanfigur entspricht im Kleinen der Bauform des ganzen Buches, in dem Dickens ein beklemmendes Panorama Londons aus diversen Stimmen, Dialekten und Biographien zusammensetzt. Der russische Literaturwissenschaftler Michael Bachtin hat dieses Verfahren nicht sehr viel später »Heteroglossia« genannt, die Einbettung der »Rede des anderen« in die eigene Rede. *Bin gar keine Russin, stamm' aus Litauen, echt deutsch* – das ist Heteroglossia, und sie wird möglich und plausibel, weil das Gedicht in seinen ersten 18 Zeilen sechsmal den Sprecher und die Vortragsart auswechselt. Es beginnt mit einer Art allwissender und überpersönlicher Stimme (1), welche die großen Vorgänge in der Natur beschreibt. Eine Art lyrisches Über-Ich, einsam und ernst. Aber noch während es konstatiert, wird es persönlich und spricht davon, dass der Winter *uns* warm hielt (2). Und dieses lyrische Wir führt uns weiter zu sehr konkreten Orten, Anlässen und

Wetterdaten und ist nicht nur ein rhetorisches Wir, sondern wird zutraulich und bezieht andere mit ein, wenn es sich unterhält(3): mit dieser Marie zum Beispiel, in deren wörtlich wiedergebener Rede (4) auch die Rede des Vetters eingebettet wird: »Marie, hold on tight.«(5) Und dazwischen wird dann noch der deutsche Originalsatz geschoben (6), als eine enorm wirksame Einführung in das Programm dieser polyglotten, polyperspektivischen Dichtung.

Michael H. Levenson schreibt zu dieser ersten fassbaren Figur des Gedichts: »In der Eröffnungspassage von *The Waste Land* besitzt das Individuum keine formale Dominanz, wie es ihm bei Conrad und James zukam. Nicht *ein* Bewusstsein, nicht *eine* Stimme dominieren. Eine Figur taucht auf, wird plötzlich prominent, bricht in eine Rede aus und tritt dann wieder zurück, nachdem sie die fragmentierte Szene mit momenthafter, bewusster Wahrnehmung belebt hat. Marie wird dem Gedicht weder Kohärenz und Kontinuität verleihen; nachdem ihr Name gefallen ist, wird sie wieder verschwinden, ihre Rolle ist kurz.«

Die Deutsche, mit der das Gedicht so unerwartet beginnt, ist nur eine Stimme, eine der vielen »different voices«, welche die Echokammer des Waste Land mit ihrem Babelton erfüllen. Beide Stimmen aber, die der Litauerin und diejenige Maries, künden von ihrer »uprootedness« und betonen den Gegensatz zu den Wurzeln, die im April sich regen. In München spricht die Litauerin davon, dass sie Deutsche und nicht Russin ist. Und Marie erzählt ebenda und im Sommer von den Bergen, den Winterfreuden und dass sie im Süden überwintert.

Das doppelte Gesicht Englands – noch ein Beginn in Deutschland

Wir wollten mit mehr Nachdruck als die Anglisten (mit Ausnahme einer Abhandlung von Peter Edgerly Firchow) darauf hinweisen, dass das Jahrhundertgedicht der Moderne in Deutschland einsetzt. Wir verdanken diese Sonderstellung aber Ezra Pound, der die etwa doppelt so lange Erstfassung von *The Waste Land* zusammenstrich und dabei auch diesen berühmten Anfang herauspräparierte. Ohne seinen »Kaiserschnitt« (Pound) wäre das Gedicht losgegangen mit den Zeilen: »First we had a couple of feelers at Tom's« und hätte in seinem ersten großen Abschnitt den Tag eines Herumtreibers in Boston beschrieben. Diesen Anfang würde man nicht unbedingt das Material nennen wollen, aus dem *das* Gedicht des Modern Movement entstehen konnte, und was den Plot angeht, eine Odyssee durch Boston aus der Perspektive seiner Bars, er hätte den Vergleich mit *dem* Roman der Moderne, mit dem *Ulysses,* nur schwerlich ausgehalten. Aber wir dürfen an dieser Stelle daran erinnern, dass das Gedicht in seiner ersten Fassung nacheinander die beiden Stationen USA und Deutschland absolviert, die auch Eliot zurücklegte, als er 1914 von Boston nach Marburg reiste. Und beide machen in London weiter und werden dort heimisch, soweit das den Exilanten der Moderne möglich ist: der Dichter, der Deutschland verlassen musste und fortan London seinen Hauptwohnsitz und England sein neues Heimatland nennt, und das Gedicht, das nach dem noch naturnahen München sich der wirklich großen Stadt London zuwendet und sie eine »unreal city« heißt, unwirklich, weil sie unter einem braunen Nebel liegt und weil sie das Paradox der Nachkriegsepoche vor Augen führt:

»So viele Lebende, so viele Tote.
Unwirkliche Stadt
Unter dem braunen Nebel eines Wintermorgens
Schob sich eine Menge über die London Bridge, so viele,
Damit hatte ich nicht gerechnet,
Dass der Tod so viele zunichte macht.«

Rupert Brooke, 1913
Fotografie von
Sherril Schell

The Chaste Land and »the Fould Tornado«

The Waste Land ist die Antwort auf eines der berühmtesten Kriegsgedichte überhaupt, das aus der Feder von Wilfried Owen stammt, der eine Woche vor Kriegsende 25-jährig an der Front fiel. Es trägt die lapidare Überschrift *1914*:

»War broke: and now the Winter of the world
With persishing great darkness closes in.
The fould tornado, centred at Berlin,
Is over all the width of Europe whirled [...]
But now, for us, wild winter, and the need
Of sowings for new spring, and blood for seed.«

Gehen wir eine Epoche zurück, in die Georgian Era, die letzte Stilperiode, der ein König den Namen lieh, und wollen ein Werk namhaft machen, das für seine Zeit ebenso bekannt und repräsentativ wurde wie *The Waste Land*, dann stoßen wir auf ein Langgedicht, das ebenfalls in einem deutschen Café seinen Ausgang nimmt. Eliot kannte es, er hat seinem Dichter einen Nachruf gewidmet. Es stammt von Rupert Brooke (1887–1915), den wir zuletzt in einer Münchner Pension angetroffen haben. Er war in der Zwischenzeit zum Dichterhelden aufgerückt, zum Byron des frühen 20. Jahrhunderts. Rupert Brooke starb 1915, mit 28 Jahren und nicht so sehr weit entfernt von den Breiten, wo Byron ums Leben kam, auf dem Weg zum Einsatz an der türkischen Front – nicht durch Feindeinwirkung, sondern an einer Blutvergiftung. Seine Kriegsgedichte, die *War Sonnets*, gehören zu den bekanntesten ihrer Art, aber das Poem, um das es hier geht, entstand 1912 in Berlin und daraus bezieht es seine innere Spannung. Es wird allgemein gehandelt unter dem Titel »The Old Vicarage, Grantchester« oder nur »Grantchester«, aber genauso wichtig ist es, den Untertitel mitzuwissen: »Café des Westens, Berlin, May 1912«. Die Jahreszeit ist also der Wonnemonat Mai und nicht mehr der grausame April; alles sprießt und blüht jetzt überirdisch und rumort nicht mehr im Untergrund. Hier ein paar Zeilen aus einem Gedicht, das zwischen den Kriegen das populärste war:

»Just now the lilac is in bloom,
All before my little room;
And in my flower-beds, I think,
Smile the carnation and the pink;
And down the borders, well I know,
The poppy and the pansy blow […].«

Spätere Kritiker haben an dieser beinahe harmlosen Naturlyrik ihr Mütchen gekühlt, vermutlich, weil sie die vielen Verse auswendig lernen mussten. George Orwell hat gesagt: »It just tinkles«, es klingelt so vor sich hin:

»Oh! there the chestnuts, summer through,
Beside the river make for you
A tunnel of green gloom, and sleep
Deeply above; and green and deep
The stream mysterious glides beneath […]«

Wir nannten das Gedicht jedoch *beinahe* harmlos, denn nach zwölf Zeilen voll beschaulicher Floristik bricht der Dichter mit einem Mal in die Worte aus: »---Oh, damn! I know it!«, und diesem unlyrischen Anfall schickt er dann noch vier Zeilen später das deutsche Äquivalent »*Du lieber Gott!*« hinterher. Was ist geschehen? Formulierungen wie »I think« und »well I know« hätten uns schon darauf aufmerksam machen müssen, vor allem da wir ja durch den merkwürdigen Untertitel vorgewarnt wurden: Der Dichter weilt gar nicht in seinem geliebten Landhaus, dem alten Pfarrhaus von Grantchester in der Nähe von Cambridge, sondern er stellt sich nur vor, wie dort der Frühling ohne ihn vonstatten geht – und er selbst sitzt in Berlin im Café des Westens:

»Here am I, sweating, sick and hot,
And there the shadowed waters fresh
Lean up to embrace the naked flesh.
Temperamentvoll German Jews
Drink beer around; ---and there the dews
Are soft beneath a morn of gold.«

Man fragt sich, welches Wort wohl zuerst da war und dieses singuläre Reimpaar Jews/dews erzwang. So rein die Laute auch zusammenklingen, so schwer laboriert man doch an dem Sinn von dews, Plural von dew = Tau und an der entsprechenden Übersetzung: »und dort die Taue (!?) / Sind weich unter (?) einem Morgen aus Gold.« Begnügen muss man sich wohl mit der Gewissheit, dass der Tau mit den anderen kühlen Naturgegebenheiten wie »ich wollte / Ich wäre frisch wie Wasser« und »nacktes Fleisch« in eine Klasse gehört und dass wir diese britisch nennen dürfen, im Gegensatz zu den »things German«, die weniger erfrischend sind, sondern geradezu krankmachend. In England sorgt die Natur für das Wohlergehen ihrer Zöglinge, in Deutschland müssen diese das selbst unternehmen, künstlich, indem sie Bier trinken. »*Temperamentvoll* German Jews/ Drink beer around« – lasst sich ein Mehr an Fremde in sechs Worten fassen? Da ist zum einen das klassische Fremdbild: Germans drink beer. Da äußert sich Fremde weiterhin sprachlich und typographisch:

Temperamentvoll. Und da figurieren schließlich verkapselt und wie zur Steigerung der »Alienität« die anderen in der Fremde: German Jews. Man könnte meinen, Eliot habe mit dem ersten deutschen Satz des *Waste Land* den Wettbewerb mit Brookes »Verfremdungstechnik« aufnehmen wollen. *Bin gar keine Russin, stamm' aus Litauen, echt deutsch* – in einer fremden Sprache gesprochen, das ist der Satz einer Unbekannten, die auf Deutsch beteuert, dass sie nicht aus Russland, sondern aus Litauen stammt und doch echt deutsch sei.

Das Programm von Brookes Gedicht ist damit erst einmal vorbestimmt: »ich wollte ich wäre/ In Grantchester, in Grantchester!« – lautet der Sehnsuchtsruf des Engländers im fernen Berlin, und je länger er sich seinen frühsommerlichen Phantasien hingibt, desto weiter dehnt sich dieses sagenhafte Grantchester aus. Zunächst wächst es zurück in historische und mythische Zeiten und bevölkert sich mit längst dahingegangenen Figuren. Und dann erhebt sich der Dichter in einer Art Vogelschau über die ganze Grafschaft Cambridgeshire und findet, dass aus dem Vergleich ihrer Orte Grantchester als klarer Favorit hervorgeht: »Und aus dem Bezirk würde ich vorziehen/ Das liebliche Dörfchen von Grantchester.« Das kleine Zimmer, der Garten davor, das Haus, das Dorf, die Grafschaft, die Ringe um diesen locus solus und amoenus werden weiter und weiter und ergeben ein Land, das man nicht nur um des Wortspiels willen *The Chaste Land* nennen könnte, denn es ist ein unberührtes, rurales England, das hier beschworen wird, ein Land ohne Industrie, ohne Kolonien, ohne Städte, ohne Klassen, ein Land der Männer mit reinen, großen Herzen:

»God! I will pack, and take a train,
And get me to England once again!
For England's the one land, I know,
Where men with Splendid Hearts may go.«

»Gott, ich will packen und einen Zug nehmen,
Und mich gen England wieder bewegen!
Denn England ist das einzige Land, das ich kenne,
Wo es Männer mit großen Herzen hinzieht.«

Der Dichter wird von seiner Sehnsucht derart übermannt, dass er die tragende Konstruktion des Gedichtanfangs, den Kontrast zwischen dem deutschen Hier und Jetzt und dem fernen, zeitlosen Dort völlig vergisst, was natürlich auch eine deutliche Botschaft ist. Kurz nach den biertrinkenden deutschen Juden bringt er noch ein Klischee, das Klischee aller Klischees, unter und meldet von den Wiesen in Richtung Haslingfield und Coton, dass für sie das Betreten *nicht* verboten ist.

»And there are
Meads towards Haslingfield and Coton
Where *das Betreten*'s not *verboten*.«

»Und es gibt
Wiesen zwischen Haslinfielt und Coton
Wo *das Betreten* ist nicht *verboten*.«

Aber *The Waste Land* beginnt ja auch in einem deutschen Café, in dem allerdings wirklich Kaffee und kein Bier getrunken wird, und kehrt nie wieder dorthin zurück. Doch anders als Brooke kennt Eliot kein verheißenes Land, und wenn er eines kennte, so wäre das ganz bestimmt nicht England. Dessen düsteres, unheiles Bild entwirft er nicht von den Auen des Merry Old England aus, sondern von der »unreal city«, von London aus. Wir haben *Grantchester* aber vor allem deswegen herangezogen, um im Folgenden deutlich zu machen, dass *The Waste Land* ein übernationales, ein postnationalistisches Panorama entwirft, das seine Energien und seinen losen Zusammenhalt nicht mehr wie Brookes Dichtung aus den Gegensätzen bezieht, die 1912 und dann verschärft ab 1914 galten.

He Do Europe in Different Voices

Wir dürfen uns nicht zu viel auf den Anfang in Deutschland einbilden, denn die Sprechsituation wird ja nun nicht gerade im Sinne der guten alten Korrespondenzlandschaft ausgemalt: »in the Mountains, there you feel free«, dieses Gefühl wird z. B. von einer dritten Person mitgeteilt und nicht lyrisch ausgedrückt. Die Ortsangaben bleiben Angaben, der Kulturraum wirkt zusammengestückelt, nicht anschaulich entworfen, und er kontrastiert auf diese Weise mit der Intensität, die das Gedicht ausgerechnet in das klassische Repertoire der Jahreszeitenmotivik investiert. »Winter kept us warm, covering/ Earth in forgetful snow, feeding/ A little life with dried tubers« – »Der Winter hielt uns warm, er bedeckte/ Die Erde im Vergessen des Schnees, er fütteret/ Ein bißchen Leben unter die trockenen Knollen« – das Drängen ist in den hängenden Partizipien, welche die natürliche Energie in die nächste Zeile weiterschicken, Ausdruck geworden. Dagegen bleiben die Lokalitäten eher fungible Größen, die ohne Motivation ausgewechselt werden können: Starnberger See, die Kolonnaden des Hofgartens, der Hofgarten in München, die Berge etc. Keine Beschwörung des Genius Loci also, sondern bei aller Konkretheit des Geographischen die Einstimmung auf einen situationsübergreifenden Ansatz, der für die Ebene des Szenarios ein Analogon zu Eliots berühmter »impersonality« darstellt. Mit Paul Fussell könnte man das Gedicht »ein geographisches Werk« nennen und damit ist noch einmal gesagt, dass es kein Werk der »spirit of place«-Literatur à la »Grantchester« war: »Ich denke daran, was für ein geographisches Werk *The Waste Land* ist und wie sehr es sich auf Topographie einlässt, wie es das Werk einer Phantasie ist, welche durch die Bewegungen zwischen Deutschland, Russland, Griechenland, Indien, Schweiz, Smyrna, Karthago, Phönizien, Jerusalem, Ägypten und Österreich zu großen Motiven angeregt wird und sich ebenso aus dem Wechsel der landschaftlichen Szenerien und Settings speist – Sand, Felsen, Wasser, Berge, Ebenen, Schnee, Meer, Stadt, Fluss, Schiff und sogar Hotels. Eliot webt in sein Gedicht 32 verschiedene Ortsnamen oder präzise geographische Angaben ein.«

Man muss aber auch sagen, dass das Waste Land Europa zwar auf eine nicht näher beschriebene Weise in den Zustand der Wüstenei versetzt wurde, aber nicht als das topische Europa des Großen Krieges erkennbar ist: München, London, Wien, Karthago, Jerusalem, Athen heißen die realen oder mythischen Stationen, nicht aber Verdun, Reims, Isonzo, Gallipoli oder Tannenberg. Und was Deutschland betrifft, so ist die Rede nicht von Universitätsstädten wie Marburg oder Gießen oder von den beliebten Sommerfrischen. Den Kaffee im Münchner Hofgarten einnehmen, das wirkt unverbrauchter als ein Bier in der Brasserie Lipp oder einen Absinth in La Coupole zu trinken, aber es zeigt andererseits auch an, dass deutsche Städte und Landschaften wieder in den Rang eines »watering hole« der europäischen Eliten und sophisticated travellers aufrücken. Und noch etwas anderes ist wichtig: Deutschland bleibt auf der Landkarte Europas verzeichnet, das herzustellen und zu verteidigen Eliot sich in den folgenden Jahrzehnten zur Hauptaufgabe machte, auf diese Weise in gemeinsamer Sorge mit dem von ihm bewunderten Hugo von Hofmannsthal vereint.

Malcolm Bradbury hat einmal die künstlerische Moderne als ein eigenes »Land« beschrieben, das wie alle Länder über seine ganz eigene Geographie mit Regionen, Zentren und Ausweichsorten verfüge. Dass das kulturelle Abendland und das geographische Europa von London aus neu vermessen werden, vom Nullmeridian der größten und nach 1918 einzig übriggebliebenen imperialistischen Macht aus, verwundert ebenso wenig wie der Umstand, dass ein Exilamerikaner diese Anstrengung unternimmt. Nach Bradbury ist dem neuen »ästhetischen Internationalismus« die »Distanz der Auslandsperspektive« zutiefst eigen, ganz gleich, wo ihre Werke entstehen und welcher Nationalität ihre Schöpfer angehören. Das wichtigste Dokument dieser Haltung wäre dann die stolze Signatur, mit der James Joyce, der Ire aus Dublin, den *Ulysses*, das Buch, das in Dublin spielt, unterschreibt: »Trieste-Zurich-Paris, 1914–1921«. Es erinnert diese Unterschrift an die Denkmäler berühmter Generale, wo auf dem Sockel ebenso lapidar die Lokalitäten berühmter Schlachten verzeichnet sind. Arthur Power, der mit Joyce in Paris Umgang hatte, konnte eine engere Beziehung des Dichters zu dem Wohnsitz seiner Wahl nicht entdecken. Joyce, fand er, schien sich nur mit »zwei

D. H. Lawrence, 1930
Hulton Archive

Hauptproblemen« zu beschäftigen: »menschlichem Verhalten und menschlicher Umgebung, und auch nur insoweit sie mit Dublin zusammenhingen. Die französische Umgebung mit all ihrem Glanz und Reiz schien an ihm folgenlos vorbeizuziehen und gab seinem Talent nur insofern Nahrung, als er ihre intellektuelle Freiheit und ›Annehmlichkeit‹, wie er es nannte, würdigen konnte. Denn wenn man ihn nach seiner Meinung über Paris fragte, pflegte er bloß zu sagen, es sei ›eine sehr angenehme Stadt‹, wobei ich nie herausfand, was er eigentlich damit meinte.«

Man will »nur noch in der Kategorie des Raumes denken«

Kommen wir noch zu einem anderen Heroen des selbstgewählten literarischen Exils, einem »ruhelosen Vogel, einem Paradiesvogel«, wie er selbst eine seiner Figuren ohne Sitzfleisch bezeichnet hat. 40 Kilometer südlich von München liegt das Dorf Beuerberg. Für D. H. Lawrence war es der Ort des Glücks in Deutschland und darüber hinaus. Wir haben seiner frühen Jahre in Deutschland bereits gedacht. Als er 1924 den Trennungsgraben des Rheins in Richtung Deutschland überschritt, konstatierte er: »The spirit of place has changed.« Das offene Feld, das einmal Deutschland gewesen war, das Land der unendlichen Vielzahl von Verbindungen, war nun scharf begrenzt: »In dem Moment, da man den Rhein überquert, ändert sich der Genius Loci. Niemand versucht mehr mit Genialität zu bluffen. Die Sümpfe sind gefroren. Die Felder sind leer. Es scheint niemanden auf der Welt zu geben.« Aber das »vacant field«, als das sich jetzt Deutschland darstellt, ist nicht nur durch den Rhein, »the great divider«, begrenzt. »You [...] know that you stand on an actual border, up against something«, beschreibt Lawrence die neue Erfahrung, in der sich gewissermaßen die Fronterfahrung verlängert. Hatte er noch 1912 das Gefühl gehabt, »ohne stehenzubleiben zum fernen, nordöstlichen Zauber Russlands oder südwärts nach Italien weitergehen zu können«, so baut sich 1924 die Demarkationslinie feindlich vor ihm auf. »Doch in der Nacht spürt man merkwürdige Dinge, die sich in der Dunkelheit rühren, seltsame Gefühle, die sich aus diesem noch unbezwungenen Schwarzwald heraus regen. Der Rücken wird einem steif, und man lauscht hinaus in die Nacht. [...] Aus der Luft selbst kommt ein Gefühl der Gefahr, ein sonderbares, stachliges Gefühl einer unheimlichen Gefahr. Etwas ist geschehen. Etwas ist geschehen, das noch nicht endgültige Gestalt angenommen hat. Der alte Zauber der alten Welt ist gebrochen, und der alte widerborstige, wilde Geist regt sich wieder.«

Das wüste und leere Feld, als welches Lawrence Deutschland wahrnimmt, hat eine Ausrichtung erhalten, es tendiert. »Es ist als hätte sich das Leben nach Osten zurückgezogen, als ob die germanischen Lebenskräfte sich von ihrer Berührung mit dem westlichen Europa losgelöst hätten und nun zu den Wüsten des Ostens zurückebbten. [...] Die unvermeidliche, geheimnisvolle Grenze nach Osten hin ist wieder gefallen, und wieder einmal zieht es den germanischen Geist nach Osten, nach Russland, in Richtung Tartarei. Der merkwürdige Strudel [vortex] der Tartaren wird wieder zum positiven Zentrum, die Attraktion Westeuropas ist gebrochen. [...] Die Einflüsse kommen unmerklich aus der Tartarei. Was zur Folge hat, dass ganz Deutschland fasziniert ›Wilde Tiere, Menschen und Götter‹ liest und zur Faszination des destruktiven Ostens zurückkehrt, welcher Attila hervorbrachte.« (Lawrence spielt mit dem Titel auf den Bestseller des polnischen Reisenden und Russlandkenners Ferdynand Ossendowski an, der 1923 auf Deutsch erschienen war und zum Thema den russischen Bürgerkrieg hatte.)

Hier spricht auch aus dem Dichter die große, verhängnisvolle Leidenschaft der Nachkriegszeit: das geopolitische Denken, die Tendenz, »nur noch in der Kategorie des Raumes denken« zu wollen, wie Ernst Robert Curtius etwas später klagt. Seitdem man sich in England angewöhnt hatte, unter negativem Vorzeichen die Preußen als slawisch zu identifizieren, existiert diese Vorstellung von der quasi rassisch vorgeschriebenen Ostorientierung Deutschlands. Auch der Erste Weltkrieg und die erbitterte Gegnerschaft Russlands und Deutschlands hatten dieses Denkschema nicht aus dem Verkehr ziehen können. Und in der Nachkriegszeit hatten nicht nur englische Beobachter die große Attraktion vermerkt, welche die russische Revolution und östliche Weisheitslehren auf das politische und das geistige Deutschland ausübten. Das war natürlich auch ein großes Thema in Deutschland selbst. Ernst Robert Curtius beschreibt 1921/22 die Umpolung der Anziehungskräfte mit sehr ähnlichen Worten wie Lawrence: »Das junge Deutschland wendet sich nach dem Osten (Russland, Indien, China) und kehrt dem Westen den Rücken zu. [...] Ganz gleichgültig, wie man zum Bolschewismus steht: das eminent Bedeutsame seiner Erscheinung liegt darin, dass er eine Richtungsumkehrung des abendländischen Geistes zum Ausdruck bringt.« In einem fulminanten Essay der *Neuen Rundschau* von 1921 konstatiert Alfons Paquet: »Nur schwache Grenzen nach dem Osten sind geblieben, ererbte Vorurteile, aber nicht mehr trennende Grundlage. Es kann nicht ausbleiben, dass nun auch die geistigen Wirkungen des Ostens stärker werden; die auf römisches Fundament gebauten Säulen der germanisch-romanischen Zivilisation geraten ins Wanken, der slawisch-germanische Aufbau schreitet fort.« Die geistige Auseinandersetzung der Zukunft stand für Paquet vor der Schicksalsfrage: Rom oder Moskau? Für viele Ausländer war diese Frage nach der Nachkriegsposition Deutschlands schon beantwortet. Der Franzose Henri Massis schrieb in Eliots Zeitschrift *The*

Criterion, dass »die griechisch-lateinische Kultur keinen fundamentalen Wert für die deutsche Zivilisation« darstelle, was in einem Kontext, der die »Verteidigung des Westens« (Massis) auf eben dieser Basis propagierte, einem bitteren Ausschluss gleichkam und den Schweizer Max Rychner, der die deutsche Position in *The Criterion* vertrat, zum prompten Widerwort veranlasste: »Es gibt also ein geistiges Deutschland, das von seiner Zugehörigkeit zum früheren ›Imperium Romanum‹ überzeugt ist [...].«
Auch Eliot gibt sich in *The Waste Land* ein Jahr später den klassischen Ost-Phobien hin und fragt:

»Who are those hooded hordes swarming
Over endless plains, stumbling in cracked earth
Ringed in by the flat horizon only.«

Da ist das Bild der »Horden«, das die Kriegspropaganda der Entente in Verschmelzung mit dem Bild der Hunnen auf den deutschen Gegner gemünzt hatte und das in der politischen Sprache der folgenden Jahrzehnte, inklusive der Jahre des Kalten Krieges, wieder zurückgeführt wird zu den östlichen Ursprüngen und dann rote, kommunistische, asiatische Horden meint. Ohne Realitätsbezug sind diese Bilder und Figuren nicht. Eliot hat die Eroberung der »endlosen Ebenen« Zentralasiens durch die Bolschewisten vor Augen, die Lenins Befehl »Setzt Asien in Brand!« ausführen und auf ihrem Zug nach Fernost auf englische Interessen stoßen.
Aber auch im Westen scheint es in Eliots Wahrnehmung eng zu werden. »Denn die russische Revolution hat den Menschen bewusst gemacht, wo sich Westeuropa befindet: in Valérys Worten auf einem schmalen und isolierten Kap im Westen des asiatischen Erdteils.« Was Eliot in vielen Nummern seiner Zeitschrift *The Criterion* daraus folgert, ist die Stärkung dessen, was er »the European Idea« nennt – heute würde das »Projekt Europa« heißen, Hofmannsthal sprach im gleichen Zusammenhang von »›Europa‹, das Wort als geistiger Begriff genommen«. Eliots Appell klingt noch sehr vorsichtig: »Wir hören wieder von einer Bekräftigung der europäischen Tradition. Es wäre sicher hilfreich, wenn die Leute glauben, dass

es eine europäische Tradition gibt.« Dann würden sie nämlich zu einer solchen beitragen. Zwei Ausgaben später, in der November-Nummer 1927, greift Ernst Robert Curtius (1886–1954) zu dem sehr viel stärkeren Vokabular des ideologischen Bürgerkriegs: Um die »conversion à l'Est«, den Übertritt zum Osten zu stoppen und die »Gemeinschaft mit dem Westen« zu stärken, fordert er eine »europäische Einheitsfront«, eine »geistige Internationale«. Die »Rekonstruktion des europäischen Menschen« sei das Ziel. »An dieser Aufgabe müssen sich alle beteiligen, die sich weder dem Amerikanismus noch dem Bolschewismus ausliefern wollen.« Speziell für die Deutschen gesprochen: »Nur aus eigner Substanz kann der deutsche Geist nicht leben. Wer ihn vom Westen *und* vom Süden löst, treibt ihn in den Osten, und das heißt, in den Untergang. Die Geistfeindschaft unseres Nationalismus würde unter normalen geschichtlichen Bedingungen nur zur Barbarei führen – was schon nicht wenig ist. Aber in der heutigen Schicksalstunde Europas bedeutet Barbarei nur die Vorstufe des Bolschewismus.«

Lawrence, um noch einmal zu ihm zurückzukehren, setzt auf den »Asiatismus«, der zweifellos viele Anhänger in Deutschland besaß, noch eins drauf, indem er die ohnehin schon heiklen Konzepte von Psychologie und Deszendenz der Völker mit seinem mystischen Blutbewusstsein kreuzt. »Der Fluss des Blutes« bewege sich »rückläufig« gen Osten: »Das ist Schicksal, niemand kann es abwenden. Das ist Schicksal. Das Blut selbst wird anders. In den letzten drei Jahren hat sich die Zusammensetzung des Blutes in den europäischen Venen geändert. Aber besonders trifft das auf die deutschen Venen zu.« Man merkt, wie Lawrence an dieser Stelle den Automatismus seiner Ideologie, seiner »großen Religion« des »Glaubens an das Blut«, für einen Moment unterbricht, um klassischer Ursachenforschung eine Chance zu geben: Aber er verweist nur auf die politischen Faktoren, die sich kurz mit Versailles und die Folgen adressieren lassen, um wieder beim Fatum zu landen: »Zur gleichen Zeit haben wir uns das selbst zuzuschreiben – durch die Okkupation der Ruhr, durch englische Nichtigkeiten und durch den falschen Willen der Deutschen. Wir haben es selbst verschuldet. Aber anscheinend war das nicht aufzuhalten. *Quos vult perdere Deus, dementat prius.*«

Die Waste-Land-Vision von Lawrence stellt sich uns als eine hybride Kreuzung aus 19. und 20. Jahrhundert dar. Unverkennbar ist ihre Abhängigkeit von einer energetischen und biologischen Kulturphilosophie, aber die neue Empfindlichkeit für Grenzen, Räume und Richtungen hat ihr Äquivalent ganz woanders: in der Feldtheorie Kurt Lewins, die dieser 1917 zuerst aus der Erfahrung der durch die Front »umgeformten« »Kriegslandschaft« deduziert hatte. Unter Friedensbedingungen gilt: »*Die Landschaft ist rund, ohne vorne und hinten*. Nähert man sich jedoch der Frontzone, so gilt die Ausdehnung ins Unendliche nicht mehr unbedingt. Nach der Frontseite hin scheint die Gegend irgendwo aufzuhören; die Landschaft ist *begrenzt*. [...] Es handelt sich [...] um eine Veränderung der Landschaft selbst. Die Gegend scheint da ›vorne‹ ein Ende zu haben, dem ein ›Nichts‹ folgt.« So war durch den Krieg vorbereitet worden, was auch danach gültig blieb: Das »runde« Europa, »ohne vorne und hinten«, wird durch Demarkationslinien begrenzt, es zerfällt in Gefahren- und Rückzugszonen, es folgt Strömungen und weist Richtungen auf. Und Deutschland, das vier Kriegsjahre lang von keiner Front durchzogen, von keinen Schützengräben durchpflügt worden war, das keine Gefechtshöhen gekannt hatte, wird nun, nach dem Krieg, als das Territorium wahrgenommen, das diese Raumrevolution prolongiert. Gottfried Benn hätte vielleicht gesagt: Deutschland wird zur »Veränderungszone«.

Eliots *Waste Land* aber kennt, von den Anfangszeilen abgesehen, keine energetische und biologische Raumbelebung und ist auch nicht mit dem Vektorenraum der Feldtheorie beschreibbar. Es gehorcht der klassischen modernen Logik des Fragments, des »heap of broken images«, der Heteroglossia und Poliphonie. Die kausalen Bezüge und die Blutlinien sind unterbrochen, Europa ist ein Aggregat, eine Zitatensammlung, die durch einen eigenen Apparat erschlossen wird. Paradoxerweise erscheint diese Vision letztlich weniger bedrohlich als diejenige, die Lawrence hat.

»The Last of England«

Und, so könnte man fragen, wo bleibt England auf diesen so grundverschiedenen »mental maps« der Vor- und Nachkriegs-Europäisten? Die großen Entwürfe, die wir kennengelernt haben, wurden von England aus gemacht, und sie entsprachen in ihrer Größe den Ansprüchen und Denkweisen eines Imperiums. Dass sie *für* England gemacht wurden, kann man nicht behaupten. Diese geographische Ausgangsbasis ist eindeutig im Schwinden begriffen. Lawrence ließ schon 1912 sein Alter Ego Mr Noon Folgendes denken: »Zum ersten Mal sah er England von außen: winzig wirkte es, und eng, und so beschränkt. Solch ein kleines bisschen unter dem unermesslichen Übrigen. Wo es doch bis jetzt wie ein alles in sich begreifendes Ganzes gewirkt hatte. Nun wusste er, dass es nicht so war. Seine Ganzheit war eine Selbsttäuschung seiner Bewohner.«

Eine so schöne Pasage wird man nach 1918 nicht finden, aber am Inhalt dieser Aussage und an den daraus abgeleiteten Konsequenzen hat sich nichts geändert. Ein anderer großer englischer Autor hat später mit realistischen Mitteln ausgemalt, was man sieht, wenn man England von außen und winzig sieht. Als Evelyn Waugh (1903–1966) den Roman einer Jugend schrieb, welche nicht in den Krieg gezogen, sondern gewissermaßen im Waste Land aufgewachsen war und zwischen dessen Ruinen zu tanzen gelernt hatte, da fügte er gegen Ende eine Vogelschauaufnahme Englands ein. *Vile Bodies* hieß der Roman, der im Januar 1930 erschien. Nina und Ginger treten ihre Hochzeitsreise im Flugzeug an, und auch von diesem neuen Verkehrsmittel aus können sie jenen Moment zelebrieren, den Millionen ihrer Vorgänger vom Deck der Schiffe aus erlebten und der »The last of England« heißt. Hoch in den Lüften fällt Ginger ein Gedicht ein, das er aus einem »blauen Gedichtebuch« auswendig lernen musste. Es handelt sich weder um *The Waste Land* noch um »Grantchester«, es ist auch gar kein Gedicht, es sind die berühmten Zeilen, die John of Gaunt in Shakespeares *Richard II.* zum Lob Englands spricht und die Waughs Romanfigur allerdings nur unvollständig erinnert – auf Deutsch lauten sie:

»Dieser glorreiche Königins-Thron, diese bezepterte Insel,
Dieses majestätische Land, dieser Sitz des Kriegsgottes,
Dieses andre Eden, dieses feste Kastell,
Das die Natur für sich selbst aufgeworfen hat,
Um sich vor fremder Ansteckung und feindseligem Anfall
zu sichern,
Dieser edle Stamm von Menschen, diese kleine Welt,
Dieser in die Silbersee eingefaßte Edelstein,
Den der umgebende Ozean für eine Mauer,
Oder für einen beschützenden Graben gegen den Neid
Nicht so glückseliger Länder dient.
Dieser gesegnete Ort, diese Erde, dieses Reich, dieses England.«

Die kostbaren Bilder, die Shakespeare für England findet, erinnern an ein Arrangement kleiner Einlegearbeiten, wie wir es an Renaissanceschränken und -tischen finden. Die ideale Sichtweise einer totalen Überschau, die sie ermöglichen, erscheint 300 Jahre später technisch garantiert. Ginger fühlt sich in den gleichen summarischen Blick auf England ein, »hoch in der Luft, wie wir jetzt sind und alles unter uns sehen können«. Er möchte, dass seine Frau das auch so sieht.

»Nina schaute nach unten und blickte aus schräger Sicht auf einen weitläufigen roten Vorort, auf Hauptstraßen mit kleinen Autos, auf Fabriken, einige davon in Betrieb, andere leerstehend und verfallend, auf einen nicht mehr benutzten Kanal. In der Ferne Hügel mit Bungalows übersät, Radiosendemasten und Überlandkabel, Männer und Frauen, die nur noch als winzige Punkte erkennbar waren, sie heirateten und gingen einkaufen und machten Geld und hatten Kinder. Die Szenerie taumelte und kippte vor ihren Augen, als das Flugzeug auf eine Luftströmung traf.
›Ich glaube, mir wird schlecht‹, sagte Nina.«

Wir wollen diesem neusachlichen Englandbild nur eine Anmerkung hinterherschicken: Wenn es den Dichter von »Grantchester« mit allen Fasern seiner Existenz aus Deutschland weg nach England zieht, verlässt dieses Paar England, und es gibt offensichtlich Gründe dafür, die nicht nur mit seinem Status als Frischverheiratete zu tun haben. Wir nehmen dieses Schlusstableau und seine Tendenz als ein Sinnbild für den großen Exodus der Jahre vor und nach 1930. Nina und Ginger zieht es, ganz konventionell, nach Südfrankreich. Aber auch andere Länder werden von dieser Bewegung profitieren.

Man wird Dichter, »um alles zu sein«

Rilke hat es getan, Eliot ebenfalls und sein Förderer und Entdecker Ezra Pound auch. Nancy Cunard und Edith Sitwell taten es, desgleichen Marina Zwetajewa. Sie alle verfassten Lyrik in fremden Sprachen. Als Marina Zwetajewa Rilkes französischen Gedichtband *Vergers* kennenlernte, teilte sie seinem Autor mit: »Dichten ist schon übertragen, aus der Muttersprache in eine andere, ob französisch oder deutsch, wird wohl gleichgültig sein. Keine Sprache ist die Muttersprache. [...] Ein Dichter kann Französisch schreiben, er kann nicht ein französischer Dichter sein. Das ist lächerlich. [...] Darum wird man Dichter [...], um nicht Franzose, Russe etc. zu sein, um alles zu sein.« Das schrieb die in Paris lebende russische Dichterin auf Deutsch an den Prager Deutschen Rilke in der Schweiz über seine französischen Gedichte.

Man will alles sein – das wäre ein passender Wahlspruch für Ezra Pound, hätte er nicht schon das herrische »Make it new« adoptiert. Es ist wohl nie ermittelt worden, wie viele fremdsprachige Zitate und Fragmente Pound in seine *Cantos* eingebaut hat. Er hat auch, wenn es ihm gefiel, ganze Gedichte in italienischer und provenzalischer Sprache verfasst. Eliot redete ihn in der Widmung zu *The Waste Land* als den »besseren [Verse]Schmied«, »il miglior fabbro« an – das ist die Formel, mit der Dante seine Reverenz an den Vorgänger, den Provenzalen Arnault Daniel, ausdrückte, und so geht die europäische Moderne in der Spur des europäischen Mittelalters, ein Stichwort, das wir für den Hinweis nutzen wollen, dass Ernst Robert Curtius, der Verfasser von *Lateinische Literatur und europäisches*

Mittelalter, nicht zufällig der erste Übersetzer von *The Waste Land* gewesen ist. Das war 1927 und der deutschen Rezeption weit voraus. Eliot hat 1917 ein französisches Scherzgedicht verfasst, das dem Titel zufolge »alles zu einer falschen Melange« zusammenrührt. Hier stellt sich der Dichter für jedes Land in einer anderen Rolle dar, und das ist ebenso lustig wie wahr, denn Eliot war vielleicht kein Professor, aber doch ein Doktor der Universität Harvard und hätte dort eine Stelle als Lecturer antreten können, wäre der Krieg nicht ausgebrochen. Er arbeitete in England als Journalist und Bankier, ließ es sich in Paris gut gehen und hatte zumindest versucht, in Deutschland Philosophie zu studieren.

»Mélange Adultère de Tout

En Amerique, professeur;
En Angleterre, journaliste;
C'est à grands pas et en sueur
Que vous suivrez à peine ma piste.
En Yorkshire, conférencier;
A Londres, un peu banquier,
Vous me paierez bein la tête.
C'est à Paris que je me coiffe
Casque noir de jemenfoutiste.
En Allemagne, philosophe
Surexcité par Emporheben
Au grand air de Bergsteigleben;
J'erre toujours de-ci de-là
A divers coups de tra là là
De Damas jusqu' à Omaha.
Je célébrai mon jour de fête
Dans une oasis d'Afrique
Vetu d'une peau de girafe.

On montrera mon cénotaphe
Aux côtes brulantes de Mozambique.«

His Persistent Concern With Sex

Und Gedichte englischer Schriftsteller in Deutsch? Das folgende Poem ist überschrieben »Chorale« und soll nach der Melodie des Passionschorals »Oh Haupt voll Blut und Wunden«, englisch: »O sacred Head, now wounded«, vorgetragen werden.

»Der ist ein schöne Junge
Er wohnt jetzt in Berlin
Wo ich in vier Monaten
Soll wieder kehren hin.
Er hat kein' schwere Trippe
Er ist nie nep bei mir
Er hat kein Englisch Onkel
Er sagt ›Ick bläb bei Dir.‹

Er hat zwei nette Eier
Ein fein Schwanz auch dazu
Wenn wir ins Bett uns liegen
Dann gibt es da kein Ruh;
Und alle Art von Küssen
Kann er, und blasen gut
Wenn ich bin weggefahren
Hab ich geweint von Wut.

O warte nur, mein Junge,
In England bin ich fromm
Blubber und Geld zu sparen
Bestimmt ich wieder komm.«

Vom Spätherbst 1928 bis zum Mai 1929 lebte W. H. Auden (1907–1975) in Berlin. 1930, mittlerweile in Schottland als Lehrer tätig, schrieb er sechs Liebesgedichte in deutscher Sprache, fünf Sonette und die gerade zitierte Kontrafaktur des Passionschorals. Diese Gedichte blieben bis 1990 im berühmten Closet verborgen und sind seitdem von der Auden-Forschung und seiner zu Recht großen Gemeinde auch nicht gerade mit großer Begeisterung wieder hervorgeholt worden. Die Gedichte stammen aus dem Nachlass Christopher Isherwoods, und es ist sehr gut möglich, dass dieser sich 1937 in einem Auden gewidmeten Essay auf sie bezog, als er über einige »poems in German« schrieb: »Ihren Stil kann man sich am besten so vorstellen, dass ein deutscher Schriftsteller eine Sequenz von Sonetten in einer Mischung aus Cockney-Dialekt und Tennyson-Englisch verfasst, ohne beide Idiome wirklich zu beherrschen.« Man kann auch Lou Andreas-Salomés Urteil über Rilkes russische Gedichte anführen: »Obwohl die Grammatik ziemlich schrecklich ist, sind sie auf mysteriöse Weise poetisch.«

Auden ist einer der bedeutendsten Liebesdichter des vergangenen Jahrhunderts gewesen. Keine neuere Arbeit über ihn vergisst den Hinweis darauf, wie diese Einsicht beim großen Publikum vor einigen Jahren plötzlich zündete, als in dem Film *Vier Hochzeiten und ein Todesfall* Audens *Stop all the clocks* (1936) rezitiert wurde – die Auflage eines schnell zusammengestellten Auswahlbandes soll 350.000 erreicht haben:

»Stop all the clocks, cut off the Telephone,
Prevent the dog from barking with a juicy bone
Silence the pianos and with muffled drum
Bring out the coffin, let the mourners come.«

Damit verglichen erscheint das zitierte deutsche Gedicht nur frivol und an ihm rühmenswert allenfalls die geradezu unheimliche Mimikry der Volksweise, wie sie die Romantiker und dann wieder Brecht beherrschten – Auden hat die *Dreigroschenoper* (Uraufführung 31. August 1928) sehr bald nach seiner Ankunft in Berlin gesehen und war später ein wichtiger Übersetzer und Propagandist des Werkes von Brecht, aber den frühen Einfluss Brechts auf ihn hat er geleugnet und allgemein auf die Berliner Cabaret-Songs verwiesen. Was die mögliche Anregung des »Passionschorals« durch Brecht angeht, so muss ein Vergleich mit dem Morgenchoral des Peachum, mit dem die Oper einsetzt, eher die Unterschiede betonen. Denn bei allem Zynismus, der die Paraphrase belebt, lässt es Brecht nicht bei der

Kostümierung bewenden, sondern trifft hier perfekt den Ton des Kirchenliedes und spricht durch ihn von den großen Inhalten der religiösen Dichtung. Insofern ist die Bezeichnung »Feierlich« für den Vortrag des Chorals durchaus angebracht.

> »Wach auf, du verrotteter Christ!
> Mach dich an dein sündiges Leben!
> Der Herrgott, für dich ist er Luft?
> Er zeigt dir's beim Jüngsten Gericht!«

Als Brecht das nächste Mal zur Gattung des Chorals griff und seine sechs Hitler-Choräle verfasste, da kam er Auden sehr viel näher, da ist die fromme Form nur Reiz- und Kontrastmittel:

> »Nun danket alle Gott
> Der uns den Hitler sandte
> Der aufräumt mit dem Schutt
> Im ganzen deutschen Lande.«

Wie dem auch sei: der gelungene Gegensatz zwischen dem gewollt gewöhnlichen Inhalt und dem keuschem Ton und dem lauterem Fließen der Zeilen und Strophen zeigt Auden als einen großen Kenner und Könner des »light verse«. Dieser Gattung blieb er lange Zeit treu und stellte für die Oxford University Press auch die einschlägige Anthologie zusammen. Die Bedingungen, unter denen er »poetry which is simple, clear, and gay« entstehen sieht, differieren allerdings erheblich von denjenigen, welche die deutsche Gedichtsequenz hervorbrachte. Er schreibt in der Einleitung: »Leichtigkeit ist eine große Tugend, aber der leichte Vers tendiert dazu, konventionell zu sein und die Einstellungen der Gesellschaft zu übernehmen, in deren Mitte er geschrieben wurde. Je homogener eine Gesellschaft, je näher der Künstler am Alltagsleben seiner Zeit dran ist, desto leichter fällt es ihm, seine Wahrnehmungen mitzuteilen [...].« Der moderne Künstler dagegen, der »ohne einen sicheren Platz in der Gesellschaft und ohne eine intime Beziehung zwischen sich und seinem Publikum« existiere und nur für kleine Zirkel oder gar nur für sich schreibe, sei für den »light verse« verloren. Da ist Auden entschieden zu widersprechen. »Light verses« entstehen zu allen Zeiten auch und gerade unter den Bedingungen des Zirkels. Man könnte sogar umgekehrt behaupten, sie sind Dichtung für kleine, wohldefinierte Kreise und bestimmte Alters- und Bevölkerungsgruppen – wir denken natürlich an Kinder –, und manchmal brechen sie erfolgreich aus diesem Zirkel aus und werden populär. Die Gründe dafür sind oft nur sehr schwer oder gar nicht auszumachen. Und gerade die Selbstverpflichtung des modernen Künstlers, sich gegen die Erwartungen seiner Gesellschaft zu definieren und etablierte Verständigungsformen zu vermeiden, erzeugt das Bedürfnis, dieses harte Joch zeitweilig abzuschütteln und sich den berühmten Wonnen des Gewöhnlichen hinzugeben. Audens deutsche Poeme sind nur ein Beispiel, es wäre interessant zu wissen, ob er von der berüchtigten Columbo-Serie seines großen Vorbilds Eliot wusste. Auf der schieren Ebene des sprachlichen Flusses spürt jeder, mit welcher Lust der große Klassiker der Moderne solche Verse abgesetzt hat:

»Now while Columbo and his men
Were drinking ice cream soda
In burst King Bolo's big black queen
That famous old breech l(oader).
Just then they rang the bell for lunch
And served up – Fried Hyenas;
And Columbo said 'Will you take tail?
Or just a bit of p(enis).«

Die übrigen fünf Gedichte Audens sind sehr viel weniger frivol und auch weniger leicht und könnten, wäre nicht die Sprache, auf eine Aufnahme in den Auden-Kanon rechnen. Die Grammatikfehler und sprachlichen Missgriffe stören insofern nicht, als Audens überlegene rhythmische und syntaktische Kunst alle Abweichungen einformt.

»Weiss aber nicht was jetzt dein Körper macht
Warum die Stunden heute bremsen doll;
Weiss aber nicht der Stunde von der Nacht
Das Traum von mir und Dir beginnen soll.«

Drei Leporelli in Berlin

Berlin war in den zwanziger Jahren, was Bangkok für die Achtziger und Neunziger war, die Hauptstadt des Sextourismus, und ganz speziell das Mekka homosexueller Reisender. Die beiden Sätze, die in diesem Zusammenhang immer zitiert werden, lauten: »Berlin meant boys« (Isherwood) – »Berlin is the buggers daydream« (Auden). Letzteres Zitat entstammt einem Brief an eine Freundin in England vom Dezember 1928: »Berlin ist der Tagtraum des Homosexuellen. Es gibt hier 170 Männer-Bordelle unter Polizeikontrolle. Ich könnte eine Menge über meinen Jungen erzählen, der eine Kreuzung aus Rugby-Crack und Josephine Baker ist. Verglichen mit uns kann D. H. Lawrence einpacken. Ich bestehe fast nur noch aus blauen Flecken.« Hier prahlt einer oder will einer schockieren, aber auch wenn wir diesen Überschwang abrechnen, bleibt das eine höchst erstaunliche Meldung, die ein junger Engländer über seine Auslandserfahrungen macht. Berlin war eine neue Station auf der Grand Tour des Engländers, der dort, in dem »erotic capital of the world« und in einem für damalige Zeiten unerhört offenen Klima des »public learning« nachholte, was der eine oder andere aus welchen Gründen auch immer auf der Public School oder Universität versäumt hatte. Man denkt an den Maler Francis Bacon, der im Alter von 18 Jahren von einem sehr viel älteren Verwandten, einem Karrierediplomaten, 1928 nach Berlin verschleppt wurde und dort die entsprechenden Initiationen erfuhr. Diese beiden operierten allerdings vom Adlon aus und frequentierten die Edeletablissements des Westends, während Auden im Januar 1929 dorthin umzog, »where the action was«, in das Arbeiterviertel am Halleschen Tor, »50 yards von meinem Bordell entfernt«. »Mein Bordell« hatte sogar einen englischen Namen und hieß Cosy Corner und lag in der Zossener Straße 7.

Anders als Bacon war Auden aber nicht das berühmte unbeschriebene Blatt gewesen, als er nach Berlin kam: Er hatte seine Studien in Oxford abgeschlossen, zahlreiche homosexuelle Kontakte gehabt, flüchtige und ernsthafte, aber alle seine sexuellen Erfahrungen hatte er mit jungen Männern seines Alters und sozialen Niveaus gemacht. Das sollte sich in Berlin ändern. Zwar ist der Zirkel von Expatriates, der sich dort zusammenfindet, fast ausschließlich homosexuell orientiert, aber die Landsmänner verlieren in der Fremde sofort an Attraktion gegenüber den deutschen »Jungs«, die vielfach anders sind: Keine studierten Leute natürlich, sondern Proletarier, in der Regel Arbeitslose, mithin auf die Zuwendungen ihrer englischen Kunden angewiesen – Stricher mit einem anderen Wort. »Boys had, Germany 1928–29« überschreibt Auden seine Leporello-Liste und listet darin lakonisch neun Individuen auf, die offensichtlich mehr waren als ein One-Night-Stand: Pieps, Culley, Gerhart, Herbert, dann kommt viermal unbekannt, Otto. Wie diese Aufstellung nun auszuwerten ist, ob der Buchhalter sich »in frenetischer sexueller Aktivität engagiert habe«, ob also »voracious«, gierig das richtige Adjektiv für sein Sexualverhalten sei oder ob neun Strichjungen in neun Monaten eine normale Ausbeute darstellen und wir in Auden nicht den »Don Giovanni of the boy-bars« sehen sollen, das ist unter Kennern und Gelehrten noch nicht endgültig entschieden. Die Auseinandersetzung unter den Wissenschaftlern erinnert an eine Stelle in Gregor von Rezzoris Roman *Ödipus siegt bei Stalingrad*, dessen Figuren in demselben Berliner Milieu verkehren, nur im heterosexuellen Lager, mehrere Klassen höher und einige Jahre später. Baron Traugott, eine der Hauptfiguren, erarbeitet sich gedanklich eine »Quantentheorie« der Frau in Bezug auf die Menge ihrer Sexualkontakte:

»Ein Fehltritt ist ja, streng genommen, eingeräumt: ein Liebhaber fällt unter verzeihliche Leidenschaft, Torheit der Jugend, verblendete und enttäuschte Liebe oder wie Sie es nennen wollen. Einer, wie gesagt, bestenfalls zwei. Was darüber liegt, ist freilich indiskutabel. Zwischen zwei und drei und – na sagen wir: präterpropter fünf bis sieben ist es ganz einfach Ferkelei, unreif hitzige Erotik von Ladenmädchen, unvergorene Pubertätserscheinung – schlechthin unentschuldbar, mit einem Wort. Etwas anders allerdings sieht sich die Sache um das Dutzend herum an. Das hat schon einen gewissen Schwung, schwer zu zügelndes und fröhlich ungezügeltes Temperament, Bejahung, leben und leben lassen, Gemeinnutz geht vor Eigennutz. Geht so bis Stücker achtzehn, zwanzig. Wieder darüber hinaus beginnt es ungut zu werden. Das ist entweder höhnisches Hinwegsetzen über jegliche Konvention, oder es fließt ins Reich des Pathologischen. Da entgleitet die Kontrolle, der Überblick über die Motive fehlt. Jedenfalls: die mittleren Zwanziger- und Dreißigerlagen sind abzulehnen. Um das halbe Hundert indes beginnt das Feld der wirklich großen Persönlichkeit. Hier entspringt, entschuldigen Sie gefälligst das Paradoxon, *die Dame von Format.*«

Der Zufall will es, dass genau ein Jahr vor Auden ein anderer englischer Schriftsteller eine Liste seiner Männerlieben in sein Tagebuch eingetragen hatte – und das geschah entweder in Berlin oder in Dresden, auf jeden Fall aber unter dem Eindruck eines zügellos genossenen Berliner Nachtlebens. Wir sprechen von Eddy Sackville-West, dem Vetter von Vita Sackville-West und späteren fünften Baron Sackville. Er war sechs Jahre älter als Auden und hatte den obligaten Parcours Eton-Oxford-London absolviert, bevor er sich nach Deutschland absetzte. Die Liste umfasst elf Namen, aber keine Orts- und Zeitangaben. Es handelt sich um lauter Eton- und Oxford-Bekanntschaften oder um Männer, die Eddy durch diese Zirkel kennengelernt hatte, darunter heute noch bekannte Namen, wie den Kunstschriftsteller Adrian Stokes, den Bloomsbury-Autor David Garnett und den späteren Premierminister Anthony Eden. Der Buchhalter seiner Allianzen zog um diese Namen eine große Klammer und schrieb daneben: »The colossus of Rhodes is built as far as this.« Schwer zu sagen, was sich hinter dieser Formulierung verbirgt, aber es scheint doch so zu sein, dass Eddy Sackville-West sein Liebesleben als ein komposites Gesamtkunstwerk betrachtete und damit hoch hinauswollte. Der Aristokrat hielt es aber nicht für nötig, eine seiner zahlreichen deutschen Männerbekanntschaften in die Liste aufzunehmen und damit den Kolossus ein Stückchen höher zu machen. Dass er die Jungs durchaus bewusst und mit den Augen des Schriftstellers wahrnahm, wissen wir u. a. aus einem Brief an seinen homosexuellen Kollegen E. M. Forster, den er für einen Berlin-Besuch gewinnen sollte: »Ich habe eine vergnügliche und interessante Nacht mit einem litauischen Bauern von 20 Jahren verbracht, eine sehr schöne Kreatur, über und über mit Perlmutterknöpfen bedeckt.

Er war leidenschaftlich an Revolvern interessiert und bestand darauf, einen mit ins Bett zu nehmen (ich fürchtete mich nicht). Er lud ihn sogar durch, alle sechs Kammern, aber es war mir nicht klar, was er damit bezweckte. Er war sehr freundlich und charmant.«

»Der Wahrhaft Starke Mann«

Auden hat auf den »Bubi« seines Freundes Isherwood 1929 ein Gedicht geschrieben, in dem er einerseits ernüchternd feststellt: »Before this loved one/ Was that one and that one«, und damit das Serielle dieser Männerabenteuer betont, andererseits aber im Kontext käuflicher Liebe, von dem das Gedicht ebenfalls ohne Verklärung spricht, die Formulierung »this loved one« gebraucht, was ja einen deutlichen Unterschied zu »boys had« macht. Dies ist kein der Gattung Gedicht geschuldeter Überschwang. Nach der ersten wilden Phase des »brothel crawling« und »cruising« waren Auden und die Freunde auf der Suche nach einer festen Beziehung, und es musste eine homosexuelle Beziehung und eine Liebe sozusagen nach unten sein.

Am Übergang zwischen den Phasen der One-Night-Stands und der langfristigen Bindungen figurierte wie ein Katalysator der fesche Matrose Gerhart Meyer aus Hamburg, der es bis in eines der berühmtesten frühen Gedichte Audens geschafft hat: »It was Easter that I walked in the public gardens«, datiert in seinem ersten Abschnitt »April 1929«. In diesem Gedicht stellt das lyrische Ich diesen Gerhart Meyer und eine andere Berliner Bekanntschaft auf die positive Seite einer Bilanz, die es beim Ausbruch des Frühlings aufmacht, »der Jahreszeit, da Liebende und Schriftsteller/ eine neue Sprache für sich erneuernde Dinge finden«. Die negative Spalte verzeichnet diejenigen, »deren Tod/ die notwendige Vorbedingung dafür ist, dass die Jahreszeit beginnen kann«, Engländer sind es, deren Unglück und Verzweiflung in harten Kontrast treten zu dem »Erfolg der anderen«, vor allem zu dem frühlingshaften Aufschwung, den das lyrische Ich »durch eine frische Hand mit frischer Kraft/ um meinen

Arm« erfährt, »durch die Fröhlichkeit, zum Beispiel, meines Freundes Kurt Groote,/ durch die Furchtlosigkeit von Gerhart Meyer/ dem Seemann, dem wahrhaft starken Mann.«

Diese unterschiedliche deutsch-englische Bilanz geht auf Audens Berliner Erfahrungen im April (April the cruellest month) 1929 zurück: Während er sich über beide Ohren in diesen Gerhart Meyer verliebt, begeht sein englischer Freund John Layard (1891–1974) am 3. April einen Selbstmordversuch. Layard lebte seit 1926 in Berlin, wo er psychoanalytische Hilfe suchte. Er war der Typ von Landsmann, den der Exilant in jeder größeren Stadt antrifft: vielwissend, vielversprechend, aber unfähig, etwas zustande zu bringen. Layard war ein triebunsicherer und zu Depressionen neigender Mensch, der im homosexuellen Berlin und umgeben von gleichgesinnten Engländern einen Ausbruchsversuch in die Heterosexualität unternommen hatte und gescheitert war. Sicher nicht geholfen hatte ihm in dieser Situation, dass er mit Audens neuer Eroberung ins Bett ging. Auden deutet im Tagebuch an, dass er Layard etwas Gutes tun und mit ihm den formidablen Gerhart teilen wollte. Layard seinerseits behauptete viele Jahre später, dass die Initiative von ihm ausging und er an Auden Verrat begangen habe. »Ich wusste, das war totaler Verrat, aber ich tat es... Er war sehr schön, aber ich war impotent. Das gab mir den Rest... Ich hatte Wystans Jungen gestohlen, ich hatte alle Regeln gebrochen und war dann auch noch impotent.« Wer auch immer welche Motive hatte: am Tag nach dem Schäferstündchen mit Meyer schießt Layard sich eine Kugel ins Gehirn – und überlebt. Er kann sogar noch in ein Taxi steigen und zu Auden fahren. Er steigt mehrere Treppen hoch, zusammen mit zwei »boys«, die auf dem Weg zu Auden sind und konfrontiert den überraschten Freund mit den Worten: »Wystan, I've done it... But it hasn't killed me. Please finish me off – here's the pistol and ammunition.« Aber Auden verweigert ihm den Freundschaftsdienst, aus gut verständlichen Gründen: »I might be hanged if I did.« So die Wiedergabe des Vorgangs in den Lebenserinnerungen Layards. Unbestritten ist, dass Auden Layard per Taxi in eine Klinik verfrachtete, um dann so schnell wie möglich mit Gerhart Meyer auf eine Lustreise nach Hamburg zu gehen. Layard kam aber so bald wieder auf die Beine, dass man schon am 23. April, also drei Wochen nach der Tat, seine Genesung und Shakespeares Geburtstag im Cosy Corner feiern konnte und er mit einem der »boys« belohnt wurde.

Zum Gedicht »It Was Easter That I Walked in the Public Gardens« zurückkehrend, stellt sich die Frage, wieweit die neuen Freunde, die starken, frischen Frühlingsbekanntschaften das lyrische, englische Ich auf ihre Seite der Gleichung ziehen können. Aber bevor wir ihr nachgehen, muss ein Schlüsselbegriff der Auden-Group kurz näher betrachtet werden und das ist das Konzept des *Truly Strong Man*, das hier zum ersten Mal auftaucht (»die Furchtlosigkeit von Gerhart Meyer/ dem Seemann, dem wahrhaft starken Mann«) und danach die Qualität eines Leitmotives und Erkennungszeichens hat. Auden hat es vermutlich und ironischerweise von dem »truly weak man« John Layard aufgenommen. Die Quelle ist Eugen Bleulers *Lehrbuch der Psychiatrie*, das vermutlich in der englischen Übersetzung von 1924 befragt wurde. Der berühmte Schweizer Psychiater teilte dort die ausführliche Selbstdarstellung eines gewissen Ernst August Wagners mit, der ein paranoider Serienkiller mit homosexuellen Neigungen war. Er hatte 1913 erst seine fünfköpfige Familie ausgelöscht und dann wahllos zwölf weitere Menschen erschossen. Wagner wurde nicht hingerichtet, sondern als geisteskrank in eine Heilanstalt eingewiesen. Dort schrieb er, Dichtung und Psychologie, ausführliche Selbstdeutungen. Er weiß, dass »die Starken, die Draufgänger, die Verbrecher und die Bestien imponieren«. Aber: »Sie alle denke ich als Gegenstück zu mir [...] Das Gefühl der Ohnmacht gebiert die starken Worte, die kühnen Angriffsphantasien schmettern aus dem Horn [...] Die Kennzeichen des wahren Stärke sind Ruhe und Güte. Den starken Menschen [...] gibt es gar nicht. Es gibt auch nicht den starken Mann in der Rolle des Volksbändigers. Die starken Menschen sind die, die ohne Rumor ihre Pflichten tun. Die haben weder Zeit noch Veranstaltungen, sich in Posen zu werfen und etwas Großes sein zu wollen.«

Man kann sich darüber wundern, warum und mit welchen Folgen diese jungen Leute das Kernstück ihrer Psychologie aus den wirren Überlegungen ausgerechnet eines Massenmörders übernommen haben. Aber sie haben es getan, und sie haben diese Quelle auch nie verschwiegen. Isherwood z. B. zitiert diese Passage und erläutert dann völlig unbeeindruckt und ganz einsichtig das Konzept Wagners so: »›Der Wahrhaft Starke Mann‹ ist ruhig, ausgeglichen, sich seiner Stärke bewusst. Er sitzt friedlich trinkend in einer Bar; er muss sich nicht selbst beweisen, dass er keine Angst hat, indem er der Fremdenlegion beitritt oder in den entferntesten tropischen Dschungeln die gefährlichsten Tiere jagt oder sein gemütliches Haus verlässt, um im Schneesturm einen unmöglichen Gletscher zu besteigen. Mit anderen Worten: der Test existiert nur für den Wahrhaft Schwachen Mann [...].« Dieser Abschied vom imperialistischen Heldenideal fiel den Angehörigen einer fast schon postimperialistischen Ära einerseits nicht schwer. Andererseits war es das Fehlen der großen »Tests«, welche die jungen Männer in diesen Jahren darauf verpflichtete, die »Entscheidung« zu suchen, wie man damals in Deutschland sagte. »Die Geschichte schien sie mit einer einzigartigen Herausforderung zu konfrontieren: die Mittel zu entwickeln, durch die der Wahrhaft Schwache Mann, der introspektive Neurotiker, für den viele Intellektuelle sich halten, sich selbst stark und effektiv für eine krisengeschüttelte Welt machen könnte.«

Das Konzept des Truly Strong Man erwies sich als ungemein nützlich und tragend für das Selbstverständnis der Gruppe, sehen wir einmal von der kurzen Zeit des Attachements an den Kommunismus ab, in der anderes galt. Es untermauert z. B. Audens und Isherwoods Entscheidung, für die Dauer des Krieges in die USA auszuwandern. Und es ermöglicht ihnen allen eine ganz andere Einstellung zu ihren Geliebten, die sie seit Berlin aus den »lower orders« rekrutieren, wie Virginia Woolf sich ausdrückte. Außer ihren unzweifelhaften körperlichen Vorzügen und ihren unbestreitbaren charakterlichen Nachteilen sind diese jungen Männer eben mit der beneidenswerten Gabe einer unreflektierten Selbstsicherheit ausgestattet, die sie zum Gegenstand der Bewunderung und zum Agenten der Heilung für die noch zerrissenen und triebunsicheren Engländer macht. Ob ein Mann wie Gerhart Meyer den höchsten Titel des Truly Strong Man verdient hat, diese Frage werden wir nie beantworten können. Klar ist, dass die Deutschen damit auf der positiven Seite der Oppositionen verbucht sind und dass die Engländer sich anstrengen müssen, um dorthin zu gelangen. Ein Weg dorthin geht durch die Dichtung. Das Ende des Gedichts »It Was Easter That I Walked in the Public Gardens« zeigt den öffentlichen Garten verlassen, eher in herbstlicher, als in aufbruchsbereiter Stimmung: »On the public ground/ lay fallen bycicles like huddled corpses.« Und dann fällt plötzlich Regen und schließt den Tag, »making choice seem a necessary error«. Und im Sinne dieser letzten Maxime setzt das Gedicht seinen Vortrag fort, wenn die Szene sich in die Natur oder doch in die naturnahe Landschaft des nordhessischen Mittelgebirges verlagert, nach *Gut*ensberg, wie Auden charakteristischerweise schreibt – der Ort heißt Gudensberg und nahm im Sommer 1929 Auden, Isherwood und ihre Berliner Freunde auf. In der Kleinstadt *Gut*ensberg und in Gegenwart eines weiten Landschaftspanoramas gewinnt Auden jene »Einheit« wieder, die den Zwang zum Wählen als einen Irrtum erscheinen lässt und ihn den »Wahrhaft Starken Männern« näher bringt. Für Auden bedeutet diese Einsicht keine Flucht, keinen Quietismus: das Ich möchte ganz sein, *ohne* dabei zu vergessen, dass die Natur indifferent und das Wählen ein *notwendiger* Irrtum ist. Aber ganz allgemein kann man sagen, dass mit diesem Schlüsselgedicht die großen Oppositionen eingezogen sind, die Auden sich in Deutschland erarbeitet und erlebt hat und die ganz eng ineinander greifen: The Truly Weak versus The Truly Strong Man, Gesellschaft versus Natur, Tod versus Leben, Krankheit versus Gesundheit, Unterdrückung versus Freiheit. Diese vielleicht nicht ganz neue und entscheidend durch D. H. Lawrence vorbereitete Kategorientafel hat den Vorteil, dass sie Auden fast automatisch auf die hier als deutsch und nicht auf die als britisch markierte Seite zwingt. Die Operation darf als gelungen gelten. Nach innen wie nach außen. In einem Gedicht auf den schnell resignierenden Freund Benjamin Britten hat Auden für seine neue Lebensphilosophie den wunderbaren Imperativ gefunden: »Stand up and fold/ your map of desolation.«

»Der Ungehorsam des Tagtraums«

Das soll nun nicht bedeuten, dass dieser Selbstversuch mit Strichjungen einfach war. Die jungen Männer, mit denen Auden sich einlässt, sind wie Kinder. Sie wollen, dass man ihnen etwas kauft, Schuhe, eine Mütze, Unterwäsche, und sie schmollen, wenn ihnen Mr Auden erklärt: »Entweder die Schuhe oder die Mütze.« Damit nicht genug: die »boys« stehlen, wo sie können, und sie sind notorisch, oder soll man sagen: professionell untreu. Ein Tag mit Gerhart Meyer bedeutet für Auden, dass er ihn immer wieder zu irgendwelchen anderen Verabredungen gehen lassen muss. Am 15. April trägt Auden in Sachen Gerhard in sein Tagebuch ein: »Erst heute Nachmittag merke ich, wie die folgende Unterhaltung in mir nachwirkte. ›Ich würde dich gerne mit in die Berge mitnehmen.‹ ›Ich mag Berge nicht. Ich mag nur Städte, wo es Läden gibt‹ [...] Das ist die Revolte des Symbols. Der Ungehorsam des Tagtraums. Von diesem Moment an liebe ich ihn weniger. [...] Verglichen mit Pieps ist er als Charakter eine Null. Seine Unterhaltung langweilt mich. Aber das ist Unsinn. Ich darf nicht, wenn es um ihn geht, die Szene mit der kleinen weinenden Hure in Hamburg vergessen.« Einen Tag später ist Gerhart Meyer weg, für immer, und am selben Tag trägt Auden in sein Tagebuch einen Gedanken ein, an dem er sein Leben lang festhält und dessen Nachdenklichkeit geeignet ist, den Verdacht zu zerstreuen, in diesen aufregenden Berliner Tagen sei es immer nur um schnellen Sex gegangen. »The bugger's daydream« enthält mehr als das, auch und gerade weil der Tagtraum die Freiheit und die Kraft hat, ungehorsam zu sein. »Wenn jemand für uns seinen Glanz verliert, den er beim ersten Treffen hatte, dann sagen wir uns, dass wir uns getäuscht haben, dass unsere Phantasie ihm einen Heiligenschein verlieh, den zu tragen er nicht würdig ist. Es ist aber immer auch das Gegenteil möglich, dass unsere Enttäuschung sich einem Fehler unserer Sensibilität verdankt, welche die Stärke des Eindrucks in jenem ersten Moment nicht aufrechterhalten kann. Menschen sind vielleicht wirklich das, was wir zuerst in ihnen sahen, und die enttäuschende Realität ist nur die Person, welche die Schalheit unserer Sinne verdunkelt.«
Auden, damals bereits ein guter Kenner der Individualpsycholo-

gie, sträubt sich gegen eine reduktive Deutung seiner Erfahrungen und eine Übertragung der Schuld auf das »Objekt«. Er sträubt sich auch im Namen seiner Dichtung, darf man sagen, die vieles erklärt, aber nur ungern ableitet, um die platonische Reinheit der ersten Vision zu bewahren. Wobei David Luke zu Recht bemerkt hat, dass die Theorie Audens ebenso einer reduktiven Psychologie zugänglich ist, die uns erklärt, dass wir die Enttäuschung nur ertragen können, wenn wir die Schuld dafür uns selbst geben.

Im April dieses Jahres begibt sich Auden, wie erwähnt, überstürzt auf eine Reise nach Hamburg, weil es Gerhart so eingefallen ist. Die Sonette Shakespeares, die Auden mitnimmt, bedürfen scheinbar keines Kommentars, aber vielleicht sind sie ja auch die perfekte Reiselektüre für einen Homosexuellen. Denn seit dem 19. Jahrhundert hat man die Sonette als Beweis für des Barden gleichgeschlechtliche Orientierung genommen, eine Überzeugung, die Auden teilte, wenn er auch in einem ihnen gewidmeten Essay von 1964 meinte,»dass es zu wenig führt, wenn man zugibt, dass der Barde Mitglied der Homintern war«. Es stand aber fest, dass der Dichter sich an einen männlichen Adressaten wandte. »Ich denke, dass die *primäre* Erfahrung, aus der die Sonette an den Freund entspringen, eine mystische war.« Bei einer solchen Erfahrung ist das »Subjekt absolut davon überzeugt, dass es sich um eine Enthüllung der Realität handelt. Wenn sie vorbei ist, dann sagt es nicht, wie man nach dem Erwachen aus einem Traum sagt: ›Nun bin ich wach und der wirklichen Welt bewusst.‹ Es sagt vielmehr: ›Für eine Weile wurde der Schleier gelüftet und eine Realität offenbart, die in meinem ‚Normalzustand' vor mir verborgen war, mochte sie später auch kompliziert werden.‹« Wie 1929 rettet Auden also die »Vision des Eros« vor den Enttäuschungen des zweiten Blicks, die er seitdem wiederholt gehabt hatte und die auch seinem großen Vorgänger nicht erspart blieben:

»Für uns Außenstehende ist der Eindruck, den wir von seinem [Shakespeares] Freund empfangen, der eines jungen Mannes, der nicht wirklich sehr nett war, dafür aber sich seines guten Aussehens wohl bewusst, fähig, seinen Charme jeden Moment auszuspielen, zutiefst frivol, von kaltem Herzen und egozentrisch, sowie der Macht bewusst, die er über Shakespeare hatte. Hätte er darüber nachgedacht, dann hätte er vermutlich eine zynische Erklärung abgegeben und keinerlei Ahnung von der Intensität der Gefühle gehabt, die er unbeabsichtigt ausgelöst hatte.«

Diese Beschreibung trifft auf gespenstische Weise auf den Gerhart Meyer von 1929 zu, der nicht bereit war, sich auf ein echtes Engagement mit diesem merkwürdigen Engländer einzulassen und der vielleicht nicht der erste, aber wohl der stärkste Anlass für Auden war, um über Liebe und über menschliche Beziehungen ganz allgemein im Lichte eines Machtverhältnisses nachzudenken.

»To live with others in a relation of power«, »zu befehlen oder instinktiv zu gehorchen«, das sei das primäre Weltverhältnis des Menschen. Der Mann Auden liebte das Leiden an der Liebe – »How one likes to suffer« –, und sein Masochismus scheute auch nicht vor echten Verletzungen zurück: »Wystan liked being beaten up«, beobachtete ein Berliner Freund. Wenn er in dem berühmten Gedicht *The More Loving One* sein lyrisches Ich sagen lässt: »If equal affection cannot be,/ Let the more loving one be me«, dann hören wir vermutlich unisono hier sprechen: den Mann und den Dichter. Letzterer weiß: »Art is born of humiliation«, wie er damals an Stephen Spender schreibt. Aber Dichtung, um das noch einmal ganz deutlich zu sagen, die aus der Erniedrigung entsteht, darf weder zynisch noch entmutigt sein. Der »Wahrhaft Starke Dichter« ist derjenige, der sich von der »Liebes*geschichte*«, die ohnehin kein passender Stoff für Lyrik ist, nicht die erste Vision abhandeln lässt. Und im Falle dieses intellektuellen Dichters muss man hinzufügen, der »Wahrhaft Starke Dichter« ist derjenige, der weiß, dass er um all das weiß, denn »Dichtung ist das Spiel des Wissens«.

Im Hotel in Hamburg angekommen, geht Meyer weg, vermutlich um einen anderen Kunden zu besuchen, und Auden, der sich diese Exkursion anders vorgestellt hatte, wartet die ganze Nacht auf ihn:

»Zuerst stehe ich vor dem Spiegel und versuche mir vergeblich einzureden, dass ich physisch mit ihm mithalten kann. Dann lese ich die Sonette [Shakespeares], um mir meine überlegene Sensibilität zu bestätigen. Immer wenn ich ein Taxi höre, eile ich ans Fenster, aber es ist nur eine Hure, die zurückkommt. Um 3 Uhr kommt der Portier und nimmt meinen Schlüssel und schließt die Tür ab. Um 5 bin ich überzeugt, dass Gerhart mit meinem Geld auf und davon ist.«

»Jede Liebe hat ihr eigene Lage«

»Jede Liebe hat ihr eigene Lage/ Und jeder Art von Liebe denkt an sich«. So liest man es im ersten der Berliner Gedichte, das »Lacrimae Rerum« überschrieben und damit auf das Themen Liebesleiden eingestellt ist.

»Wir können uns ein Bischen sitzen stehen
Mein Kaffee auszutrinken und Dein Wein;
Nacher wir müssen auseinander gehen,
Lass' uns die letzte Stunde sturmfrei sein.

Denn jede Liebe hat ihr eigene Lage
Und jeder Art von Liebe denkt an sich;
Weil ich kein Geld hab' komm ich nicht in Frage,
Du liebst dein Leben und ich liebe Dich.

Man wartet auf Dir in den feinen Dielen,
Die Stunde geht vorbei, beeil' Dich nun;
Von Kohlen haben diesen Dicken vielen,
Mein Traum von Dir mit Dir hat nicht zu tun:

Und dass ich traurig bin ist komisch bloss;
Es schadet nicht, mit Dir ist gar nichts los.«

Das lyrische Ich bedauert, dass die letzte Stunde schlägt, weil es den Geliebten nicht halten kann: »Du liebst dein Leben und ich liebe Dich.« Der hier angetönte Gegensatz erfährt eine nüchterne Erklärung: »Weil ich kein Geld hab' komm ich nicht in Frage/ ... Man wartet auf Dir in den feinen Dielen,/Die Stunde geht vorbei, beeil Dich nun...« Hier spricht der großzügig Verzichtende. An sich eine romantische Haltung, aber sie wird nicht als solche ausgebeutet, sondern ganz abgeklärt auf die nicht sehr romantische Trennungsursache zurückgeführt. Aber es ist nicht die einzige Reaktion. Echt oder gespielt, der Liebende behauptet in den beiden letzten Versen, den Verlust verschmerzen zu können:

»Und dass ich traurig bin ist komisch blos;
Es schadet nicht, mit Dir ist gar nichts los.«

So spricht auch der Auden des Tagebuchs, der, konfrontiert mit dem »Ungehorsam des Tagtraums« Gerhart, feststellt: »Von diesem Moment an liebe ich ihn weniger«, um sich zu dem vorläufigen Gesamturteil durchzuringen: »Verglichen mit Pieps ist er als Charakter eine Null.« Aber in der Zeile vor den beiden letzten Versen heißt es: »Mein Traum von Dir mit Dir hat nichts zu tun.« Das wiederum ist Auden, der Theoretiker der Liebe, der sich die Reinheit der Vision, »the glory of the vision«, bewahrt. So treten im Moment des Abschieds die drei Haltungen zusammen auf: der Verzicht, die Distanzierung, die Sublimierung. Und doch auch diese Kumulation bedeutet keine Schließung, denn wenn es auch die Liebe nicht wissen will, so weiß es doch die Liebesdichtung: »Denn jede Liebe hat ihr eigene Lage/ Und jeder Art von Liebe denkt an sich.«

Wer sich ein wenig im Auden-Kanon auskennt, weiß dass dieses Gedicht nicht in der Schublade oder im Schrank vergessen wurde, sondern dass der Dichter es umgeschrieben hat, wie er das sehr oft tat. Der Anlass war diesmal die Zurückweisung, die Auden 1936 von Benjamin Britten erfuhr.

»For each love to its aim is true,
And all kinds seek their own;
You love your life and I love you,
So I must lie alone.«

Der Sprecher lässt den unerwidert Geliebten gehen, zu dem Ort, wo dieser sich »bewusst fallen lässt«, wobei »deliberate« = absichtlich, bewusst negativ konnotiert ist. Die *bewusste* Hingabe an den Manngeliebten, die Britten noch bevorstand, ist nicht das Verhalten des Truly Strong Man. Das lyrische Ich jedenfalls hat seinen Traum und seine Träuer vor diesem Vorgang abgeschottet:

»O hurry to the fêted spot
Of your deliberate fall;
For now my dream of you cannot
Refer to you at all.«

Audens Liebeslyrik lässt sich schwer nur mit Gedichten vergleichen, die wie Eliots *Waste Land* oder das oben zitierte »Mélange Adultère de Tout« effektiv von »Allem«, vom Ganzen handeln, sei es das Europa der Nachkriegszeit oder die Biographie des Dichters. Hier spricht mit verschiedenen Zungen der Kosmopolitismus der Jahre nach 1918. Audens Motive sind grundverschieden, wenn er zur Sprache des Gastlandes greift. Seine deutschen Gedichte leisten einen punktuellen Tribut an das Land und die (wenigen) Leute, die Schauplatz der großen Wende seines Lebens waren, ihm Glück und nicht zuletzt das Glück des Unglücks bescherten und die Fähigkeit, dies auch in zwei Sprachen auszudrücken. In gewisser Weise ist das bilaterale Dichtung und damit in den Wertsetzungen, aber nicht im Habitus verschieden von Rupert Brooke und »Grantchester«. Eine größere Idee, wie etwa Eliots »European Idea«, ist nicht mehr in Sicht, das Jahrzehnt steht im Zeichen von Partikularismus, Egoismus und der Parteilichkeit.

W. H. Auden, Stephen Spender und Christopher Isherwood (v. l. n. r.), Rügen 1931

»Marvelous Freedom«

Auden war der Wegbereiter und Prophet, nach ihm kamen Christopher Isherwood (1904–1986) und Stephen Spender (1900–1994). Isherwood hatte 1929 sein Medizinstudium abgebrochen und war den Lockrufen seines Freundes Auden gefolgt. Er blieb am längsten in Deutschland, bis 1933, und verdiente sich sein Geld als Privatlehrer. Stephen Spender wiederum kam auf Anregung von Isherwood im Sommer 1929 nach Deutschland und ließ sich zunächst in Hamburg nieder. 1931 lebte er längere Zeit in Berlin. Im selben Jahr verbrachten die drei gemeinsam die Sommerferien auf Rügen. Auden hatte seine Berliner Bleibe strategisch in die Nähe »seines« Bordells verlegt, auch Spender residierte zeitweilig in der einschlägig berühmten Motzstraße und Isherwood in der Nollendorfstraße. Diese beiden Adressen verdienen eine kurze Abschweifung, denn außer auf der Karte des nächtlichen Berlin figurieren sie auch auf der Karte des politischen Berlin. Motzstraße Nr. 22 war die Adresse des »Schutzbundhauses« der Jungkonservativen, in der Nollendorfstraße wohnte bis 1928 Ernst Jünger, dann zog dort eine Schulungsstätte der Deutschnationalen Volkspartei ein, die damals unter Hugenberg die stärkste Kraft der äußersten Rechten stellte, noch vor den Nationalsozialisten. Die Jungensbars lagen also Tür an Tür mit den Lokalen der neuen Nationalisten, vermutlich kein Zufall. Bevor aber Isherwood ein Privatquartier im richtigen Viertel gefunden hatte, wohnte er als Logiergast in der Zentrale der Homosexuellenbewegung, und zwar in Magnus Hirschfelds »Institut für Sexualwissenschaften«. Nicht ohne Irritation nahm er wahr, wie an diesem Ort und unter dem »Patientenblick« seines Leiters die Grenzen zwischen Behandlungsfall und Untermieter permanent in Frage gestellt wurden. »Wie der junge Mann mit den Frauenbrüsten und jeder andere, der die Sphären des Instituts betrat, wurde auch Christopher automatisch zu einem Ausstellungsexemplar und damit Gegenstand von Hirschfelds Diagnose. Karl berichtete ihm [...], dass Hirschfeld ihn als ›infantil‹ klassifiziert habe. Christopher fand gegen dieses Attribut nichts einzuwenden; er übersetzte es mit ›jungenhaft‹.«

Berlin, die Stätte des »coming out«, verlangte als erstes ein »coming in«. Auden ging voraus. Isherwood, der von sich als Christopher spricht: »Ich kann in mir immer noch schwach das köstliche Schwindelgefühl hervorrufen, das der Schrecken der ersten Initiation in Christopher auslöste, als Wystan den schweren Ledervorhang zurückschlug, der hinter der Tür der Jungensbar hing, die Cosy Corner hieß, und sich den Weg nach innen bahnte.« Der »marvelous freedom« (Isherwood), der für unsere Engländer hinter den Ledervorhängen des Cosy Corner oder der Adonis-Klause begann, hatte eine finanzielle Basis. Die drei waren nicht reich, aber das Pfund war zehnmal so viel wert wie an anderen Orten. Ein nicht unwichtiger Vorteil bestand weiterhin darin, dass man die Sprache nicht konnte. Isherwood: »In den Bars von Berlin fielen mehrere Grenzen gleichzeitig. Mit einem Deutschen Sex zu haben, der so gut wie kein Englisch sprach, erleichterte die Transaktion enorm, indem die Zwänge von Klasse, Erziehung und Sprache, die bei jeder Begegnung mit einem Engländer akut gewesen wären, ausgehebelt wurden. Und der kommerzielle Charakter der Transaktion, der oft durch die Altersdifferenz verstärkt wurde, verlieh einem eine Macht, die man gegenüber einem Liebhaber der eigenen Alters- und Gesellschaftsklasse nicht gehabt hätte. Darüber hinaus fällt es einem viel leichter, seine Gefühle und seine sexuellen Wünsche freizügig zu äußern, wenn eine fremde Sprache das Medium ist, vorausgesetzt man verfügt über rudimentäre Kenntnisse [...].« Und die hatten unsere drei, wenn wir das elementare Vokabular verallgemeinern dürfen, über das Auden in den deutschen Gedichten und im Tagebuch verfügt: Schwanz, Blubber, blasen, Tripper, Eier etc.

Das Pidgin-Deutsch, das nicht nur die Anbahnung, sondern auch das Sich-Gehen-Lassen förderte, gehört zum Arsenal einer Attitude, die Isherwood im Alter seinen »sexual colonialism« genannt hat: »Er konnte sich sexuell nicht entspannen mit einem Angehörigen seiner eigenen Klasse oder Nation. Er brauchte einen Fremden aus der Arbeiterklasse.« Im Kontext der politischen dreißiger Jahre ließ sich aus Sex mit Arbeitern aber sehr viel mehr machen als die Befriedigung einer Bedürfnislage. Spender liefert zu diesem Thema das erwartbare Zitat – und er meinte es nicht ironisch: »Sex mit der Arbeiterklasse hatte selbstverständlich politische Konnotationen. Auf diese Weise konnten politisch Linksorientierte das Gefühl erhalten, dass sie mit der Arbeiterklasse wirklich in engen Kontakt kamen.«

Deutschland als Kolonie, Deutschland als Land der Sonne

Wenn wir das Stichwort Kolonialismus noch einmal aufgreifen: Die Sozialgeschichte, aber auch die englische Literaturwissenschaft lässt mit dem Jahr 1930 die Phase beginnen, die bis 1960 reicht und für England den Verlust des Empire bringt. Am Anfang dieses Endes erobern sich junge Engländer in Deutschland eine neue Kolonie. Ist das übertrieben? Die Antworten sind sowohl in der Kunstgeschichte als auch in der allgemeinen Geschichte zu suchen. Der Vorstellung von Exil und Autorschaft als Voraussetzungen der Moderne war von Anfang an eine stark maskuline und sexuelle Komponente eingeschrieben. »Ein Teil der Kompensation des ›Exils‹ oder sogar das

Ziel des Ortswechsels kann in sexuellen Metaphern der Eroberung und Verführung ausgedrückt werden«, schreibt Caren Kaplan in *Questions of Travel*. Der Engländer war, ob er es sein wollte oder nicht, der Imperialist per se. Um sich die totale Asymmetrie der Situation zu vergegenwärtigen: Deutschland war 1929 ein Land ohne Kolonien, England hatte (inklusive Mandatsgebiete) 63 Länder unter seiner Krone vereinigt, darunter die sechs autonomen Staatswesen (wie Kanada oder Australien). 27 Prozent der festen Erdoberfläche und 25 Prozent ihrer Bewohner gehörten zum britischen Weltreich, d. h. dass jeder vierte Mensch direkt oder indirekt britischer Untertan war. Völkerrechtlich gesehen war Deutschland natürlich keine klassische Kolonie, aber das Konzept der »Kollektivsicherheit« für Europa ließ ihm nur eine sehr eingeschränkte Souveränität und bedeutete, dass sein ökonomisches, außenpolitisches und militärisches Handeln von den Siegermächten mitbestimmt wurden. Auf internationalem Parkett galt Deutschland als »halbberechtigt«. Selbst ein so unschuldiges Projekt wie eine Zollunion mit Österreich wurde ihm verwehrt.

Während Auden und seine Freunde auf Beutezug durch die Stricherkneipen zogen, war ihr Landsmann und Schriftstellerkollege Harold Nicolson damit beschäftigt, die zahllosen Konferenzen in Sachen Reparationszahlungen vorzubereiten. Als Counsellor an der Berliner Botschaft hatte er die deutschen Vorstellungen sich anzuhören und dem Londoner Außenministerium mitzuteilen und umgekehrt die deutschen Verhandlungsführer auf die alliierten Positionen einzustellen und ihnen bestimmte Forderungen auszureden. 1929 hatte Nicolson z. B. den Deutschen die Botschaft zu überbringen, dass die von ihnen verlangte Rückgabe des Saarlandes kein Tagesordnungspunkt bei der nächsten Gesprächsrunde werden könne.

Die Frage der Reparationen ist viel zu groß und mühsam, um hier mitbehandelt zu werden. Aber soviel lässt sich sagen, dass Deutschland insofern doch einer Kolonie vergleichbar war, als die Siegermächte von ihm haben wollten, was Mutterländer nun einmal aus Kolonien herausziehen: Rohstoffe. Die Einsicht, dass Geldzahlungen in Devisen Exporte in Fertigprodukten voraussetzten, war bei den Siegern zunächst nicht vorhanden. In klassisch kolonialistischer

Haltung erwarteten sie Sachlieferungen und Geld am besten in der Form von Gold. Die Ruhrbesetzung 1923 durch die Franzosen war neben politischen Motiven ganz elementar von der Notwendigkeit diktiert, dass die Hochöfen Lothringens, ein Motor des französischen Wiederaufbaus, ohne deutsche Kohle ausgegangen wären. Wir haben heute keine Vorstellung von der Bedeutung des Ruhrgebietes für die deutsche und die kontinentaleuropäische Grundversorgung mit Energie. Vergleichbar ist sie nur mit der Schlüsselfunktion, die in der Gegenwart den Erdölregionen des Nahen Ostens zukommt.

Das ist die Realität der politischen Großwetterlage, die in den Geschichten und Gedichten nicht vorkommt, denn Deutschland nehmen die Drei zunächst einmal als einen »besonnten Garten« wahr, »aus dem alle Sünde verbannt war« (Spender), also als Paradies. Erstaunlich, dass es ein solches noch im 20. Jahrhundert zu entdecken gab, noch erstaunlicher, dass man es in Deutschland fand, wo auch das Wetter mitgespielt zu haben scheint. Denn die Germanophilen dieser Jahre berichten von endlosen Sommern und hellen Nächten, die diesen *Summer of love* ganz unter das Zeichen der Sonne stellen, was ein wenig unheimlich ist, denn das Heilszeichen der heraufziehenden Periode war ja die Swastika, die man unter anderem als Bild der Sonne verstanden hat. Wenn man Spender vom »Germany of the sun« schwärmen hört, kann man aber auch daran denken, dass Deutschland die natürliche Energie der Sonne als Ersatz für den Ausfall der von den Besatzungsmächten beanspruchten fossilen Brennstoffe geblieben war: »Die Sonne, Wahrzeichen des unerschöpflichen Reichtums der Natur, gemessen an der Armut der Menschen, war eine der treibenden Kräfte für diese Generation. Die Sonne heilte ihren Körper von den Kriegsjahren. [...] Die Sonne, ein riesiger Feuerkreis, eine weiße Lohe, löschte die scharfen Konturen aller anderen Bewusstseinsformen aus, brannte selbst das Gefühl der Zeit hinweg.« Man liest diese Charakteristik Deutschlands als Sonnenland nicht ungern. Die Weimarer Moderne mit ihren weißen Bauten, endlosen Fenstern, Flachdächern, Sonnendecks, Dachgärten, Balkonen und Veranden und der dazugehörigen Freikörperkultur schien also angekommen zu sein, auch bei Ausländern, die in Mietskasernen wohnten und sich in Kellerbars sexuell erobern ließen.

Anglophobie und die Folgen

Yeats berühmte Worte: »Things fall apart, the centre cannot hold« trafen, als sie geschrieben wurden, im Jahr 1921, auf so gut wie alles zu, aber was die großen städtischen Zentren angeht, so hat die Gedichtzeile am ehesten für die englische Hauptstadt Gültigkeit. London blieb zwar die Mitte des künstlerischen England, aber das bedeutete nicht, dass man es dort auch antraf: »Die literarische Generation, die zwischen den Weltkriegen reussierte«, schreibt Clive Fisher in seiner Biographie Cyril Connollys, »war rastlos und anglophobisch.« Das gilt ganz besonders für den großen Exodus der dreißiger Jahre, der die wichtigsten Autoren und Künstler in viele Himmelsrichtungen zerstreute und nicht nur nach Frankreich gehen ließ: Auden, Isherwood, Spender, Evelyn und Alec Waugh, George Orwell, Graham Greene, Robert Graves, Brian Howard, Peter Quennell, William Empson, John Lehmann. Dabei darf man nicht die Angehörigen einer älteren Generation und Trendsetter des »living abroad« vergessen: Ford Madox Ford lebte in Paris, Südfrankreich und in den USA, Joyce in Italien, Frankreich, der Schweiz, Pound in Frankreich und Italien, D. H. Lawrence in den USA und Südfrankreich, Aldous Huxley in Italien, Südfrankreich, USA, Somerset Maugham in Südfrankreich, P. G. Wodehouse in Nordfrankreich. Man fragt sich manchmal, wer überhaupt noch in London »die Stellung hielt«, denn selbst diejenigen, die nicht die Mittel besaßen, um im Ausland »in style« zu leben, und in den Redaktionen und Verlagen der City wichtige Positionen wahrnahmen, folgten nur zu bereitwillig den Einladungen ihrer Freunde, die irgendwo auf dem Kontinent residierten. Das trifft zum Beispiel auf Cyril Connolly zu, der nicht sehr üppig von seinen Einkünften als Journalist und Herausgeber lebte. Jedes Jahr und mehrere Monate lang war er bei Bekannten und Kollegen zu Gast: Berlin, Südfrankreich, Portugal, Österreich, Schweiz, Italien, Griechenland hießen die Hauptziele. Selbst wenn man mit neuen Geliebten reiste und zu Hause niemand davon wissen sollte, immer gesellte man sich anderen zu, denn die Kolonie, und sei es die Kolonie auf Zeit, ist die typische Sozialisationsform der englischen Literaten.

Die Engländer ließ »a variety of dislikes«, wie Clive Fisher sagt, die Insel fliehen: die Lebenshaltungskosten, die repressiven und archaischen Moralvorstellungen, der Philistinismus des offiziellen England, das Klima, das äußere wie das innere. Letzteres wurde immer wieder als eine schwere Decke aus Mutlosigkeit und Frustration beschrieben, die sich über alles legte: »England, this country of ours where nobody is well«, lautet eine berühmte Zeile des frühen Auden. »I am disgusted to have to return to this dull, damp, devilish country«, schrieb Brian Howard, als er 1928 aus Deutschland und Frankreich in sein Heimatland zurückkehrte. Von unseren drei Deutschlandspezialisten ließe sich ein ganzes Kapitel mit einschlägigen Absagen an England und Lobreden auf Deutschland füllen. Zwei Zitate müssen genügen. 1929 hatte Christopher Isherwood in London ein Gespräch mit Stephen Spender, in dem er im Rückblick auf die ersten Erlebnisse in Deutschland bereits ausgeführt haben soll: »Das ganze System [Englands] schien ihm die Gefühle in Acht und Bann zu tun und von Angst vor dem Sexuellen bestimmt zu sein. Sein Hass beschränkte sich aber nicht auf Oxford, er galt dem Leben des englischen Mittelstandes überhaupt. Er sprach von Deutschland als dem Lande, wo dem Leben solche Hemmungen und Hindernisse wegoperiert waren.« Einige Wochen später, am 22. Juli 1929 frisch in Hamburg angekommen, trug Spender in sein Tagebuch ein: »Now I shall begin to live.«

Dies waren die Sorgen und Träume junger Männer, die gerne Schriftsteller werden wollten, aber es noch lange nicht waren. Ihre avancierten Kollegen plagten seit Jahrzehnten Zensurgesetze und -praktiken, die eine landläufige Vorstellung vom liberalen England nicht für möglich hält. Hier war ein Problem – vergleichbar dem der Scheidungsgesetze –, das England im Vergleich mit den Demokratien des Westens besonders schlechte Noten einbrachte. E. M. Forster, kein Feuerkopf und Protestant, forderte 1935 auf dem internationalen Schriftstellerkongress in Paris »greater freedom for writers«: »In England, mehr als in anderen Ländern«, sagte er wohlgemerkt 1935, »wird die Kreativität der Schriftsteller dadurch behindert, dass sie nicht frei über Sex schreiben können.« Die berühmten Fälle Joyce und Lawrence brauchen wir nicht wieder aufzurollen; letzterer war gleich zweifach von dem berüchtigten »Obscene Publications Act« betroffen, als Schriftsteller und als Maler. Ein beliebig herausgegriffenes, längst vergessenes Beispiel: Als 1929 der Roman *Sleeveless Errand* von Norah C. James beim Scholartis-Verlag in London herauskam, wurden die Buchhandlungen gestürmt, die Auflage beschlagnahmt und die Verleger verklagt. Auch Drucker konnten übrigens verklagt werden, was die Schwelle des vorausgreifenden Gehorsams noch viel niedriger legte. Angeklagt wurde das Buch, weil es angeblich »Unterhaltungen zwischen Personen enthielt, die jegliche Dezenz und Moral vermissen lassen [...] Blasphemie wird von allen Personen ohne Hemmungen ausgeübt, schmutzige Sprache und unzüchtige Situationen geben den Ton an.« Als anstößig wurden Worte empfunden wie: »bloody hell«, »whores«, »for Christ's sake, »bitch«, »homos« etc.

Kein Wunder also, dass in diesen Jahren das Genre der Reiseliteratur aufblühte wie kaum jemals zuvor. Ironischerweise erwies sich eine der schwersten Hypotheken, die das England der Zwischenkriegszeit hatte übernehmen müssen, die Klassengesellschaft, eher als Vorteil für die Generation der »I-hate-it-here«-Intellektuellen. Denn wenn diese auch die undemokratische Verteilung von Macht und Reichtum nicht übersehen und kritisiert haben, so verhinderte ihre Einstellung doch nicht, sich mit den Aristokraten und Reichen zu mischen, vor allem wenn diese attraktive Landhäuser in England oder Villen im Süden besaßen. Entweder man war selbst alter oder neuer Adel – Nancy Mitford, die drei Geschwister Sitwell, Nancy Cunard gehörten der Oberschicht an –, oder man tat so, als gehöre man dazu – Harold Acton und Brian Howard wären hier zu nennen –, oder man ließ sich einladen und zahlte zurück durch detaillierte Darstellungen der Eigenheiten und vor allem der Immobilien ihrer Gönner und Gastgeber. Es gibt in der deutschen Literatur der Zwischenkriegszeit keine Entsprechung für diesen Versuch, High Society und High Modernity zu vermählen und deswegen auch keine Dominanz des Chronotopos Herrenhaus oder Villa: E. M. Forster und Evelyn Waugh fallen einem als Erste ein, aber das epochemachende Werk war *Crome Yellow*, das 1921 erschien und seinen Autor Aldous Huxley mit einem Schlag berühmt machte. Der Landsitz Crome und seine Herrin Priscilla Wimbush sind ziemlich genau Garsington und seiner Herrin Lady Ottoline Morrell nachempfunden, deren Leidenschaft nun einmal darin bestand, interessante Menschen zusammenzubringen, was diese weder vergessen noch vergeben konnten, sodass die exzentrische Gastgeberin sich oft als Gegenstand der Satire wiederfand – wie in *Crome Yellow*. Man muss sich die Garsingtons der zwanziger Jahre aber nicht nur als permanente Party vorstellen. Das Garsington der Ottoline Morrell war z. B. während des Kriegs und danach ein Zentrum des Pazifismus.

»Niemals wieder«

Der Kolonie entsprachen die »literary gangs«, die ein Hauptmerkmal dieser Epoche darstellen. Im Wesentlichen waren es drei: der Bloomsbury-Kreis, die Bright Young Persons und die Auden-Isherwood-Spender-Lehmann-Group. Der Bloomsbury-Kreis hatte ältere Wurzeln und zu Deutschland wenig Beziehung. Was sein Haus-Verlag, die Hogarth Press, für die Vermittlung zweier deutschsprachiger Autoren geleistet hat, wird uns noch interessieren. Der einzige »Betriebsausflug« der Bloomsbury-Gruppe ging in die deutsche Hauptstadt und war alles andere als ein Erfolg. Er war eine Katastrophe, und dies nicht nur in den Augen der Hauptleidenden Virginia Woolf (1882–1941), die von ihrem Mann in Harwick von Bord der Fähre getragen werden musste, nachdem sie sich in Deutschland erkältet und ein unbekömmliches Mittel gegen Seekrankheit eingenommen hatte. Die lange Zeit der Rekonvaleszenz kam ihrer nachträglichen Bewertung Berlins und Deutschlands nicht gerade zugute. Sie schrieb ihre Krankheit nicht der harschen Winterkälte und der unbestritten unzulänglichen Kleidung, sondern dem »effect of Berlin« zu. »Die hässlichste aller Städte, sie hat mich irgendwie fertiggemacht.« Woolf war nicht in, sondern an Deutschland erkrankt, an »seiner unbeschreiblichen Mediokrität«. »Niemals wieder. Selbst das Wenige, was ich aus meinem Fenster von London sehen kann, besitzt damit verglichen eine unglaubliche Distinktion.« Hierin stimmte sie

T. S. Eliot und Virginia Woolf, London 1924
Fotografie von Lady Ottoline Morrell

mit dem von ihr verachteten Mann ihrer Geliebten Vita Sackville-West (1892–1962) fast wörtlich überein, der an Clive Bell über die Deutschen schrieb: »But what they lack is distinction. They have no sense of quality.« Auch der Vetter von Vita, Eddy Sackville-West, der damals für längere Zeit in Dresden und Berlin lebte, reihte sich in diesen Chor ein, zog daraus aber ganz andere Konsequenzen: »Ich habe beschlossen, den nächsten Winter in Berlin zu verbringen. Warum? Weil die Stadt unrettbar hässlich und schmutzig ist. […] Hässliche Städte gehen mir schrecklich auf die Nerven, aber eine hässliche Stadt, *die groß genug ist*, finde ich inspirierend. Es gibt da nichts, was einen auf sich aufmerksam macht. Ich hasse Orte, die einen dauernd am Ärmel ziehen und sagen: Guck mal da! Und wenn man dann hinschaut, was geschieht? Absolut nichts.« Eddy Sackville-West fand, dass Berlin dieselben Qualitäten besitze, die Joyce an Dublin herausgearbeitet hatte: »die rhetorische Kraft und die Gegensätzlichkeit und die verschütteten Einblicke, aber ebenso das Chaos, die Dunkelheit, der Ekel«, und die andere Hälfte von Berlins Attraktion bestehe schlicht »in dem Faktum, dass so viel einfach ohne Bedeutung ist«.

Virginia hingegen gab sich damit zufrieden, das Klischee vom hässlichen Deutschen auch durch Deutschland selbst bestätigt zu bekommen. Die Menschen dort, fand Woolf, waren ebenso enttäuschend, ja abstoßend wie ihr Land. »Es saßen noch zwei Deutsche mit im Abteil – fett, speckig, die Frau mit brüchigen Nägeln. Der Mann schälte eine Orange für sie. Sie drückte seine Hand. Es war abstoßend.« Vor dem Hintergrund dieser betonfesten Übersetzungen wundert es nicht, dass in allen Aufzeichnungen des Kreises der Besuch bei Harry Graf Kessler unerwähnt bleibt. Dies wäre ein Deutscher, ein internationaler Deutscher, nach dem man auch in England hätte suchen müssen – freilich stammte seine Mutter aus irischem Landadel. Was notiert Graf Kessler über den Besuch aus England? »Berlin, 22. Januar 1923, Dienstag. Mrs Harold Nicolson [Vita Sackwill-West], Virginia Woolf und ihr Mann, Leonard Woolf. Kamen zu mir zum Tee.« Zu mir, das war eine weitläufige Wohnung in der Nähe des Anhalter Bahnhofs, ein Appartement, das eine der bedeutendsten Privatsammlungen französischer Impressionisten aufnahm. »Virginia Woolf eine nicht mehr junge, etwas vertrocknete, etwas dekadent aussehende, ziemlich große Frau, die die angenehmen Manieren der guten englischen Gesellschaft hat. Leonard Wood hypernervös, zittert beim Sprechen, klug, geistvoll. Wir sprachen über Mrs Nicolsons Rilke-Übersetzung und deren Druck vielleicht auf der Cranachpresse. Virginia Woolf sehr typisch ›upper middle-class‹, englische Professorentochter, Mrs Nicolson ebenso typisch Aristokratin, große Dame, lang, schlank, große Linie, leichte, freie

Harold Nicolson und seine Ehefrau Vita Sackville-West auf der
Bremen bei ihrer Ankunft in New York, 5. Januar 1933

Haltung bei großem Stil in jeder Bewegung; ein Mensch, der nie irgendeine Verlegenheit oder soziale Schranke gekannt hat.«

Diese korrekte, aber nicht ganz schmeichelhafte Beurteilung konnten die Bloomsberries natürlich nicht kennen, aber was war wirklich geschehen, das sie gegen Deutschland so aufbrachte und auch einen Besuch bei Graf Kessler nicht als Antidotum gelten ließ? Am 16. Januar 1929 hatten sich Leonard und Virginia nach Berlin aufgemacht, um dort Harold Nicolson (1886–1968) und seine Frau

Vita Sackville-West, deren Söhne Ben und Nigel sowie Eddy Sackville-West zu treffen. Virginias Schwester, Vanessa Bell, und ihr Liebhaber, Duncan Grant, sowie Quentin Bell, der jüngere Sohn Vanessas, waren mit von der Partie. Ein beachtliches Aufgebot an Bloomsberries also, das in die deutsche Hauptstadt gekommen war, um von Harold Nicolsons Stationierung als Botschaftsattaché zu profitieren. Das Treffen stand unter keinem glücklichen Stern: Virginia fand wenig Gefallen am Auftreten ihrer Geliebten als Diplomatengattin, die diese Rolle aber auch nur höchst widerwillig spielte – einig waren sich die Freundinnen aber in ihrer totalen Ablehnung Berlins und Deutschlands: »Oh, that filthy, filthy place. How I loathe it«, lautete Vitas Urteil. Die Woolfs, eigen und auf unbekannten Parkett unsicher, wie sie waren, verweigerten sich den von Nicolson im Voraus organisierten Partyeinladungen, und Vanessa gab sich schlicht dem Hochmut, der größten Untugend des Kreises, hin: sie sah in den Nicolsons »eine unnötige Erweiterung unserer Gesellschaft«, sprich des engeren Zirkels von Bloomsbury. Man musste schon eine sehr hohe Meinung von sich haben, um ein derart brillantes Paar verschmähen zu wollen. Hinzukamen äußere Misslichkeiten: das kalte Wetter, eine Küche, die von Duncan Grant als »eine ernsthafte Bedrohung der Zivilisation« bewertet wurde, fehlende Tischreservierungen etc. Vanessa Bell beschreibt einen Abend voller Missstimmungen: Die Gruppe hatte sich Pudowkins *Sturm über Asien* im Kino angesehen und stand danach unschlüssig in der Kälte auf der Straße, sich darüber streitend, ob der Film antibritische Propaganda enthalte und was man mit dem weiteren Abend anfangen solle. »Die Diskussion ging weiter und weiter, alle standen in dem schmelzenden Schnee und die allgemeine Wut und Ungemütlichkeit wurde durch Eddy noch gesteigert, den eine seiner altjüngferlichen Touren heimsuchte und der nicht wusste, ob er nach Hause gehen oder bleiben sollte, und zwischen den Gruppen hin- und herschwirrte wie ein Moskito.« Eddy Sackville-West, ein Homosexueller, der so ziemlich dasselbe Programm in Berlin absolvierte wie Auden und die Seinen, wusste genau, wohin er wollte: Er wollte mit Duncan Grant in die Jungensbars und wollte Harold abschütteln, der aber offenbar gerne mitgegangen wäre. Vielleicht musste er ja auch nur auf seinen häufigen Logiergast aufpassen. Wären die Männer gegangen, in die Motzstraße natürlich, sie wären vermutlich auf einen frischen Import aus Oxford, einen jungen Mann namens Auden getroffen. Nicolson jedenfalls wusste, wo er nach seinem Schwippschwager suchen musste: »Da fand ich Eddy (ziemlich aufgemacht) und Cohen Portheim (auch mit einem Hauch Rouge auf den Wangen) und M. Cornèle Medderup. Ja, das ist sein Name [in Wirklichkeit: Conrad Minderop]. [...] Eddy ist glaube ich ziemlich verliebt in ihn. Er gehört einer der besten Familien Kölns an und sieht, Byron nicht unähnlich, gut aus und tanzt anmutig. Eddy tanzte mit ihm in der Silhouette und der Puder kam von Eddys Wangen und legte sich weiß auf Cornèle Medderups starken schwarzen Arm.«Ein andermal ließ sich Eddy von seinem Lover an einer Hundeleine durch das nächtliche Berlin zum Tanzlokal führen: »I nearly expired with ecstasy.«

The French Flu

Die Karriere der Bright Young Persons (auch Bright Young People oder Bright Young Things genannt) lässt sich geographisch auf die Strecke Eton-Oxford-London-Ausland abbilden – mit regelmäßigen Zwischenaufenthalten auf englischen Landsitzen. Die BYP-Fraktion war eine sehr spezielle, von der Presse mit einer unglaublichen Insistenz verfolgte Rebellion der verwöhnten Söhne und Töchter gegen die Father-Husband-Master-Typen, gegen das politische und gesellschaftliche Establishment, das den Krieg gewonnen und England verloren hatte. Evelyn Waugh, der mit *Vile Bodies* den Roman dieser Jeunesse dorée geschrieben hat, wirft diesen charakterischen Blick auf die Generation der Väter – der Anlass ist der jährliche Armistice Day, der Tag des Waffenstillstands: »ein großer Aufmarsch frommer und ehrenwerter Leute [...], die Frauen gutgekleidet in reichen und haltbaren Stoffen, die Männer im Prunk ihrer Orden. Leute, die an fernen Orten ihr Land vertreten und ihre Söhne ausgesandt hatten, um für dieses Land auf dem Schlachtfeld zu sterben.«

Martin Green hat sehr sorgfältig den älteren Typus des Dandys und Ästheten à la Wilde von den »Jeunes« unterschieden, welche um 1922 die »civilization of the lilies« neu begründeten, aber es blieb eine Bewegung des Ästhetizismus und ein sehr englisches Phänomen und vielleicht der letzte große Versuch, Mode und Kunst miteinander zu versöhnen. Zu dieser Formation rechnen wir mit mehr oder weniger Berechtigung Cyril Connolly, Peter Quennell, Evelyn Waugh, John Betjeman, die Sitwells (Edith, Osbert und Sacheverell), Nancy Mitford, Nancy Cunard, Aldous Huxley (in seiner Frühzeit) sowie die zwei großen Joker und Tastemaker Harold Acton und Brian Howard, deren Beitrag zur Literatur- und Kunstgeschichte gering ist, die aber in ihrer Wirkung als Rollenmodell treffend mit Byrons Einfluss auf seine Epoche verglichen wurden, denn »mad, bad and dangerous to know« waren auch sie.

Für Bloomsbury und die BYP-Fraktion gab es ein Land und eine Kapitale der Künste, und das waren Frankreich und Paris. Harold Acton schreibt in seinen *Memoirs of an Aesthete* (1947): »Das Urteil von Paris war endgültig. Die Entente cordiale in den schönen Künsten war niemals enger. Bloomsbury operierte wie eine Filiale von Montparnasse, und sein Prophet Clive Bell schrieb in einer Sprache, die mehr französisch als englisch war.« Zwanzig Jahre zuvor hatte es geheißen: »The thing is, no one ever goes to Berlin. This is the most unvisited city of the world.« So notierte Brian Howard 1927 in seinem Tagebuch. Mit »no one« dürfte Howard den Londoner Smart Set, also maximal 500 potentielle Berlin-Reisende gemeint haben und nicht etwa die 300.000 Russen, die Berlin nach 1919 »besuchten«. Nur Eddy Sackville-West bildete die sprichwörtliche Ausnahme. Seine positive Haltung zu Deutschland überdauerte auch extreme Kurpraktiken, von denen wir im letzten Kapitel gesprochen haben. Eddys Germanophilie, die auch das Hauptmotiv seines vergessenen Romans *Simpson: A Life«* (1931) ist, basierte aber nicht nur auf dem leichten Zugang zu »boys«, sondern auch auf seiner Leidenschaft für die klassische Musik, als deren ersten und berufensten Tutor er die deutsche Musikszene ansah.

Wie auch immer die ursprünglichen Beweggründe aussahen, Protest, Neugier, kleines Budget, »nicht schon wieder Paris« – aus der Begegnung mit Deutschland wurde mehr. Nachdem Auden, Isherwood und Spender ihre frühen Standardbiographien absolviert hatten, bedeutete Deutschland den Wendepunkt im Leben der drei. Auden fand seine sexuelle Identität in Deutschland, schrieb einige seiner besten Gedichte dort, entwickelte seinen eigenen leicht Boheme-haften Lebensstil, wozu auch das Leben im Ausland gehörte. »Er wurde so germanophil, dass er später, als er nach einem dauernden Wohnort suchte, es zur Bedingung machte, dass man dort Deutsch spräche. Noch später bat er seine Freunde darum, dass bei seiner Beisetzung Wagner gespielt werden sollte.« Auden, der »Riese mit dem zerfurchten Gesicht«, wie ihn seine österreichischen Mitbürger nannten, lebte die letzten 15 Jahre seines Lebens im niederösterreichischen Kirchstetten, nicht in Deutschland, aber dort, wo Deutsch gesprochen wurde. Er besang seine sudetendeutsche Haushälterin, seinen Hausarzt und seinen Dichterkollegen Josef Weinheber, der vor ihm Kirchstetten entdeckt hatte. Wenn sie auch in ihren Berliner Jahren so gut wie nicht am literarischen Leben Deutschlands teilgenommen hatten, so nutzten Auden, Isherwood und Spender später doch ihre Landes- und Sprachkenntnisse und wurden durch ihre Übersetzungen zu den Vermittlern der Werke Hölderlins, Rilkes, Brechts, Tollers und anderer.

Kulturaustausch

Stephen Spender hat sehr viel später die Modernität als zweite Attraktion Berlins benannt. Konkret belegt hat er sie aber nur mit dem Hinweis darauf, dass es in Berlin so viele russische Filme zu sehen gab. »*Erde, Die Mutter, Panzerkreuzer Potemkin, Zehn Tage, die die Welt erschütterten, Der Weg ins Leben* und andere mehr. Diese Filme, die eine sonderbar vereinzelte Episode im Kunstgeschmack dieses Jahrhunderts bilden, erregten uns, denn in ihnen fanden wir den modernen Standpunkt, die poetische Einfühlung, die Satire, die augenfällige Schönheit, kurz, alles wieder, was uns in anderen zeitgenössischen Werken so aufgewühlt hatte; zugleich aber brachten sie eine Hoffnungsbotschaft, die wie eine Antwort auf *Das Wüste Land* (von Eliot) war. Sie verherrlichten eine heldenhafte Handlung, die noch nicht amtlich beglaubigt war; sie boten einen Vorgeschmack des trotzigen Idealismus der spanischen Republikaner.« Sicher war Berlin mit seiner großen russischen Kolonie und mit seiner linken Kulturszene ein hervorragender Ort, um sich über das russische Kino am Laufenden zu halten. Aber gab es auch eine deutsche Kultur für unsere Engländer? In den am Ort und in direkter Reaktion auf Berlin entstandenen Zeugnissen finden sich ganz wenige Belege für eine Teilhabe am Kulturgeschehen der Reichshauptstadt. Die Drei wurden ohne Zweifel durch Deutschland »culturally relocated«, wie man das heute nennt, aber die Kultur, die sie suchten und die sie beeindruckte, war die Nacht- und Nacktkultur der Weimarer Republik. Im Grunde gilt für sie dasselbe wie für Ford Madox Ford, der das ernüchternde Statement abgab – wir haben es zitiert: »Wenn ich Deutschland verließ, hatte ich nie ein Buch im Gepäck.« Alix Strachey, die 1924/25 in Berlin zur Analyse war und am künstlerischen Leben der Hauptstadt rege teilnahm, soweit es klassische Musik und Tanz hieß, ließ sich von ihrem Mann Dantes *Inferno* und das *Oxford Book of Verse* nachschicken – aus folgendem Grund: »Ich sehne mich nach etwas Saftigerem als diesen abscheulichen Produkten einer trostlosen Sprache, genannt deutsche Literatur. Mann oh Mann, mit Ausnahme von Musik und Intellekt – was ja vielleicht alles ist – sind sie *hoffnungslos*. Sie haben einfach nicht die geringste Vorstellung davon, wie man lebt. Es rührt mich zu Tränen, ihre Bemühungen zu sehen. Der einzig mögliche Grund für ihr Dasein kann nur der sein, dass sie etwas unendlich viel Höheres und Besseres sein müssen als wir, wobei es uns verwehrt ist, das zu sehen und zu verstehen – oder mir jedenfalls.« (Irgendwann fällt ihr dann zum Glück Manns *Zauberberg* in die Hände.) Und als es zu spät war und die Nationalsozialisten alles, auch die Kultur »gleichgeschaltet« hatten, konnte Cyril Connolly – diesmal zu Recht – sagen: »Wir haben uns an die Idee gewöhnt, dass es in Deutschland [...] keine Kunst gibt, die diesen Namen verdient [...]«.

Es ist in diesem Zusammenhang auf einen Text von Hermann Hesse zu verweisen, den dieser unter dem Titel »Gespräch über die Neutöner« 1920 in seiner Essay-Sammlung *Blick ins Chaos* publizierte. Eliot nahm ihn in die erste Nummer seiner Vierteljahreszeitschrift *The Criterion* auf – das war das berühmte Heft Oktober 1922, in dem zum ersten Mal *The Waste Land* erschien. Zum einen sympathisierte der Eliot von *The Waste Land* mit dem apokalyptisch verdunkelten Blick Hesses auf das »Chaos« der Nachkriegszeit, wofür es sicher Anlass genug gab, nur ist Hesses Kulturkritik so ungenau und dumpf, dass damit verglichen der oft gescholtene Oswald Spengler als ein Muster an analytischer Präzision weiterempfohlen werden kann. Zum anderen könnte es sein, dass der Stratege im Literaturkampf Eliot für die erste Nummer seiner europäisch orientierten Zeitschrift den dunklen, wüsten Text eines Deutschen auswählt. In einem Brief an Ernst Robert Curtius in Marburg gesteht Eliot im selben Jahr ein, dass er außer Curtius nur noch Hesse, Spengler und Keyserling gelesen habe und sonst »fast nichts von deutscher Literatur seit 1914 kenne«. Für ihn und die Leser seiner Zeitschrift sollte sich das bis 1933 ändern, aber nicht wirklich verbessern. (Wir denken zum Vergleich immer an die fabelhafte Repräsentanz der französischen Dichter in den englischen Literaturzeitschriften.) Über deutsche Literatur und Kultur schrieben für die halbjährliche Kolumne *German Chronicle* Alec Randall, der auch für die *Times* und das *Times Literary Supplement* deutsche Bücher besprach, sowie der ungleich inspiriertere Schweizer Max Rychner, der damals in Köln lebte und arbeitete. (Der erwähnte Curtius steuerte nur Essays über französische Dichter bei.) Rychners Essays behandelten Rudolf Borchardt, Stefan George und Hugo von Hofmannsthal, keine schlechte, aber doch eine sehr einseitige Auswahl, wenn man an das Literaturgeschehen dieser Jahre denkt. Zu diesem Spektrum passt sehr gut, dass außer einem Text von Hermann Broch zwei Essays von Thomas Manns über Freud und über die politische Lage im Jahr 1931 (*An Appeal to Reason*) die Gnade des Herausgebers Eliot fanden. Außerdem Hugo von Hofmannsthals Münchner Rede von 1927, »Das Schrifttum als geistiger Raum der Nation«, die dieser ihm in einem Abdruck zugeschickt hatte. Damit wurde in englischer Sprache ein Haupttext der konservativen Revolution veröffentlicht, die Eliot mit seiner Zeitschrift förderte. »Dieses furchtbar angespannte, tragische Sichübernehmen der einzelnen Seele« kennzeichne die »schöpferische Anspannung der Deutschen«; was sie hervorbringe, zwischen »überheblicher Selbstbehauptung« und »wollüstiger Prostration« schwankend, sei Sturm und Drang bzw. Romantik auf Dauer gestellt, »dieses Weiche und Vage, alles in allem Auflösende, welches das Stigma ist«. Für seine Gegenwart aber erkennt von Hofmannsthal ein Umsteuern, »ein strengeres, männlicheres Gehaben«, »eine Bescheidung, in der Tapferkeit liegt«, einen neuen Willen zu Bindung und Form. Das Ziel der »konservativen Revolution« sei »Form«, »eine neue deutsche Wirklichkeit, an der die ganze Nation teilnehmen könne«. Eliot wird diese Zielvorgabe mit höchster Zustimmung registriert haben. Leider versäumte sein Beiträger, auch nur mit einem Namen oder Werktitel seine Diagnose zu illustrieren, aber der englische Leser wusste, dass er sich über die Dichtung des modernen Deutschland vor dieser noch ausstehenden, machtvollen »Geistesumwälzung« wenig Gedanken zu machen brauchte. Das Wort Chaos fällt auch hier. Hesses Essay hatte auf ähnliche pauschale Weise bereits vorgearbeitet. Im Fazit heißt das: »I do not believe in a rapid recovery of German poetry. I do not believe in an immediate efflorescence. On the contrary.« Kein Wunder also, wenn die Nachkriegsgeneration englischer Dichter von Deutschland alles Mögliche, nur keine große Literatur erwartete. Pound z. B. glaubte gleich die deutsche Literatur von sieben Jahrhunderten verabschieden zu dürfen: »I can see no reason why a foreign writer should study it.« So sind komplette Œuvres, ganze Stile und Schulen in England unbekannt geblieben: Expressionismus, Dadaismus, Neue Sachlichkeit, aber auch viele andere Traditionalisten, welcher stilistischer und weltanschaulicher Couleur auch immer.

Vier aber kamen durch – mit ihrem vollständigen Œuvre: Thomas Mann, Rilke, Kafka und Freud. (Ein Kapitel für sich ist die Kriegsliteratur – Remarque, Plivier, Jünger, Renn –, deren Übersetzungen z. T. enorm erfolgreich waren, aber ihre Autoren nicht dauerhaft etablieren konnten.) Rilke besetzte die Position deutsche Literatur so total, wie es Heine z. B. heute noch tut, in Japan etwa. Was nicht immer bedeutete, dass Englands Literati über diesen Ausnahmedichter der Deutschen sehr gut informiert waren. Als 1929 die erste Nummer der internationalen Literaturzeitschrift *Échange* mit einigen Gedichten von Rilke herauskam, schrieb Edith Sitwell an die Herausgeberin: »Arthur Waley sagt mir zu meiner großen Bestürzung, dass Rilke tot ist. « Das hätte sie auch im Times Literary Supplement lesen können. Rilkes Gedichte übersetzten Vita Sackville-West und ihr Vetter Eddy; eine bibliophile Ausgabe der Duineser Elegien, verantwortet von Graf Kesslers Cranach-Presse, erschien 1931 in der von Virginia und Leonard Woolf betriebenen Hogarth Press. Die Übersetzung freilich ließ zu wünschen übrig: aus deutsch »die Stelle« wird im Englischen »the star«, vermutlich weil Vetter und Kusine zu stark an Dante oder Petrarca dachten, Rilkes »Vorstadthimmel« wird aufgewertet zum »suburb of heaven« etc. Sie standen aber auch vor einer extrem großen Herausforderung.

Seit 1931 sind die Duineser Elegien siebenmal ins Englische übertragen worden, ein deutlicher Beweis für die fortgesetzte Wertschätzung dieses Lyrikers, dem seitdem auch kein ernsthafter Konkurrent erwachsen ist. »And Rilke whom die Dinge bless/ The Santa Claus of loneliness«, heißt es in Audens New Year Letter von 1941. Es waren also nicht nur die Dinge, die diesen Dichter segneten. Stephen Spender erklärte Rilkes Sonderstellung vor allem dadurch, dass er »der am wenigsten deutsche von allen deutschen Dichtern« sei. Wer Rilke lese, habe nicht das Gefühl, »dass er sich besonders tief in den deutschen Geist versenken müsse«. Derart dem deutschen Kulturkreis entwunden und zum Prototyp des internationalen Dichters erhoben, erfuhr Rilke posthum die Ehrung einer fast vollständigen Ausgabe seiner Werke durch die Hogarth Press im Zeitraum von 1930 bis 1939.

Derselbe Verlag unterhielt aber auch ein anderes und noch größeres deutsch-englisches Übersetzungsprojekt: Seit 1924 war die Press der offizielle Verleger der Schriften Sigmund Freuds. Leonard Woolf sagte später über seine Kontakte mit dem berühmtesten Autor seines Verlages: »Nearly all famous men are disappointing or bores, or both. Freud was neither; he had an aura, not of fame, but of greatness.« Seine Frau war von dem, was ihre Freunde übersetzten und ihr Mann setzte, weniger überzeugt. In einem Brief aus dem Oktober 1924 schreibt sie: »Wir veröffentlichen den ganzen Dr. Freud, und ich schaue auf die Fahnen und sehe, wie Herr X.Y. ein Fass roter

Tinte in die Laken schüttet, um seine Impotenz vor dem Hausmädchen zu vertuschen, aber er wirft die Flasche in die falsche Richtung, was seine Frau zur Verzweiflung bringt – und seit dieser Zeit verschüttet sie Rotwein auf dem Tischtuch. Ich meine, wir könnten alle ewig so fortfahren, aber die Deutschen glauben, es beweist etwas.« Die Übersetzer dieses gewaltigen Textkorpus hießen James und Alix Strachey.

Der Besuch einer schrägen alten Dame

Cyril Connolly (1903–1974) besuchte 1928 Berlin, ihn begleitete Raymond Mortimer, einer der führenden Literaturkritiker Londons. Sie kamen bei Harold Nicolson unter, dem Ehemann von Vita Sackville-West, den sie aus Oxford-Tagen kannten. Damals war er, wie wir schon gehört haben, Attaché an der Berliner Botschaft. Connolly verarbeitete diese Episode zu einem Essay, den er »Conversations in Berlin« nannte. Dass die drei regelrechte Konferenzen zur gegenseitigen Stimulierung veranstalteten, wissen wir auch aus den Briefen Nicolsons. Sie unterhielten sich über die Methoden der Intelligenzmessung, über ihre Tagträume, über die Unterschiede der kulturellen Zirkel Englands, aber auch über die geniale Frage, wo und zu welchem Zeitpunkt sie sich gerne selbst begegnet wären. Freund Mortimer beklagte, dass aus Scheu und Arroganz der Jugend so viele verschenkte Chancen resultierten, dass er sich vor allem geniert habe, mit bereits etablierten Geistesgrößen in Kontakt zu treten. »Ich sagte, dass das nicht wirklich schlimm sei. Die Jugend sei nun einmal eine Periode des Missgeschicks [misadventure] und müsse genau als eine solche genossen werden. Die lange Serie der verpassten Gelegenheiten sei in ihrer Ungeschicklichkeit reicher und bedeutsamer als die Effizienzphilosophie der späten Jugend und des mittleren Alters, die darauf bestehe, niemals einen Moment zu verpassen. Later we walked in the Kurfurstendamm, which was gay and exciting.«

Es kann natürlich nicht ausbleiben, dass die drei Literaten sich über Literatur unterhalten. Die Namen, die in diesem Essay genannt werden, sind Proust, Sterne, Constant, Richardson, Joyce, Valéry und ergeben kein lesbares Muster – es fällt nur auf, dass keine deutschen Schriftsteller darunter sind. Am Seeufer in Potsdam beim Abendessen sitzend durchforschen die drei ihr Leben nach ähnlich glücklichen Momenten. Das Thema kommt wohl nicht von ungefähr auf, als sie diese kurze Vision hatten: »Zwei braungebrannte Jugendliche glitten in einem Kanu vorbei, tauchten aus der Dunkelheit auf wie zwei Wilde und verschwanden wieder in ihr.« Deutschland bringt zwar keine Dichter hervor, die der Diskussion wert sind, dafür aber wieder und immer wieder junge Wilde, sportliche Typen, die einen flüchtigen Moment des Glücks bei diesen englischen Männern (zwei Bisexuelle, ein Homoxexueller, um genau zu sein) auslösen.

»In der Erinnerung an diesen Nachmittag [sic!] fühlte ich, dass wahres Glück mehr Enttäuschung als Entzücken enthält, dass dieser Moment nicht so sehr für Glück als vielmehr für eine perfekte Zivilisation stand, als ein Beispiel für die Komplexität Europas, für die verschiedenen und einander überlagernden Kulturschichten der Alten Welt, für die Stärke des Nordens, die machte, dass in dieser Stadt die Textur des Tages sich so langsam zu Dunkelheit verdichtete, und für die Macht der Ideen. R's leicht melancholischer Ausdruck und H's Schweigen deuteten daraufhin, dass auch sie die Momente größten Glücks in ihrem Leben memorierten. ›Ja, ich glaube nicht, dass ich jemals zuvor so glücklich war‹, sagte H zum Abschluss, und ich nehme auch nicht an, dass ich jemals wieder so glücklich sein werde.‹«

Um Nicolson gerecht zu werden: Er ist der Einzige, der sich nicht scheut, der erwachsen und bekannt genug ist, um aktiv Kontakt mit deutschen Geistesgrößen zu suchen. Er lernte den Verleger Kurt Wolff, den Architekten Erich Mendelsohn und die Schriftsteller Emil Ludwig und Thomas Mann kennen. Nicolson war ein kulturell höchst wachsamer und neugieriger Zeitgenosse, aber einen Gutteil seiner intellektuellen Bedürfnisse konnte er auch im Ausland zwanglos »at home« befriedigen, in der von ihm betriebenen »Kolonie« in der Brücken-Allee. Wie schwierig und komisch zugleich, aber doch nicht wirklich fruchtbar englisch-deutscher Kulturaustausch war, erfuhr Nicolson, wenn er ihn organisierte. Zum Beispiel, als er im Dezember 1928 eine Einladung zu Ehren von Ethel Smyth gab. Dame Ethel Smyth (1856–1944), zu diesem Zeitpunkt exakt 70 Jahre alt, war nicht nur Englands bedeutendste Komponistin, sondern auch eine große Exzentrikerin im englischen Stil. Sie war nach Berlin gekommen, um in der Philharmonie die Aufführung einiger ihrer Werke zu dirigieren. Sie tat dies in einem weiß-roten Brokatgewand, das ihr großer Bewunderer Bruno Walter mit einem Kimono verglich. Ansonsten fiel die Lesbierin und Suffragette durch ihre männlich betonte Kleidung und vor allem durch ihre schrägen Kopfbedeckungen auf. An dem besagten Essen nahmen außer dem britischen Botschafter und anderen auch Emil Ludwig teil. Letzterer war ein international erfolgreicher Verfasser historischer Biographien und ein Mann, der eigentlich bei allen unbeliebt war. Auch Nicolson weicht von dieser etablierten Sichtweise nicht ab.

»Emil Ludwig ist wirklich eine abstoßende Kreatur. Ethel erschien verspätet in großer Aufmachung. Ihr Dreispitz rutschte ihr dauernd über die Augen, so sehr regte sie sich auf, und sie gab lautstark ihrer Empörung über die jüdische Republik Ausdruck, welche Ludwig und seine Freunde in Deutschland errichtet hätten. Er zeigte sich darüber ziemlich verletzt. Er sagte, dass die alte Bande nichts anderes geschafft habe, als Deutschland in den Großen Europäischen Krieg zu ziehen. Sie sagte, dass seine Freunde die Alte Deutsche Kultur zerstört hätten. Er sagte: ›Nein, überhaupt nicht, überhaupt nicht.‹ Sie sagte, doch das hätten sie […] und was sei denn mit dem Großherzog von Weimar? Ludwig sagte: ›Welcher Großherzog?‹ ›Weimar!‹, sagte Ethel triumphierend. Ludwig fragte, ob sie den Goethe-Herzog meine? Sie sagte, nein, sie meine den Ethel-Smyth-Herzog, den Großherzog von Weimar, der regierte, als sie dort gewesen wäre, als junge Frau. Der sei gaga gewesen, sagte Ludwig. Sie sagte, natürlich sei er gaga gewesen, aber zumindest habe er sich etwas aus Kunst gemacht und hätte nicht gedacht, ein Buch, das sich 13.000mal verkaufe, sei automatisch ein gutes Buch. Ludwig sagte, er sehe nicht ein, warum sie ihn dafür schelte, dass der Großherzog keine 13.000 Exemplare verkauft habe, und wenn es um Auflagenhöhen gehe, so kämen 130.000 der Wahrheit näher als 13.000. Ethel sagte: ›Die Auflagenhöhe von was?‹ Er sagte, er habe angenommen (zu Recht), dass sie auf seinen *Napoleon* anspiele. Sie sagte (oh Frau!!), dass sie seinen *Napoleon* nicht gelesen habe und es auch nicht vorhabe. Damit warf sie ihren Kopf herausfordernd zurück und der Dreispitz schwankte für einen Moment und fiel, aber nicht von ihrem Kopf, sondern rutschte über ihr Gesicht und für einen Moment lang war der Strom ihrer Invektiven unterbrochen.«

Man könnte diese Ethel Smyth kurzerhand zur Allegorie der britisch-deutschen Kulturignoranz erklären. Natürlich musste sie nicht Emil Ludwig gelesen haben, aber ihr harsches Urteil hätte schon nach einer Begründung verlangt. (Wir nehmen mal zu ihren Gunsten an, dass sie den Untergang der deutschen Kultur nicht tout court den Juden anlasten wollte.) Die Sache liegt aber etwas komplizierter. Smyth war eine der ganz großen Brückenfiguren in der Beziehungsgeschichte beider Länder. Musikalisch kam sie von Wagner und Brahms her, hatte in Leipzig studiert und verfügte über mehr persönliche und professionelle Kontakte zur deutschen, als zur englischen Musikszene. Und »ihr« Großherzog Carl Alexander hatte sich wirklich dafür eingesetzt, dass ihre erste Oper *Fantasio* 1889 am Hoftheater zu Weimar zur Aufführung kam. Seitdem aber waren 39 Jahre vergangen, und Dame Ethels vernichtendes Urteil über die Kultur des anderen Weimar ist nicht nur die Auffassung einer alten Frau, sondern ganz typisch für eine weitverbreitete, auch bei viel Jüngeren festsitzende Einstellung, die sich von den Großzeiten der deutschen Kultur des 19. Jahrhunderts nicht lösen kann. Das 19. war eben unser Jahrhundert in Sachen Dichtung und vor allem Musik, es erneuerte sich mühelos Jahr für Jahr in Tausenden von Theater- und Konzertaufführungen weltweit, wieso sollte eine Kulturnation, zumal nach der Vorstellung, die sie in den Jahren 1914 bis 1918 gegeben hatte, das Recht gewissermaßen auf eine nächste Runde haben? Nicht von ungefähr verklärte sich in Dame Ethels Erinnerung auch das Bild des kleinstaatlichen Deutschland. Zwar bestand 1889 das

Reich schon einige Zeit, aber das »persönliche Regiment« eines Fürsten in dem ihm verbliebenen Reich der Kultur symbolisiert für sie die »echten« Kulturleistungen des guten, des noch nicht gefährlichen und des nicht auf bloße Zahlen setzenden Deutschland. »So gab es in jenen Tagen, als die kleinen deutschen Höfe und Provinzstädte zufrieden zu ihrem eigenen Nutzen wirkten, Hunderte von beschaulich schönen Gärten der Kunst. Diese werden durch das Kaiserreich hinweggefegt; der Wettbewerb mit anderen Ländern mündet in die Industrialisierung aller Lebensbereiche, einschließlich der Musik.«

Der Besuch bei Thomas Mann

Selbstverständlich gab es 1929 einige wenige Deutsche, welche die internationale Rezeption über diese Schwelle von 1914 hinweg – und auf eine Art orts- und zeitentrücktes Podest hinaufgehoben hatte. Zu ihnen gehörte Thomas Mann, der am 10. Dezember 1929 mit dem Nobelpreis für Literatur geehrt wurde, bezeichnenderweise für die *Buddenbrooks* von 1901, welche der Sprecher des Komitees fest in das 19. Jahrhundert zurückdatierte, das Goldene Zeitalter der deutschen Kultur eben. Davon unbeeindruckt situierte sich Thomas Mann in seiner Dankesrede ganz konkret in die Nachkriegszeit Deutschlands und betonte, dass das künstlerische Schaffen dort durch »conditions of misery, turmoil, and suffering« geprägt seien. Als Protestant habe er eigentlich kein Recht auf einen Heiligen, aber wenn er einen wählen dürfe, dann wäre es der hl. Sebastian, der für ihn jene Tugend verkörpere, welche auch die deutsche Kunst auszeichne: »grace through suffering«. Diese Wahl hätte auch Nicolson überzeugt, der den Dichter im selben Jahr in München besuchte, so wie ein Vorfahre von ihm um 1820 Goethe in Weimar eine Visite abgestattet hätte. Der Besuch von Goethes Vaterhaus in Frankfurt gehörte übrigens für Nicolson zu den wirklich beeindruckenden Erlebnissen seiner Deutschlandjahre. Aber kein Goethe-Besucher hätte einen Bericht wie den folgenden verfasst. Gut, es ist ein privater

Brief, ein kleines Gusto-Stück, wie er es von Zeit zu Zeit für die geliebte Frau komponiert hat, um ihr zu zeigen, dass er nicht gänzlich zum Diplomaten erstarrt war. Diese pflegte ihm nämlich zu schreiben: »Schön, dass Du Dich im Nachtleben herumtreibst. Bitte tu etwas Kompromittierendes und dann werden sie Dich von Berlin abziehen.« Es ist ein humoristisches Stück, das man goutieren muss, aber gleichwohl können wir nicht davon absehen, dass Nicolson hier von der Begegnung mit dem bedeutendsten deutschen Dichter schreibt, den er je in persona kennenlernen wird.

Nicolson ist erkältet und fürchtet, es könne eine Lungenentzündung sein. Bei dem Autor des *Zauberberg*, dessen englische Übersetzung gerade erschienen war, fühlt er sich an der richtigen Adresse. Dieser lässt sich zwar über den Pen-Club und über Galsworthy aus, doch den Gast beschäftigt eine andere Frage:

»Ich, schwer verschnupft, aber an Leben und Tod interessiert, fragte ihn, wie lange er als Schriftsteller-Kollege im Durchschnitt brauche, um eine Erkältung loszuwerden. Er sagte, drei Tage Inkubation, drei Tage Leiden, drei Tage Abklingen. Gut im Rechnen wie ich bin, kam ich auf zehn oder sogar neun Tage und das waren fünf Tage mehr als meine eigene Erkrankung, ich meine, fünf Tage schneller als meine akute Erkältung. Nachdem ich diese Summe errechnet hatte, war ich doch alarmiert. Meine Erkältung war keine Erkältung, es handelte sich um LUNGENENTZÜNDUNG – das war es. SKEPTISCHE LUNGENENTZÜNDUNG. Ich fühlte, wie die Skeptizitis in mir wuchs. An der Wand gegenüber hing ein großer Spiegel, in dem ich meine verzerrten und blassen Züge erblickte. Ja, ich sah sehr blass aus. Das bedeutete Schwindsucht der galoppierenden Art. Ich sprach fiebernd zu Thomas Mann über die jüngere Generation in England, und als ich das nächste Mal in den Spiegel schaute, war mein Gesicht plötzlich errötet. ›Fieber‹, zitterte und bebte ich, ›Fieber, hohes Fieber. Skeptische Lungenentzündung, wie ich von Anfang an dachte.‹ So verabschiedete ich mich also von Thomas Mann. Es tat mir leid, ihn so zu verlassen und zu wissen, dass er der letzte Mensch war, den ich auf Erden sehen würde. Aber ich sagte Gute Nacht.«

Vielleicht gibt es außer der Kurzparodie auf den *Zauberberg* und auf das Mann'sche Leitmotiv der Krankheit, zumal der unbestimmten Krankheit, einen weiteren Subtext zu diesem Brief, den jemand wie Vita vermutlich sofort erkannt hätte. Möglich ist, dass Thomas Mann diese Behandlung – zumindestens im Bericht seines Besuchers – sich selbst zuzuschreiben hatte, als er anfing, John Galsworthy zu loben. Noch am gleichen Abend hielt der angeblich auf den Tod erkrankte Nicolson in München einen Vortrag, bei dem er T. S. Eliot rezitierte. Dürfen wir annehmen, dass er aus *The Waste Land* vortrug? Den Anfang?

Zehn Jahre später antwortete Nicolson auf Thomas Manns Denkschrift »Dieser Friede« von 1938, in der Mann die britische Regierung ob ihrer Appeasement-Politik anklagte. Nicolson erklärt in seiner Replik »Ist der Krieg unvermeidlich?«, datiert 14. Juni 1939, »dass England sowohl zum äußersten Widerstand als auch zu äußerster Versöhnung bereit ist«. Seine illusionslose Analyse Hitlers und der Deutschen unter dem Nationalsozialismus ist ein kleines Meisterwerk. Kein größerer Gegensatz zwischen 1929 und 1939, zwischen einem mutwilligen Sketch und einer unbestechlichen Gegenwartsanalyse ist denkbar.

Helfen und Geholfenwerden in der Moderne

Im Folgenden werden wir von der Regel »Nur Engländer« abweichen und gegen Nicolsons arrivierte Künstlerkontakte einen jungen, avangardistisch gesinnten Amerikaner setzen. Einer, der in dieser Hinsicht eigentlich alles richtig gemacht hat, war Paul Bowles (1910–1999). Es gibt einen Brief von ihm, datiert Berlin 13. Juni 1931, der mit den Worten beginnt: »schwitters was swell. Exactly as he should been« und nach vielen Seiten endet mit einem kurzen modernistischen Schlusssschnörkel im Stile von Schwitters: »Ah, ah, primitü ta. Merz. Anna Blossom!« Dazwischen fallen 25 Namen von Künstlern, Musikern, Schriftstellern und Größen des Kunstbetriebs, die sich auf Besuche in Ateliers, in Ausstellungen und auf literarische und musikalische Werke in progress beziehen. Dies ist nicht nur name dropping und nicht nur Rezeption: Dem Fotografen Helmar Lerski, der gerade an seiner Serie jüdischer Porträtköpfe arbeitet, empfiehlt er eine Ausstellung in New York, in der berühmten Galerie »An American Place« von Alfred Stieglitz. Bowles ist 21 Jahre alt und ein Newcomer, aber er kennt sich eben aus, in New York, in Paris, bald auch in Berlin. Seine Interessen sind weitgespannt, im Grunde umfasst seine Visitationsliste vor allem Namen, die auf keine Rezeption in England und Amerika hoffen durften und dürfen – Gottfried Benn z. B., »ich werde gottfried benn besuchen und sehe mal wie es ausgeht. ein mann mit seinem gehirn kann nicht dumm sein. wenn wir nicht miteinanderkönnen wird es nicht an ihm liegen.«

Bowles kam 1931 nach Berlin, weil sein Mentor, der zehn Jahre ältere Aaron Copland, der Auffassung war, dass der moderne amerikanische Komponist auch in den Hauptstädten der musikalischen Avantgarde komponiert haben müsse, und das waren für ihn Paris und Berlin. Das reichliche Angebot an »boys« spielte für Copland auch eine wichtige Rolle, nicht aber für Bowles, der damals noch unsicher in seiner Sexualität war und sich in der Schale des korrekt gekleideten jungen Mannes versteckte. Deswegen stieß ihn auch Spenders Selbstinszenierung als Dichterjüngling ab: »Missbilligend bemerkte ich, dass er sein hemd wie Lord Byron bis zur brust offen trug. Ich fand es unglaublich, dass er seinen status als dichter noch hervorheben statt kaschieren wollte; meiner meinung nach opferte er auf diese weise seine anonymität.« Weil nun aber Bowles die Rolle des kühlen Pro, des professionellen Künstlers und Kunstbeobachters nicht nur spielte, sondern auch erfüllte, machte es letztlich keinen so großen Unterschied, dass er Paris kongenial, Berlin aber grässlich fand. »ich bin zu der überzeugung gelangt, dass berlin der am wenigsten amüsante ort ist, den ich jemals gesehen habe. es ist das synonym für stupidität.« Später konnte Bowles auch Gründe für diese Abneigung angeben, die in den Briefen aus dieser Zeit unerklärt bleibt. Es sei denn, man macht die Stadt verantwortlich für seine Träume. Bowles träumt lupenrein surrealistisch, oder er schreibt lupenreine surrealistische Traumprotokolle an seinen Freund Edouard Roditi:

»letzte nacht stand ich auf einer art plattform oberhalb der joachimsthaler straße und es passierten viele menschen in großer eile über die straße aber ich achtete nicht auf sie denn meine augen waren auf einen schwarzen schuh gerichtet über den jedermann hinwegsteigen musste. doch niemand beachtete ihn wirklich. schließlich, ans ende meiner geduld gelangt, stieg ich die stufen zum bürgersteig hinab und in einem moment da nicht so viele beine und füße sich hin- und herbewegten, ergriff ich den schuh und stieg mit ihm wieder die treppen hinauf, ihn neugierig untersuchend. es war ein hoher schwarzer schuh, er besaß eine graue solide seidengamasche und ich als ich ihn aufgeknöpft hatte, hing lose ein grauer seidensocken heraus, der bis zum zeh im schuh steckte. mit einem gehörigen widerwillen zog ich am socken um in den schuh hineinschauen zu können, denn am gewicht merkte ich dass etwas innen steckte. als ich den socken nach allen seiten zurückgeschlagen hatte und hineinsah war da ein zersplitterter rosa knochen der bis in die spitze des schuhs reichte. einen langen angewiderten schrei ausstoßend warf ich den schuh in richtung der vorbeieilenden passanten. ein elegant gekleideter herr mit monokel sah ihn fallen und hob ihn auf. der socken war soweit zurückgeschlagen dass er sofort wusste was sich im inneren befand. als er den schuh fortschleuderte gab er denselben angewiderten schrei von sich [...].«

Bowles hatte seinen Max Ernst verinnerlicht, und das an diesen Traum anschließende nächste Traumszenario könnte er 1:1 einer Klinger-Graphik abgewonnen haben. Bowles träumte in Deutschland deutsche Bilder.
Berlin bedeutete höchste Verdichtung des kulturellen Lebens, aber Bowles hatte auch im Auge, was andernorts passierte. So machte er sich auf nach München, um an einer Aufführung von Strawinskys *Oedipus Rex* teilzunehmen, nach Bad Pyrmont, of all places, um ein Konzert mit dem Ehepaar Bartók zu hören. Und Bad Pyrmont war soweit nicht von Hannover entfernt. Dort lebte und arbeitete Kurt Schwitters.

»in hannover wohnte ich bei schwitters. er ist amüsant und angenehm. er und seine frau bestanden darauf dass ich etwas länger bleibe sodass ich nicht zwei stunden sondern schließlich fast achtundvierzig dort verbrachte. ich hörte seine vokalsonate [*Ursonate*] und dann bat er mich dieselbe für klavier zu übersetzen. sodass ein gutteil der zeit mit dieser arbeit verbracht wurde. wir machten einen spaziergang zu den müllhalden um material für die statuen zu sammeln die er in seinem atelier hat, und fanden einen halben blechlöffel, ein stück fliegengitter und das fragment einer thermosflasche. er war sehr dankbar. und er fuhr fort kleine glas- und porzellanscherben aufzusammeln die sich in noch kleinere Stücke brechen lassen, und warf sie mit lust gegen steine und drehte sich dann grinsend zu mir um. dann fand er eine ganze vase und war sehr dankbar. sie zerbrach mit einem ziemlichen krach. wir wurden erbärmlich von mücken gestochen die auf mich wütend waren wie schwitters erklärte weil ich noch nicht in norwegen und spitzbergen wie er gewesen war. immer wieder bat er mich aus dem haus zu gehen und für ihn schokolade zu kaufen, zwei auf einmal für zweieinhalb pfennige. es waren erschreckend kleine schokoladen und nach den ersten zwei aß ich keine mehr und ließ ihn alles alleine essen. er besitzt sechs salamander, sieben meerschweinchen und fünf tauben, oh ja, und zwei eidechsen die über den fußboden laufen wenn man gerade nicht guckt. nachts quiekten die meerschweinchen verdrossen auf dem balkon so dass ich nicht schlafen konnte. er hat noch nie von gertrude stein gehört.«

Der Name, der zuletzt fällt, ist im Übrigen auch der Schlüssel zu Orthographie und Schreibstil, wie sie der junge Paul Bowles kultiviert. In Gertrude Stein erblickte er die Primadonna assoluta der radikalen Moderne, den höchsten Maßstab, dem er seine Kompositionen in Worten und Tönen unterwerfen wollte. Persönlich war er ihr noch nicht begegnet, deswegen gehörte es auch zu den Höhepunkten seines Deutschlandaufenthaltes, dass ihn erstens hier der Brief mit ihrer Einladung erreichte, und zweitens, dass er in Bad Pyrmont auf einen Laden stieß, der einer Gertrude Stein gehörte, deren Namen in riesigen Lettern auf das Schaufenster geschrieben stand. Als er am

1. April dieses Jahres 1931 vor seinem Leitstern und dessen Lebensgefährtin Alice B. Toklas stand, konnten die beiden Damen das Lachen nicht zurückhalten: »sie hatten sich den briefeschreibenden bittsteller [...] als ehrfurchtheischenden, mindestens siebzigjährigen gesetzten herrn vorgestellt.« Alice erwartete gar einen fünfundneunzigjährigen Exzentriker, doch als Bowles treuherzig beteuert: »Ja, exzentrisch bin ich schon«, hat er die beiden bereits für sich eingenommen und wird spontan zum Abendessen eingeladen.

Aber zurück zu Schwitters, bei dem ihm ja Gleiches geglückt war und dessen Verwandtschaft mit Stein ihm so sehr einleuchtete, dass er sie gerne miteinander bekanntgemacht hätte. Bowles sah natürlich auch den berühmten Merzbau: »sein atelier war ganz unglaublich. es gibt nichts vergleichbares auf der welt, da bin ich sicher. nur im gehirn von verrückten. er hat jahre damit verbracht den bau aus gips und zement und leim zu errichten und so lange braucht man auch um ihn ganz zu sehen. [...] er fragt warum er so berühmt in amerika ist. ist er das?« Auf gewisse Weise war er das. Die große amerikanische Impresaria der Moderne, Katherine Dreier, war schon 1920 auf ihn aufmerksam geworden, hatte ihn besucht, Werke von ihm aufgekauft, Ausstellungen organisiert und bis kurz vor dem Krieg unterstützt. Schwitters, der in keinem anderen Ausland so gut vertreten war wie in den USA, hatte sich immer gewünscht, dorthin zu reisen und womöglich zu bleiben. Er hat die USA aber nie betreten. Die durchaus produktiven, doch kontaktarmen Jahre des Exils hat er in England verbracht.

Sein Gast mischte eine Bowle. »Als Schwitters angeheitert war, bat ich ihn, einige seiner Silbengedichte vorzutragen, was er mit großem Vergnügen tat. Eines davon, das ich besonders mochte, begann so:
Lanke trr gll.
Pe pe pe pe pe
Ooka. Ooka. Ooka. Ooka.
Lanke trr gll.
Pi pi pi pi pi.
Tzuuka. Tzuuka. Tzuuka. Tzuuka.
Ich notierte mir die Worte, den Rhythmus und die Betonung und benutzte das Silbengedicht später unverändert als Vorgabe für das

Thema des Rondos in einer Sonate für Oboe und Klarinette.« Das war in der Tat die Aufgabe, der er sich dann in Berlin, vom strengen Copland angehalten, widmete. Dieses Rondo seiner *Sonate für Oboe und Klarinette* nahm Copland noch im selben Jahr in ein Konzert auf, das er in London gab. Der Besucher hilft einem deutschen Künstler bei der Materialsammlung, zumindest symbolisch, er stellt ihm seine Kunst als Komponist und Pianist zur Verfügung, und er übernimmt von ihm ein kleines Werk als Anregung und Vorlage zu einer Komposition.

Der »Charme von Berlin«

1929 veröffentlichte der *Querschnitt* auf Englisch Nicolsons kurzen Essay »The Charm of Berlin«. Nicolson beschreibt darin den Blick auf die Züge der Hoch- und Fernbahn, die an seinem Fenster vorbeijagen, und den Blick, den die Fahrgäste auf ihn werfen können, wenn er am Fenster steht und seinen Schlips bindet. Die Züge ihrerseits spiegeln sich in einer goldenen Kugel, die im Garten zwischen Haus und Gleis steht. Der Blickwechsel, der zwischen erstem und zweiten Beobachtern stattfindet, wird um das dritte Bild der Spiegelung ergänzt. Es stellt den Extrakt der Situation, man könnte auch ganz einfach sagen den »Charme von Berlin« her. »Ich habe selten eine so rasche und eine so unablässige Bewegung gesehen wie die leuchtende Reflektion der Züge, wie sie flüchtig über den goldenen Ball hinweglaufen.« Bewegung ist es, die den Zauber von Berlin ausmacht. Damit bedient der Autor ein altes und ganz bestimmt nach Walter Ruttmanns Film *Berlin, die Symphonie der Großstadt* (1927) unverzichtbar gewordenes Klischee, dem Karl Scheffler einmal aus der Perspektive einer stadtgeschichtlichen Gesamtbetrachtung die Fasson gegeben hatte: Berlin sei dazu verdammt, »immerfort zu werden und niemals zu sein«. Nicolson: »Keine Stadt ist so ruhelos wie Berlin. Alles ist in steter Bewegung.« Und dann geht der Verfasser nach Art eines Besinnungsaufsatzes alle Aspekte von Hektik und Ruhelosigkeit durch, die ihm auf- und einfallen, vom Jaguar im Zoo bis zu den Augen der Nachtschwärmer, die noch um 4 Uhr morgens wach sind: »inquisitive, acquisitive, searching [...] for some new experience or idea«. So schreibt und arrangiert sein Material einer, der ganz genau weiß, was er Genius Loci et temporis schuldig ist: Raymond Williams hat das die »metropolitan perception« genannt, die Moderne als Blickkonstellation, als beschleunigte Bewegungsform, als sozialer Wandel und Vielfalt der Kulturen. Wenn Berlin als Gegenstand, ja als Paradigma einer solchen Wahrnehmung sich anbietet, auch im internationalen Vergleich, dann ist die deutsche (Stadt-) Landschaft deutlich aufgerückt im Vergleich zu ihrem chiffrehaften Vorkommen in Eliots *Waste Land*. Während Eliot seine Spielsteine lose über die Karte verteilt, um das Europa der Nachkriegszeit sozusagen dissoziativ zu assoziieren, erkennt Nicolson in Berlin die höchste Ausformung der Stadt des 20. Jahrhunderts, die insofern gar nicht mal deutsch oder gar preußisch bestimmt ist, sondern als Metropole, um noch einmal Williams zu zitieren, die Art von Ort repräsentiert, »der sowohl Stadt als auch Nation in ihrem älteren Verständnis übersteigt«.

Aber was daran »charmant« sein könnte, wenn man »immer nur den Prozess an sich, immer nur die Dynamik als solche« bejaht, wie Gottfried Benn sich in der etwa gleichzeitigen Akademierede ausdrückt, das will nicht sofort einleuchten, abgesehen von dem in der Tat charmanten Einfall mit der Gartenkugel. Ein anderer Stadtphysiognomiker und Theoretiker der Betriebsamkeit, Martin Kessel, hat dazu einen passenden Kommentar abgegeben: »Die Berliner Betriebsamkeit, diese unentwegte Selbsteinsetzung und Selbstherrlichkeit aller Mittel, hat insofern einen eigenen Reiz, als etwas Erregendes und Verlockendes, etwas Anspornendes und Lebensförderndes von ihr ausgeht, als beherberge die Stadt noch ein unveräußerliches Elixier oder Element. Schließlich lebt man, nicht weil man lebt, sondern weil es das Leben überhaupt gibt.« Die Argumentation scheint bis hierhin sich im Kreis zu drehen und auf eine Art von Autointoxikation hinauszulaufen, aber Kessel erweitert die Stadt als Wille um die Stadt als Vorstellung (im theatralischen Sinne) und fährt fort: »Es bekundet sich darin ein der Schauspielernatur verwandtes Daseinsgefühl, eine Neigung zur Selbstvorspiegelung, zur Entwicklung des persönlichen Darstellungstriebes. Der Gehsteig wird so zum Podium, wo der Einzelne seine Wege besorgt und den Geschäften nachgeht, zugleich jedoch auch seiner Rollenauffassung huldigt, seiner öffentlichen Figur.« Kessels Beobachtungen zum städtischen Theater und dem Wechselspiel von Bewegung und Beobachtung personifiziert Nicolson und gibt der Kategorie Charme ihre erotisch-sinnliche Komponente zurück. Der Charme dieser Stadt besteht auch speziell (?) in seiner Freizügigkeit, Offenheit. Nicolson: »Berlin ist eine junge Frau im Pullover, nicht sehr stark gepudert, den Hölderlin in der Tasche, mit den Hüften einer Atalanta, einer nicht ganz verdauten Erziehung, einem Herzen, das beinahe immer zu schnell sympathisiert und einer Großzügigkeit der Ansichten unsere Scheu vor allem, was vielleicht daran giftig sein könnte, einfach wegzaubert und unsere Korrektheit beschämt. Mit ihr geht man durch Licht und Schatten. Und nach einer Stunde etwa Hand in Hand.«

So wie er seine Vorbereitungen für die Nacht beschreibt, wird Nicolson weder der fleischgewordenen Stadtallegorie nachlaufen, noch die Männer, denen auch seine erotische Neigung gehört, dort suchen, wo Auden sie fand, in eben diesem Jahr 1929. »Des Nachts, wenn ich meinen weißen Abendschlips binde (ein Symbol der Gebundenheit), ist der goldene Ball [...] nicht mehr sichtbar. Es gibt keine vermittelnde Größe mehr zwischen mir und der Reichsbahn. Die elektrischen Züge schwingen sich empor, wenn sie an mir vorüberfahren, sie sind goldene Streitwagen, sie sind Raketen, die Menschen transportieren... Ich schaue auf zu ihnen und sehe ein verschwommenes Licht, die beschlagenen Scheiben, einen Mann, der sich gegen die Scheiben lehnt. Sie schauen auf mich und sehen einen englischen Diplomaten (untersetzt und freundlich), der seinen weißen Schlips bindet. Sie denken, wenn sie Zeit haben zu denken: ›Dieser Mann ist ein Fremder, und als wir an ihm vorüberfuhren, band er gerade einen weißen Schlips.‹ ›Was ist es, das uns Deutsche davon abhält, einen weißen Schlips binden zu können?‹ Aber ich, der ich zu diesem Zeitpunkt bereits meine Weste anziehe, denke nur: ›Was ist es bloß, das dieser Stadt ihren Charme verleiht?‹« Nicolson wird in ihr die Nische finden, in der er eine weiße Kravatte tragen darf und jemand seine Bindungen löst.

»Kam Sommer wie eine Flut«

Für ausländische Literaten war die Situation in Berlin völlig anders als in Paris. Vielleicht abgesehen von den russischen Einwanderern existierte keine kritische Masse. Das hatte auch Vorteile, denn ein Gutteil der künstlerischen Aktivitäten der Amerikaner und Engländer in Paris wurde von der Arbeit für literarische Zeitschriften und Kleinverlage aufgesogen. Eine Zeitschrift gründen, herausgeben, drucken war damals de rigeur. Selbst Nancy Cunard, die schickste und reichste aller Expatriates, entzog sich dieser Verpflichtung nicht und siedelte sich auf dem Land an, in der Normandie, um dort 1928 The Hours Press einzurichten und bis zu 16 Stunden am Tag zu setzen, zu drucken, zu kollationieren. In Berlin gab es nichts dergleichen. Das heißt, dass die Aktivitäten der wenigen Literaten auch nicht spurlos im Untergrund versickerten. Man kann fast daran glauben, dass die Berliner Engländer sich angesichts ihrer geringen Kräfte und der Bescheidenheit der Mittel einem streng arbeitsteiligen Programm unterwarfen. Das betraf die Aufteilung der Ausdrucksformen: Auden und Isherwood schrieben gemeinsam Dramen, Auden war der Lyriker des Kreises, der seinem Jünger Spender mit einigem, aber nicht gänzlichem Erfolg das Gedichteschreiben ausredete, Spender und Isherwood arbeiteten dafür an Geschichten und Romanen. In geographischer Hinsicht war Spender für Hamburg und das Rheinland zuständig, den anderen gehörte Berlin, und als John Lehmann etwas verspätet auf der Berliner Szene erschien, endete er schließlich in Wien, aus nicht ganz eindeutigen Gründen, die aber vielleicht doch etwas mit dieser territorialen Strategie seiner Kollegen zu tun hatten. In Wien schrieb Lehmann Gedichte und sorgte später in seiner Londoner Zeitschrift *New Writing* dafür, dass die Texte seiner Freunde dort erschienen, wo sie zählten, und nicht dort, wo sie entstanden waren. Um die öffentliche Aufmerksamkeit auf die neue Gruppe und ihre deutschen Ursprünge genauer auszurichten, widmeten sie ihre Veröffentlichungen grundsätzlich einander, unterschrieben sie ihre Texte mit Datum und Ort ihrer Entstehung und ließen die anderen namentlich bei sich auftreten – wir werden gleich ein berühmtes Beispiel dafür kennenlernen.

W. H. Auden, Christopher Isherwood und Stephen Spender
(v. l. n. r.), 1938. Fotografie von Howard Coster

Natürlich gab es Konkurrenz und Missgunst. Isherwood, der Spender förderte und betreute, war doch auch beunruhigt, dass dieser ganz aktuell einen Deutschlandroman angefangen hatte, während Isherwood selbst sich noch mit der Aufarbeitung seiner englischen Vorgeschichte in Romanform herumplagte. Spenders Erzählung, die unter einem äußerst dünnen Überwurf aus Fiktionen seine Erlebnisse in den Sommermonaten 1929 und 1930 verarbeitete, lief unter dem Titel »The Temple« und spielte damit auf das Wort Jesu in Johannes 2, 19 an: »Brechet diesen Tempel, und am dritten Tag will ich ihn aufrichten. Da sprachen die Juden: Dieser Tempel ist in sechs und vierzig Jahren erbauet, und du willst ihn in drei Tagen aufrichten? Er aber redete von dem Tempel seines Leibes.« Spender hat »The Temple« als Motto einen Ausschnitt aus Audens *Oden* von 1931 vorangestellt, wo der Dichter vermutlich auf den gemeinsamen Rügen-Aufenthalt Bezug nimmt, aber auch die Ausflüge an die Berliner Nacktbadeseen reflektiert. Es ist dies ein Gedicht, das ganz korrekt in der Eliot-Manier gehalten ist und die Motive der Jahreszeitenlyrik mit überkonkreten persönlichen Details und kryptischen Bildern und Äußerungen verschneidet:

»Kam Sommer wie eine Flut, nie wieder erzeugte ein versessener Gärtner
        diese Blütenröte:
Sonntag bedeutete Seen für viele, einen brauneren Körper
        Schönheit durch Sonnenbrand:
Weit draußen im Wasser besprachen zwei Köpfe die Lage,
Aus dem Schilf preschte, dem aufgescheuchten Rebhuhn gleich,
        der nackte Deutsche
Und Stephen signalisierte von der Höhe der Dünen wie ein hölzerner Irrer
        ›Zerstört diesen Tempel.‹
Ja, er fiel. Der flinke Hase verendete unter dem heißen Atem der Hunde,
        die Jüdin floh gen Süden.«

Da muss man nicht alles verstehen wollen. Selbst wenn Auden Merkverse schreibt, die wie für das Poesiealbum bestimmt sind, ist er bisweilen unfassbar. Das alles, die Jüdin, die gen Süden flieht usw., muss einen aber überhaupt nicht irritieren. Man lasse sich stattdessen bewegen von den steilen Einsätzen, den berühmten »declarative statements«, die so vollkommen sind wie flache Steine, die über das Wasser tanzen – wir sind schließlich am Badesee: »Came summer like a flood«, »Sunday meant lakes for many«, »Far out in the water two heads.« Das ist von einer unverschämten Sicherheit und neusachlichen Eleganz.

Einigermaßen sicher kann man sein, dass eine Jagdszene unter sommerlichem Himmel stattfindet, und das Jagdopfer dürfte auch feststehen: »der nackte Deutsche«, der zum Standardrepertoire dieser Dichtungen gehört. »In 1929« ist ein Gedicht von Spender betitelt, das ihn selbst mit nacktem Deutschen und Kommunisten unter freiem Himmel und einer athletischen (!) Sonne aufbaut:

»Under the domed sky and athletic sun
Three stand naked: the new, bronzed German,
the Communist clerk, and myself, being English.«

Was eine literarische Gruppe außer einer formierten Publikationspraxis braucht, ist in den Durchbruchstexten eine »Mischung aus Klugheit und Unsinn, Ironie und Heilsbotschaft, Bosheit und Wohlwollen – sie schaffen die Geheimsprache eines Kreises, sie sind das Hexengebräu, aus dem eine literarische Richtung entspringt«. Das Gebräu wirkte. Als Paul Bowles in Berlin Isherwood und Spender begegnete, stieß ihn deren typisches Insider-Gehabe ab: »Die beiden zusammen wirkten übertrieben britisch, wie zwei Mitglieder eines Geheimbundes, die sich ständig auf irgendwelche esoterischen Kenntnisse bezogen, ohne dass die anderen eingeweiht waren.« Auden, dem wir die davor zitierte Empfehlung in der Wiedergabe Stephen Spenders verdanken, kannte keine Gnade, wenn es um die Applikation von Doublespeak ging: einer Kommunikation mit dem Leser über die großen Themen der Dichtung und einer intimen Zwiesprache mit den Freunden. Der dem Kreis nahestehende, aber nicht wirklich dazugehörige Louis MacNeice fand diese Durchsetzung der Dichtung mit Ingroup-Kassibern nicht nur irritierend, sondern in ihrer sexuellen Unterbauung politisch geradezu gefährlich: »Diese Dichter machen aus sich selbst und aus den anderen einen Mythos [...]. Diese persönliche Obsession verbindet sich mit ihrer kommunistischen Orientierung über das Konzept der Kameraderie. [...] Kameraderie ist der kommunistische Ersatz für die bürgerliche Institution der romantischen Liebe; in ihrer extremen Form (man vergleiche den Faschismus und die Jugendkulte ganz allgemein) führt sie zu einer Idealisierung der Homosexualität.« Das ist sehr richtig gesehen: das oben zitierte Gedicht Spenders mit dem nackten Deutschen kann man auch als einen Entwurf für eine Skulpturengruppe im Stile eines kommunistischen Thorak lesen. Die kommunistische Orientierung aber, die MacNeice in seiner Kritik 1935 erwähnt, gab es drei Jahre zuvor noch nicht. Sie erfasste die Gruppe etwa im Zeitraum von 1933 bis 1936.

»Man Is a Spirit«

Aber zurück zu Audens »Ode« und »Stephen« Spenders Ausruf von der Höhe der Dünen: »Zerstört diesen Tempel!« In einer anderen Strophe desselben Gedichtes steht Isherwood auf und ruft aus: »Man is a spirit!« Man muss ein solches Statement nicht unbedingt ableiten wollen, aber es sei doch vermerkt, dass »Der Mensch ist Geistwesen« eine der Parolen von Spenders Mentor und Übersetzer Ernst Robert Curtius war, mit der er gegen den Materialismus und Soziologismus seiner Epoche antrat. Die Engländer sind also noch mit ihrer Körperpolitik befasst. Zwei Lesarten sind möglich: Der nackte Deutsche ist die typische Beute unserer englischen Jäger. Oder: Der nackte Deutsche *war* die typische Beute unserer englischen Jäger. Jetzt wollen sie ihn zerstören, den nackten, bronzenen Körper, der sie zu lange gefesselt hielt, denn: »Man is a spirit.« Wir sind dann in der Phase 2 des deutschen Abenteuers angelangt. Nach der Sättigung in den Jungensbars, der »Boys had«, werden längerfristige Beziehungen gepflegt, werden gleichzeitig die Ansprüche des Metiers höher. Wir sind in der Phase der Körperkritik, die nach dem Körperkult kommt. Am deutlichsten gelangt sie in Spenders abgebrochenem Roman zum Ausdruck. Der Erzähler konstatiert dort, dass ihn »das selbstbezogene Getue der Deutschen um ihren Körper allmählich anödet. Sie beten den Körper an, als wäre er ein Tempel. Aber warum können sie sich nicht so akzeptieren, wie sie sind? ... Ich habe alle diese Leute satt, die sich endlos anstrengen, einen vollkommenen Körper zu erlangen, und die sich durch die Turnerei kaputtmachen, bloß weil sie unfähig sind, ihren Körper so zu mögen, wie er ist.« Spender, man wundere sich in dieser Geschichte über nichts, sucht Ernst Robert Curtius auf, einen deutschen Romanistik-Professor, keinen Psychologen, um mit ihm seine deutschen Erlebnisse durchzusprechen. Vielleicht hatte Curtius ja als Übersetzer des *Waste Land*, des Epochengedichts über »Tod und Geschlechtsliebe«, wie er es nannte, eine Reputation erworben, die sich auch diesen noch ganz unbekannten Dichtern mitgeteilt hatte. Curtius, der sich die Konfessionen des 19 Jahre jungen Engländers nicht ohne innere Anteilnahme und Neugier anhörte, nannte das Ganze Pornographie, wobei er vermutlich nicht die Homosexualität meinte, sondern die Promiskuität und die Inanspruchnahme käuflicher Liebe. Wie zur Bestätigung muss er den in einem Kölner Etablissement ausgeraubten Spender finanziell wieder flottmachen. Aber der junge Mann hatte nicht umsonst vorgesprochen. 1930, ein Jahr nach der ersten Begegnung, denen weitere, vor und nach dem Krieg, folgten, übersetzte Curtius einige Gedichte Spenders und brachte damit die in Deutschland entstandene Lyrik des Engländers vor ein deutschsprachiges Publikum. So schnell und direkt hatte englisch-deutscher Literaturverkehr noch nie funktioniert. Es waren diese frühesten, noch unpublizierten Dichtungen, niemand wird es wundern, Liebesdichtungen, gerichtet an einen »starken Mann«, den Spender Marston nennt und dem er in Oxford, noch während seiner Studentenzeit in unerwiderter Leidenschaft zugetan war.

»Aber beim Händedruck spürte ich, dass alles
Rebellieren, alles meutern würde
Und ging hinweg,
Und dachte: wenn dies nur ein Tropfen war,
Den Damm durchsickernd, dann hab' ich der Liebe
Genug, um einer Werkstatt Kraft zu spenden,
Macht einer Stadt und Antrieb einem Zug.«

Spender, um das noch zu sagen, kannte anders als seine Kollegen keine Berührungsängste, was deutsche Berühmtheiten oder zukünftige Berühmtheiten anbelangte – wir werden davon noch im Nachkriegskapitel hören. Der – aus Gründen – aufgegebene Roman *The Temple* handelt von einer Rheinreise, die Spender mit seiner Hamburger Bekanntschaft Herbert List unternommen hatte. Dieser wurde später ein bekannter Fotograf, berühmt allerdings für Aufnahmen, die sich deutlich von den »Boys had«-Studien der Touren mit Spender unterscheiden.

Der aktive Beobachter

Isherwood hat zwei Berlinbücher geschrieben: *The Last of Mr Norris* (1935) und *Goodbye to Berlin* (1939), die später als *Berlin Stories* zusammengefasst wurden. Einzelne Kapitel aus *Goodbye to Berlin* erschienen aber schon seit 1935 in *New Writing*, der Zeitschrift von Isherwoods Freund John Lehmann, dem er auch diesen zweiten Band gewidmet hat. Am Anfang steht das Kapitel *A Berlin Diary (Autumn 1930)*, das so einsetzt, wie Großstadtliteratur seit dem 19. Jahrhundert traditionell beginnt: »Unter meinem Fenster die düstere Straße, eine massive Pracht. Kellerläden, in denen tagsüber Licht brennt, im Schatten gewaltiger, balkongeschmückter Fassaden, schmutziger Stuckfronten mit hervorquellenden Schnörkeln und heraldischen Symbolen. Das ganze Viertel ist so: straßauf, straßab Reihen von Häusern, gleich schäbigen Riesengeldschränken, die vollgestopft sind mit den verblichenen Kostbarkeiten und mit den zweitklassigen Möbeln einer bankrotten Mittelschicht.«

Dann kommt der am häufigsten zitierte Satz: »I am a camera with its shutter open, quite passive, recording, not thinking.« – »Ich bin eine Kamera mit offenem Verschluß, nehme nur auf, registriere nur, denke nichts.« Wem ein solches Statement angeboten wird, das so perfekt mit der Stil- und Mediengeschichte der zwanziger und dreißiger Jahre übereinstimmt, der wird schwerlich nach anderen Perspektiven fragen. Die beiden nächsten Sätze lauten dann auch einstellungsgerecht: »Registriere den Mann, der sich am Fenster drüben rasiert, und die Frau im Kimono, die ihr Haar wäscht. Eines Tages werde ich alle diese Bilder entwickelt, sorgfältig kopiert und fixiert haben.« Hier scheint sich ein weiteres Mal Georg Simmels in dieser Stadt Berlin entwickelte Theorie des städtischen Sozialverhaltens zu bestätigen, die besagt, dass die Anonymität der Großstadt ein Übergewicht des Sehens fordere und fördere. John van Druten arbeitete 1951 die *Berlin Stories* zu dem Broadway Stück *I Am a Camera* um, woraus dann vier Jahre später der Film gleichen Titels wurde, der auch, aber nicht so erfolgreich war wie die zweite Adaption der *Stories* für Theater und Kino: *Cabaret*, der Hollywood-Hit des Jahres 1972.

Nach dieser programmatischen Einleitung und der ihr verpflichteten Rezeptionsgeschichte ist schwer dagegen anzuargumentieren, aber es muss sein: Der Kamera-Blick, sei es des foto-, sei es des kinematographischen Apparats, bestimmt die Wahrnehmungsform dieses Erzählers nicht. Isherwood hat dann auch später in Bezug auf »I am a camera« von »jener unglücklichen Formulierung« gesprochen, »die viel zu häufig mit mir in Zusammenhang gebracht wurde«. »Ich war überhaupt kein unbeteiligter Außenseiter. Ich saß nicht da und habe alle diese Leute nur beobachtet. Ganz im Gegenteil. Ich habe mich bis zum Kragen in ihre Angelegenheiten gestürzt, soweit, dass ich mich dabei selbst in Schwierigkeiten gebracht habe.« Diese Äusserung ist im Hinblick auf Isherwoods persönliches und soziales Leben im Berlin der beginnenden dreißiger Jahre getan, sie gilt aber auch für den »Isherwood« oder »Christoph« genannten Erzähler dieser halbautobiographischen Episoden.

Selten hat man an Isherwoods *Berlin Stories* gewürdigt, wie instinktsicher er die Falle der Beschreibungsliteratur meidet, in die gerade der Fremde, der Reiseschriftsteller angesichts einer neuen Szenerie geht. Mehr noch: Isherwood versagt sich auch dem Diktat der literarischen Mode jener Jahre, die mit dem Surrealismus den unverwandten Blick von außen auf das »reine Außen« (Kracauer) geradezu verbindlich macht. »Kein Gesicht ist in dem Grade surrealistisch wie das wahre Gesicht einer Stadt«, hat Walter Benjamin gesagt und das in Bauten, Bildern, Schriften objektivierte Gesicht der

Großstadt gemeint. Will man das genaue Gegenstück zu Benjamins großem Referenztext, Louis Aragons *Paysan de Paris* (1926) haben, dann nehme man die *Berlin Stories* von Isherwood. Sie sind das Werk eines möbliert wohnenden Herren und Autors, der sich mehrere Jahre Zeit nimmt und in der fremden Stadt einnistet: kein Durchreisender, wie wir uns das Wahrnehmungssubjekt der klassisch-surrealistischen Stadtlandschaften de Chiricos vorstellen dürfen, kein Flaneur, wie Benjamin und Aragon welche waren.

Isherwoods Berlin stammt weder aus dem Baedeker, noch ist es eine Ansammlung von Fundstücken, die nur der einsam seine Bahnen ziehende Stadtphysiognomiker erschlüsseln kann. Als Wahrzeichen kommt das Brandenburger Tor vor, ist aber von einem szenischen Zusammenhang motiviert, den wir noch zitieren werden. Die anderen Orte des Geschehens sind so normal oder typisch, dass sie keiner ausführlichen Vorstellung oder gar kulturanalytischer Extraanstrengungen bedürfen. Es sind die Pensionen, in denen der Protagonist wohnt, die Apartments und Häuser seiner manchmal begüterten Schüler und Schülerinnen, die Bars und Kaschemmen, die er des Nachts besucht – und in einem Kapitel ist der Schauplatz Rügen, also die »Sommerfrische« der Berliner. Auch die Berliner Mietskaserne gibt es, samt Klo auf halber Treppe, aber Isherwood macht nichts daraus, er schwelgt nicht in »sordid details«, wie es ein sozialer Realist von geringerer Begabung bereitwilligst getan hätte. Und er bedient auch nicht die andere Lieblingsvorstellung, den Geschwindigkeitskult, das Stereotyp von der Stadt, die nie schläft, das hysterische Berlin, also alle die Stereotype, die Nicolson auf anderthalb Seiten aufruft. Was aber die *Berlin Stories* durch die Einführung eines Protagonisten, der als Fremder Zutritt zu Schauplätzen verschiedenster Natur hat, summarisch hervorrufen, das ist jene Eigenschaft, die Canetti, der 1928 dort war, später die »Unvereinbarkeit« Berlins genannt hat, »das grässliche Neben- und Durcheinander, wie es einem aus den Zeichnungen von Grosz entgegenschlug«. Und Isherwood geht auch nicht an jenem Charakterzug vorbei, der bei Nicolson Offenheit und im weniger diplomatischen Sprachgebrauch Sündenbabel heißt. Aber auch für dieses Berlin, »the vilest place since Sodom«, wie ein Verwandter es Isherwood gegenüber nannte, gilt, dass es nicht in ein Bild, sondern in eine Erzählung übersetzt wird. Es wäre korrekter gewesen, Isherwood hätte gesagt: »I am a voice recorder.« Die Mietskaserne, in der Christopher eine Zeitlang zur Untermiete wohnt, wird vom Erzähler bezeichnenderweise nicht optisch, sondern akustisch vergegenwärtigt (auch olfaktorisch, aber das ist ein anderes Thema).

»Wenn ich dann in der Dunkelheit im Bett lag, in meinem kleinen Winkel innerhalb des riesigen Menschenkäfigs, den die Mietshäuser bildeten, konnte ich mit unheimlicher Schärfe jeden Ton vom Hof herauf hören. Der Schacht des Hofes muss wie ein Grammophontrichter gewirkt haben. Da ging jemand die Treppe hinunter; wahrscheinlich unser Nachbar, Herr Müller, der Nachtschicht bei der Eisenbahn hatte. Ich lauschte seinen Schritten, die mit jedem Stockwerk schwächer wurden; nun hörte ich deutlich, wie sie auf dem klebrig-nassen Pflaster den Hof überquerten. Wenn ich angespannt lauschte, hörte ich – vielleicht auch nur in der Einbildung – das Rasseln des Schlüssels im Schloss der großen Tür zur Straße. Einen Augenblick später schloss die Tür sich mit einem tiefen, hohlen Laut. Und nun bekam im Nebenzimmer Frau Nowak einen Hustenanfall...«

So wie hier ein großes Bauwerk durch menschliche Geräuschen hörbar wird, so ereignen sich die Geschichten der Großstadtroman in Dialogform. Szene ist bei Isherwood im Wesentlichen sprachliche Kommunikation. Die mündliche Rede wird aber ohne jeden Ehrgeiz, Originaltöne zu imitieren, abgefasst. Zum Glück wird so gut wie nicht berlinert, weder in Originalzitaten noch in einem englischen Ersatzidiom. Modern ist an dieser Art der Darstellung, dass die Äußerungen knapp gehalten sind und entweder antagonistisch aufeinanderstoßen oder aber aneinander vorbeigehen. Die Gesprächskultur des Romans der Vergangenheit, auch der jüngsten – man denke an Waugh und Huxley –, welche sich an ungebremsten Referaten und Monologen erfreut, hat hier wörtlich verstanden keinen Raum.

Die »göttlich dekadente« Sally

Wenn der Autor/Beobachter sich in dem berühmten Eingangszitat als passiv bezeichnet, dann hat das insoweit seine Richtigkeit, als er ein Außenseiter, ein Fremder bleibt, ein »desirable alien« ohne Zweifel, aber keiner, der sich in allzu enge Abhängigkeiten begeben würde. Wenn er im kleinen Maßstab aktiv wird und etwa Personen aus seiner Bekanntschaft zusammenbringt, wie die spröde Natalia Landauer, die reiche Kaufhauserbin, und »the divinely decadent« Sally Bowles, die Cabaret-Sängerin, dann geht das schief, weil die beiden Frauen so gar nicht zueinander passen, auch, weil Natalia in der Folge davon überzeugt ist, dass Christopher ein Verhältnis mit Sally hat. Ein Christopher, der sich bindet, würde aber das Ende der *Stories* – Plural! – bedeuten, also bricht die Beziehung mit Natalia ab, die vielleicht mehr Potential hatte als nur in gepflegter Konversation sich zu erschöpfen. Das heißt nicht, dass Christopher ein kalter Fisch ist. Sally meint das zwar, als ihr Christopher bedeutet, es gehe ihn nichts an, es sei »no business of mine«, geschockt oder nicht geschockt zu sein ob ihrer sexuellen Enthüllungen. »›Um Gottes willen‹, rief Sally. ›Nun kehr' bloß nicht den Engländer heraus! Was du denkst, geht dich natürlich etwas an!‹«

Der Erzähler entgegnet ihr als Engländer, aber nicht als Vertreter englischer Zurückhaltung, sondern als Kenner englischer Verhältnisse, er lasse sich nicht beeindrucken, weil er ihr Verhalten durchschaue, das Verhalten der Fabrikbesitzerstochter Sally Jackson-Bowles aus Lancashire, die alles unternehme, um nicht so versnobt zu werden wie ihre Mutter. Ihre Vita ergibt soweit eine Kurzversion von »a harlot's progress«: Lancashire, London, Berlin, Tochter aus gutem Haus, Schauspielschülerin, Hure.

»›You are naturally shy‹«, erklärt der Hobby-Psychologe. »›Von Natur aus bist du Fremden gegenüber wahrscheinlich recht schüchtern, so bist du auf diesen Trick verfallen und versuchst, sie mit Gewalt dazu zu bringen, dich anzuerkennen oder abzulehnen. Ich weiß das, weil ich selbst es manchmal versuche. […] Nur wünschte ich, du würdest es nicht bei mir versuchen, weil es doch gar nicht wirkt und mich in Verlegenheit bringt.‹«

Bowles hat sich mit Haut und Haaren auf jenes Berlin eingelassen, das von Kessel und Nicolson als große Bühne beschrieben wurde. Bowles kann hier ungehindert die »inhibitions« wegagieren, die sie aus England mitgebracht hat, und sie kann dabei neue Erfahrungen sammeln, denn Berlin ist nicht nur gut, um Ballast abzuwerfen, es ist auch eine »learning experience«. Sally z. B. glaubt daran, dass »sie nur dann eine große Schauspielerin sein kann, wenn sie ein paar Liebschaften hinter sich hat«.

Unter die diesbezüglichen Übungen gehört der Kontakt mit dem amerikanischen Millionär, Clive mit Vornamen, der Sally und Chris mit Geld und Geschenken überhäuft und sie auf eine Weltreise mitnehmen will. Während sich Christopher ausmalt, wie er in Flanellhosen und zweifarbigen Deckschuhen aussehen wird, unterbricht ihn der joviale Clive: ›»Kommt, seht euch das Begräbnis an‹, sagte Clive. ›Was für ein Begräbnis, Liebling?‹, fragte Sally geduldig. Diese Art der Ablenkung war uns neu. ›Was? Sagt mal, habt ihr nichts davon gemerkt?‹, lachte Clive. ›Ein höchst vornehmes Begräbnis. Es zieht schon seit einer Stunde vorüber.‹

Wir traten zu dritt auf den Balkon von Clive's Zimmer. Tatsächlich war die Straße unten voller Menschen. Hermann Müller wurde begraben. Blasse, unentwegte Büroangestellte in Reih' und Glied, Regierungsbeamte, Gewerkschaftssekretäre – der ganze müde Mummenschanz der preußischen Sozialdemokratie – zogen da mit ihren Bannern durch die scharf gezeichneten Bogen des Brandenburger Tors, von dem lange Trauerflore träge im Abendwind wehten. ›Sagt mal, was war das eigentlich für ein Scheich?‹, fragte Clive hinunterblinzelnd. ›Scheint ja ein großes Tier gewesen zu sein?‹ ›Weiß der Himmel?‹, antwortete Sally gähnend. ›Sieh nur, Clive, mein Liebling, ist das nicht ein wunderschöner Sonnenuntergang?‹ Sie hatte ganz recht. Wir hatten nichts mit den marschierenden Deutschen da unten gemein, nichts mit dem toten Mann im Sarg und mit den Losungen auf den Bannern. In ein paar Tagen, dachte ich, werden wir mit neunundneunzig Prozent aller Menschen und Frauen nichts mehr zu tun haben, mit jenen Männern und Frauen, die ihren Unterhalt verdienen, ihr Leben versichern und ängstlich um die Zukunft ihrer Kinder besorgt sind. Vielleicht hatten die Leute im Mittelalter ähnlich empfunden, wenn sie ihre Seelen dem Teufel verkauft zu haben glaubten. Es war ein merkwürdiges, erheiterndes, gar nicht unangenehmes Gefühl; aber gleichzeitig fürchtete ich mich ein bisschen. Ja, ich gestand mir, nun ist es einmal geschehen. Ich bin verloren.« Wir notieren, dass Christopher und die Seinen am 20. 3. 1931 auf das Begräbnis des zweimaligen Reichskanzlers Hermann Müller aus einem Fenster des Adlon blicken. Es hat nicht nur dieses Staatsbegräbnis, sondern auch die hier beschriebene frivole Versammlung gegeben – »Clive«, wer das in Wirklichkeit auch immer war, störte die Stimmung des Staatsaktes beträchtlich, indem er in die Menge der Zuschauer Geldstücke warf. Wer das Buch und den Film kennt, weiß, dass Sally und Christopher ihre Seele an ihn nicht verlieren. Der amerikanische Millionär macht sich ohne sie aus dem Staub.

Badekur mit Otto

Die Seele, nicht den Körper braucht Christopher noch sehr in dem Kapitel, das auf Rügen spielt, wohin sich Chris mit Peter Wilkinson und seinem deutschen Freund Otto Nowak begibt. Peter, »dünn, dunkel und nervös«, mit Hornbrille, hat die übliche Karriere des Sohnes aus gutem Haus hinter sich: feindliches Elternhaus, Public School, Oxford, Ausland. Ohne ein Ziel, ohne feste Beziehungen und erwartungsgemäß homosexuell entwickelt Peter schwere psychische Störungen, die mal Ausschlag, mal versuchten Selbstmord zur Folge haben. Zwei Psychoanalytiker hat er bereits ausprobiert, als er von einem guten Therapeuten in Berlin hört. »Warum nicht Berlin? Es wäre mal was anderes. Und auch billiger. Der Mann in Berlin würde nur 15 Mark pro Visite kosten.« Dann trifft Peter im Wannsee-Bad Otto. »Ottos Gesicht sieht wie ein überreifer Pfirsich aus. Sein Haar ist blond und dick und fällt nur kurz auf die Stirn. Er hat kleine, mutwillig funkelnde Augen und ein breites entwaffnendes Grinsen, das viel zu unschuldig wirkt, um wirklich echt zu sein.« Für einen Jungen seines Alters – er ist geschätzte 16 oder 17 Jahre alt – hat Otto dank Expanderziehen einen übermäßig entwickelten

Brustkasten, der in einem grotesken Kontrast zu seinem kleinen Hinterteil und den spindeldürren Kinderbeinen steht.»Otto ist ganz Körper; Peter ist nur Kopf.« Und es sieht so aus, als wäre Otto noch billiger als der deutsche Therapeut.»Du gibst mir zehn Mark und ich rede mit dir den ganzen Tag lang und auch während der Nacht.« So geschieht es. Der Erzähler findet, dass Otto den Mund nicht zu voll genommen hat, als er sich an die Stelle des Analytikers setzte und ihm seine Art von »talking cure« anbot.»Wie viele durchaus sinnliche Menschen verfügt er über eine beträchtliche instinktive Heilfähigkeit – sofern er sich dazu entschließt, sie zu gebrauchen. Dann behandelt er Peter unfehlbar richtig. Sitzt Peter zum Beispiel zusammengekrümmt am Tisch, den herabgezogenen Mund von kindlicher Angst verzerrt, ein vollendetes Abbild seiner verdrehten, kostspieligen Erziehung, dann kommt Otto herein, grinst, macht seine Grübchen, stolpert über einen Stuhl, gibt Peter einen Klaps auf den Rücken, reibt sich die Hände und sagt albern: ›Ja, ja ... so ist die Sache!‹ Im Nu ist Peter wie verwandelt. Er entspannt sich, nimmt wieder eine natürliche Haltung ein; sein Mund ist nicht mehr so verkniffen, seine Augen verlieren den gehetzten Blick. Solange der Zauber wirksam ist, macht er durchaus den Eindruck eines normalen Menschen.«

The boy turned analyst or healer, das ist in aller Kürze das neue Rezept, das die Engländer sich in Deutschland abholen. Entweder in den Jungensbars oder in der Sommerfrische, die in diesem Fall Rügen heißt. Wir sind wieder bei unserem alten Thema angelangt.»Für Christopher und mich war das Leben in Deutschland eine Art Heilkur für unsere persönlichen Probleme«, schreibt Spender später in seiner Autobiographie *World Within World*. Isherwood zeigt sich beeindruckt, wie auch der deutsche Sozialstaat sich der Heilung der Ärmsten widmet. Er kann zwar – in Isherwoods Stories – nicht die Wohnverhältnisse in den Mietskasernen verbessern, aber wer hier krank wird, bleibt in den Netzen der Gesundheitsämter hängen und hat das Anrecht auf Verschickung. Der Besuch im Sanatorium irgendwo im Umland Berlins, wo seine Vermieterin, Frau Nowak, ihr Lungenleiden kuriert, gehört zu den ganz großen Szenen der Erzählung, ja der Literatur der dreißiger Jahre. Unvergesslich ist vor allem das Schlusstableau, wo die Todkranken, in Laken gewickelt, den Bus verabschieden, der ihre Besucher wieder in die Stadt zurückbringt:

»Alle umdrängten uns einen Augenblick in dem schmalen Lichtkegel eines fauchenden Autos; mit ihren grell beleuchteten Gesichtern wirkten sie vor den schwarzen Kiefernstämmen wie Gespenster. Das war der Höhepunkt meines Traumes: der Augenblick, in dem der Albdruck enden sollte. Ich hatte geradezu eine herzbeklemmende Angst, dass sie über uns herfallen würden – eine Horde grässlich vermummter Gestalten; dass sie uns von den Sitzen zerren und in tödlichem Schweigen gierig am Boden fortschleifen würden. Aber der Augenblick ging vorüber. Sie wichen zurück – nun doch nur harmlose Geister, zurück in die Finsternis, während unser Bus unter heftigem Rütteln stadtwärts schwankte, durch tiefen, unsichtbaren Schnee.«

Isherwood geht es wie Auden darum, in szenischer Form die Asymmetrien nachzuzeichnen, die sich aus den unterschiedlichen Voraussetzungen der Partner in einer *amour de vanité* ergeben, die glaubt, sich über Unterschiede von Alter, Stand, Bildung, erotischer Orientierung hinwegsetzen zu können. »Wenn Otto Peter demütigen will, dann hat auch Peter den Wunsch, Otto zu demütigen. Er möchte Otto zwingen, sich in bestimmter Weise ihm unterzuordnen, und Otto weigert sich instinktiv, das zu tun. Otto hat einen natürlichen, gesunden Egoismus – wie ein Tier. Wenn in einem Zimmer zwei Stühle stehen, wird er ohne weiteres den bequemeren wählen, weil es ihm niemals einfällt, an Peters Bequemlichkeit zu denken. Peters Egoismus ist weniger aufrichtig, ist raffinierter und verderbter. Wenn man ihn in der richtigen Art bittet, wird er jedes, auch das unvernünftigste und unnötigste Opfer bringen. Aber wenn Otto es für sein gutes Recht hält, den besseren Stuhl zu wählen, dann sieht Peter darin sogleich eine Herausforderung, die er annehmen muss. So wie ihre Naturen nun einmal sind, scheint es aus dieser Situation keinen Ausweg zu geben. Peter fühlt sich verpflichtet, weiter um Ottos Unterwerfung zu kämpfen. Wenn er es schließlich nicht mehr tut, dann bedeutet das nur, dass er jedes Interesse an Otto verloren hat.«

»Der wirkliche Verderb für ihre Beziehung«, findet der Erzähler, sei »die ihr anhaftende Langeweile«. Der Leser, dem der Beweis erspart bleibt, glaubt aber bald an einen anderen Verderb, nämlich an das Geld und den Sexus, der dem Geld und nicht dem gleichen Geschlecht folgt. Am Ende kostet der billigere Heiler eben doch Geld. Erst viel Geld, dann »nur noch« Geld. »Das Boot trieb für einige Minuten weiter. Ich fragte: ›Du glaubst nicht, dass er etwas für Dich über hat, oder?‹ ›Am Anfang vielleicht... Jetzt nicht mehr. Jetzt verbindet uns nur noch mein Geld.‹« Aus Peter werden herausgeleiert: eine Unterstützung für die Mutter in Berlin, ein neuer Anzug, ein paar Schuhe, ein Morgenmantel und ein Hut. Im Gegenzug verspricht Otto, dass er sein Verhältnis mit einer jungen Lehrerin aufgibt, die er am Strand kennengelernt hat. Aber Otto verspricht vieles: Sein Verhalten wird immer aufsässiger und seine Dienste immer weniger, je länger die Ferien dauern. Jeden Abend zieht es ihn in die Tanzdiele, während die beiden Engländer wie zwei besorgte und enttäuschte Eltern den Abend in einem kleinen Restaurant verbringen. Dann ist Otto auch den Tag über fort und schließlich ganz. »Peters Zimmer war in fürchterlicher Unordnung, alle Schubladen und Schränke standen offen. Mitten auf dem Tisch war ein Zettel mit Ottos gehemmter, krakeliger Schrift aufgestellt: ›Lieber Peter. Sei mir nicht böse. Ich konnte es hier nicht aushalten und fahre nach Hause. In Liebe Otto. Nicht böse sein.‹ Wie ich feststellte, hatte Otto ein herausgerissenes Vorsatzblatt beschrieben, das aus einem von Peters psychoanalytischen Büchern stammte: ›Jenseits des Lustprinzips‹.«

Diese Fügung mag vielleicht als zu clever erscheinen, aber sie bringt den seltenen Fall mit sich, dass die Sprache der Übersetzung weiter trägt als die des Originals: das *Vorsatz*blatt, das der treulose Geliebte aus dem Freud seines Freundes herausgerissen und neu beschriftet hat, das lässt sich so leicht nicht überbieten – selbst durch gewiefte Freudianer nicht. A Freudian delight, würde der Engländer sagen.

Aber für Peter ist das Ende des Lustprinzips erreicht. »›Du gehst auch?‹ – ›Natürlich.‹ ›Nach Berlin?‹ Peter lächelte. ›Nein, Christopher. Sei beruhigt. Nur nach England. ...‹« England ist nach wie vor das »Nur«-Land, es ist dadurch nicht verlockender geworden, dass Deutschland (»this bloody country«) und die deutschen Lustknaben verloren sind: »Ich habe das Gefühl, dass ich nicht mehr anhalten möchte, bis ich dieses verfluchte Land hinter mir gelassen habe.«

Für das Abfassungsdatum 1931 und das Veröffentlichungsjahr 1939 ist das eine sehr freizügige und auch sehr selbstverständliche Erzählung vom Leben englischer Homosexueller im Ausland. Der berühmte »closet«, in dem sie sich nach gängiger Auffassung verbergen mussten, wird nicht sichtbar. Die Forschung hat auch immer wieder darauf hingewiesen, dass dieser Begriff erst für die Zeit nach dem Zweiten Weltkrieg anwendbar ist. Es entspricht die von Isherwood beschriebene Situation aber ziemlich genau den Verhältnissen vor 1931 und bis in die späten dreißiger Jahre, der Zeit der Buchausgabe, in England: Es gibt viele Teilgesellschaften, in denen Homosexuelle wie selbstverständlich aufgehoben sind, und einige Kreise, die sie dominieren. Zwar wird Peter als neurotische Person beschrieben, aber Peter scheint keine Probleme mit seiner Sexualität, sondern mit seinem Sexualpartner zu haben. Das aber kann jedem und jeder passieren. Diese Probleme resultieren offensichtlich nicht aus charakterlichen Zügen allein, sondern auch und vermutlich vor allem aus der sehr speziellen, aber für diese Jahre und für diesen Ort eben auch sehr typischen Beziehungskonstellation, die zwei Männer zusammenführt, die verschiedenen Klassen, Altersgruppen, Kulturen und Nationen angehören. Und damit sind die Gesellschaft und die Geschichte doch wieder im Spiel.

»Ja, [ich bin] ganz und gar andersrum, allerdings«

Vom Jahr der Buchveröffentlichung 1939 und damit der letzten Überarbeitung des Textes aus gesehen, hat der homosexuellen Beziehung offenbar eine größere Freiheit zugestanden, aber es gibt andere, neue Probleme im Land der freien Liebe. Isherwood postiert zur Vorbereitung auf alles Kommende auch das zukünftige Gesetz in Gestalt des »Doktors« an den Strand. Dieser warnt Peter und Chris vor Otto, er kenne den Typus: »This type of boy always reverts.« Mit »Rückfall« ist normalerweise der Rückfall in eine kriminelle Karriere gemeint, von der aber bis dahin in Bezug auf Otto noch gar keine Rede war. Das Vergehen Ottos kann eigentlich nur ein doppeltes sein: Er ist ein »Invert« in der Fachsprache der Zeit und als »Invert« ist er jederzeit bereit zurückzufallen, »to revert« in die Heterosexualität – was der neugierige Doktor natürlich auch schon mitbekommen hat.

»›Er hat den Kopf eines Kriminellen!‹
›Und sie meinen, dass man einfach zulassen soll, dass Menschen mit kriminellen Köpfen kriminell werden.‹
›Sicher nicht. Ich glaube an die Zucht. Diese Jungs sollten in Arbeitslager gesteckt werden.‹
›Und was machen Sie dann mit ihnen, wenn Sie sie dort haben? Sie sagten doch, dass sie durch nichts geändert werden können, also nehme ich an, dass Sie sie für den Rest ihres Lebens wegstecken wollen.‹
Der Doktor lachte entzückt auf, so als könnte er diesen Scherz, wenn auch gegen ihn gerichtet, durchaus goutieren.«

Der Arzt verkörpert also nicht nur das Gesetz der Art, sondern macht auch den Propheten der Dinge, die da kommen. Im Schlusskapitel der *Stories* wird der Erzähler noch einmal auf eine Tour durch die Höhlen und Spelunken, »the dives« eingeladen. Die Polizei, heißt es, habe ihre Kontrollen verstärkt. »Die Rede ist sogar von einer großen Säuberungsaktion in ganz Berlin.« Der Besuch gilt zunächst einer Lesben- und Schwulenbar namens Salome. Einer ins Lokal sich drängenden Schar junger Amerikaner gibt Christophers Begleiter Fritz Antwort auf die Frage, was es hier zu sehen gäbe:

»›Sagen Sie‹, fragte er Fritz, ›was ist da los?‹
›Männer in Frauenkleidern‹, grinste Fritz.
Der kleine Amerikaner konnte das einfach nicht fassen. ›Männer in *Frauenkleidern*? Als *Frauen*, wie? Die sind dann wohl *andersrum*?‹

›Eventuell sind wir alle andersrum‹, knautschte Fritz feierlich und düster. Der junge Mann musterte uns eindringlich. Er war gelaufen und noch außer Atem. Die anderen drängelten sich linkisch hinter ihn und schienen auf alles gefasst zu sein, obgleich ihre Milchgesichter mit den offenen Mäulern in dem grünlichen Laternenlicht ein bisschen verschreckt aussahen.
›Sie sind wohl auch *andersrum*, wie?‹ fragte der kleine Amerikaner plötzlich zu mir gewandt.
›Ja‹, sagte ich, ›ganz und gar andersrum, allerdings.‹
Einen Augenblick stand er keuchend, mit vorgeschobenem Kinn vor mir und schien nicht genau zu wissen, ob er mich ohrfeigen sollte. Dann wandte er sich um, stieß eine Art wilden Indianergeheuls aus und stürzte ungestüm, von den anderen gefolgt, hinein.«

VIERTES KAPITEL

1933–1945. *The Condemned Playground*

»One Touch of Fascism«

1933 erschien im Verlag Victor Gollancz, London, das *Braunbuch über Reichstagsbrand und Hitler-Terror* mit einem Vorwort von Lord Marley, der mit bürgerlichem Namen Dudley Leigh Aman hieß und eine Zeitlang als Chief Whip der Labour Party fungierte. Er stand an der Spitze des Weltkomitees für die Opfer des Hitler-Faschismus. Mit anderen Worten: Das Buch, das die Verbrechen und Machenschaften der Nazis in den ersten sechs Monaten ihrer Machtausübung dokumentierte, trat nicht als die Winkelpublikation einer kleinen Exilgruppe an die englische Öffentlichkeit, sondern mit der Unterstützung eines prominenten Politikers und anderer engagierter Kreise. Das Buch war unter der Federführung von Willi Münzenberg zusammengestellt worden, der als Leiter der Internationalen Arbeiterhilfe und Propagandist der Komintern eine führende Figur der deutschen Kommunisten war. Dementsprechend kommt die Politik seiner Partei und der Sowjetunion sehr gut weg, und es wird im Zusammenhang mit der Frage der Schuld am Reichstagsbrand viel Mühe darauf verwandt, van der Lubbe von etwaigen Verbindungen zur KP und zu Russland freizusprechenden. Es ist denn auch auffällig und ärgerlich, dass unter den Opfern der Nazis immer zuerst die Kommunisten genannt werden, aber insgesamt gesehen ist das Buch keine Parteipropaganda. Der Terror der Nationalsozialisten, den es dokumentiert, war schlechthin so umfassend, so überparteilich, so total, dass eigentlich kein interessierter und aufgeklärter Zeitgenosse es leichthin als Agitation von sich weisen konnte. Die Engländer waren aber in dieser Hinsicht überaus vorsichtig geworden. Sie hatten nach dem Krieg gelernt, welche verführerische Macht das neue Mittel der Propaganda über sie gewonnen hatte, welche Greuelmärchen über den Feind sie geglaubt und welche sie selbst verbreitet hatten. Dieser Versuch einer Selbstimmunisierung hielt auch in den Jahren des Nationalsozialismus an und blieb auch dann noch wirksam, als in den letzten Jahren des Krieges die Nachrichten von noch größeren Verbrechen der Nazis die Insel erreichten.

Aus unserer heutigen Sicht stellt das Braunbuch in seiner montageartigen Verbindung von Darstellung, Originaldokument und Fotografie eine sehr wirksame Inanspruchnahme moderner Ausdrucksformen dar, wie sie Münzenberg in seinen Zeitungen und Illustrierten seit vielen Jahren ausprobiert hatte. Es sei ein konkreter, nicht ganz beliebig ausgewählter Ausschnitt zitiert. Er gibt den Bericht eines Augenzeugen aus dem Konzentrationslager Sonnenburg wieder und handelt zuerst von Carl von Ossietzky – von ihm, weil der Großteil der Literatur, die für dieses Buch benutzt wurde, aus der nach ihm benannten Bibliothek der Stadt und Universität Hamburg stammte: »Gebückte Haltung, eingefallenes Gesicht, gelbe, krankhafte Gesichtsfarbe, nervöses Gestikulieren mit den Händen, schlotternder Gang, so beschreibt er Ossietzky. Die anderen Sonnenburger Häftlinge: Dr. Wiener, am ganzen Körper grün und blau geschlagen; der Kommunist Bernstein, dessen Nieren man zerschlug und der jetzt nur mit einer Stütze gehen kann, der Kommunist Kasper, dem man die Schamhaare ausgerissen hat, Erich Mühsam, der mit Kasper zusammen für sich ein Grab schaufeln musste, mit der Begründung: am nächsten Morgen würden sie beide erschossen werden...«

Das Buch erschien am 1. August 1933. Von da an konnte in England niemand mehr sagen, er hätte es nicht gewusst. Die einzige Reaktion, die wir in Kreisen der Literati verzeichnen konnten, stammt von Herbert Read, dem Lyriker und führenden Kunstkritiker dieser Epoche. Es ist ein ganz kurzes Gedicht, das »The Brown Book of Hitler Terror« betitelt ist und beschreibt, wie der Autor dieses Buch in einem Laden in die Hand nimmt und darin liest und von einer anderen Person darob schräg angeschaut wird:

»Und ich trat hinaus auf die sonnenbeschienenen Straßen
Wo Autos wie Weberschiffe an meinen Augen vorbeiglitten
Diskret, diskret, diskret weinte ich
Und nur Sokrates war weise.«

Aber zumindest diejenigen, die Deutschland und das Auftreten der Nazis noch vor 1933 aus eigener Anschauung kannten, erklärten sich öffentlich und unmissverständlich. Stephen Spender schrieb im Jahresrückblick *Politics and Literature in 1933*: »Am Beginn dieses Jahres geschah etwas in Deutschland, das zum politischen Selbstbewusstsein wohl jedes zeitgenössischen Schriftstellers in Europa beigetragen hat. Die Hitler-Partei kam im Februar an die Macht, und im März wurden die Bücher von Schriftstellern, die den größten Einfluss auf die europäische Literatur seit dem Krieg hatten, verbannt und sogar formell auf öffentlichen Plätzen verbrannt.« Das literarische Ereignis des Jahres 1933 ist also ein politisches, und es betrifft ganz Europa. Samuel Hynes, dem wir die beste Darstellung der englischen Literatur dieses Zeitraums verdanken, schreibt dazu: »Von jetzt an sind die Bewegungen, in denen englische Schriftsteller verfangen sind, internationale Bewegungen, und es wird unmöglich, ihr Schreiben nur im Rahmen der englischen Tradition zu begreifen. One touch of fascism makes the whole world kin.«

Arten des Exils

Das Voranschreiten der »politischen dreißiger Jahre« stellte die Frage nach der Motivation der Abwesenheit von der Zentrale London und vom Heimatland noch einmal neu. Spanien wurde zum Prüfstein der politischen Haltung einer ganzen Generation und definierte in Friedenszeiten Auslandsaufenthalt völlig anders: als Kampfeinsatz. Und Mussolini, Hitler und Stalin zwangen auch das naivste »Sonnenkind« zu einer Überprüfung der äußeren wie der inneren Koordinaten seiner Existenz. Man ebnet nicht zu viele Differenzen ein, wenn man die Englandflüchter der Zwischenkriegszeit unter den einen Begriff Expatriates versammelt, das sind die im Ausland Lebenden. Sie wurden nicht ausgebürgert, wie man dieses Wort manchmal übersetzt, sondern sie hatten ihr Heimatland aus freiem Entschluss verlassen und konnten dorthin wieder zurückkehren, wenn sie wollten. Es gab, wie im letzten Kapitel ausgeführt, gute Gründe, England den Rücken zu kehren, aber Zwang war nicht im Spiel.

Man braucht die Situation unserer Engländer nur mit der der Russen vergleichen, die als Erste, 1917 beginnend, das Zeitalter von Vertreibung und Flucht einleiteten, als sie zu Hunderttausenden nach Berlin, Paris und London kamen. Es ist nicht bekannt, wieviele Engländer in Berlin lebten, als Auden die Reichshauptstadt zuerst betrat, aber die Zahl der Russen wurde 1923 mit 360.000 angesetzt. Sie hatten ihr Land nicht aus freien Stücken verlassen. Sie lebten im Exil.

Expatriates, soweit sie Künstler sind, tendier(t)en dazu, ihre Existenz ebenfalls als Exil aufzufassen, denn die Aura dieser Seinsform ist unauflöslich mit den Vorstellungen vom Künstler und der Moderne verbunden: Bilder von Verlust, Distanz, Einsamkeit, Gesetzlosigkeit etc. konvergieren hier. Und wenn man an die vier »Männer von 1914« (oder 1917, nach anderer Rechnung) denkt, welche die englischsprachige Literatur revolutioniert haben, Eliot, Pound, Joyce und Lewis, so drängt sich geradezu als Gesetzmäßigkeit das Junktim von Auslandsexistenz und Moderne auf.

Aber was unsere Engländer in Deutschland angeht, so haben wir wenig Hinweise dafür gefunden, dass sie ihr Leben und Schaffen durch einen metaphorischen Exilbegriff zu überhöhen trachteten. In der Terminologie heutiger Exil- und Migrationsforschung würde man ihre Motive unter »professional preference« und »personal convenience« abhandeln. Das Studium lag hinter ihnen; ihren Lebensplan, Schriftsteller zu werden, wollten sie an einem Ort erproben, der unverbraucht, erschwinglich, frei und gewagt war. Das heißt nun nicht, dass Deutschland für sie eine kurze, parasitäre Episode bedeutete und dass sie danach dem Heimatland England treu blieben. Mal abgesehen davon, dass sie immer wieder nach Deutschland zurückkehrten, setzten die wichtigsten drei, Auden, Spender und Isherwood, ihre vagierende Existenz fort. Im Grunde schlossen sie in der Nachkriegszeit zu den Idealen des Kosmopolitismus auf, welche die europäischen Intellektuellen nach 1918 beflügelt hatten. Diesmal aber agierten sie im Kräftefeld des Kalten Krieges und reisten für viele Jahrzehnte im Auftrag großer Organisationen auf dem Ticket des Dichters, der die Weltsprache der Moderne spricht.

1933 veränderten sich die Bedingungen für Auslandsexistenzen radikal. Jetzt konnte man innerhalb kurzer Zeit eine atem- und oft lebensberaubende Karriere zurücklegen: Vom Expatriate über den Emigranten zum Exilschriftsteller und weiter (hinab) zur Persona non grata, zum Verfemten, zum Internierten, Deportierten und zur displaced person. Les indésirables könnte man das Drama überschreiben, das bald europaweit aufgeführt wurde. Lion Feuchtwanger aber, der Deutschland sofort nach der faschistischen Machtergreifung verließ und zunächst in Südfrankreich Quartier nahm, hat die neue Situation durchaus zwiespältig wahrgenommen: »Das alte Deutsch kennt für den Vertriebenen, für den Exilanten, zwei Worte: das Wort ›Recke‹, das nichts anderes bedeutet als eben Vertriebener, Geächteter, und das Wort ›Elend‹, das wiederum den Mann ohne Land, den aus dem Land Gestoßenen bedeutet. So bezeichnet die Weisheit der deutschen Sprache die beiden Pole, die das Wesen der Emigration begrenzen.« Die meisten Vertriebenen seien zu »Elenden« geworden, aber das Exil habe anderen auch die Chance geboten, wie ein »Recke« durch Leiden stärker zu werden. »Viele engte das Exil ein, aber den Besseren gab es mehr Weite, Elastizität, es gab ihnen Blick für das Große, Wesentliche und lehrte sie, nicht am Unwesentlichen zu haften.« Wie auch immer die Exilforschung diesen Gedanken Furtwänglers bewertet, er regt aber für unseren speziellen Zusammenhang die Feststellung an, dass 1933 eine bis dahin unbekannte Internationalisierung der deutschen Literatur mit sich brachte und auch vielen Menschen in anderen Ländern die Möglichkeit verschaffte, deutsche Autoren und Autorinnen kennenzulernen, die ansonsten, wie Feuchtwanger sagt, ihr Leben lang in ihrem Berliner Büro festgehockt hätten. Alles in allem waren Zahl und Qualität der Direktkontakte vor 1933 denkbar bescheiden gewesen. Es sei nur daran erinnert, dass die Auden-Gruppe am Ende ihrer diversen Deutschlandaufenthalte mit zwei Deutschen von Rang verkehrt hatte: mit Magnus Hirschfeld und Ernst Robert Curtius. Nur die Beziehung zu Letzterem hatte die Qualität einer literarischen Freundschaft. Das wird jetzt besser, wenn auch nicht gut, was man unter den gegebenen Umständen auch nicht erwarten kann. Freilich ist die neue, erzwungene Fühlungnahme nur die Vorbotin jenes ungleich intensiveren Zusammentreffens, das ab 1939 die Engländer und Deutschen wieder weit auseinanderführt.

Weil Deutschland diese geschichtlich singuläre Auslandsemigration seiner Schriftsteller erlebt hat, konzentrieren wir uns automatisch auf dieses passive Erleiden der neuen Rollen und übersehen dabei leicht, dass es auch aktive Interpretationen der veränderten Zeitumstände gab. Genannt seien in diesem Sinne der Spion, der Renegat und der Fellow traveller. Im engeren Sinne meint Fellow traveller den Sympathisanten kommunistischer und sozialistischer Politik, der nicht so weit geht, dass er in die Partei eintritt, und der als Mitläufer im politischen Sinne auch nicht in Zeit und Raum reisen muss. Es ist aber ein Merkmal der bewegten dreißiger Jahre, dass er es gleichwohl tut.»Der Terminus trifft durchaus angemessen die Verbindung zwischen dem Reisen als physischer Aktivität und als geistige Bewegung, die aus einer radikalen politischen Orientierung hervorgeht.« Der Fellow traveller ist der Reisende »with a cause«, der seine politischen Überzeugungen im Land seiner Wahl erfüllt sieht und sich eventuell auch vor Ort für diese einsetzt wie die Unterstützer des republikanischen Spanien. In der Epoche der ideologischen dreißiger Jahre können Fellow travellers durchaus auch zur rechten Seite des Spektrums tendieren: Roy Campbell, einer der wichtigsten Lyriker dieser Zeit, kämpfte in Spanien auf der Seite Francos, wozu ihn verschiedene Gründe bewogen, darunter nicht zuletzt der Hass auf die »linke Verschwörung« seiner berühmten Kollegen. Evelyn Waugh war auch so ein Fall – in Abessinien bewunderte er die Aufbauleistung des italienischen Faschismus, in Mexiko kritisierte er die Verstaatlichungspolitik, in Jugoslawien verachtete er die kommunistischen Partisanen, obwohl er auf derselben Seite kämpfte. Um Deutschland hat Waugh einen großen Bogen gemacht, aber Wyndham Lewis war ein typischer Fellow traveller, als er 1930 nach Berlin ging, um vom Nationalsozialismus zu lernen. Und englische Renegaten werden wir auch in diesem Teil kennenlernen.

Die zeitweilige Hauptstadt der deutschen Literatur

Am Rathaus von Sanary-sur-Mer ist heute eine Tafel angeschlagen, auf der die Namen von 36 namhaften deutschen und österreichischen Emigranten eingetragen sind – und darunter fehlen naturgemäß die anderen, ebenso berühmten, die in Nachbarorten unterkamen. Sanary-sur-Mer, wo das »eigentliche Deutschland« (Thomas Mann) sich neu bildete, wurde von den Deutschen und den Engländern unabhängig voneinander entdeckt. Den Faden dieser Geschichte kann man an mehreren Stellen aufnehmen. Zum Beispiel bei D. H. Lawrence. Er hatte in Bandol, dem Nachbarort von Sanary, den Winter 1928/29 verbracht, bevor er in Vence das Sanatorium Ad Astra (!) bezog und dort 1930 starb. Aldous und Maria Huxley begleiteten ihn auf diesen letzten Stationen seines Lebens und blieben dann bis 1937 in Südfrankreich ansässig. Ihre Villa Uley lag zwischen Bandol und Sanary. H. G. Wells, Edith Wharton, Somerset Maugham, Paul Valéry residierten in erreichbarer Nähe; es entstand eine hochkarätige Community, die durch lang- oder kurzfristige Besuche von Freunden und Kollegen (wie z. B. Cyril Connolly, Naomi Mitchinson und Eddy Sackville-West) wuchs und wieder abnahm. »The district is full of chums«, schrieb Evelyn Waugh aus Südfrankreich 1931 an einen Schriftstellerkollegen; das heißt also, dass wir unsere britisch-deutsche Optik getrost auf diesen Winkel der Erde richten dürfen.

Sybille Bedford (1911–2006), die 1911 in Berlin geborene von Schönebeck, die spätere Biographin Huxleys, kam aber nach Sanary auf ganz andere Weise. Ihre ewig unstete Mutter Elizabeth Bernard, eine Engländerin, war 1926 wieder einmal auf Wanderschaft und hatte diesmal einen Grund, einen äußeren: Sie und ihr italienischer Mann wollten dem italienischen Faschismus entkommen und dachten, dass sie bei Freunden im französischen Midi willkommen wären. Bedford schreibt, sie habe sich immer wieder diese Reise ihrer Mutter ausgemalt und zu Geschichten ausgeformt, um zu verstehen, warum es schließlich dieser eine Ort sein sollte, der für sie und vor allem für ihre Mutter schicksalshaft wurde. Sie selbst war nicht dabei, sondern ging noch zur Schule und stieß erst später zu ihrer Mutter, um dann einen großen Teil der nächsten 14 Jahre in Sanary zu leben. Die Geschichte, auf die sie sich in ihren Memoiren einigte, geht so: Die Mutter, unruhig, müde, frustriert, will nicht bis Marseille durchfahren, sondern steigt bei der nächsten Gelegenheit aus.»Sie standen auf dem Bahnsteig einer winzig kleinen Provinzstation – Ollioules-sur-Irgendwo, kein Meer in Sicht. Es war Mitternacht. Ein Bus wartete. Sie stiegen in das klapprige Gefährt, eine originale Beigabe der SNCF (der Französischen Staatsbahnen, damals wie heute), und nach etwa zwanzig Minuten holperiger Fahrt standen sie an der Uferstraße eines ruhigen Hafenstädtchens. Dort war ein Hotel, noch beleuchtet. Hôtel de la Tour. ›Bien sûr nous avons des chambres.‹ Sie nahmen eines für die Nacht. Am nächsten Morgen fiel die Sonne durch das hohe Fenster, davor ein Balkon, vor dem Balkon der Blick aufs Meer; kleine Fischerboote dümpelten im Hafenbecken. Hübsch, sagte meine Mutter.«

Dass die Manns und ihre Freunde in Sanary unterkamen, hat mit Sybille Bedford und ihren Kindern Klaus und Erika zu tun. Letztere konnten als Kenner der Riviera gelten, hatten sie doch 1931 einen Reiseführer über die französische Mittelmeerküste publiziert. Im fatalen Sommer 1933 waren sie unterwegs, um westlich von Toulon nach einem geeigneten Sommerquartier für die Eltern zu suchen. Sie versprachen sich Hilfe von dem Kunstschriftsteller und Literaten Julius Meier-Graefe, der sich 1929 aus gesundheitlichen Gründen in Saint-Cyr-sur-Mer, dem Nachbarort von Sanary, niedergelassen hatte, wo er bis zu seinem Tod 1935 ansässig blieb. Die Mann-Geschwister hielten an, um nach dem Weg zu fragen.

»Die beiden klingelten zufällig an der Toreinfahrt eines Hauses an der Hauptstraße, in der ich vorübergehend wohnte. Es war gegen Ende der Siesta. Ich sah zwei junge Menschen in einem Cabriolet, gut aussehend, von der Reise ein wenig zerzaust. Ich hatte keine Vorstellung, wer sie waren. Sie sagten es mir.
›Sie haben es also geschafft‹, sagte ich.
›Wir sind schon lange fort‹, sagte Erika nachdrücklich.
›Für immer‹, sagte ihr Bruder.
›Wir werden nie mehr zurückkehren.‹

›Nie.‹
›Nie‹, sagte ich.«

Sie besuchten zu dritt die Meier-Graefes, Bedford zeigte sich besonders von Annemarie, der Ehefrau des Kunstschriftstellers, beeindruckt, der vierten, wie sie leicht übertreibend schreibt, sie war aber erst die dritte und nur unwesentlich jünger als sie selbst – sie wird später Hermann Broch heiraten, weiterhin Jagd auf große Namen machen und als Einzige der Riviera treu bleiben und 1994 in Saint-Cyr sterben. Die Quartierfrage löste sich aber viel einfacher: Sybille Bedford empfahl das Haus in Sanary, das ihrer Mutter gehörte, die es im Moment nicht nutzte. (Den Tagebüchern von Klaus und Thomas Mann zufolge stellt sich diese Wohnungssuche anders dar, aber das soll hier nicht weiter verfolgt werden.) Die Manns zogen also für fünf Monate in La Tranquille ein und dankten es der hilfsbereiten Wohnungsvermittlerin nur wenig. Katja Mann (»Das sind wir unserem *Weltruhm* schuldig«) fand doch einiges auszusetzen: »Als sie mich eines Sonntags am Hafen erwischte, machte sie mir mit deutlichen Worten klar, dass die Villa Tranquille nicht ihren Ansprüchen genüge. Wie kämen meine Freunde denn ohne Kartoffelstampfer klar?« Katja Mann war eben sehr bemüht, das klassische deutsche Sonntagsmenü auch unter den Bedingungen des Exils beilagengetreu zu wiederholen. »In der Erinnerung der Emigration«, bemerkte Adorno, der in Sanary fehlte, »schmeckt jeder deutsche Rehbraten, als wäre er vom Freischütz erlegt worden.«

Deutsch-englische Begegnungen

Ich wünschte, ich könnte dieser wunderbaren Sybille Bedford einen größeren Raum in diesem Buch einräumen, aber man muss sich klarmachen, dass ihre Bücher erst geraume Zeit nach dem Krieg erschienen sind. Hitler ist es zu verdanken, dass sie ein internationales Leben führte und, wie Thomas Mann missbilligend sagte, den »deutschen Sprachboden« verließ. Wie andere bedeutende Schriftsteller des Exils schrieb sie in der englischen Sprache – sie selbst sah sich in der Tradition von Joseph Conrad, Isak Dinesen und Vladimir Nabokov. Bedford (»who ›runs‹ the place«, Brian Howard), ihre Mutter und der amerikanische Schriftsteller William Seabrock organisierten Partys, um die deutschen Emigranten und die englischen Expatriates zusammenzubringen – was offenbar nicht immer von Erfolg gekrönt war, weil zum einen die Deutschen mit der Institution Party unvertraut waren und weil zum anderen soviel Berühmtheit und Würde sich nur schlecht auf engstem Raum vertrugen. Eine amerikanische Zeugin, die Schriftstellerin Marjorie Worthington, erinnert einen solchen Anlass folgendermaßen:

> »Willie [Seabrock] erklärte sich bereit, für die Deutschen eine Party in unserem Hof zu geben, und Sybille übernahm die Einladungen. Ein Tag wurde festgesetzt und zu unserer Überraschung kamen sie alle: die Zweigs, die Feuchtwangers, die Meier-Graefes, die Schickeles und die Manns. Wenn sie natürlich auch die anderen dem Namen und der Reputation nach kannten, so hatten sich einige doch noch nie in persona getroffen. Feuchtwanger und Meier-Graefe waren beredt und amüsant, die anderen aber wurden von ihren privaten Sorgen herabgezogen. Thomas Mann, der kaum Englisch und Französisch auch nur wenig besser sprach, sagte nichts und überließ seiner Frau das Reden. […] Die Party wollte nicht so richtig losgehen. Wir hatten Drinks auf einer langen hölzernen Tafel aufgebaut und all das, was man so zu Brandy, Whisky und Gin und den leichteren Aperitifs serviert. Aber die meisten der Deutschen tranken keinen Alkohol, und so musste ich umsteuern und in die Küche eilen und mit Anna zusammen Kaffee und Tee zubereiten und Brot, Butter und Kuchen bereitstellen.«

Die Deutschen organisierten lieber »Gesellschaftsabende« »mit Brötchen, Gebäck, Thee und Wein« (Thomas Mann) und versammelten sich in kleinerem Kreis und unter sich, oder sie empfingen in großem Stil, wenn die Hierarchien bis in die Sitzordnung hinein festgelegt worden waren. Über eine »große Garten-Geselligkeit«, so die Formulierung des Veranstalters, schreibt Bedford:

»Thomas Mann saß in der Mitte des Ehrentisches auf der Terrasse, hinter ihm seine drei Kollegen. Hinter diesen waren Stühle für deren Frauen und Erika Mann aufgestellt. Im Garten unterhalb von dieser Plattform breiteten sich auf Stufen, Kissen und Gartenbänken hoi polloi aus – eine Dichterin aus der Schweiz, die jüngeren Mann-Geschwister, der Sohn der Schickeles im Schulalter, ein bekannter englischer Kritiker, Aldous und Maria [Huxley], meine Mutter, Eddy Sackville-West, Heinrich Manns Juno-hafte Geliebte und ich selbst. Erika erschien und trug das Manuskript des Vaters auf die Terrasse. Etwa 50 Minuten lang las er ein Kapitel aus *Joseph und seine Brüder* mit einer nicht sehr weittragenden Stimme. Anschließend gab es an der Haupttafel Riesling und Hühnersalat. An die anderen im Hintergrund wurden einige passend abgestufte Erfrischungen serviert – ich glaube, mich an Obstsalat und Kekse zu erinnern. Einzig der unbeeindruckbare Meier-Graefe zog für seine junge Frau einen Stuhl neben sich an den Ehrentisch und fütterte sie mit dem weißen Hühnerfleisch von seinem Teller. Für Aldous [Huxley] rettete das den Abend.«

»Das Schauspiel, das die Deutschen bieten, kann einem schon Schrecken einjagen«, schreibt Letzterer im Oktober dieses Jahres an seinen Bruder Julian und fährt fort: »Da ich davon gerade spreche, wir hatten all die Exilliteraten diesen Sommer hier – Thomas Mann, Heinrich Mann, Meier-Graefe und eine reiche Auswahl an Juden wie Feuchtwanger und Arnold Zweig. Eine ziemlich traurige Truppe, welche bereits die katastrophalen Einwirkungen des Exils erkennen lässt.« Die Engländer fanden sich von den Deutschen mit einem »hauteur« behandelt, »der de Gaulle nicht schlecht angestanden hätte«, die Deutschen hielten ihrerseits Huxley für hochmütig – gelesen hatte man voneinander nichts oder nur sehr wenig. Als Thomas Mann Huxley um eine Geburtstagsadresse für den 50-jährigen Feuchtwanger bittet, muss dieser passen. Er kenne nichts von Feuchtwanger.

Gleichwohl, es hat wohl nie wieder in der Literaturgeschichte des 20. Jahrhunderts eine räumliche und personale Konstellation wie diese gegeben, eine echte Über-Kolonie im Vergleich zu all den aparten kleinen Kolonien der Engländer. Was brachte Sanary, der neue *melting pot* der europäischen Literatur, hervor? In literarischer Hinsicht nicht viel. Die Zeitschrift *Die Sammlung*, die ab September 1933 von Klaus Mann herausgegeben wurde, erschien in Amsterdam unter dem Patronat der »Gallionsfiguren« André Gide, Aldous Huxley und Heinrich Mann. Ihr Rang als erste und mutigste Antwort auf Hitlers Machtergreifung und auf die Vertreibung der wichtigsten Stimmen der deutschen Literatur sei unbestritten, aber die Hefte sind, entgegen der Ankündigung, ein »Forum für die *europäische* Jugend« zu bieten, eine sehr *deutsche* Angelegenheit geblieben. Die engen Kontakte, die die Manns zu Huxley, Isherwood, Auden und Spender unterhielten, haben nicht dazu geführt, dass die damalige Verfassung der englischen Literatur in ihrem Organ anschaulich repräsentiert oder dass die ganz besondere Expertise unserer deutschen »Auslandsengländer« genutzt wurde. Von Auden, Spender und Isherwood hätte man anderes erwarten können als ihre eher pflichtschuldigen Beiträge. Schwer verständlich ist etwa, warum keine Auszüge aus Isherwoods Berliner Tagebüchern und den daraus schöpfenden Geschichten in diese Zeitschrift fanden, wo sie doch wie kein anderes Zeugnis der englischen Literatur das Heraufkommen des Nationalsozialismus dokumentierten.

Aber zwei positive Effekte sind gleichwohl aus dieser Konstellation hervorgegangen. Zum einen lernte Sybille Bedford Aldous (1898–1963) und Maria (1898–1955) Huxley kennen und lieben. Maria, eine belgische Emigrantin, der Huxley bei Lady Ottoline Morrell begegnet war, entsprach dem sexuellen Zeitideal, für das ihr Mann den Privatterminus »omnifutuent« gefunden hatte, also allesvögelnd. Sie war bisexuell wie auch die junge Bedford, deren Neigungen aber immer stärker zur gleichgeschlechtlichen Liebe gingen. Wie eine Beobachterin Maria Huxleys es ausdrückte, »zähmte sie Frauen für Aldous« und bereitete »die jungen Tigerinnen« durch ihre Dressur für den Ehemann und das Dreiecksverhältnis vor. Diese Art der Initiation legte die Basis, was keinesfalls selbstverständlich ist, für eine lebenslange Freundschaft – Bedford hat ja auch die »offizielle« Biographie Huxleys geschrieben, von der leider nur ein Band erschienen ist. Diese Freundschaft brachte die junge Deutsche ihrer

Bestimmung als Schriftstellerin näher und rettete ihr vermutlich das Leben. Denn vor aller Literatur ging es in den verhängnisvollen dreißiger Jahren für die Deutschen in Sanary zuerst einmal um Leben und Überleben.

»Meine Liebe, deine Liebe«

Ein Überlebensmittel dieser Zeit war die besondere Form der Marriage blanc, die Passehe genannt wird und auch heute sehr im Schwange ist. In der Variante von Sanary wurde sie zwischen gleichgeschlechtlich veranlagten (englischen) Männern und (deutschen) Frauen geschlossen. Die Deutschen hatten solche Jumelagen unter ganz anderen Bedingungen schon einmal vorgeübt. Erika Mann, Lesbierin, hatte noch in Weimarer Tagen den homosexuellen Gustav Gründgens geheiratet, ihr homosexueller Bruder Klaus hatte sich mit Pamela Wedekind, der von Erika stark umworbenen Tochter des berühmten Dramatikers, verlobt. Was auch immer die Gründe für solche Kombinationen gewesen waren, jetzt, unter den verschärften Bedingungen der faschistischen Bedrohung strebte man genau diese Konstellation an, weil sie außer den lebensrettenden Papieren die Sicherheit vor weitergehenden Ansprüchen (Bedford: »Bindungen binden!«) bedeutete. Dieses Arrangement war insofern eine ironische Verkehrung der Verhältnisse, weil es ja einmal Deutschland gewesen war, wohin sich Engländer und Engländerinnen wandten, um sich leichter scheiden zu lassen oder um die Schwägerin bzw. den Schwager heiraten zu können oder um ganz einfach die Ehe im Geheimen zu schließen. (Auf den berühmtesten Fall, für den Letzteres gilt, werden wir noch kommen: das war die Heirat zwischen Lady Diana Mitford und dem Führer der englischen Faschisten, Sir Oswald Mosley, die 1936 in Berlin zustande kam, in Gegenwart von Hitler und Goebbels.)

Jetzt ermöglichte England die *marriage of convenience*, nicht weil seine Gesetze fortschrittlicher geworden wären, sondern weil einige seiner Bürger die Gefährdung deutscher Frauen durch den Nationalsozialismus nicht akzeptierten. Die Verheiratung der Erika Mann kam durch Klaus Manns Vermittlung mit Christopher Isherwood zustande, der seinen deutschen Freund Heinz nicht gefährden wollte. Als er W. H. Auden (1907-1973) erreichte, kabelte dieser zurück: »Delighted«, und Erika Mann machte sich auf die Reise nach England. Was geschah, als die beiden zukünftigen Eheleute einander zuerst begegneten, darüber gibt es verschiedene Versionen. Auden lehrte damals an einer Schule in den English Midlands, genauer in Worcestershire – Malvern hieß die nächste größere Stadt. Bei ihrer Anreise stieg Erika statt in Great Malvern in Malvern Link aus und begrüßte das einzige männliche Wesen, das ihr auf dem Bahnsteig begegnete, mit den Worten: »It is so kind of you to marry me!« Das ist die eine Fassung. Die andere dreht die Rollen um und lässt Auden gerade noch rechtzeitig den Bahnhof erreichen und die erste beste, aber falsche Frau mit den Worten umarmen: »Darling, how lovely to meet you!« Sybille Bedford dagegen führt einen Augenzeugen an, der Folgendes erlebt haben will: »Ein halbes Dutzend junger Engländer wartete in Folkstone auf dem Bahnsteig. Erika rief ihnen entgegen: ›Wer von euch ist es?‹ Der Bräutigam trat vor. Worauf sie sich bei ihm einhakte und fröhlich rief: ›Fein, dann wollen wir mal heiraten.‹« Carpenter, Audens quasi offizieller Biograph, beruft sich auf einen Freund Audens, der auf der Szene gewesen sein will und die Geschichte noch einmal anders und weniger attraktiv erzählt: Danach trafen sich die beiden zum ersten Mal in ihrem Leben in einem Pub in der Nähe von Malvern, bevor Auden das Aufgebot bestellte – das tat damals der Bräutigam ohne die Gegenwart der Braut. Leider musste Auden bei den Angaben, seine zukünftige Frau betreffend, an manchen Stellen passen, was den Standesbeamten aber so wenig zu stören schien, dass Auden nachher zu seinem Freund sagte: »Er hätte mich auch mit dem Feuerhaken verheiratet.« Schaut man sich aber die Eintragungen im Register an, so erscheinen sie geradezu übervollständig. Die Namen der Braut sind mit »Erika Julia Hedwig Grundgens formerly Mann« angegeben – das hätte auch ein Heiratskandidat, der seine Verlobte etwas länger kannte als Auden, vermutlich nicht ohne Hilfe hingekriegt. Vielleicht hatte die Braut ja noch vor der Zeremonie Gelegenheit, das Fehlende eintragen zu lassen,

z. B. ihr Alter. Die Eheschließung fand am 15. Juni 1935 ohne größere Feierlichkeiten statt, und die Eheleute gingen wieder ihrer Wege, Auden zurück ins Klassenzimmer, Erika in die Schweiz. Auden schrieb an Spender: »Ich sah sie erst bei der Zeremonie und werde sie vielleicht nie wieder sehen. Aber sie ist sehr nett.« Nach einigen Tagen erreichte ihn ein Telegramm mit dem verwirrenden Wortlaut: »MEINE LIEBE DEINE LIEBE ALLE MENSCHEN SIND GLEICH.« Ein Jahr später arrangierte Auden unter dem Motto »What are buggers for?« eine Heirat für Erika Manns Freundin Therese Giehse. Diesmal war es ein Freund des von Auden hochverehrten E. M. Forster, welcher der expatriierten und von den Nazis verfolgten Schauspielerin den lebensrettenden Pass sicherte. Bei Sybille Bedford ging es nicht so glatt, vermutlich, weil sie es darauf angelegt hatte, nicht wie Mann und Giehse in der Provinz, sondern in London zu heiraten, wo die Beamten durch eine Vielzahl von Fällen für das Problem der Scheinehen sensibilisiert waren. »Eine unserer Schwuchteln muss Sybille heiraten«, beschloss Maria Huxley, als Bedfords Pass abgelaufen und sie durch eine nazifeindliche Publikation in Manns *Sammlung* aufgefallen war. Die Suche gestaltete sich schwierig. Ein befreundeter Innenarchitekt hatte einen Butler, der einen Freund, genauer einen Ex-Freund hatte, der ein wenig finanzielle Unterstützung gebrauchen konnte und auch eine Wohnung besaß. Am Morgen des angesetzten Hochzeitstages bekam Bedford Besuch von einem Beamten des Innenministeriums, der sich ihren Pass ansah und feststellte: »Die letzten Jahre haben Sie also überwiegend in Frankreich verbracht. Und heute Vormittag wollen Sie einen britischen Staatsangehörigen heiraten?« Der Besuch endete damit, dass der Beamte den Pass mitnahm und auf Bedfords besorgte Nachfrage, ob sie ihn wiederbekäme, antwortete: »Ja, Sie bekommen ihn wieder, aber was Sie darin finden werden, dürfte Ihnen nicht gefallen.« Einige Tage später wurde er ihr per Boten und der eingestempelten Verfügung zugestellt, sie habe England innerhalb von 48 Stunden zu verlassen, sonst würde sie in ihr Herkunftsland Deutschland abgeschoben. Die Freunde verdoppelten ihre Anstrengungen, schalteten Anwälte und Politiker ein, und als nichts mehr ging, ging Maria Huxley zum Innenminister. »Maria ging einfach hin. Bestand auf einem Gespräch. Drang in ein eindrucksvolles Büro vor, sprach mit einer Person, die sich nicht festlegte, warf sich auf die Knie, bat um Gnade. Ob es tatsächlich der Innenminister oder nur der Staatssekretär oder ein untergeordneter Beamter war, weiß ich nicht mehr.« Vielleicht war das so unenglisch gewesen (Maria war wie gesagt Belgierin), meint Sybille Bedford, dass es funktionierte. Wenige Tage später war sie verheiratet, und zur Feier stieg eine Party, zu der beide Seiten ihre Freunde einladen durften: »Und dann erschienen [...] Virginia Woolf, ein paar zweitrangige Politiker, unser Innenarchitekt, ein paar Quäker, etliche Bloomsburianer, und, von Terrys Seite, ein halbes Dutzend Showgirls (sehr hübsch – Aldous war entzückt), und ein paar muskulöse Burschen, eher Kleiderschränke als Epheben. Virginia Woolf kam auf mich zu, nahm meine Hand in die zarte ihre (es war unsere erste und einzige Begegnung). ›Was für eine schräge Party‹, sagte sie. ›Ich verstehe überhaupt nichts. Irgendwann müssen Sie mich einmal besuchen und es mir erklären.‹«

Wechselseitige Onanie in vierzehn fremden Ländern

»Unsere Schwuchteln«, um Maria Huxley zu zitieren, hatten ihrerseits allergrößte Schwierigkeiten, ihre deutschen Freunde in Sicherheit zu bringen. Denn nach der promiskuitiven Phase der »boys had in Germany« und der Konzentration auf die »lower orders«, wie Virginia Woolf sich ausdrückte, hatten sie sich fest an deutsche Lebensgefährten gebunden. Auch diese Phase machten die Protagonisten unserer Geschichte ziemlich konform durch und hatten deswegen vergleichbare, zum Teil abenteuerliche Schwierigkeiten zu überwinden. Den Rettungsweg, den die gefährdeten lesbischen Frauen wählten, die Passehe, beschritten die Schwulen nicht. Es hat wohl nur einen nicht sehr gut dokumentierten Versuch Christopher Isherwoods (1904–1984) gegeben, für seinen deutschen Freund Heinz eine Verheiratung vor den Konsuln Deutschlands und Englands in Barcelona zu erreichen. Wer die Partnerin gewesen wäre, wissen wir nicht. Einfach so die Staatsbürgerschaft eines demokratischen Staates zu erlangen, war mittlerweile fast unmöglich geworden. England zeigte sich gegenüber unverheirateten Männern verschlossen. Heinz z. B. wurde von den britischen Immigrationsbehörden »on suspicion of sexual undesirability«, wie sich Paul Fussell ausdrückt, abgewiesen. Die Gefährdung der deutschen Männer hatte sich entscheidend verschärft, als Hitler 1935 die allgemeine Wehrpflicht einführte und sie auf »Reichsangehörige im Ausland« ausdehnte. Von Griechenland bis Portugal hatten Christopher und Heinz Europa durchzogen; ihre endlosen Wanderschaften und Vorsprachen vor Konsulaten und Immigrationsbehörden endeten dann damit, dass 1938 eine Aufenthaltsgenehmigung für Luxemburg ablief und der Rechtsanwalt der beiden riet, Heinz müsse kurz nach Deutschland einreisen, um bei der Rückreise durch Luxemburg eine Genehmigung für Belgien zu erwirken, wo Isherwood damals lebte.

Dieser Plan ging so schief, wie nur etwas schiefgehen kann, und es ist völlig unverständlich, warum ein Paar, das jahrelang Deutschland umgangen hatte, plötzlich glaubte, auf diesem Wege sein Ziel zu erreichen. Aber noch unverständlicher ist, warum Heinz, von dem selben Rechtsanwalt angestiftet, vor den deutschen Behörden gestand, während der vergangenen Jahre mit einem Engländer in einer homosexuellen Beziehung gelebt zu haben, so als ob der Anklagepunkt der Wehrflucht nicht schon schwerwiegend gewesen wäre. Der Rechtsanwalt empfahl ihm, er solle zugeben, »eine ausgesprochene Sucht zur wechselseitigen Onanie« zu besitzen. Isherwood teilt diese Formulierung in Deutsch mit, und so dürfen wir annehmen, dass sie original ist. Nicht ohne Beklemmung liest man, was er eine Woche nach der Verhaftung des Freundes in sein Tagebuch einträgt: »Wie ich die Zeit überstand? Schwer zu sagen. Denjenigen, die sich in einer Situation wie meiner befinden, kann ich Masturbation nicht warm genug empfehlen. Mit Umsicht angewandt, betäubt sie deine Gefühle fast vollständig. Nur wenn man es zu oft tut, fühlt man sich erbärmlicher als zu vor.« Das deutsche Gericht, vor das Heinz schließlich im Jahr 1938 gestellt wurde und das ihn wegen Wehrflucht und perverser Sexualität verurteilte, realisierte die Weite des geographischen Raums, in dem sich seine und Isherwoods Aktivitäten abspielten, und klagte letzteren, der sich der Verurteilung entzog, an, »mit dem Gefangenen wechselseitige Onanie in vierzehn fremden Ländern« und im Deutschen Reich begangen zu haben. 1935 hatten die Nationalsozialisten den Paragraph 175 des Reichsstrafgesetzbuches verschärft. Während nach der älteren Fassung Onanie, auch »wechselseitige«, straffrei blieb, änderte sich das nun, und die Ausnutzung eines Abhängigkeitsverhältnisses und homosexuelle Handlungen mit Männern unter 21 Jahren wurden als Verbrechen eingestuft und mit Zuchthaus zwischen einem und zehn Jahren bestraft. Die Nazis hielten Homosexualität für erworben – vielleicht verfolgte der Rechtsanwalt ja die Strategie, Heinz als Opfer eines perversen Engländers darzustellen und so zu entlasten. 1938 wurden im Reich 8562 Erwachsene und 974 Jugendliche wegen dieser Vergehen verurteilt. Heinz fand einen milden Richter: Sechs Monate Gefängnis, ein Jahr Arbeitsdienst und zwei Jahre Militärdienst lautete das Urteil. Heinz überlebte den Kriegseinsatz im Osten wie im Westen.

The Most Hated Man in England

Selbstverständlich gab es auch eine Bewegung in die andere Richtung, nicht weg aus Deutschland und aus den durch Deutschland gefährdeten Gebieten, sondern hinein in dieses neue und verstörende Deutschland des »Dritten Reiches«. Das Reisebüro Thomas Cook and Son, das im 19. Jahrhundert den organisierten Tourismus überhaupt erfunden hatte, als es seine Kunden den Rhein hinauf und wieder herunterbeförderte, warb 1934 mit dem Slogan »Germany is News«. Der englische Reisende solle »Deutschland, so wie es heute ist, mit eigenen Augen wahrnehmen«. Das wollten nach dem Schock von 1933 erst einmal nicht so sehr viele, aber die stetige Werbung und die Köderangebote der Londoner »Reichsbahnzentrale« führten dann doch dazu, dass im Sommer 1937 400.000 Engländer nach Deutschland reisten, glaubt man den Angaben des Statistischen Jahrbuchs für das Deutsche Reich. Die allermeisten dürften die klassischen Ferienorte im Norden und Süden aufgesucht haben, wo man strikt bemüht war, ein soweit als möglich unpolitisches und friedliches Deutschland zu präsentieren.

Dann gab es aber auch einen Tourismus der »political travellers«, die Cooks Motto »Germany is News« sehr ernst nahmen und ihre oft nur kurzen Begegnungen mit dem neuen Deutschland in zahlreichen Artikeln, Interviews und Büchern ausschlachteten. Wyndham Lewis (1882–1957) war so einer. Lewis, der Freund Pounds, Fords und Violet Hunts aus Vortizisten-Tagen – er hatte Hunts South Lodge mit seinen wilden Abstraktionen geschmückt, und Ford hatte seine ersten Geschichten publiziert –, Lewis war ein veritabler Zeitgenosse, weil er seine Landsleute Jahr für Jahr in mehreren Buchpublikationen und in Hauszeitschriften ständig über seine politischen Ansichten auf dem Laufenden hielt. Wie viele andere Künstler der ersten Moderne war er zum Dissidententum in Permanenz verurteilt: die anstrengende Rolle des Feindes – *The Enemy* hieß eine seiner Zeitschriften –, des Mannes gegen alles und jedes und dies zu allen Zeiten, auch im Krieg z. B., hatte er sich selbst geschaffen. Um sie durchzuhalten und nach möglichst vielen Seiten anzuecken, hatte er sich entschlossen, Pounds Persona-Verfahren nicht literarisch, sondern biographisch anzuwenden und in verschiedenen und schnell wechselnden Versionen seiner selbst aufzutreten. Edith Sitwell hat ihn hart, aber gerecht so beschrieben: »Seine nach außen gekehrte Persönlichkeit, sein Schild gegen die Welt, änderte sich von einem Tag zum anderen – man könnte beinahe sagen, von einer Stunde zur nächsten. Wenn er breit lächelte, meinte man, das Bild einer Laterna magica vor sich zu sehen... klick, weg, und ein neues Bild, das zum vorigen in keiner Beziehung stand, aber gleichermaßen unwirklich war, hatte dessen Platz eingenommen. Er war nicht mehr der einfältige Künstler, sondern ein finsterer, piratengleicher Südländer... Dann wieder trat er als Seemann auf, stieß aus zusammengebissenen Zähnen mit rauher-aber-herzlicher Stimme kurze, abgehackte Sätze hervor, etwa so, wie der Kapitän eines Walfängers bei aufziehendem Sturm den Männern seiner Besatzung Befehle erteilt – einer wie der andere ungeschliffene Diamanten, aber mit einem Herzen von Gold, und voll von Bewunderung für ihren Schiffsführer.«

Seiner äußeren Proteus-Natur entsprach die Zerrissenheit seiner politischen Überzeugungen. Schon in *Blast*, der ersten der von ihm herausgegebenen Zeitschriften, hatte er programmatisch seine Strategie als »Söldner« der Moderne festgelegt: »Wir kämpfen erst auf der einen Seite, dann auf der anderen, aber immer für die SELBE Sache, welche die Sache keiner Seite oder beider Seiten und unsere ist.« 1929, 15 Jahre später, beschrieb er in Heft 3 von *The Enemy* seinen Standpunkt folgendermaßen: »zu Teilen kommunistisch und zu Teilen faschistisch, mit einer deutlich monarchistischen Note in meinem Marxismus, aber im Grunde anarchistisch mit einer gesunden Begeisterung für Ordnung«. Den Kommunismus der Russen und den italienischen Faschismus hatte Lewis in den zwanziger Jahren bereits mehrfach und mit wechselnder Zustimmung durchgenommen. In seiner bedeutenden Zeitkritik *The Art of Being Ruled* (1926) hatte er sich für das italienische Modell ausgesprochen. Seine Sympathien gehörten einer Gesellschaftsordnung, »wo alles bis ins kleinste Detail zentral gesteuert wird«, wo ein Diktator ungehemmte Macht über Leben und Tod hat und seine »Banden« jeden totschlagen, »der Meinungen zu laut äußert, die der Zentralregierung nicht gefallen«. »Der ganze Humbug der demokratischen Wahlen [...] wird diesem glücklichen Volk von nun an erspart bleiben.« Nach zu viel Politik und zu viel Wirtschaft ersehnte sich auch dieser Zeitgenosse einen Zustand der Gesellschaft jenseits des Wirkens dieser großen Unruhestifter. »In such a state it is difficult to see how ›politics‹ could exist. ›Economics‹ will similarly disappear.« Und so sah es zumindest für einen Moment so aus, als wäre Lewis müde geworden, dem Idol der Moderne, dem »Great God Flux« weiterhin zu dienen – ausgerechnet er, der eine Bewegung nach der anderen angestoßen und vor allem im Vortizismus die Dynamik permanenter Veränderung gefeiert hatte. Lewis schien auch nach und nach die Lust am permanenten Rollen- und Stellungswechsel zu verlieren. »Ich bleib siebenunddreißig, bis ich etwas anderes sag. Verstanden?«, beschied er einmal die Sitwells – Lewis war Jahrgang 1882. So übertrat er denn jenes erste Gebot seiner Ästhetizisten-Freunde: »Verflucht sei der Tag, an dem sein Geist sich festlegt«, und ließ seinen strong opinions in Sachen Faschismus auch ein äußerliches Bekenntnis folgen und zog sich das schwarze Hemd der British

Union of Fascists über. Er traf sich mit ihrem Führer Mosley im Geheimen, publizierte aber auch ganz öffentlich zusammen mit Ezra Pound und dem damals sehr bekannten Lyriker Roy Campbell im *BUF Quarterly* und schrieb über die internationale Unterstützung des Kommunismus durch die Reichen und die Intelligenzija. Die Sache der Armen sei dagegen nur beim Faschismus aufgehoben: »Du als Faschist stehst ein für den kleinen Kaufmann gegen die Kettenläden, für den Bauern gegen den Wucherer, für die Nation, klein oder groß, gegen die Supermacht, für den Handwerker gegen die Maschine, für den Kreativen gegen den Vermittler, für alles, was durch individuelle Bemühung und kreatives Schaffen entsteht, und gegen all das, was in der abstrakten Luft der Hochfinanz oder im theoretischen Reklamerummel des Internationalismus herangezogen wird.« Hier schreibt einer der »Männer von 1914«, wie Lewis selbst das Quartett Lewis, Pound, Joyce, Eliot genannt hat, vielleicht der einzige expressionistische Dichter Englands von Rang – wie einfach jetzt auf einmal alles wird, wenn man »die Entscheidung« gefällt hat, wie es die deutschen Propagandisten der Rechten zu nennen pflegten. Die Erfahrung des Krieges, die Erwartung des nächsten Granateneinschlags habe ihn, schreibt der Frontsoldat Lewis etwas später, in einen Daueralarmzustand versetzt.

Hitler, der »Mann des Friedens«

An den Bewegungen der äußersten Rechten faszinierten Lewis Züge, die so ziemlich genau allen Tendenzen der Radikalmoderne entsprachen, denen er bisher gefolgt war: »A fiery fusion of all that is most outrageous to the mind of the sober, tolerant, democratic average.« Das Letzte hat er schon über den Nationalsozialismus gesagt, dem er sich 1930 zuwandte und den er, anders als Kommunismus und Faschismus, in eigener Anschauung kennenlernen wollte. 1928 hatte Hitlers Partei im Reichstag 12 Sitze, 1930 107. Dazwischen lag die Weltwirtschaftskrise. Der Pressezar Lord Rothermere hatte sich und seine Blätter zunächst auf eine antinationalsozialistische Position eingestellt, weil er durch die rabiaten Nazis sein Engagement für den italienischen Faschismus diskreditiert sah. Doch kurze Zeit später druckte die *Daily Mail* Rothermeres Kabel aus München, das den Aufstieg der NSDAP zur zweitstärksten Partei als historische »Landmarke« feierte und in fetten Lettern von der »Wiedergeburt Deutschlands als Nation« und vom neuen Bollwerk gegen den Bolschewismus sprach. Mit dieser Bewertung stand Lord Rothermere damals noch ziemlich einsam da, und Lewis erkannte zweifellos das Potential, das der Nationalsozialismus für ihn besaß, um seine Batterien als *The Enemy* aufzuladen. Er fuhr im November 1930 für einige Wochen nach Berlin und veröffentlichte seine Eindrücke vom »Hitlerismus«, wie man damals sagte, zuerst in einer Zeitschrift und dann im April 1931 in Buchform unter dem Titel *Hitler*. Es war dies das erste Buch, das in englischer Sprache dem Jahrhundertthema gewidmet wurde. Ein Künstler hat es verfasst.

Lewis suchte nach dem Erfolg von Hitlers Erdrutschsieg. Er erklärte ihn mit der Unfreiheit, in der Deutschland durch die Siegermächte und das internationale Finanzkapital gehalten wurde. Dass ein Politiker Erfolg haben musste, der den Minderwertigkeitskomplex seiner Wähler zu heilen versprach, schien ihm evident. Aber nicht nur die Lage, sondern auch die Persönlichkeit des Herausforderers garantierte den Erfolg: »Hitler ist der einfache Mann aus dem Volke, kein philosophischer Automat, der totes Wissen hergibt, sondern im Gegenteil, er lehrt die Weisheit der Lebenserfahrung. So muss Hitler in den Augen seiner begeisterten Anhänger nicht nur als der deutsche Mensch, sondern ebenso als der natürliche Mensch gewertet werden. Nach allen Erzählungen scheint er eine große und echte Persönlichkeit zu sein; es würde deshalb ein großer Fehler sein, ihn einfach für einen ›Diktator‹ zu halten.« Gefährlich war der Mann also eigentlich nicht. Lewis meinte, es gebe für Hitler, wenn er an die Macht komme, so viel zu tun, dass er für die brisantesten Ziele in seinem Programm, seine Expansionspläne, weder die Zeit, noch die Mittel haben werde – Lewis hielt die Entmilitarisierung Deutschlands für dauerhaft gelungen. Hitler war ein Innenpolitiker, und um es mit anderen, Lewis' eigenen und von ihm später oft vorgehaltenen Worten zu sagen: Hitler war ein »Mann des Friedens«. Lewis fand auch nichts Exzentrisches an ihm – darauf hatte sich ja bisher die öffentliche Meinung geeinigt, soweit sie überhaupt von dem Phänomen Kenntnis nahm. Auf einen Engländer musste Hitler exotisch wirken. In England, da regierten Politiker, die eine Schleppe von Titeln nach sich zogen und sich auf das Old Boys Network Eton-Oxford-Cambridge stützten (nicht anders als die Literati!). Selbst der Führer der englischen Faschisten war ja ein Sir. Sir Oswald Mosley, der sechste Baronet, kam aus der landed gentry Englands und war in erster Ehe verheiratet mit Cynthia Curzon, Tochter von George Nathaniel Curzon, Lord Curzon of Kedleston, Viceroy of India. (Wer gegen diese Titelschleppe anhalten wollte, musste sich schon sehr anstrengen, wie etwa der adelige Drifter, den uns Wodehouse geschenkt hat: Hildebrand Spenser Poyns de Burgh John Hanneyside Coombe-Crombie, 12th Earl of Dreever.) Später heiratete Mosley dann Diana Mitford aus der Familie Redesdale, ebenfalls nicht unter seinem Stand, nur dass diesmal Goebbels und Hitler die Gästeliste anführten, während beim ersten Mal George V. und Queen Mary ihm die Ehre gaben. Nehmen wir noch hinzu, dass unter den vielen Frauen des Hochadels, denen Sir Oswald seine Gunst schenkte, die ältere und die jüngere Schwester seiner ersten Frau und deren Stiefmutter waren, dann fragt man sich nicht mehr, warum die Romanschriftsteller der Zwischenkriegszeit es aufgegeben hatten, ihre Personen selbständig zu erfinden und sich demütig an die viel phantasiereichere Realität hielten. Um zu diesem Thema Alfred Döblin zu zitieren, der etwa zur gleichen Zeit schrieb: »Das Leben dichtet unübertrefflich. Kunst hinzuzufügen ist da meist überflüssig.«

An Hitler dagegen bewunderte Lewis »die Asketik des Politischen«, die Abstinenz von Alkohol, Nikotin und Sex, die dem Parteiführer das »Blutgefühl« diktierte. Dem Kompass der Rasse zu folgen, empfiehlt sich als generelles Gegenmittel gegen die Amoral und Permissivität der herrschenden Dekadenz. »Solch ein Gefühl hat die Deutschen dazu bewogen, der Jazz-Kultur zu widerstehen und hundert mehr Dingen [...] und an die Notwendigkeit einer zentralen, westlichen, einheitlichen Kultur zu glauben. Auch die Notwendigkeit eines schärferen Rassenbewusstsein auf der Seite aller weißen westlichen Völker hat einiges für sich.« Lewis greift hier 1930 offensichtlich der Entwicklung voraus, denn die Szene der Weimarer Republik bot wenig Anlass, einen Widerstand der Deutschen gegen die »Jazz-Kultur« festzustellen. Lewis wusste das selbst am besten. Berlin nennt er das »Generalquartier« der Perversion, das »Quartier général of dogmatic Perversity – the Pervert's Paradise, the Mecca of both Lesb and So«. Er ist zur selben Zeit wie Auden und dessen Freunde in Berlin und entdeckt dort dieselben Zustände wie seine Landsleute, nur dass er sie ganz anders bewertet. In seinem zeitkritischen Hauptwerk *The Art of Being Ruled* (1926) hatte Lewis das Auftreten der »Invertierten« neben dem Feminismus als die Signatur der neuen Geschlechterpolitik in seiner Zeit beschrieben. Da hatte er sich noch relativ neutral, mehr konstatierend ausgedrückt. Die Erfahrung Berlin aber löste offenbar in ihm jenen Zustand der »emergency« aus, der ihm gebietet, nach dem großen Reiniger zu rufen.

Was schließlich die »Judenfrage« angeht, so behandelt Lewis den Antisemitismus als ein innenpolitisches Strategem der Nazis, ein »Agitationsmittel« – er nennt ihn auch den »red herring« (das Ablenkungsmanöver), den Hitler Freund und Feind hinwirft, um sie zu beschäftigen. (Churchill sah das 1932 sehr ähnlich, dachte aber ein Stückchen weiter, als er Hitler durch Putzi Hanfstaengl ausrichten ließ: »Tell your boss from me that Antisemitism may be a good starter, but is a bad sticker.«) Diese abgehobene Position erspart Lewis eine Stellungnahme zur Sache selbst, die vermutlich distanziert ausgefallen wäre, denn Lewis war kein Antisemit. Aber dass Hitler die Juden zum äußeren und inneren Feind erklärt, um sein Volk, zu dem offenbar auch Lewis nicht die Juden zählt, hinter sich zu bringen und den zerrissenen Volkskörper wieder zu einen, das hält Lewis für einen verständlichen, um nicht zu sagen genialen Schachzug. Der Jude ist hier ein Symbol, ein katalysatorisches Element, das im politischen Kampf ausgespielt wird und nach erfolgter Umwandlung unverändert zurückbleibt. »Ich glaube, dass Hitler selbst, wenn er die Macht erlangt hat, zunehmend Mäßigung und Toleranz zeigen wird. Im Dritten Reich, so wie es Hitler sich vorstellt, würde Einstein, der große jüdische Mann der Wissenschaft, meiner Meinung nach gebührlich geehrt werden.« Wie viele Engländer hatte auch Lewis kein

Sensorium für den Ernst dieses nationalsozialistischen Programmpunktes, weil er nicht begriff, welch unerbittliche Konsequenz die Klammer von Rassenlehre und Antisemitismus bedeutete – eine Doktrin übrigens, die ein in Deutschland lebender Engländer ausgearbeitet hatte: Houston Stewart Chamberlain.

The Hitler Cult

Nach dem Krieg klagte Lewis, der als Maler einer der großen Porträtisten des 20. Jahrhunderts war: »Warum hat uns die Natur nicht mit der Gabe einer psychologischen Introspektion ausgestattet, die zur Folge hätte, dass wir einem Massenmörder begegnen und sofort von ihm zurückgestoßen werden? [...] Als Porträtmaler hätte ich die grauenvollen Symptome entdecken müssen [...].« Ja, die Natur...

Lewis veröffentlichte bis 1937 pronazistische und profaschistische Schriften in schneller Folge. Dann war es auch damit vorbei. Als er 1937 Berlin wieder besuchte, Material für ein Buch mit dem Titel »Among the Dictators« sammelnd (das nie erschienen ist), fand er das nationalsozialistische Deutschland viel zu »nett« und »respektierlich«. »Ich muss gestehen, dass mir die unausrottbare ›Nettigkeit‹ des deutschen Geistes einen gewissen Schock bereitete. Das ist so, wie wenn man erfährt, dass der Gladiator in seiner Freizeit *Der kleine Lord Fountleroy* und nicht Äschylus liest.« Lewis machte sich aber nun nicht daran, den Nationalsozialismus auf den rechten, den härteren Weg zurückführen zu wollen, sondern wechselte seine Enttäuschung kurzerhand in einen Abschied von seinen früheren Überzeugungen und weitergehend in eine generelle Enthaltsamkeit von Politik um. Am Ende des dritten Jahrzehnts publizierte er ein prosemitisches Pamphlet mit dem Titel *The Jews Are They Human?* (1939) und eine Abrechnung mit dem Nationalsozialismus, die er *The Hitler Cult* nannte – sie erschien ebenfalls 1939. Letzteres Buch ist vielleicht der zahmste Text, den er je verfasst hat: von einer liberalen Position aus geschrieben – Lewis selbst ordnet sich auf einmal links ein –, liest sich diese Abhandlung als eine vernünftige Reflexion über die Stärken und Schwächen Englands, als Imperialmacht in einer Zeit zu bestehen, da andere Mächte gleichermaßen nach imperialer Geltung streben. Als Polemiker enttäuscht der Autor, den man ein »Ein-Mann-Abbruchkommando« genannt hat, als Prognostiker aber scheint der Mann, der 1930 Hitler zum Mann des Friedens erklärte, im Jahr 1939 und noch vor Ausbruch des Krieges auf einmal von einer übernatürlichen Sehergabe ergriffen: »Der Nationalsozialismus wird eines gewaltsamen Todes sterben. Alles deutet auf diese Lösung hin. Ich gebe ihm maximal noch wenige Jahre. Ob er in der Schlacht stirbt, ob er sich selbst das Gehirn aus dem Kopf schießt, ob er explodiert oder ob er unmerklich in etwas anderes übergeht, in, sagen wir, sechs Jahren wird er nicht mehr da sein. [...] Unter bestimmten Umständen könnte Herr Hitler gezwungen sein zu tun, was er schon oft angedroht hat, nämlich sich das Gehirn aus dem Kopf zu schießen.« Ganz unheimlich wird es, wenn wir lesen, dass Lewis den Nationalsozialismus als »eine Episode in der Geschichte der Juden« einordnet. Aber wenn man Lewis sehr gerecht werden will, dann muss man anerkennen, dass er auch mit dem ersten Buch recht behielt – Hitler als Mann des Friedens hin oder her –, denn er wollte ja seinen englischen Lesern erklären, warum Hitler aller Voraussicht nach Erfolg haben würde. Die Wendung der Geschichte in die vorausgesagte Richtung hat Lewis sicher mit innerer Genugtuung aufgenommen, weil sie die gehasste englische Demokratie und ihre Politikerkaste in höchste Nöte brachte, aber auch aus größerer Perspektive betrachtet, musste er sich bestätigt sehen, weil seine Theorie der Moderne im Mittelpunkt den Menschen des Maschinenzeitalters hatte, der mit abstrakter »Freiheit« nichts anfangen kann und mit Freuden das Denken und Handeln anderer, am besten *dem* anderen, dem »Leader« überlässt.

Der »Lewis-Boykott«

Selbstverständlich diente das zweite Hitler-Buch seinem Autor dazu, sich von seinem ersten zu distanzieren, aber der Schaden war getan. Der »alte einsame Vulkan der Rechten«, wie ihn Orwell einmal nannte, spuckte weiter, aber den Makel einer erst profaschistischen und dann pronationalsozialistischen Haltung wurde er nie wieder los. Lewis, der sich immer als »Outlaw« stilisiert hatte, wurde nun wirklich einer, und er, der es liebte, Feinde zu haben, hatte nun mehr, als es einem Künstler bekömmlich war, der sich finanziell nur knapp über Wasser halten konnte. Es kam zum »Lewis boycott«, wie sein Gesinnungsgenosse Roy Campbell es nannte. Mehrere Bücher wurden zensiert, mit Klagen überzogen oder gar nicht erst publiziert. Pound und Eliot schrieben einen Brief an die *Times*, in dem sie für die Retrospektive von Lewis' Gemälden in der Leicester Gallery mehr Beachtung und gerechtere Beurteilung einforderten. Unter den Unterzeichnern waren außer den Initiatoren Henry Moore, W. H. Auden, Herbert Read, Stephen Spender – keiner von ihnen ein Sympathisant der politischen Überzeugungen ihres Kollegen. Dies ist ein wenig beachteter, gleichwohl höchst aufschlussreicher Vorgang, für England vielleicht sogar ein Novum. Wie nur noch Ezra Pound, sein Mitstarter im Jahr 1914, verkörperte Lewis den Typus des politischen Künstlers. In Zeiten der krisenhaften Zuspitzung, wie sie die dreißiger Jahre waren, wurde es offenbar als eine Aufgabe der Pflege, um nicht zu sagen der Hygiene, des Kunstsystems angesehen, die Rezeption des Künstlers von derjenigen des Politikers zu trennen und Ersteren vor Letzterem in Schutz zu nehmen. Der Fall Ezra Pound wird das Jahrhundertexempel in dieser Frage werden. Dann sieht die Liste der Unterstützer ganz ähnlich aus. Aber Lewis fand, dass es eng für ihn wurde. Einen Tag, bevor England Deutschland den Krieg erklärte, verließ er die Insel mit Richtung USA. In Kanada verbrachte er die Kriegsjahre als Lehrer an einem katholischen College.

Es hatte sich aber schon vor dem Hitler-Buch einiges an Belastungsmaterial gegen ihn angesammelt. Ja, man muss darauf hinweisen, dass Lewis bereits 1916, als von Faschismus und Hitler noch niemand sprach, ein kleines Arbeitslager für seine künstlerischen

Kollegen plante – auf dem Papier seines expressionistischen Hauptwerks *Tarr*. In diesem Roman hatte er sich zum ersten Mal über »High Bohemia« ausgelassen, darunter fiel damals der Bloomsbury-Zirkel. »Ein effizienter Staat würde eure Besitztümer konfiszieren, eure Kleider [...] auf Grund ihrer Ansteckungsgefahr verbrennen und verbieten, dass ihr euch fortpflanzt.« (Für mangelnde Vermehrung sorgten die Bloomsberries schon selbst.) »You should be in uniform and at work«, donnerte der kleine Protofaschist. Angesprochen waren Leute, denen Lewis Beziehungen und Aufträge verdankte, Nancy Cunard, seine zeitweilige Geliebte, oder Osbert und Edith Sitwell (1887–1964), mit denen er seit langem eine spannungsvolle Beziehung unterhielt. Lewis hatte sie in seiner Satire *The Apes of God* (1925) erbarmungslos karikiert. Osbert Sitwell (1892–1969), von Lewis als »the jouissant animal«, als das Lusttier, beschrieben, »– the licking, eating, sniffing, fat-muzzled machine – dedicated to Wine, Womanry, and Free Verse-cum-soda-water«, Sitwell hat in der Folgezeit eine ingeniöse Rache an Lewis genommen und in einem eigenen Essay mit dem Titel »Rules for Being Rude« festgehalten, wie man so etwas macht. Zu diesen Regeln gehört es, den Gegner, der den Angriff erwartet, eine Zeitlang im Unsicheren zu lassen, um »zur Verwirrung Hohn hinzufügen«. Man solle nichts überstürzen, sondern mit dem Opfer spielen wie mit einer Forelle in einem schwach fließenden Strom, dann aber, wenn der Moment gekommen sei, gelte es zuzuschlagen, ohne die Gefühle des Gegners zu schonen. Die Geschwister hatten eine alte Fotografie mit zwei identisch aussehenden und gleich gekleideten Männern gefunden, die zudem eine große Ähnlichkeit mit Lewis aufwiesen. Dieses Bild ließen sie 500mal vervielfältigen und sandten es mit der anonymen Botschaft »so there *are* two of you« an ihr Opfer und an alle gemeinsamen Bekannten, so dass Lewis, wo auch immer er eingeladen war, die Karte auf dem Kaminsims stehend vorfand. Lewis, der sich als Max Stirners »Einziger« profilierte, der Herausgeber von *The Egoist*, Lewis konnte sich aussuchen, womit man ihn treffen wollte. Weitere verwirrende Botschaften folgten. Edith sandte ihm aus Calais ein Telegramm, dessen deutsche Brocken offenbar den fellow traveller der Nazis ansprechen sollten: »Achtung. Nicht hinauslehnen.

Uniformed commissar man due. Stop. Better wireless help. Last night too late. Love. Ein Freund. Signed.« Osbert schickte ihm unter falschem Namen die Aufforderung zu, sich an einer Ausstellung jüdischer Maler zu beteiligen, was Lewis ernst nahm und mit dem Veranstalter einen Streit vom Zaun brach. Edith fing ihre Memoiren mit einem Lewis gewidmeten Kapitel an und versprach, ihm eine ganze Biographie zu seiner endgültigen Vernichtung hinterherzuschicken: »when he has long been dead, I mean more dead than usual«.

Man kann diese mehr oder minder *practical jokes* für kindisch halten, aber wir haben jetzt so viel von Gruppen und Gangs gesprochen, dass wir wenigstens an diesem kleinen Beispiel nachvollziehen wollten, dass die Gruppen nicht nur als Instrument der gegenseitigen Beförderung taugten, sondern auch durch permanenten Infight für Selbstkritik und Selbstreinigung sorgten. Die *Times*, die sich Lewis zum Lieblingsgegner erkoren hatte, watschte diesen regelmäßig und stereotyp ab. Das machte ihn nur stärker, weil er den Feind und seine Motive kannte. In *The Enemy* hatte sich Lewis Plutarch zum Motto gewählt: »Wer weiß, dass er einen Feind hat, wird seine Angelegenheiten mit großer Umsicht betreiben und sein Leben und Betragen in besserer Ordnung halten.« In seiner zutiefst manichäischen Weltsicht war Lewis aber nicht nur von der Notwendigkeit des Prinzips Feind, sondern auch von der Existenz »übler Kräfte, ›dunkler‹ Einflüsse« überzeugt, »die jederzeit und an jeder Stelle wirksam sind«. Diese Meinung und Befürchtung durch beunruhigende Botschaften und Vorgänge bestätigt zu bekommen, machte ihn nicht stärker. In diesen Jahren war er brieflich nur noch über eine Postfachadresse zu erreichen. Seine wenigen ihm verbliebenen Freunde wussten noch nicht einmal, dass er verheiratet war.

Hitler und der englische Humor

Wenn man Chaplins *Großen Diktator* als Maßstab nimmt, fragt man sich, warum eigentlich keine Werke der Literatur existieren, die auf vergleichbar geniale Weise Hitler demoliert haben. Die Begabungen für diese Art von tödlicher Satire besaß England und ganz besonders England, seine Autoren hatten ja lange üben können: an Gegenständen wie englischem Schulsystem, Patriotismus, Imperialismus, Religion, Heiligkeit der Ehe, Klassendünkel usw. In einem der nächsten Abschnitte wird ausführlicher auf P. G. Wodehouses Roman von 1936, *The Code of the Woosters*, eingegangen, der berühmt wurde für seine Karikatur des englischen Faschistenchefs Oswald Mosley, der dort Roderick Spode heißt. Aber was ist mit den anderen? Rebecca West, Aldous Huxley, Christopher Isherwood, Evelyn Waugh, George Orwell? Es gäbe Entschuldigungen für jeden von ihnen. Nehmen wir nur Waugh, den unerreichten Meister des komisch-ironisch-melancholischen Zeitromans. Er fiel aus. Er stand rechts, manchmal sehr weit rechts. Im Februar 1944 reflektierte Waugh die Kriegssituation in Italien, wo die verhassten Amerikaner angriffen, und im Osten, wo die ebenso verhassten Russen vordrangen, und notierte: »It is a fact that the Germans now represent Europe against the world.« Das haben die berühmtesten Radiopropagandisten der Achsenmächte, Lord Haw-Haw in Deutschland und Ezra Pound in Italien, mit fast denselben Worten auch so gesagt. Zwar ist mit Waugh eine der schönsten Anekdoten des zweiten Weltkriegs verbunden: Waugh, der auf dem Balkan Dienst tat, beobachtet aus einem Unterstand den Luftangriff deutscher Bomber auf Belgrad und fasst das Gesehene zusammen: »Like all things German vastly overdone.« Aber es ist auch wahr, dass er von diesem Kriegsschauplatz entfernt wurde, weil er die jugoslawischen Partisanen verachtete, das Gerücht streute, Tito sei eine Frau (vergleiche Tit-o) und Sympathien für die faschistischen Widersacher entwickelte – so sehr, dass er beinahe von seinen eigenen Leuten gelyncht wurde. Als Nancy Mitford (1904–1979), eine weitere Autorin, die für diese Aufgabe in Frage kam, in *Wigs on the Green* (1935) die englischen Faschisten und speziell die Rolle, die ihre Schwestern dabei spielten, humoristisch behandelte, warf ihr ihre Schwester Diana, die Geliebte und bald Frau des Parteiführers Mosley, vor, der Faschismus sei eine zu ernste Sache, um so behandelt zu werden. Nancys Antwort an ihre Schwester ist sehr interessant. Sie schreibt: der Faschismus sei »ein so markantes Faktum des modernen Lebens auf der ganzen Welt, dass es möglich sein muss, ihn in jedem Zusammenhang zu betrachten, wenn man versucht, das Leben von heute zu schildern«. Mit anderen Worten, der Faschismus ist eine Realität der Gegenwart, er darf, ja muss im zeitgenössischen Roman vorkommen, so wie das Bauhaus oder die Frauenemanzipation oder schnelle Wagen. Man muss dazu wissen, dass Nancy und ihr Mann Peter Rodd eine Zeitlang Mitglieder in der British Union of Fascists waren und brav ihre Schwarzhemden trugen. Nancy schrieb in dieser Zeit einen Artikel, den auch der *Völkische Beobachter* unbesehen abgedruckt hätte: »Wir britischen Faschisten [glauben], [...] dass unser Führer, Sir Oswald Mosley, den Charakter, den Verstand, den Mut und die Entschlossenheit besitzt, dieses Land aus dem Sumpf der Verzweiflung, in dem es sich schon zu lange wälzt, zu ziehen und einer Utopie entgegenzuführen. [...] Bald werden die Straßen unter den schweren Schritten der schwarzen Bataillone widerhallen [...].«

Wodehouse hat man oft so verstanden, dass er die englische Upper Class der Lächerlichkeit preisgegeben habe. Seine nach vielen Millionen zählende Anhängerschaft in Indien resultiert im Wesentlichen aus dieser Annahme. Ein großer Irrtum – die Engländer und allen voran Wodehouse verkleiden ihre Zuneigungen durch jene spielerische Art des Spottes, die sie »teasing« nennen. Nancy Mitford war enttäuscht über die Rezeption ihres Romans. Das ging zu weit. Sie distanzierte sich von den Faschisten. Als von Ribbentrop ihr eine Einladung aus Anlass seiner Berufung zum Botschafter des Reiches in London zukommen ließ, verfasste ihr Mann in ihrer beider Namen eine Absage – auf Jiddisch. Vielleicht ist der Faschismus ja ein so großes und ernstes Thema, dass er nur im Medium der Realsatire abgehandelt werden kann. Nehmen wir zum Beispiel eine junge Aristokratin mit Namen The Honourable Unity Valkyrie Mitford-Freeman (1914–1948). Sie darf als das It-Girl des Nationalsozialismus gelten. Nancy Mitford erkärte den Namen ihrer Schwester wie folgt: Lady Redesdale, die Mutter, entschied sich für Unity, weil sie die Schauspielerin Unity Moore verehrte, und der Großvater, ein Wagner-Verehrer, steuerte Valkyrie bei, um mit der Erinnerung an die »Schlachtwählerinnen« der nordischen Sage des Kriegsausbruchs zu gedenken, aber keinesfalls ein germanophiles Statement abzugeben. Prophetisch war diese Namenswahl aber schon: Aus der jungen Adeligen wurde eine Darstellerin des nordischen Frauenideals, wie es am Hofe Hitlers nur noch eine zweite gab, von der gleich die Rede sein wird. Man würde es sofort für eine weitere Fiktion halten, aber es ist auch eine Tatsache, dass Lord Redesdale in Kanada eine Mine namens Swastika besaß. Eine Fehlinvestition, wie auch sein späteres Engagement im Oberhaus für die Partei und das Land, dem die Swastika als nationales »Heilszeichen« galt, »das hässliche Land der Blutbäder«, wie seine Tochter Nancy es nannte.

Diese hat in *Wigs on the Green* ihre Schwester Unity folgendermaßen porträtiert: »Mit ihrer glatten Ponyfrisur, den großen, blassblauen Augen, dem dunklen Teint, ihren wohlproportionierten Gliedmaßen und klassischen Gesichtszügen und einem gewissen Fanatismus, der aus ihrer Gestik sprach, wirkte sie wie eine moderne Jeanne d'Arc.« Die Haarfarbe anzugeben, hat Nancy vergessen, vermutlich weil es sich von selbst verstand, dass sie weltanschaulich blond, wie die Schwester war. Unity hat auch, soweit wir wissen, nur kurze Zeit, um 1933 herum, einen Pony getragen; ihr Markenzeichen war vorher und nachher der modisch kinnlange Schnitt ihres flachsblonden Haars, das links gescheitelt nach rechts in vier, fünf großen Wellen floss, die durch die Dauerwelle streng gebändigt waren – das ergab das Leblose einer Schaufensterfigur. Friedrich Reck-Malleczewen, dessen *Tagebuch eines Verzweifelten* zu den ganz großen literarischen Dokumenten des Widerstands gehört, begegnete im Mai 1937 einem »jungen englischen Mädchen« und notierte, »dem Typ nach hält sie die Mitte zwischen Seifenreklame und Erzengel«. Er fuhr fort: »Sie heißt Unity Mitford und geht bei Herrn Hitler am Obersalzberg zu Hofe und will Kaiserin von Deutschland werden, um so die große Konfrontation zwischen Deutschland und England abzuwenden. Diese anmaßende Lady und er, der Allmächtige, so sei es denn: bon voyage ...«

Die Attraktion von Unitys zeitgemäßer Schönheit wurde erhöht durch die Tatsache, dass es sie noch einmal gab: in Gestalt ihrer älteren Schwester Diana, die sich sehr ähnlich gab und kleidete. Die beiden wurden oft verwechselt, und die zahlreichen Aufnahmen, welche die Illustrierten von ihnen veröffentlichten, trugen immer wieder falsche Unterschriften. Wie bestellt und nicht abgeholt stehen sie da auf dem Zeppelinfeld in Nürnberg aus Anlass des Parteitags von 1935, fast verwundbar in der fremden Präzision ihrer modischen Tracht, zwei kostbare Beutestücke, von einer unbestimmten Macht geraubt, aber die Spießgesellen halten sich im Hintergrund und sind auf ihre Weise auch nicht weniger phantastisch verkleidet. Vom Fanatismus, den Nancys Roman seiner Hauptfigur zuschreibt, ist hier so gar nichts zu erkennen. Unheimlich ist vielmehr der unauflösbare Gegensatz zwischen der makellosen Oberfläche und der Entschlossenheit, mit der sich die Schwestern ihrem Schicksal entgegenwerfen.

Ein Tag im Leben der Hon Unity Mitford

Eugenia Malmains, wie Nancy Mitford ihre Schwester im Roman nennt, hat sich einer neuen Bewegung angeschlossen, die mal Social Unionists, mal Union Jackshirts heißt. Sie malt Hakenkreuze auf ihre Briefe, findet Hitler einen großartigen Mann und grüßt demonstrativ mit »Heil Hitler!«. Ihr Hund heißt Reichshund. Eugenia ist aber im Grunde noch zu jung »für all das«. Deswegen verurteilt sie die anders denkende Nanny (»a filthy Pacifist« – Eugenia) zu Hausarrest. Wütend schreibt die Weggesperrte: »Sie missbraucht mich und trampelt auf mir herum, so wie viele Jahre lang Frankreich Deutschland missbraucht und getreten hat. Das bedeutet aber nichts. Deutschland ist jetzt erwacht, und auch ich werde mich bald erheben und der Tag meiner Wiederkehr wird blutrot beginnen.«

Als Nancy Mitford dies schrieb, hatte ihre Schwester in ihrem kurzen, durch keinerlei Arbeit unterbrochenen Leben dreierlei erreicht: keinen Schulabschluss, ihr »coming-out« als Debütantin in der Saison von 1932 und ihren Anschluss an die British Union of Fascists. »Faschismus«, urteilt ihr Biograph Pryce-Jones, »war für sie das Debütantenleben noch einmal, nur jetzt andersherum, wörtlich verstanden: aus Weiß wurde Schwarz.«

Die Wirklichkeit ereignete sich wie so oft viel romanhafter. Am 14. Juni 1933 hatten sich die ansonsten gerne zerstrittenen Mitford-

Sisters Nancy, Pam, Diana und Unity in London zusammengefunden, um ihrer Schwester Diana beizustehen, die am nächsten Tag in ihrem Scheidungsprozess aufzutreten hatte. Mrs Bryan Guiness, wie sie offiziell hieß, wollte sich nicht nur von ihrem märchenhaft reichen Brauereierben, dem Vater ihrer Kinder und den 20.000 Pfund jährlichem Einkommen trennen, auf der Liste der Verluste stand als vielleicht größter der Verzicht auf den Titel des elegantesten Paares der Londoner High Society. Allein dieses Thema, behandelt von der Reunion von zwei (neuerdings) eher links orientierten und zwei faschistisch gesinnten jungen Aristokratinnen und Schwestern zur Teezeit am Eaton Square, verlangt dringend nach den vereinten Anstrengungen von Noel Coward, P. G. Woodhouse und Evelyn Waugh. Enter Sir Mosley, der neue Held Dianas und Scheidungsgrund. Er betritt den Drawing Room, und Nancy und Pam ziehen sich zurück. Exeunt Nancy and Pam. Als Mosley Unity erblickt, grüßt er mit ausgestrecktem Arm und dem Parteigruß »Hallo Fascist« und entfernt das Parteiemblem von seinem Mantel, um es ihr zu geben. Das Abzeichen, stellen die Schwestern nachher mit Beruhigung fest, war nicht das echtgoldene, das die »Boys«, seine verschworenen Parteisoldaten, extra für ihn hatten anfertigen lassen. Die Gesellschaft löst sich auf, Unity, hocherregt und hochbefriedigt, geht auf dem Nachhauseweg bei einem Juwelier vorbei, um ihr Abzeichen an eine Sicherheitsnadel heften zu lassen. Dabei vergisst sie die Erdbeeren, die Pam ihr für die Eltern mitgegeben hatte. Zuhause wird sie deswegen ausgescholten, aber der Tag ist noch lange nicht zu Ende. Während des Abendessens kündigt Nancys langjähriger Verlobter Hamish St. Erskine erst telephonisch, dann in Persona an, dass er die Verlobung lösen wird – er hatte sich dann doch für eine andere Frau bzw. für die Homosexualität entschieden. Wir hatten gedacht, dass die zwanziger Jahre, die Bloomsberries etwa, im Fach komplizierte Beziehungen einen unerreichbaren Standard vorgegeben hatten. Aber so sehr viel scheint sich nicht geändert zu haben, wenn wir in dem Brief lesen, den Nancy an ihren Ex-Verlobten am nächsten Tag schrieb: »Aber Liebling, Du kommst und erzählst mir, dass Du Dein Leben mit Kit Dunn teilen willst. Du, der Du in meinen Augen immer so sensibel und idealistisch warst, was Heirat anbetrifft, Du, der Du

unsere kleinen Babys so sehr lieben wolltest – es ist hart für mich zu ertragen, dass Du *sie* mir vorziehst. Schau, ich wusste, dass Du mich nicht liebtest, aber Du bist so oft und für so kurze Strecken verliebt, dass ich dachte, in Deiner Seele würdest Du mich lieben und wir würden im Alter auf ein gemeinsames Leben zurückschauen [...].«
Drei Wochen später war Nancy erneut verlobt, diesmal mit einem weiteren Tunichtgut aus Oxford, der in derselben Woche, da er Nancy einen Antrag machte, noch an zwei weitere junge Frauen mit demselben Ansinnen herangetreten war. Man kann sich vorstellen, wie erfolgreich diese Ehe wurde.

Aber der 14. Juni 1933 war noch nicht ganz zu Ende. Diana und Unity gehen ins Kino, nicht ohne vorher im Parteihauptquartier, dem Black House in der Kings Road, vorbeizuschauen, wo große Dinge sich anbahnen. Ein Tag im Leben der Hon Unity Mitford. Noch einmal ihr Biograph: »By June 15 [1933], then, Diana had her divorce [...]; Nancy was no longer engaged to the man of her choice; Unity was engaged to the cause which had chosen her.«

»Führer-Watching«

Es ist zu einfach, in Unity nur die Kopie ihrer älteren Schwester Diana zu sehen. Sicher, die unwiderstehliche Mischung aus Aristokratin, Society Beauty und Vorzeigefaschistin gab es bereits. Aber Diana hatte es auf gewisse Weise leichter als Unity, denn sie hatte sich in den Mann verliebt, der sich nach gewaltigen Schwankungen in seinen politischen Überzeugungen schließlich zum Führer der englischen Faschisten gemacht hatte. Mit diesem Mann, einem der größten Schürzenjäger seiner Epoche, ging sie weiter durch dick und dünn und für ihn und mit ihm auch ins Gefängnis – von 1940 bis 1943. Unity aber hatte ein noch größeres Projekt und verfolgte es auf eigene Rechnung. Sie wollte sich den größeren Führer angeln.

Sie zog nach München, mietete sich in Pensionen und Heimen ein und besuchte systematisch die beiden Restaurants, die Hitler regelmäßig frequentierte, wenn er in München war: die Osteria Bavaria

Unity Mitford mit Hitler im Englischen Garten, München ca. 1937

und den Carlton Tea Room. Immer einen Tisch in der Nähe der Tür wählend, konsequent die makellose Fassade erwartungsvoll auf die nächsten Eintretenden gerichtet, saß sie da und wartete. Ihre »singlemindedness« siegte. Mit Ausdauer, Frechheit und der Unbekümmertheit einer jungen Lady, Zentimeter für Zentimeter, arbeitete sie sich zu der Sonne ihres Sternensystems vor. Sie wurde wiedererkannt, zu Tisch gebeten, vom Wagenpark des Führers abgeholt, mitgenommen (ihr Spitznahme war bald »Mitfahrt«), telephonisch bestellt, mit Karten versorgt, zu den »Ehrengästen« gerechnet. Auf den ganz großen Auftritten des nationalsozialistischen Deutschlands war sie zugegen: auf den Parteitagen, den Olympischen Spielen und den Wagner-Festspielen in Bayreuth. Bald besaß sie auch das zweite Parteiabzeichen, das sie von nun an nicht mehr ablegte, auch wenn es sie im Ausland in größte Schwierigkeiten brachte. Sie fuhr durch ganz Deutschland, kreuz und quer, um Hitler aufzuwarten. »Führerwatching« wurde ihr Lebensinhalt; ihr Tagebuch verzeichnet 140 Begegnungen mit Hitler – alle zehn Tage eine. Das machte sie zu einer Quelle steter Verunsicherung für die deutsche Spionageabwehr und die Wehrmacht. Während die Propagandaleute sie als kostenlosen Trumpf pflegten und ausspielten, fragte sich Major (später General) Gerhard Engel, der Heeresadjutant Hitlers: »Das große Rätsel war, was wollte Unity Mitford? Hatte sie einen Auftrag vom Secret Service? Oder von Winston Churchill, der schließlich ihr Verwandter war? War sie wirklich eine glühende Verehrerin Hitlers und des Nationalsozialismus, wie sie vorgab? [...] Sie hatte einen Schatten, aber sonst niemanden zu ihrer Bewachung, und Hitler wollte noch nicht mal das. Nicht von der Gestapo, die nicht für Ausländer zuständig war, nicht von der Abwehr, von Canaris' Leuten. [...] In unseren Kreisen waren wir sicher, dass sie eine Agentin war, und gerieten ständig in Zugzwang. Es gab gute Gründe für unsere Annahme. Sie wusste zu gut über Hitlers Leben Bescheid und ganz besonders über seine Terminplanung. Aus Sicherheitsgründen ließ man *uns* im Dunklen, aber *sie* wusste alles über seine Treffen, Konferenzen, Pläne, Privatleben. Zum Beispiel: Hitler entschied, dass er um 5 Uhr den Tee im Haus der Kunst nehmen wollte, und siehe da, fünf Minuten, bevor er erschien, war auch sie da. Hitler war platt. Sie hatte ihre Informanten. Ich habe bis heute nicht herausfinden können, wie sie das machte.«

Mit Hitler hatte sie keine Affäre. Selbst ihrem Hauptförderer Streicher, den Hitler schließlich wegen seiner Frauengeschichten fallenließ, dürfte sie entkommen sein. Sein Sohn äußerte sich nach dem Krieg ganz entschieden dahingehend, dass Unity als Jungfrau gestorben sei. Vielleicht kam ihr Putzi Hanfstaengl am nächsten, nicht nur bei den meist harmlosen Streicheleinheiten, die er an die Weiblichkeit in seiner Nähe zu verteilen pflegte, sondern in jenem frühen Moment ihrer Bekanntschaft, da er sie und Diana in Nürnberg zum Hotel Deutscher Hof begleitete, wo Hitler residierte, und Passanten sich abfällig über die beiden, damals noch unbekannten Modepuppen äußerten, »die so gar nicht dem Naziideal der deutschen Frau entsprachen«. Hanfstaengl zog sie beiseite und sorgte mit Taschentuch und Spucke dafür, dass die Mitford-Schwestern ihr Make-up ablegten. Umgekehrt hatte Unity Hand angelegt und hatte der Porträtfotografie des Führers, die neben ihrem Bett stand, die Lippen und Augen koloriert.

Unity Mitford hatte sich eine Rolle geschaffen, die es bis dahin nicht gab: Sie war das erste It-Girl der politischen Sphäre. Historisch gesehen gelang ihr eine für den Umbruch der Jahre um 1930 charakteristische Synthese: Sie verkörperte das Society Girl, das vom Glamour lebte, die ikonische Blondine der Dekade, »famous for being famous«, und erfüllte doch gleichzeitig das starke Verlangen ihrer Generation nach »einem ernsten Vorsatz«, »a serious purpose«, »the need for something to believe in«, wie George Orwell sich ausdrückte. Unity Mitford hat außer Interviews und kleinen Interviewtexten nichts Schriftliches veröffentlicht. Ihrer wird hier in diesem Buch gedacht, weil es ihr gelang, Kunst zu transzendieren und als Kunstfigur zu reüssieren.

Sie hatte erreicht, wofür Millionen deutsche Frauen alles gegeben hätten. Das war absolut nicht ohne Risiko. Erna Hanfstaengl sagte später: »Der ganze Bund Deutscher Mädchen war gegen sie und hätte ihr am liebsten Säure ins Gesicht geschüttet.« Eva Braun hasste sie, was man gut verstehen kann; Himmler und seine Frau nicht minder. Aber Unity lief außer Konkurrenz – als »desirable alien«, als Aristokratin und Werbeikone. Und auch Hitlers Kalkül oder Instinkt stimmten. Er hätte einer jungen Deutschen die Rolle Unitys niemals einräumen dürfen – in der Öffentlichkeit zumindest nicht: Eva Braun hielt man hinter den Kulissen. Dann hätte er, um seine Wahl und Moral zu rechtfertigen, sich festgelegt, und dazu war er aber nicht im Stande, wobei er selbst nicht hätte sagen können, warum nicht: aus Gründen der Staatsdoktrin, die er gerne vorschob, oder aus emotionalem und sexuellem Unvermögen. Verlässliche Augenzeugen berichten davon, dass die beiden immer wieder regredierten und im vertraulichen Gespräch sich über kleine Witze, die nur ihnen gemeinsam waren, erheiterten. Ihr Weg führte offenbar nicht ins Schlafzimmer und erst recht nicht zum Traualtar, sondern eher ins Kinderzimmer.

The Nazi Looks At Art

Brian Howard war nach seiner Rolle als unbestrittener König der Dekadenten erstaunlich fest und kontinuierlich mit einem Deutschen namens Tony liiert und pflegte nach wie vor deutsche Beziehungen, auch nachdem seine besten Freunde Klaus und Erika Mann nicht mehr in Deutschland weilten. Howard war aber ein überzeugter Antifaschist, und er machte aus seinem Herzen keine Mördergrube, sondern schrieb und sprach aus, was er über die Nazis dachte. 1936 wurde er zur Persona non grata erklärt und machte bis zum »Anschluss« Ferien in Österreich. Knapp bei Kasse, wie er immer war, hoffte er aber auch darauf, im neuen Deutschland einen journalistischen Coup zu landen, der sich ihm einfach durch seine vielen Kontakte ergeben musste. Zum Beispiel durch Unity. So froh Unity gewesen sein muss, in ihren oft unerfüllten Stunden mit einem der berühmtesten und immer noch attraktivsten Vertretern des englischen Smart Set zusammenzutreffen, der Streit, den sie binnen Kurzem in Sachen Nationalsozialismus hatten, war unvermeidlich. Als irgendeines seiner Argumente ihr total gegen den Strich ging, beendete sie das Treffen mit den Worten: »Schon aus diesem Grund, Brian, werde ich dich niemals dem Führer vorstellen.« Man wünschte doch, Unitys Stimme wäre konserviert, damit man sich diesen Satz, ihren Satz, mit ihrer Intonation nachsprechen könnte: »Just for that, Brian, I won't introduce you to the Fuehrer.« Ein Gelächter wäre hier angebracht, wie es Honoria Glossop, eine eindrucksvolle Kreation von Wodehouse, ertönen ließ: »Sie hatte eine Lache wie eine Kavallerie-Schwadron, die über eine Eisenbrücke galoppiert.«

Howard wurde also nicht dem Führer vorgestellt. Aber Howard, der sich ein Honorar von 30 bis 40 Pfund von einem Interview mit Hitler versprochen hatte, war zumindest ein solches mit dessen Pressechef Putzi Hanfstaengl gelungen, das 1933 im *New Statesman* erschien. »Er lebt in einer Art von Marmorhaus in der Art eines türkischen Bades«, schrieb er an die Mutter im August des Vorjahres und meinte das »Braune Haus« in der Briennerstraße, »die Decken mit plastischen Hakenkreuzen verziert, und umgeben ist er von schrecklichen jungen Athleten in Phantasieuniformen, welche die

Hacken zusammenschlugen, als ich eintrat, und ›Heil‹ röhrten, ihre Arme hochreißend. Ich hielt es für diplomatisch, es ihnen nachzutun und ließ meinen Schirm fallen [...].« Der Engländer, der seinen Schirm verliert, um den Hitlergruß zu erwidern, allegorischer geht es kaum. Eine englische Bekannte von Unity machte sich etwas später den Spaß, die gemeinsame Lehrerin, ein Fräulein Baum, um das Denkmal der Märtyrer der Bewegung herumzuführen, wo sie einen Hitlergruß nach dem anderen zu entbieten hatte und gar nicht mehr aufhören konnte.»And while I was laughing a man fell from his bycicle heiling, which I thought funny, but she didn't.« Wir vermerken das wunderbare Wort *heiling*. Auch Unity wäre nicht amüsiert gewesen, sie trieb es mit dem Grüßen besonders wild; sie litt, wie Hanfstaengl in einem Interview 1974 erklärte, an »Salutitis«, »einer Entzündung der Achselhöhle«.

Zurück zum Jahr 1932. Howard wusste, dass Hanfstaengl wusste, und so lässt sich unmöglich sagen, was damals gesagt wurde und wie es gemeint war, selbst wenn der *New Statesman* seinen Lesern versichert, dass Mr Brian Howard für den Wortlaut dieses Interviews bürge. Das Interview mit Hanfstaengl ist überschrieben: *The Nazi Looks At Art*. Es ist nicht sehr lang, wir übersetzen hier etwa zwei Drittel des Textes, der uns zunächst einmal Hitler als Kunstfreund vorstellt.

»Dr. H.: Er [Hitler] ist an sehr vielen Dingen interessiert, für die bloße Militärs nichts übrig haben. Denken Sie immer daran. Kennen Sie die Familie Guiness?
B. H.: Ja, einige von ihnen mag ich. Dr. Hanfstaengl, welches moderne literarische Werk verkörpert ihrer Meinung nach das Nazi-Ideal am besten?
Dr. H.: *Peer Gynt*. Das Größte, was seit dem *Faust* geschrieben wurde. Es ist blond. Spengler weiß das. Houston Chamberlain wusste das auch. Germanisch.
B. H.: Ich verstehe. Ich möchte Ihnen nun eine etwas delikate Frage stellen. Warum dieser Judenhass?
Dr. H.: Die Juden? Die Juden! Weil sie niemals etwas hervorgebracht haben. Weil sie die englischen und amerikanischen Theater

in Kloaken verwandelt haben. Unsere auch. Nur Frauen und Nacktheit. Denken Sie an Reinhardt. *Muck*. (Wo ich das Wort *muck* einsetze, muss man sich vorstellen, dass Dr. Hanfstaengl das Wort *scheiss* [sic!] gebrauchte.) Moissi, *muck*. Martin Luther sagte, dass die Juden in Ordnung sind, solange sie in Schrecken leben. In Schrecken. So ist es. Außerdem, sie sind nicht blond. Nicht germanisch. Sie sind einfach keine *Germanen*. Sie haben niemals etwas anderes hervorgebracht als *muck*.

B. H.: Gut denn, Herr Doktor, was halten die Nazis von Thomas Mann? Er ist ja kein Jude.

Dr. H.: *Muck*. Ein Liebling der Juden. Ich bin froh, dass er die letzten 14 Jahre in Deutschland lebte und schrieb. Man merkt das einfach.

B. H.: Aber viele halten ihn ...

Dr. H.: Möglicherweise. Der kleine große Mann. Empfindet es als seine Pflicht, alle naslang ein neues Meisterwerk herauszubringen, um ein etwas größerer kleiner Mann zu werden. Was mich betrifft, Mr Howard, ich stimme ganz und gar mit dem Helden von Huysmans überein. Ich lese alles. Ein Wort pro Seite, das mich erstaunt, reicht mir, selbst wenn es ein Druckfehler ist.

B. H.: Ist das so? Und was ist mit Bruno Frank?

Dr. H.: Oberflächlich.

B. H.: Deutsche Filme?

Dr. H.: Verantwortungslos.

B. H.: Freud?

Dr. H.: Ich glaube, er ist nicht so schlecht wie seine Anhänger.

B. H.: Einstein?

Dr. H.: Jüdische Propaganda.

Schweigen.

Dr. H.: In letzter Zeit habe ich eine gewisse Abneigung gegen Nietzsche entwickelt. Wen von den Guinesses mögen Sie denn?«

Es muss klar sein, dass Diana Mitford damals noch Mrs Bryan Guiness hieß und dass Bryan Guiness mit Brian Howard zusammen in Oxford gewesen war und dass sie alle, oft genug durch das reichlich fließende Guiness-Geld unterstützt, berühmte Partys gefeiert hatten und dass Putzi Hanfstaengl jemand war, der eine fast hündische Verehrung für den englischen Smart Set hegte und sich hier als Kenner ins Bild setzen will und dass es Howard so gelingt, seine Freunde von damals ein wenig braun anzuschmieren – 1932 bzw. 33 ist sehr früh, da kannten sich Diana Guiness und Oswald Mosley gerade erst, doch blieb ihre Beziehung für viele Jahre geheim.

Bilder einer Ausstellung

Noch ein anderer aus der Gang der *Bright Young Persons*, Cyril Connolly (1903–1979), hat ein Stück beachtenswerte Anti-Nazi-Prosa geliefert, das der Vergessenheit entrissen werden soll. 1937 reiste Connolly mit Peter Watson, einem Freund und Gönner, den er mit Brian Howard teilte, nach München und besichtigte die Ausstellung *Entartete Kunst*. »Wenn Connolly auch im Jahrzehnt davor in Paris in engen Kontakt mit dem Surrealismus gekommen war, so bedeutete dies doch seine erste Begegnung mit dem deutschen Expressionismus. Er und Watson waren fasziniert von den Werken Kirchners und Noldes, Kokoschkas, Chagalls, Marcs und Barlachs und von den hasserfüllten Unterschriften, die jedem Bild beigegeben waren. Grimmige Aufseher bewachten die verachteten Schätze, und Connolly und Watson realisierten, dass sie auf jedes der entarteten Gemälde geschockt zu reagieren hatten.«

Connolly hat offenbar das Format einer politischen Kunstkritik für zu schwach empfunden und hat sich eine groteske Geschichte ausgedacht. Die Geschichte spielt im Jahr IX eines totalitären Staates und wird in der Ich-Form von einen durchaus überzeugten Untertanen erzählt. »Wir nahmen am Gemeinsammahl auf den Sitzen 7111037 und 7111038 teil, und nach den Verdauungsübungen und den Dokumentarfilmen gingen wir zu unseren Wohnheimen. Die junge Frau verabschiedete mich mit einem Luftkuss, und ich antwortete fröhlich und doch auch ermahnend: ›Nichts von alledem, 7111038, sonst dürfen wir niemals einen kleinen männlichen 7111037-8 am Gruppenzeugungstag produzieren.‹«

Aber 7111037 erwartet ein schlimmes Schicksal. Zusammen mit der jungen Frau hat er vor dem Essen das Kunsthaus besucht, wo es allerlei zu besichtigen gibt, was sich schwer übersetzen, aber umso besser verstehen lässt: »the ineffable misterpasses of our glorious culture, the mastermieces of titalotarian tra, the magnificent Leadersequence, the superstatues of Comradeship, Blatherhood, and Botherly Love, the 75 Martyrs of the Defence of the Bourse, the Leader as a simple special constable.« Der von diesen Schöpfungen stark Beeindruckte kann es aber dann doch nicht lassen und begibt sich ins Untergeschoss, wo dank der großen »Leadercourtesy« die abscheulichen Produkte der »Degenerate Art« aus dem alten Regime zu besichtigen sind – »alles grässliche und pervertierte Symbole eines Zeitalters der privaten Liebe, welche die Harmonie unserer Gemeinschaftsmähler und der staatlich organisierten Schafsdenker-Gruppenzeugungstage nicht kennt.« Der Erzähler kreuzt im Katalog die Namen der schlimmsten Künstler an und zwar diejenigen, die sich leicht umdrehen lassen, eine alter Tick von ihm: Ossacip z. B. oder Nacnud Tnarg kreuzt er an. Dann lässt er aus Versehen beim Verlassen des Kunsthauses seinen Katalog fallen und wird einige Zeit später von der Zensur-Abteilung vorgeladen und der verbotenen Begeisterung für die Entartete Kunst und einer verräterischen Geheimsprache angeklagt. »Unsere Justiz ist gerecht, unsere Prozesse sind fair – kaum war das Vorspiel des Beinebrechens vorbei, war ich auch schon dran. Ich kam vor das Tribunal des Geheimzensors, das in einem pechschwarzen kreisrunden Raum stattfand. Meine dummen alten Beine waren ja nun zu nichts mehr gut und man hatte mir das Privileg gestattet, mich in einer Art von Invalidenstuhl zu bewegen.« 7111037 verteidigt sich gegenüber der Stimme, die aus einer Öffnung hoch im Raum dringt, mit dem Argument, seine Namendreher seien ein Tick, »ganz und gar unwillkürliche Akte«. »Unwillkürlich! Aber siehst du nicht, dass dadurch das Ganze noch schlimmer wird. Was wir willentlich tun, das können wir willentlich wieder gutmachen, aber was wir ohne unseren freien Willen tun, das kann kein Wille zurücknehmen. Was für eine Person bist du, die du dich hilflos in den verbotenen Keller schleppst?! Verboten ist er nicht eigentlich, er ist eine offene Falle. Arme Fliegen zieht er an wie die klebrigen

273

Stellen einer fleischfressenden Pflanze. Ein Metronom misst die Zeit, die sie da unten verbringen, eine radioaktive Platte misst die Pulsfrequenz, welche die Werke auslösen, ein Pulsometer projiziert sie auf einen Schirm, den das Zensurbüro permanent überwacht.« Fünf Anklagen häuft der Oberzensor gegen den Inkriminierten auf, unter anderem, dass er durch die entartete Kunst ästhetisch stimuliert wurde und die junge Frau von der Qualität der Schmierereien zu überzeugen suchte, was auch einen speziellen Verrat am Führer darstelle, da dieser selbst Maler sei. Diese Vergehen könnten nur durch den Tod gesühnt werden, aber die junge Frau, die ihn denunziert habe, habe gleichzeitig um Milde gebeten, sodass das Urteil auf Öffnung der Eingeweide in Gegenwart des Staatsauguren laute. Wenn der unbewussten Libido ein krebsbefallenes Ego entspreche, dann sei es um ihn geschehen.»If not, not.« 7111037 könne sich glücklich schätzen, dass die Beschau seiner Eingeweide gleichzeitig dazu dienen werde, eine außenpolitische Entscheidung von großer Tragweite zu treffen. Annexierung oder Vernichtung eines Nachbarstaates, das sei die Frage, die mit einem Blick auf seine Gedärme entschieden werde. »Zeige dich deiner Verantwortung bewusst!«»Ja«, so schließt der unwürdige Besucher der Ausstellung *Entartete Kunst* seinen Bericht, »man hat mich mit großer Güte behandelt.«

Der Eindruck drängt sich auf, »unwillkürlich«, dass wir uns hier in einem anderen Text oder in einer Art Vorform desselben bewegen. Wenn es in England einen Autor gab, der vermutlich alles von Cyril Connolly gelesen und das Meiste kommentiert hat, dann war es George Orwell, der Mitschüler in St. Cyprian's und in Eton. »You scratch my back, I scratch your back«, schrieb Orwell einmal an den Freund, als es darum ging, die literarische Produktion des anderen zu fördern. Der Einfluss von *Year Nine* auf *Ninety Eighty-Four* beginnt mit dem Zahlendreher: 1948 war das Jahr, da Orwell seinen Roman schrieb.»The ineffable misterpasses of our glorious culture, the mastermieces of titalotarian tra, the magnificent Leadersequence, the superstatues of Comradeship, Blatherhood, and Botherly Love« – es reicht, noch einmal aus der obigen Textpassage zu wiederholen, um den Sound von *Ninety Eighty-Four* zu hören, »*the* distraction of words« nachzuvollziehen. Youngleaderboys building, Sheepthinkers

Samuel Beckett,
Anfang der dreißiger Jahre

Groupbegettingday, Commonmeal, Minculpop, Goodthingfoll – es ist schwer, Orwells Newspeak und ihr zehn Jahre älteres Vorbild voneinander zu unterscheiden.

»Ich führe über alles Buch«

In den letzten Jahren ist eine Reihe von Veröffentlichungen zu der großen Deutschlandreise erschienen, die Samuel Beckett (1906–1983) von September 1936 bis April 1937 unternahm und die den jungen irischen Schriftsteller u. a. nach Hamburg, Berlin, Dresden und München und durch Niedersachsen führte. Sein deutsches Tagebuch in sechs Heften umfasst knapp 500 Seiten; es ist das mit Abstand umfangreichste persönliche Zeugnis einer Begegnung mit Deutschland in der ersten Jahrhunderthälfte. Leider ist es weder Arbeitsbuch, noch Journal intime, sondern eine Chronik der laufenden Ausgaben, Mahlzeiten, körperlichen Befindlichkeiten, Begegnungen und Eindrücke. Wäre es uns anonym überliefert, würde man Schwierigkeiten haben, auf das Tagebuch eines Schriftstellers und erst recht auf die Aufzeichnungen eines Jahrhundertautors zu schließen. Audens Berliner Tagebuch mit seiner Mischung aus Sexchronik (Boys had!), Sensationsbericht (Layards Selbstmordversuch!) und philosophischen Notaten wird auch nicht unter die Spitzenwerke der Gattung zu rechnen sein, aber auch nur ein einziges durchdachtes Statement, einen Baustein, auf dem der Autor weiterbauen konnte, würde man schon sehr gerne auch von Beckett lesen. Als kulturgeschichtliche Quelle sind die Hefte dagegen von beträchtlichem Interesse: Wenn man wissen will, was was gekostet hat und welche Filme oder sonstige Attraktionen einen Ausländer angelockt haben und welche Erfahrungen er als ganz normaler Reisender im nationalsozialistischen Deutschland machte, dann wird man hier reich belohnt. Was aber war das Ziel der Reise Becketts?

Im Grunde suchte Beckett das Deutschland der Weimarer Jahre. In bescheidenem Maße gilt das für seine Exkursionen ins Nachtleben, absolut für seine Bemühungen um die moderne deutsche Malerei der Jahrzehnte nach 1907. Allerdings widmet sich Beckett ebenso dezidiert der Malerei der Vergangenheit: aus dem Berliner Tagebuch ließen sich für 25 Tage Museumsbesuche rekonstruieren, die wie alle anderen Erkundungen Becketts Zeugnis für seine Gründlichkeit und für einen Sammelfleiß ablegen, den er auch beim Erwerb von Katalogen und Publikationen zur deutschen Kunstgeschichte beweist. Das Berliner Kaiser-Friedrich-Museum, also die Gemäldegalerie, die im heutigen Bode-Museum untergebracht war, nahm er sich Abteilung für Abteilung, Saal für Saal vor, ebenso die Münchner Pinakothek. Dies war keine Bildungsreise, sondern eine Bilderreise; dezidiert ging es darum, »bloss (!) mit Dingen zu verkehren«, was die Sache nicht einfacher begreifbar macht, denn Beckett wollte weder Kunsthistoriker noch Händler noch Kunstkritiker werden.

Er besuchte Künstler in ihren Ateliers, Sammler moderner Kunst in ihren Wohnungen, Galeristen, soweit sie noch Werke der Moderne führten, und Kunsthistoriker, die sich in den zwanziger und frühen dreißiger Jahren für die neue deutsche Kunst eingesetzt hatten und jetzt alle mundtot waren, Berufsverbot hatten und in immer enger werdenden Zirkeln von Gleichgesinnten lebten. Beckett betrieb diese Erkundung beinahe professionell, man könnte meinen, er handele in irgendeinem Auftrag, aber das war nicht der Fall. Er ließ sich sogar vom englischen Vizekonsul ein Schreiben ausstellen, das ihm die geschlossenen Abteilungen der Museen und deren Depots öffnen sollte. Was ihm sogar gelingt: In Berlin, Hamburg, Halle und Dresden sah er in den »Schreckenskammern«, aber auch in den noch nicht »gereinigten« Abteilungen Werke von Kokoschka, Nolde, Hofer, Barlach, Munch, Dix, Kirchner, Baumeister, Schmitt-Rottluff und von den wichtigsten Vertretern der Hamburger Sezession, zu denen er auch persönliche Kontakte knüpfte. Dieses Interesse und die Unerschrockenheit, mit der Beckett ihm nachging, sind ganz und gar ungewöhnlich für einen jungen Mann aus dem englischsprachigen Bereich. Es stand dieses dezidierte Bekenntnis zur deutschen Moderne allerdings in einem merkwürdigen Kontrast zu Becketts Rezeption der zeitgenössischen Literatur, die ausschließlich die Traditionalisten und z. T. rechts orientierten Schriftsteller berücksichtigte. Die Namen Thomas Mann, Rilke, Carossa, Hesse, Kolbenheyer, Wiechert, Alverdes, Britting mögen eine Vorstellung von diesem Spektrum geben. Er liest deren Werke nicht durchweg mit Zustimmung, aber ohne die erwartbare Konsequenz, sich jetzt auch die Schriften der verbotenen und verpönten Autoren zu besorgen.

Man kann sich vorstellen, mit welch großen Hoffnungen die Beckett-Forschung dieses umfangreiche Konvolut geöffnet hat, als es aus dem Nachlass freigegeben wurde. Dass wenig auf den berühmten Autor späterer Jahre vorausweist, mag enttäuscht haben, kann aber nicht verlangt werden. Stärker fällt ins Gewicht, dass auch der Beckett der Jahre vor 1936/37 in den deutschen Tagebüchern nicht aufzufinden ist. Das ist der Beckett, der im Banne von Joyce steht und ganz anders als der Beckett der kaustischen Dramen nach 1945 seine Werke wie Würste vollstopft mit Sprachspielen, Assoziationen, echten und Pseudo-Gelehrsamkeiten, Vulgaritäten etc. Ein kurzes Zitat, mehr eine Tonprobe aus dem unveröffentlichten und zur Entstehungszeit, 1931/32, auch nicht publizierbaren Roman »Traum von mehr bis minder schönen Frauen« muss genügen. Der Protagonist mit Namen Belacqua ist nach endloser Zugfahrt in Wien angekommen, wo er die geliebte Smeraldina-Rima treffen will, die »Musik und Eurythmie« an der »sehr fortschrittsgeschwellten

Schule Dunkelbrau« studiert – von ihr heißt es: »Denn mit ihrem Leib war alles falsch, wie beim Pfau die Spreizfüße. Ja, sogar in diesem frühen Stadium, eindeutig alles falsch. Poppata, heftiger Hintern, Botticelli-Schenkel, Knubbelknie, fett, verklumpte Knöchel, wabblig, mammos, schwulstig-wulstig, drallball-knallball, wirklich knöpfeberstend weibhaft, leibhaft. Und dann, hoch aufgepflanzt auf diesem pampigen Polyeder das liebreizendste, bleiche, festumrissene, kameenhafte Vogelgesichtchen, das ihm je unter die funkelblauen Augen gekommen war. Bei Gott, er dachte öfter, sie ist ja das waschechte Ebenbild der Madonna Lucrezia del Fede.«

Letztere Namensnennung bringt uns wieder zur Geschichte der Malerei zurück, denn die Madonna Lucrezia war die Geliebte Andrea del Sartos, und damit sind wir bei Becketts Vorgänger Giorgio Vasari, dem ersten Historiographen der italienischen Kunst, der in Becketts Roman eine gewisse, negative Rolle spielt: er ist der »Kleinigkeitskrämer in Sachen Kunstgeschichte«. In den deutschen Museen hat Beckett Hunderte von Bildern betrachtet und kommentiert. Ganz selten lesen wir zu einem Bild wie zu Friedrichs »Zwei Männer in Betrachtung des Mondes«: »Angenehme Vorliebe für zwei kleine, träge Männer in seinen Landschaften wie in der kleinen Mondlandschaft, welches die einzige Art von Romantik ist, die man ertragen kann, die in Moll.« Das ist eine bereits sehr gehaltvolle Aussage, dagegen stehen unzählige Eintragungen wie: »Fra Filippo Lippi (1406 Florenz – 1469 Spoleto). Haupteinflüsse Masaccio und Fra Angelico.«

Wie kommt es zu dieser »Kleinigkeitskrämerei«? Wieso ist auf einmal alles weg, was ihn in Paris beschäftigte? »Ich führe über alles Buch, aber seit ich von Zuhause weg bin, habe ich nichts Zusammenhängendes mehr geschrieben, auch nichts Unzusammenhängendes. Ganz zu schweigen von einem Buchanfang. Meine körperliche Verfassung ist eine triviale Katastrophe, verglichen mit dem geistigen Desaster. Es kümmert mich nicht, und ich weiß auch nicht, ob sie etwas miteinander zu tun haben. Es reicht, dass ich mir nichts Schlimmeres vorstellen kann als diese mentale Auszehrung, in der ich seit Monaten taumele und schwitze.« Beckett reihte sich ein in den langen Zug der Reisenden, die in Deutschland Heilung suchten – »Deutschland eine Art Heilkur für unsere persönlichen Probleme«, wie es Spender für sich und Isherwood reklamierte. Beckett suchte Heilung nicht in der Kur, nicht in der Sommerfrische, nicht in der geschlechtlichen Liebe mit Deutschen. Er gehörte auch nicht zu der anschwellenden Schar der Engländer, die damals nach Deutschland fuhren, um das »Dritte Reich« als eine besondere Art von Sehenswürdigkeit zu besichtigen, Polit-Touristen also. Becketts politische Einstellung (»Anti«) teilt sich durch die Wahl seiner Kontakte und Ziele mit, aber sie wird nicht eigentlich erklärt und mit den Antrieben seines literarischen Schaffens vermittelt. Sicher, nach einer künstlerischen Grundausbildung in Paris und London brauchte er keinen Anschauungsunterricht, um sich gegen die offizielle Kunst des Reichs zu entscheiden. Man gewinnt bald den Eindruck, dass Becketts Bilderreise nicht den Bildern gilt. Beckett liebte Bilder, daran ist kein Zweifel, aber unter den gegebenen Verhältnissen hätten es auch Birdwatching oder Trainspotting getan. Sie hätten auch viel besser zu dem Beckett der Zukunft gepasst. Beckett sucht in künstlerisch unfruchtbarer und persönlich schwieriger Zeit Heilung durch rastlose Beschäftigung und Ablenkung. Er packt sich die Tage voll, er kann nicht stille halten. »He cannot stay still«, hatte Beckett über Rilke 1934 in Eliots Zeitschrift *Criterion* geschrieben, »he has the fidget«, er hat das Zappelphilippsyndrom: »warum aber diese fidgets Gott, Ego, Orpheus oder sonstwie nennen? Dies ist eine Kinderart, der deutsche Schriftsteller besonders gerne erliegen.« Beckett braucht für sein »fidget«, seine innere und äußere Unruhe, keine höhere transzendentale Ableitung. Er findet am 18. 1. 1937, dass auch die Reise die »falsche Figur« sei. Er spricht über eine literarische Figur. Aber er spricht auch über sich und seinen Versuch, sich und seinen Schwierigkeiten durch Ortswechsel zu entkommen. »How can we travel to that from which one cannot move away. Das notwendige Bleiben is more like.« (Das ist übrigens ein weiteres »nugget«, einer der wenigen zitierbaren Äußerungen, deren Wiedergabe aber die Vorstellung von dieser Textödnis verfälscht.)

Das einzige literarische Ergebnis der Reise war ein Dreizeiler, den der Autor im Zug seiner Niederschrift durch den Kommentar »another literary suicide« gleich wieder hinrichtete:

»Always elsewhere
In body also
The dew falls & the rain from«

An eine Freundin schreibt er aus Berlin am 13. 12. 1936: »Die Reise ist ein Reinfall. Deutschland ist fürchterlich. Ich bin die ganze Zeit müde. Alle modernen Bilder sind im Keller. Das Geld ist knapp. Ich bin die ganze Zeit müde.« Und dann kommt der klassische Satz: »It has turned out to be a journey *from*, and not *to*, as I knew it was, before I began it.«

Kriegsbedingte Störungen eines Idylls

Am 26. Juni 1941 ging über die Deutsche Kurzwelle die ungewöhnlichste Sendung, die wohl je der nationalsozialistische Rundfunk ausgestrahlt hat. Die Hörer in den damals noch neutralen USA vernahmen eine hohe männliche Stimme, nasal und zugleich von einer gewissen runden Resonanz, wie sie nur einem vor 1900 geborenen Engländer gelang. Der Sprecher, hörbar nicht mehr der Jüngste, trug ohne Hast, aber leicht monoton das Folgende vor: »Es ist durchaus möglich, dass meine Zuhörer in dieser kleinen Rede von mir gewisse Anzeichen von Verwirrung feststellen, eine Neigung zum Abschweifen vielleicht. Wenn dem so ist, dann ist die Sache einer einfachen Eklärung zugänglich, wie Bertie Wooster sagen würde. Ich bin gerade nach 49 Wochen ziviler Internierung in einem deutschen Internierungslager wieder aufgetaucht, und die Effekte sind noch nicht ganz abgeklungen. Ich habe noch nicht jene perfekte geistige Balance wiedergewonnen, für die ich überall so bekannt war.

Doch passen Sie auf, alles kommt zurück. In ein paar Wochen werden Sie erstaunt sein. Im Moment jedoch fühle ich mich ein wenig durchgedreht und neige dazu, meine Rede zu unterbrechen und ein paar Papierpuppen auszuschneiden und Strohhalme in mein Haar zu flechten, bzw. in das, was von meinem Haar noch übrig ist.«

Der da sprach und im Äther das Porträt eines Dichters als *madman* entwarf, war der damals wie heute weltberühmte P. G. Wodehouse (1881–1975). Der Sender kündigte ihn so an:

»Dies ist die Deutsche Kurzwelle. Hier in unserem Studio in Berlin hat sich heute Abend Mr P. G. Wodehouse eingefunden, der wohlbekannte Vater des unnachahmlichen Jeeves, von Bertie Wooster, Lord Emsworth, Mr Mulliner und anderen erfreulichen Charakteren. Mr Wodehouse ist seit fast einem Jahr in Deutschland, nachdem deutsche Truppen seinen Wohnort in Nordfrankreich besetzt haben. Während dieser Zeit hat er einen neuen Roman vollendet, der, wie wir erfahren haben, auf dem Weg in die USA ist, um dort publiziert zu werden, und er hat mit einem neuen Buch angefangen. Wir dachten, dass seine amerikanischen Leser interessiert sein könnten, von Mr Wodehouse zu hören; so haben wir ihn vor dieses Mikrophon gebeten, damit er Ihnen mit seinen eigenen Worten erzählen kann, wie alles geschah. Mr Wodehouse.«

Wie alles geschah. Alles beginnt vor dem Krieg, im Jahre 1934, als P. G. Wodehouse die Villa Low Wood in Le Touquet an der französischen Atlantikküste erwirbt. Wie viele andere englische Schriftsteller, die wir in den letzten Kapiteln kennengelernt haben, verfügte auch dieser über jenes »carefree talent«, wie George Watson es einmal nannte, jene glückliche Begabung, *wo* anders zu sein und doch niemals den Sinn dafür zu verlieren, *wer* man war. Das neue Domizil machte es ihm leicht. Der Ort mit dem zweiteiligen Namen: Le Touquet-Paris Plage hätte genauso gut London-Plage heißen können: Näher an der englischen als an der französischen Hauptstadt gelegen, hatte sich das Seebad an der »Opalküste« in den zwanziger Jahren zu einer echten Konkurrenz der fashionablen Ferienziele an der Riviera entwickelt. Die Engländer bestimmten das Geschehen in den Golfclubs, den Casinos und auf den Tennis- und Poloplätzen; ihre Hotels hießen Westminster, Bristol, Carlton, White Star oder Victoria. Das 1929 eröffnete Royal Picardie mit seinen 500 Zimmern und 50 Suiten à fünf bis zehn Zimmern erscheint uns heute als *die* Hotel-

Extravaganza der *années folles*, der Tollen Jahre, wie die Gastgeber ihre zwanziger Jahre nannten und nennen. Die *Bright Young Persons* und ihren Set hätte man hier nicht angetroffen, dazu war das Ganze dann doch zu konservativ. Noel Coward, der Prince of Wales, die Frau von Somerset Maugham, das Ehepaar Wodehouse waren die *regulars*, die Berühmtheiten, auf die der permanente Ferienbetrieb rechnen durfte, wenn es um die Höhepunkte der Saison ging: die Turniere, die *flower shows*, die Paraden. *Tea and Tennis* ist das Motto einer Gesellschaft, die sich auf erstaunliche Weise über die Katastrophen des Ersten Weltkriegs hinübergerettet hat oder sich nach den alten Mustern des Edwardianischen England reorganisiert.

Wodehouse schreibt in einem Brief an seine Tochter:

»Winky und Boo sind gerade gebadet worden, um mit Mummie in dem Wettbewerb ›Die Frau des Jahres 1934 und ihr Hund‹ aufzutreten. Wie ich es sehe, hängt der Wettbewerb zu einem Teil von den Kleidern von Madame und zum anderen von ihren Beziehungen zu den Juroren ab. Einen Juror wissen wir auf unserer Seite und sind deswegen zuversichtlich.

Neulich ging ich nachts ins Casino, spielte ein wenig Roulette, gewann Dreitausend in zwei Minuten und ging nach Hause. Es war 7 Uhr morgens. Winky war sehr unruhig, also ging ich mit ihr raus und war keine zehn Minuten unterwegs, als Mummie auftauchte, welche die ganze Nacht im Casino gewesen war und Dreitausend verloren hatte. Also nahmen wir beide Hunde und machten einen Spaziergang vor dem Frühstück.«

»Schau jetzt nicht auf,
aber da ist die Deutsche Wehrmacht«

Überhaupt die Hunde. Es sind Pekinesen, welche die Wodehouses durch Frieden und Krieg begleiten. Im Krieg werden sie die Fleischration ihrer ergebenen Besitzer fressen. Im Krieg wird Wonder auch der einzige Hund sein, der im Berliner Hotel Adlon residieren darf. Erzählt wird die vermutliche apokryphe Geschichte, dass der Portier des Adlon Admiral Doenitz die Mitnahme seiner Hunde aufs Zimmer verwehrte. Keine Hunde in diesem Hotel. Während der für die Hunde zuständige Adjutant und der Portier noch streiten, stöckelt Madame Wodehouse mit Wonder im Gefolge durch die Lobby. »Und was ist mit diesem Hund?«, fragt der empörte Adjutant. »Das müssen sie verstehen«, antwortet der Portier, »das ist der Hund von Frau Wodehouse.« Und die Hunde waren es letztlich auch, die ihre Besitzer in die folgende Geschichte hineingerissen haben.

Nachdem Wodehouse noch im April einem alten Schulfreund versichert hatte, dass »die Welt niemals weiter von einem Krieg entfernt ist als im Augenblick«, brachte der Herbst desselben Jahres 1939 eine andere Art von Gästen nach Le Touquet, »unsere geliebten Männer von der 85. Squadron der Royal Air Force, die alle Naslang zum Tee kamen und gerne bis zum Dinner blieben«, wie Ethel Wodehouse schreibt. Einige Monate später erhielt »die Front eine kleine Beule und unsere Royal Air Force-Leute verschwanden«. Im März 1940 entschließt man sich auch in Low Wood zur Flucht. Am ersten Fluchttag springt der Wagen nicht an, am zweiten kommt er nicht weit. Stattdessen kommen die Deutschen. In der ersten seiner Radiosendungen erzählt Wodehouse die Geschichte so:

»Was mich angeht, so spazierte ich eines Morgens mit meiner Frau über den Rasen, als sie plötzlich mit gesenkter Stimme zu mir sagte: ›Schau jetzt nicht auf, aber da ist die Deutsche Wehrmacht.‹ Und tatsächlich, da waren sie, eine stattliche Gruppe von Männern, in hübschen grünen Uniformen und mit Maschinengewehren bewaffnet.
Die Reaktionen, die man angesichts einer Umzingelung durch eine feindliche Macht an sich feststellt, sind durchaus interessant. Da ist ein gewisser Stress im Spiel, kein Zweifel. Beim ersten Mal, da man einen deutschen Soldaten auf der anderen Seite des Gartenzauns sieht, möchte man zehn Fuß geradewegs in die Höhe springen. Und man tut es auch. Eine Woche später stellt man fest, dass es nur noch fünf Fuß sind. Und dann, nach zwei Monaten des Zusammenlebens in einem kleinen Ort, fängt man unweigerlich an zu fraternisieren und wünscht, man hätte Deutsch auf der Schule

gelernt und nicht Lateinisch oder Griechisch. Meine Kenntnis des Deutschen beschränkt sich auf den Satz: ›Es ist schönes Wetter‹, und die übrige Zeit verbrachten meine deutschen Gesprächspartner und ich damit, dass wir uns anstrahlten.«

Über die Motive und den Ton dieser Erlebnisberichte wird noch einiges zu sagen sein. Man glaube aber nicht, dass sie ihr Thema um der komischen Effekte willen verfehlen. Es gab diese Art von Krieg. Er ist nicht nur Fiktion. Filme, Bücher, Berichte von Zeitzeugen haben uns genug von ihm erzählt. Man könnte sagen, dieser Krieg ist eine Realfiktion, die sich die höheren Klassen beider Parteien bereiten, solange es geht: der Krieg als Ball, als Teepause, als gesellschaftliches Ereignis, der Krieg vor allem als Unterhaltung. Ein Krieg mit anderen Worten, wie er ohne große Abstriche in eine Gesellschaftskomödie von Noel Coward oder P. G. Wodehouse übersetzt werden könnte, mit erfolgreicher Aufführung im Kurtheater von Le Touquet.

Aber auch das gehört zum Krieg: Die Balance kann jeden Moment kippen. Das Ehepaar Wodehouse muss erst seine reichlichen Vorräte abgeben, dann seine Autos, seine Fahrräder, sein Radio. Dann erging der Befehl zur Internierung des Mannes, die Frau durfte noch bleiben – später wurde auch Low Wood beschlagnahmt. Ethel Wodehouse kam irgendwo auf dem Land, mehr schlecht als recht, unter, während ihr Mann, damals 58 Jahre alt, eine Odyssee durch französische, belgische und deutsche Lager begann. Das hieß für ihn wie für Millionen anderer Kriegsgefangene in diesen Jahren: Transporte in Viehwaggons, Lagerleben mit Appellen, Revolten, Ausbrüchen, miserable Ernährung, ein geistiges Leben, das sich vom Thema Nahrung kaum mehr lösen kann, Zusammenwohnen mit 60 Männern, sinnlose Befehle und ihr Widerruf, Gerüchte, Hoffnungen, Enttäuschungen, Fortsetzung der Alltagsroutine.

Im Grunde hatten Wodehouse und seine »Jungs« Le Touquet und das England von *Tea and Tennis* nur geographisch zurückgelassen – innerlich und personell war einiges mitgekommen. Man muss sehen, wie dieser *field trip* im Juli 1940 anfängt und wie stark das an die Besetzung von Jerome K. Jeromes *Drei Männe und ein Boot, nicht zu erwähnen den Hund* erinnert – die Hunde allerdings blieben bei Ethel. Mit von der Partie waren Arthur Goddard, der Barmann von Algy's Bar in Le Touquet, George Ballinger, der Besitzer desselben Etablissements, sowie zwei Größen der lokalen Golfszene: Eric Moore, ein Angestellter des Golfclubs, und Arthur Grant, ein professioneller Golfspieler. Wenn Wodehouse über solche Charaktere oft geschrieben hat, heißt das nicht, dass er ihre Gesellschaft gewohnt war. Wodehouse hatte am Ersten Weltkrieg nicht teilgenommen, er hatte nicht studiert, und für das Club-Leben war er nicht zu haben. Aber er war wie viele Engländer seiner Klasse quasi elternlos aufgewachsen, in der Obhut von Nannies und Verwandten, und hatte seine Schulzeit im Internat, in diesem Fall in Dulwich College im Süden Londons, als erstes prägendes Gemeinschaftserlebnis erfahren. Wodehouse hat die Schulzeit immer als die glücklichste seines Lebens bezeichnet. Und auf dieses wie auf seine Schriftstellerei ist ganz klar Cyril Connollys Theorie der permanenten Adoleszenz anwendbar. In dessen *Enemies of Promise* (1938) stehen die oft zitierten Sätze:»Wenn ich irgendetwas aus den Gefühlen ableiten soll, die ich beim Verlassen von Eton hatte, so würde ich das *Die Theorie der permanenten Adoleszenz* nennen. Das ist die Theorie, dass die Erfahrungen, welche Jungen an den großen Public Schools machen, die Herrlichkeiten und die Enttäuschungen, so intensiv sind, dass sie ihr Leben weiter bestimmen und ihre Entwicklung anhalten. Daraus resultiert, dass der große Teil der herrschenden Klasse adoleszent, schulzentriert, selbstsüchtig, feig, sentimental und letzten Endes homosexuell geprägt ist.« Dazu wäre vieles zu sagen, und einiges haben wir ja bereits im letzten Kapitel über Connollys Generation, welche nach der von Wodehouse kommt, ausgeführt. Almamatrizid hieß das genüsslich und gemeinschaftlich begangene Verbrechen der Absolventenjahrgänge der Nachkriegszeit: Mord an der Schulmutter – gleichfalls ein Beweis für Connollys Theorie. Und wenn auch die lange Liste der Schulnachwirkungen nicht komplett auf Wodehouse übertragbar ist – »anormal« war z.B. seine Heterosexualität –, so nahm er doch das Leben und Treiben der Menschen und vor allem das politische Geschehen als ein ewiges Match wahr – fair oder unfair, es blieb ein Spiel oder eine Rauferei, wie einst in Dulwich College. In dem schon anzitierten Brief an den Schulfreund vom April 1939, in dem er keine Kriegsgefahr erkennen kann, vergleicht Wodehouse das aktuelle »törichte« Gerangel um Allianzen mit dem Moment, da sich Football Teams für das nächste Spiel aufstellen. »Ich denke mir Hitler und Mussolini immer als zwei Mittelläufer und Stalin als einen gut platzierten Außenstürmer.«

Soviel zu den negativen Effekten der protradierten Adoleszenz und zur beschränkten politischen Sicht des ewigen Internatschülers, die Connolly 1938 interessanterweise überhaupt nicht auf seiner Liste hatte. Diesen Engländern diente die Schulerfahrung aber auch als Schema, das ihnen half, die ihnen nur aus Beschreibungen bekannten Lager der Nationalsozialisten einzuordnen. Damals entstand die bis heute in rechtsextremen Kreisen aktuelle These von der Vergleichbarkeit (wenn nicht Ableitbarkeit) der deutschen Konzentrationslager und des disziplinären Systems der englischen Public School. Osbert Sitwell, auch ein Etonian und ein prominenter Oxford-Ästhet, schrieb kurz nach Hitlers Machtergreifung: »Ich denke, dass Deutschland derzeit ein faires Spiel spielt. Will sagen, dass der Hitlerismus (nicht der Faschismus, den ich bewundere) sich in Wirklichkeit aus dem Geist der englischen Public School herleitet. Die Beschreibungen der Konzentrationslager, die das neue Regime eingerichtet hat, lasen sich in unseren Zeitungen wie eine detailgenaue Schilderung des Lebens in Eton.« Vom anderen Ende des politischen Spektrums klang es nicht anders. Auden formulierte das 1934 so: »Der beste Grund, den Faschismus zu bekämpfen, ergibt sich für mich aus der Tatsache, dass ich während der Schulzeit in einem faschistischen Staat gelebt habe.«

Von Touquet nach Tost

So gesehen, war Wodehouse also bestens vorbereitet auf das, was ihn in der Internierung erwartete, und die Langzeitadoleszenten, die verzweifelt versuchten, die Schule aus sich herauszubekommen, ahnten nicht, dass die Prägungen, die sie nur als hemmend empfanden, in Zeiten der Bedrohung auch stärken und schützen konnten – wie eine Impfung.

Wodehouse jedenfalls äußerte sich über die Zeit im Lager so überschwänglich wie sonst nur über *seine* geliebte Alma Mater Dulwich College. »Camp was really great fun.« »I was definitely happy at Tost.« Tost in Oberschlesien, heute Polen, hieß das Lager, das die Engländer am Ende einer langen Odyssee aufnahm, ein Schloss und ein ehemaliges Irrenhaus, wie man in ungenierteren Zeiten gesagt hätte. Entfernung von Auschwitz: eine Autostunde. »In Tost war ich ausgesprochen glücklich. Ich war auf die mir angemessene Weise beschäftigt und hatte eine Menge unterhaltsamer Gesellschaft.« Die Regressionen der Lagerexistenz erlebte Wodehouse durchaus genüsslich als Rückfall in alte Schulzeiten: »Heute war einer unserer streitsüchtigsten Tage, wir werden mehr und mehr wie Jungen, benehmen uns genau wie im Schlafsaal der jüngeren Schüler.«

Dabei war Tost nicht das Hotel White Star in Touquet. Drei Kartoffeln, später gesteigert auf acht, standen auf dem ungewollten Diätplan. Die positiven Effekte ergaben sich bei Wodehouse weniger aufgrund einer Vorzugsbehandlung, die er in Maßen genoss, sondern vor allem deswegen, weil er jetzt die seit der Kindheit geübte Tugend der seelischen Autarkie und auch der materiellen Genügsamkeit auf eine harte, aber erfolgreiche Bewährungsprobe stellen konnte. Wodehouse lebte bis dahin, wie wir schon erfahren haben, nicht gerade in Armut, aber für sich selbst verlangte er wenig: einen geregelten Tagesablauf, eine Schreibmaschine, reichlich Zeit zum Schreiben und etwas Pfeifentabak. Für das Geldausgeben hatte er seine Frau. Der berühmte, reiche, bis dato vom Schicksal verschonte Schriftsteller P. G. Wodehouse war mit anderen Worten bereit und in der Lage, das Nationalattribut der Engländer »the stiff upper lip« herauszukehren und, wie er es selbst ausdrückte, »to show how a little group of British people were keeping up their spirits in difficult conditions«. Seine stoische Selbstbescheidung war ebenso echt wie seine Kameraderie. Robert McCrum, dem wir die jüngste Wodehouse-Biographie verdanken, hat Überlebende des Lagers Tost ausfindig gemacht, die dem Mit-Internierten Wodehouse ein sehr gutes Zeugnis ausstellen.

Im Radio klang es so:

»Seit dem 21. Juli 1940 habe ich meine Zeit in einer Folge von Ilags verbracht. Ein Ilag darf man nicht mit einem Offlag oder einem Stalag verwechseln: In einem Offlag findet man gefangene Offiziere, in einem Stalag gefangene Truppen. Der zivile Internierte geht in ein Ilag – und wie gerne er dorthin geht! Seitdem ich diesem Beruf als Internierter nachgehe, habe ich vier Ilags von innen gesehen, einige davon mehr Ilagig als andere, einige weniger. Zuerst steckte man uns in ein Gefängnis, dann in Baracken, dann in eine Festung. Eines Tages musterten sie mich und die anderen Jungs beim Appell etwas genauer und verfielen schließlich auf die richtige Idee. Sie schickten uns in das Irrenhaus von Tost in Oberschlesien, und dort bin ich die letzten 42 Wochen gewesen.«

In Tost setzte Wodehouse fort, was er in allen Lebenslagen getan hatte. Er schrieb. Mit Hilfe des Lagerkommandanten mietete er eine Schreibmaschine und bekam in einem Nebengebäude eine Gummizelle zum Arbeiten zugewiesen. In Tost verfasste er den Roman *Money in the Bank*, der im März 1941 als Manuskript in die USA abgeschickt wurde und in New York 1942 und in Leipzig 1943 auf Englisch erschien, was heißt, dass auch in den Kriegsjahren im Reich Bücher für das englischsprachende Ausland produziert wurden und dass Wodehouse deswegen mit Tantiemen rechnen durfte, ein Faktum, das noch wichtig werden wird. In den 93 Jahren seines Lebens verfasste Wodehouse übrigens ca. 96 Bücher, ungezählte Kurzgeschichten und Zeitungsartikel und arbeitete an 16 Theaterstücken und 28 Musicals mit. In immer neuen Zusammenstellungen, Teil- und Gesamtausgaben, in Übersetzungen in alle großen Sprachen blieb und bleibt Wodehouse so dauerhaft zugänglich und weit verbreitet wie sonst nur Shakespeare. Er ist ein Zeiten, Generationen, Temperamente und Kontinente übergreifender Autor. Das gilt auch und merkwürdigerweise gerade für Deutschland. Denn in Leipzig war dieses großartige Verlagsunternehmen angesiedelt, die Tauchnitz Edition, die englische Bücher in einheitlicher Ausstattung und in originaler Sprache für die ganze Welt verlegte und vertrieb – nur im Commonwealth durften diese Titel nicht verkauft werden, deren Zahl sich insgesamt auf über 5800 von über 800 Autoren summierte. Wodehouse gehörte zu den Bestsellern von Tauchnitz, in den Kriegsjahren war das Angebot erwartungsgemäß nicht mehr so groß, aber immerhin, für die Zeit der Internierung des Autors meldete das »Deutsche Bücherverzeichnis«, dass 15 Titel lieferbar waren, vermutlich mehr als von jedem anderen englischen Autor dieser Jahre.

Man erwarte nicht, dass der in Deutschland entstandene Roman in irgendeiner und sei es noch so versteckter Weise auf seine Entstehungsumstände anspielt. London, genauer die Rechtsanwaltskanzlei »Shoesmith, Shoesmith, Shoesmith and Shoesmith« und das Landhaus von Lord Uffenham in Kent dienen als Schauplätze einer Komödie, die von den Leitmotiven des Wodehouse-Kosmos vorangetrieben wird: von den Widerständen eines Luftikus, dem die Verheiratung droht, von Verwicklungen, die aus falschen Identitäten und Schwindelunternehmungen entstehen können usw. Dass der Roman in einer Gummizelle geschrieben wurde, dieser Umstand ist, wie Bertie Wooster sagen würde, »a jolly bit strong«, aber absolut angemessen.

The Global Howl – das weltweite Aufheulen

Am 21. Juni 1941, dem Tag, da Hitler Russland den Krieg erklärte und Wodehouse gerade in aussichtsreicher Position Cricket spielte, wurde er ohne Vorwarnung entlassen und in den Zug nach Berlin gesetzt. Die Nazis wussten mittlerweile, wen sie sich da eingefangen hatten, aber sie gaben es nur indirekt zu erkennen. Am 22. Juni bezog Wodehouse ein Zimmer im Hotel Adlon, das im Wesentlichen vom Auswärtigen Amt belegt wurde. Bei seinem ersten Ausgang stieß er auf einen alten Bekannten, den Major und Baron Erich, genannt Raven von Barnekow. Die beiden kannten sich aus New York und Hollywood, wo Wodehouse in den zwanziger und dreißiger Jahren mit Unterbrechungen gelebt und gearbeitet und wo er den

P. G. Wodehouse (links) mit Werner Plack vor dem Brandenburger Tor in Berlin, Mai 1942

Börsenhändler schätzen gelernt hatte. Dieser berichtete ihm von seinen Versuchen, den Schriftsteller freizubekommen und ihn gegen einen deutschen Schraubenfabrikanten auszutauschen, der in England interniert war. Während dieses Gesprächs gesellte sich ein Dritter hinzu, ein weiterer Hollywood-Bekannter, ein gewisser Werner Plack.

Dieser Mann nun war der erste Kontakt, den Wodehouse mit Partei- oder Regierungskreisen hatte. Es fällt schwer, dieses zu verstehen, bedenkt man den Weltruhm des Autors, aber so war es. Vermutlich handelte es sich nicht um Zurückhaltung oder Phantasielosigkeit, vermutlich war hier jenes bekannte Muster nationalsozialistischen Regierungshandelns bzw. Nichthandelns am Werk, das da hieß: Blockade aufgrund von Rivalitäten. Das Auswärtige Amt, die Gestapo und Goebbels' Propagandaministerium verfolgten ihre eigenen Absichten und behinderten sich in ihren Bewegungen. Dabei kam es dem Auswärtigen Amt vor allem auf den politischen Effekt an, den in den neutralen USA eine Vorzugsbehandlung von Wodehouse und seine Freilassung gehabt hätten. Werner Plack hat in Gesprächen nach dem Krieg den Eindruck vermittelt, dass es seinem Ministerium um die propagandistische Wirkung einer Nicht-Propaganda-Aktion gegangen wäre. Im Gegensatz zu den Plänen von Goebbels' Leuten, die sich einen nationalsozialistisch gedrehten Wodehouse gewünscht hätten.

Einen besseren Kontaktmann als Plack hätten die Deutschen Wodehouse nicht schicken können. Man kannte sich aus Hollywood, wo Plack erst erfolglos als Schauspieler, dann als Weinhändler tätig gewesen war. Was Wodehouse nicht wissen konnte: Plack war mit ziemlicher Sicherheit als Spion in den USA eingesetzt. Nachdem er 1940 das Land verlassen musste, arbeitete er im Auswärtigen Amt und war speziell für Propaganda-Maßnahmen in Richtung USA und England zuständig. Er war ein auslandserfahrener, pychologisch geschickter Propagandist, von anderem Schlag als seine Kollegen in Goebbels' Ministerium. Außer der Rekrutierung von Wodehouse gehen die Radioansprachen Graf Luckners auf seine Rechnung. Auch die Gründung eines englischen Freikorps verdankt ihm wichtige Impulse. Plack war Nazi, von Barnekow gehörte dem Widerstand an und hat sich noch im Dezember 1941 das Leben genommen. Ob er von Placks Plänen mit Wodehouse wusste und sie durch seine Beteiligung voranbringen sollte oder ob er von Plack unwissentlich benutzt wurde, wird sich wohl nie klären lassen.

Schließlich gesellt sich noch der Lagerleiter von Tost zu der Gruppe. Alles ganz zufällig. Vier alte Bekannte treffen sich also im

Adlon. Einer ist gerade am Vortag aus einer Haft entlassen worden, die immerhin 13 Monate gedauert hatte. Er ist mittel- und orientierungslos, verfügt nur über die Kleider, die er am Leibe trägt, die Frau fehlt ihm, die Hunde nicht minder, von seiner Familie in England, der Tochter, hat er seit Langem nichts gehört. Er wiegt sich in dem Glauben, dass er entlassen wurde, weil er kurz vor seinem 60. Geburtstag steht. Ist er frei? Frei, was zu tun? Vertrauensvoll greift er nach dem einzigen Halt, der sich ihm anbietet: gute Bekannte aus besseren Tagen.

Später wird er aussagen: »Es war im Laufe dieser Unterredung, dass ich die große Zahl von Briefen erwähnte, die ich von amerikanischen Lesern erhalten hatte, und sagte, wie es mich quälte, dass ich ihnen nicht antworten könnte. Von Barnekow verabschiedete sich dann, um mir Kleidung zu besorgen, und Plack fragte mich, ob ich über den Rundfunk zu Amerika sprechen möchte. Ich sagte: Ja, und er sagte, er würde mich am nächsten Tag in sein Büro bringen lassen, um die Einzelheiten zu besprechen.«

Hier ist nun der kritische Punkt in der Vorgeschichte der Rundfunkansprachen erreicht. Wir dürfen sicher sein, dass das Auftauchen eines dritten Bekannten, in diesem Fall des Lagerkommandanten von Tost zu Placks Gesamtkonzept gehörte. Vermutlich war er zu einem Gespräch in Sachen Wodehouse nach Berlin gereist, hatte seinen Häftling aber nicht begleitet, weil Plack sich offenbar alles von einer scheinbar zufälligen und freundschaftlichen Begegnung erhoffte. Eine Begleitung durch den Lagerführer hätte Wodehouse gewarnt; er hätte sich sagen müssen, dass man in Berlin etwas mit ihm vorhatte. Adrian Weale berichtet in seiner Geschichte der Kollaborateure des deutschen Rundfunks, dass an jenem 21. Juni 1941 Wodehouse und ein zweiter Internierter, MacKintosh, vom Lagerleiter nach Berlin gesandt wurden, um dort ein anderes Lager zu inspizieren. Tatsächlich aber wurden sie im AA von zwei hohen Beamten interviewt, von Botschafter Paul Schmidt und Professor Haferkorn, dem Leiter der Radiopropaganda-Abteilung. Schmidts Gegenwart könnte darin eine Erklärung finden, dass er ein großer Wodehouse-Fan war, aber Haferkorns Hinzuziehung konnte nur eines bedeuten: Wodehouse für eine Reihe von Ansprachen zu gewinnen.

Wie sich die beiden Versionen zueinander verhalten, komplementär, sich ausschließend, ist nicht mehr festzustellen. Wie aber auch immer das Ergebnis der Anfrage ausfiel, sehr sicher scheint man sich in Berlin seiner Sache nicht gewesen zu sein, denn auf einmal musste alles ganz schnell gehen. Am 23. Juni war Wodehouse bei Plack im AA, am 25. war die erste Rede geschrieben und aufgenommen. Einen Tag später wurde sie über das C.B.S.-Network in den USA ausgestrahlt. Am 27. Juni reiste Wodehouse in den Harz, um bis in den November hinein bei Barnekows Freundin Anga von Bodehausen auf ihrem Gut im Harz zu leben und zu schreiben. Zweimal nur fuhr er zurück nach Berlin, um vier weitere Rundfunkreden aufzunehmen. Damit war seine Tätigkeit für das Auswärtige Amt beendet.

Blenden wir uns noch einmal in die erste Ansprache ein: »Im Moment jedoch fühle ich mich ein wenig durchgedreht und neige dazu, meine Rede zu unterbrechen und ein paar Papierpuppen auszuschneiden und Strohhalme in mein Haar zu flechten, bzw. in das, was von meinem Haar noch übrig ist.« Die Nazis müssen das sozusagen hörenden Ohrs akzeptiert haben. Plack und sein Vorgesetzter Paul Schmidt hatten die Rede abgenommen, drei Zensoren hatten sie gelesen. Wir verkennen nicht die Nähe zu einem gewissen Humor, wie ihn auch die strengsten Zensoren in Berichten vom Landseralltag erlaubten, ja gefordert hätten. Eine gemütvolle Selbsterniedrigung, eine pointenreiche Reibung zwischen dem Einzelnen und der Maschinerie des Krieges sind bewährte Techniken dieses Genres. Dennoch: das Bild von geistiger Behinderung, das Wodehouse hier ausmalt, hat in seinen autodestruktiven Tendenzen nur noch wenig gemein mit dem schnoddrigen Ton der »So lacht die Front«-Prosa. Das Selbstporträt des Dichters als Internierter mit Stroh im Haar, mit einer Neigung zu kindlichen Spielen, ist auch ein Hinweis an die Zuhörer nicht nur auf der anderen Seite des Meeres. Wodehouse war naiv, aber er war auch ein Meister des Doublespeak, ein instinktiv sicherer Gänger im Niemandsland zwischen den Fronten von Sinn und Unsinn, Freund und Feind. Es wird berichtet, dass zwei Jahre später in US-amerikanischen Ausbildungscamps die Ansprachen als Übungstexte für Gegenpropaganda analysiert wurden. Warum man in England diese Zwischentöne nicht hat vernehmen wollen, lässt sich unschwer begreifen – das bedeutet aber nicht, dass sie nicht da sind.

Die einzige Erklärung jedenfalls, warum die Deutschen derlei Nonsense ohne Einschränkung zuließen, ist darin zu sehen, dass Plack und Schmidt, Wodehouse-Kenner beide, glücklich waren, das Erhoffte, aber eigentlich Unmögliche zu erhalten, echten Wodehouse, gefertigt aus dem Material des deutschen Angriffskriegs. Seinen Auftraggebern wird das größere Genugtuung bereitet haben als ein Wodehouse, der wie sein Landsmann William Joyce, genannt Lord Haw-Haw, das Ausland zum Nationalsozialismus bekehren wollte. Niemand hätte das diesem Mann abgenommen.

Leider verlässt Wodehouse den eingangs ausgespannten schmalen Grat der hysterischen Zeit- und Selbstbeschau sehr bald und verfällt in seine komische Routine – die erste Ansprache geht so weiter:

»Die Zeit in Tost war in vieler Hinsicht eine angenehme Erfahrung. Es gibt eine Reihe guter Gründe für die Internierung. Sie hält Sie vom Wirtshaus fern und lässt Ihnen Zeit zum Lesen. Sie können auch eine Menge Schlaf nachholen. Der Hauptnachteil ist, dass Sie weg von zu Hause sind. Ich fürchte, dass meine Pekinesin, wenn ich sie wiedersehe, mich vergessen hat und mich beißen wird – so wie sie es mit allen Fremden macht. Und ich habe das Gefühl, dass ich beim Wiedersehen mit meiner Frau besser einen Einführungsbrief mitnehme, um ganz sicher zu gehen.

Junge Männer, die gerade ihr Leben beginnen, fragen mich oft: ›Wie kann ich mich am besten internieren lassen?‹ Nun, es gibt verschiedene Methoden. Meine eigene war, eine Villa in Le Touquet an der französischen Küste zu kaufen und zu warten, bis die Deutschen kommen. Das ist wahrscheinlich das beste und einfachste System. Du kaufst die Villa, und die Deutschen besorgen den Rest.«

Unter der Glasglocke

Dies ist die Grundkonstellation der Wooster-Jeeves-Romane: Bertie Wooster, den Wodehouse 1917 erfindet, im Krieg also und in New York – of all places –, Bertie, groß, schlank, schlaksig, blond, monokeltragend, ist ein intellektuell leicht gebremster, ewig unerwachsener Junggeselle, ein Adliger, versteht sich, unsicher in jeder seiner Entscheidungen, angefangen bei der Sorge, was er am Morgen anziehen soll, bis hin zu der Frage, wen und ob er überhaupt heiraten soll. Evelyn Waugh hat einmal sehr schön über Bertie Wooster geurteilt, bei ihm sei es immer 11 Uhr 30. Womit er andeuten wollte, dass dies die kritische Stunde eines solchen Lebens ist – man ist aufgewacht und nach kleinen Streitereien mit Butler Jeeves angezogen, der erste Besuch ist schon da oder kündigt sich an, die große Frage stellt sich, was man mit dem Tag anfängt und wie man der nächsten Klemme entgeht: dem Besuch der Tante, der Vorstellung bei prospektiven Schwiegereltern. Eine historische Außenzeit existiert unter der Glasglocke der Gesellschaftskomödie nicht. Wie in allen Serien gibt es keine Entwicklung und keinen Wandel, allenfalls Irritationen.»›Wie ist das Wetter, Jeeves?‹ ›Außerordentlich milde, Sir.‹ ›Irgendetwas in den Zeitungen?‹ ›Eine kleine Reiberei droht auf dem Balkan. Sonst nichts.‹« Auf Blandings Castle, dem Stammsitz der Woosters, hat, wie Evelyn Waugh treffend feststellte, noch nicht einmal der Sündenfall stattgefunden, ganz zu schweigen vom Ersten oder Zweiten Weltkrieg.»Der Park von Blandings Castle ist jener ursprüngliche Garten, aus dem wir alle vertrieben wurden.« Aber um dieses zu erreichen, diese Vertreibung ins Werk zu setzen, zerren gewaltige Kräfte an Bertie. Vor allem in Gestalt der Tanten, die in diesen Romanen die Autorität der erwachsenen Welt, der Regionen jenseits von Blandings Castle verkörpern – »Tante zu Tante rufend. So wie Mastodontien sich über eine urzeitliche Landschaft zurufen.«.

Wooster bedarf also dringend eines Helfers, eines Vermittlers zwischen den Welten. Und dieser Helfer ist der Butler Jeeves, eine wunderbar ambivalente Dienerfigur, die, so oft sie auch das Realitätsprinzip gegenüber ihrem Herrn durchsetzen muss, doch gleichwohl dafür sorgt, dass der ursprüngliche Garten des ewigen Adoleszenten geschützt und als Schauplatz immer neuer/gleicher Abenteuer erhalten bleibt. Wooster: »Viele Leute denken, dass ich von Jeeves zu abhängig bin. Meine Tante Agathe geht soweit, dass sie ihn meinen Hüter nennt. Darauf sage ich: Warum nicht? Der Mann ist ein Genie. [...] Er war eine Woche bei mir, danach hörte ich auf, mich um meine Angelegenheiten zu kümmern.«

Auch Wodehouse war höchst dankbar, wenn ihm jemand die ernsteren Dinge des Lebens abnahm. Entmündigung scheute er nicht, wenn genügend Pfeifentabak und Zeit zum Schreiben für ihn heraussprang. (Die zentrale Ironie seines Lebenswerks war ja, dass er 70 Jahre lang ohne Unterlass arbeitete, indem er über Leute schrieb, die nur eines nicht wollten: arbeiten.) Im wirklichen Leben hatte seine Frau Ethel, die man als eine Kreuzung aus Florence Nightingale und Lady Macbeth beschrieben hat, die Jeeves-Funktionen übernommen, zumindest was die Practicalities des Lebens anging: die Organisation des Alltags, der Reisen, der Geschäfte. So patent und bestimmend sie in diesen Dingen war, zur Ratgeberin in den größeren Fragen der Politik, der Kunst, des sozialen Engagements taugte sie nicht. Da reagierte sie mindestens so naiv und desinteressiert wie ihr Mann.

Nun kann man im Hinblick auf die Disposition von Wodehouse einwenden, dass nach diesem Verhaltensmuster viele Künstler funktionieren und funktioniert haben. Wenn man sehr weit gehen und den Protest der epochenfesten Literaturhistoriker riskieren will, könnte man sagen, dass auch Wodehouse der Generation von 1914/1917 zuzurechnen ist, obwohl er doch ein bis in die Gene eingefleischter Edwardianer war. Ab 1917, dem Erscheinungsjahr von Eliots *Prufrock*-Gedichten, dem Beginn von Pounds *Cantos* datiert man die neue, modernistische Phase der englischen Literatur, die auch unter den großzügigen Dächern Joyce-Eliot-Group oder Pound Era zusammengefasst wird. Aber wir haben schon festgestellt, dass 1917 auch die dritte Phase im Schaffen von Wodehouse beginnt, die Country-House-Phase, die bis zu seinem Tod im Jahr 1975 anhielt. Und in dieser Zeit entfaltet sich Wodehouse als ebenso reiner Künstler wie die anderen auch, ein Wortschmied, ein Puppenspieler, ein verkappter Moderner, aber einer mit Millionenpublikum.»Jeeves kennt seinen Platz in der Welt sehr wohl«, hat Wodehouse von dieser einen Hauptfigur gesagt, wo es doch auf alle zutrifft: »Dieser Platz ist zwischen den Deckeln eines Buches.« »In den kulturellen Kreisen dieser Jahre«, resümierte George Orwell 1940 scharf, aber nicht ungerecht, »ging das Prinzip Kunst-um-der-Kunst willen so weit, dass es praktisch in einem Kult des Bedeutungslosen endete. Literatur sollte nur noch in der Manipulation von Worten bestehen. Ein Buch nach seinem Inhalt zu bewerten, war eine unverzeihbare Sünde. [...] Um 1928 herum gelang dem *Punch* einer von drei wirklich guten Witzen, die Nachkriegszeit betreffend. Man sieht da einen anstrengenden jungen Mann, der seiner Tante mitteilt, dass er zu ›schreiben‹ gedenke. ›Und worüber wirst du schreiben, mein Lieber‹, fragt die Tante. ›Meine liebe Tante‹, antwortet der Jüngling, sie vernichtend, ›man schreibt nicht *über* irgendetwas, man *schreibt* ganz einfach‹.« »One doesn't write *about* anything, one just *writes*.« Um 1930 aber war diese Periode Geschichte, fortan dominierten die Literatur und die Haltung des »serious purpose«. Wodehouse, der mittlerweile 50-jährige Autor von 50 Büchern, konnte und wollte da nicht mitmachen. Wodehouse hat sich und seine Kunst selbst völlig richtig so eingeordnet: »I believe there are two ways of writing novels. One is mine, making a sort of musical comedy without music and ignoring real life altogether; the other is going right down deep into life and not giving a damn.«

Umso leichter haben es bei einer solchen Grundeinstellung diejenigen, die mit Bestimmtheit etwas wollen oder durchsetzen: im Leben wie in den Romanen. Kurz vor dem Krieg kam es im weiteren Familienkreis zu einer Diskussion über die Frage, ob es den Deutschen gelingen würde, Europa zu erobern oder nicht. Wodehouse soll dazu folgenden Beitrag geleistet haben: »Ich verstehe nicht, welchen Unterschied das machen soll. Wenn die Deutschen die Welt beherrschen wollen, warum sollen wir sie daran hindern?« Frances Donaldson, eine Biographin, die ihren großzügigen Helden ganz gut gekannt und durchschaut hat, bemerkt dazu: »In der Wodehouse-Welt ist der Feind notwendig und im Grunde wertfrei die Autorität an sich, und um Wodehouse in dieser Hinsicht zu begreifen, muss man sich an Rebecca Wests scharfe Bemerkung erinnern, dass das Wort Idiot in seiner griechischen Herkunft Privatperson meint.« Das bedeutet nun aber überhaupt nicht, dass Wodehouse prodeutsch oder gar profaschistisch gewesen wäre.

Der Faschismus als Kleiderordnung

In dem 1938 erschienenen, in Le Touquet verfassten Roman *The Code of the Woosters*, den viele Wodehouse-Fans ganz oben auf der Liste ihrer Lieblingsbücher führen, tritt der unvergessliche Roderick Spode auf, ein überlebensgroßes Porträt und vermutlich keine Karikatur des englischen Faschistenführers Oswald Mosley, komplett mit Lippenbart und stechendem Blick – »the sort of eye that can open an oyster at sixty paces« – und einer Körpergröße irgendwo zwischen sieben und acht Fuß.»›That big fellow?‹ ›Big is right, though perhaps ›supercolossal‹ would be more the *mot juste*.‹« Spode ist also schon von der Erscheinung her eine bemerkenswerte Gestalt:»so als habe die Natur einen Gorilla schaffen wollen und es sich im letzten Moment anders überlegt«. Spode ist wie Mosley aber auch ein Sir und in seinem Fall der achte Earl of Sidcup. Als solcher bewegt er sich in jenen exklusiven Kreisen, wo man unweigerlich auf Bertie Wooster und seinen Freund Gussie Fink-Nottle, den Molchzüchter, trifft. Anders als diese beiden, für die Politik ein Fremdwort ist, besitzt Spode eine eigene Partei, die »Black Shorts«, Schwarzhosen deswegen, weil schwarze Hemden gerade ausverkauft waren, als Spode seine Organisation gründete.

Die Frage ist erlaubt, ob Wodehouse sich vielleicht bei Wyndham Lewis eine Anregung geholt hat, der in seiner großartigen Satire *The Apes of God* (1925) versuchte, seine anfängliche Begeisterung für den italienischen Faschismus wieder loszuwerden. Er selbst hatte kurze Zeit schwarze Hemden getragen, was seiner Grundeinstellung, sich mit niemandem auf der Welt (außer mit Percy Wyndham Lewis) zu identifizieren, im Grunde diametral widersprach. In *The Apes of God* nun lässt Lewis einen gewissen Starr-Smith in schwarzen Hemden auftreten und erklären »Warum glauben Sie, dass ich und meine beiden Begleiter heute abend hier ausgerechnet als ›Faschisten‹ erscheinen? Das hat nichts mit *Fascismo* zu tun, das wäre das Letzte. Wissen Sie warum? Nun, ich habe drei Khaki-Hemden für ein paar Penny bekommen und die schwarz gefärbt – der ganze Outfit für uns drei hat gerade mal 15 Schilling gekostet! Das ist die Erklärung.«

Der Faschismus als Kleiderfrage? Diese vermeintlich frivole Perspektive kann in sozial- und kulturgeschichtlicher Perspektive gar nicht überbewertet werden. An ihr rieben und schieden sich auf schmerzlichte Weise die Geister. Sich die politische Überzeugung anzuziehen, war eine ungewohnte, große Herausforderung, überall, aber besonders in England, wo Politik als Spektakel ebenso unbekannt war wie »direct action«, das Prinzip des kontinentalen Faschismus. Harold Nicolson, der nach 1930 so etwas wie der Chefideologe der kurzlebigen New Party gewesen war, attestierte seinen Landsleuten »indirect minds« – kurz: sie wollten anders angesprochen werden als durch politische Rallies, Rituale und Massenorganisationen. Nicolson, der Freund des Parteiführers Mosley, in den viele Intellektuelle damals große Hoffnungen setzten, war noch dabei, als die Partei überlegte, sich eine Uniform und eine Jugendorganisation (Youth Movement) zuzulegen. Er stimmte erst dagegen und schließlich doch dafür, allerdings dürfte sein Vorschlag, den Dresscode betreffend, »graue Flanellhosen und Hemden«, sicher nicht die Kampfuniform ergeben haben, die Mosley vorschwebte. Die New Party löste sich 1932 auf, Mosley gründete die British Union of Fascists, Nicolson war draußen und die Faschisten steckten in schwarzen Hemden und Hosen.

Das Scheitern der englischen Faschisten hat sicher mehrere Gründe, darunter sehr lehrreiche. Das Vorgehen der Regierung nach den Ausschreitungen der Blackshirts in der Schlacht von Cable Street (1936), das öffentliche Versammlungen und das Verbot des Tragens politischer Uniformen in der Öffentlichkeit aussprach, brach das Momentum dieser Bewegung und darf als Musterbeispiel entschlossenen Regierungshandelns gelten. Wäre Hindenburg am 23. Januar 1933 dem Vorschlag Kurt von Schleichers gefolgt und hätte die Nazis und die Kommunisten verboten, dann hätte es einen Bürgerkrieg gegeben, aber mit Sicherheit hätte die Geschichte die Karten noch einmal ganz neu ausgeteilt.

Die mangelnde Gefolgschaft der englischen Faschisten resultierte aber auch aus dem Uniformierungszwang, der sich, was Farbe und Symbole anbelangte, erst an die italienischen Faschisten und später zunehmend an ihre deutschen Gefolgsleute anlehnte. Es ist nur gerecht, dass der phantastisch gut aussehende Mosley – dem Typ nach Latin Lover, Stummfilmstar – in dem Moment, da er seine Kluft anlegte und vor allem die alberne Mütze aufsetzte, wie sein eigener Chauffeur wirkte.

Wie Nicolson vorausgesagt hatte: Mosley wurde »von einigen verachtet, von vielen als lächerlich empfunden«, erstens weil er das Ausland kopiert hatte und zweitens weil diese Form von Exhibitionismus zu unenglisch war. In dieser Situation lag nichts näher, als den Ästheten und den Snob zum Sprecher einer in Wirklichkeit viel breiteren Bewegung zu machen. In *Fisbo, or the Looking Glass Loaned* (1934), einem satirischen Gedicht von Robert Nichols, begutachtet der adlige Ästhet mit Missfallen den Schnitt der Schwarzhemden, die zu tragen er, der Bewunderer Mosleys, sich nicht so recht vorstellen kann. Aber der »verdammte« Captain, das war Mosleys Titel, weist ihn barsch ab:

»Fisbo reviews the cut of a black shirt,
But that confounded Captain is so curt.«

Auch Bertie Wooster findet Spode und seine Schwarzhosen zutiefst lächerlich: »The trouble with you, Spode, is that just because you have succeeded in inducing a handful of half-wits to disfigure the London scene by going about in black shorts, you think you're someone. You hear them shouting ›Heil, Spode!‹ and you imagine it is the Voice of the People. That is where you make your bloomer. What the Voice of the People is saying is: ›Look at that frightful ass Spode swanking about in footer bags! Did you ever in your puff see such a perfect perisher?‹«

Man muss das unbedingt auf Englisch lesen oder besser noch hören, und man muss es nicht verstehen, um zu wissen, dass Spode zutiefst lächerlich ist oder, um Bertie Wooster zu zitieren: »Spode, *qua* menace, if *qua* is the word I want, is a thing of the past«: »Look at that frightful ass Spode swanking about in footer bags! Did you ever in your puff see such a perfect perisher?« Vielleicht kann man dann die oben nahegelegte und eventuell als frivol empfundene Nachbarschaft mit James Joyce nachvollziehen. Noch einmal Waugh über das Idiom der Wodehouse-Gestalten und das artifizielle Sprachspiel der Romane überhaupt: »Their language has never been heard on human lips.« Harald Raykowskis freie Übersetzung hält aber ganz gut mit: »Wissen Sie, Spode, Sie bilden sich wer weiß was darauf ein, dass es Ihnen gelungen ist, ein paar Schwachköpfe um sich zu scharen, die mit ihren schwarzen Shorts das Stadtbild verschandeln. Und wenn diese Bagage ›Heil Spode!‹ kräht, bilden Sie sich ein, die Stimme des Volkes zu hören. Aber da sind Sie auf dem Holzweg! Wenn Sie mal richtig hinhören, sagt die Stimme des Volkes nämlich: ›Seht euch bloß diesen behämmerten Spode mit seinen Halbmasthosen an! Der hat doch'n Schatten auf der Morelle!‹«

Nicht nur aus dem Grund, dass man ihn und seine Partei beleidigt hat, hat Spode Böses im Sinn – er ist das Böse: »Er sah aus wie ein Diktator, der gerade eine Säuberungsaktion plant.« Spode verfolgt im Wesentlichen ein Ziel: »to beat Bertie Wooster and Gussie Fink-Nottle to jelly«. »Beat them to jelly« – der ahnungslos tuende Wodehouse könnte sehr wohl gewusst haben, dass das Lied »Schlagt sie zu Brei« eines der berüchtigsten Marschlieder der Nazis aus der Zeit der »Asphalt-Politik« war, als sie den Reichstag verlassen hatten und sich tagtäglich Straßenschlachten mit Kommunisten und Ordnungskräften lieferten. Unter der deutschen Überschrift »Schlagt sie zu Brei« verfasste Brian Howard (1905–1958) 1934 eine kurze Reminiszenz an ein Erlebnis, das er in einem Café in der Umgebung von München hatte. Er saß mit einem kommunistischen Freund zusammen und berichtete von seinen Erfahrungen mit Nazi-Deutschland und den kritischen Artikeln, die er darüber verfasst hatte – einen haben wir schon kennengelent, ein anderer hieß »The New German ›Sport‹«, er verarbeitete die Leiden eines Freundes im Konzentrationslager Lichtenburg. Er schließt seine Ausführungen »half-jokingly« mit den Worten: »I am sure I shall be beaten into a jelly yet.«

»Über unserer ernsten und auf Diskretion bedachten Unterhaltung hatten wir nicht wahrgenommen, dass in einer anderen Ecke eine große und joviale Gruppe von Männern in verschiedenen Uniformen saß. Gerade als meine hingemurmelten Worte abbrachen, bewegte sich eine Phalanx großer, einfacher Gesichter in unsere Richtung. Sie beäugten uns genauso, wie noch nicht ganz gesättigte Bären ein übriggebliebenes Korinthenbrötchen gemustert hätten. Dann brachen sie plötzlich, in perfekter Abstimmung, in einen ohrenbetäubenden Gesang aus. *Schla-a-agt Sie zu BREI* ... Höchst verunsichert, wandte ich mich an den Ex-Kommunisten und sagte, dass ich nicht verstünde, was sie sangen. ›Das bedeutet‹, flüsterte er, zahlte und griff so unauffällig wie möglich nach seinem Hut, ›das bedeutet: *Beat them to jelly.*‹«

Rein physisch hätten Bertie Wooster und Gussie Fink-Nottle der brutalen Kraft Roderick Spodes nicht viel entgegenzusetzen, aber sie verfügen über ein Zauberwort, das ihn jedes Mal stoppt. Das Wort heißt »Eulalie«. Der Butler Jeeves hat nämlich herausgefunden, dass Spode nebenher Damenunterwäsche entwirft und ein entsprechendes Spezialgeschäft in der Bond Street mit dem wundervollen Namen »Eulalie Soeurs« besitzt. Immer wenn Spode seine Widersacher zu verprügeln droht, sagen sie nur »Eulalie« und geben damit zu verstehen, dass sie die politische Zukunft des Führers der Schwarzhosen in der Hand haben. Wooster zu seinem Butler Jeeves: »›You can't be a successful Dictator and design women's underclothing.‹ ›No, Sir.‹ ›One or the other. Not both.‹ ›Precisely, Sir.‹«

Wodehouse erlaubt sich hier vermutlich eine weitere Anspielung auf Mosley, der mit Diana Mitford liiert war, einer unendlich oft abgelichteten Trendsetterin in Sachen Mode und damit das Aushängeschild der in Familienbesitz befindlichen führenden Frauenzeitschrift *The Lady*. Lingerie war dort ein großes Thema. Und etwas, das Mosley sehr gern zwischen die Finger bekam – auch das war bekannt.

Noch eine Kunstfigur: Lord Haw-Haw

Die Ansprachen von Wodehouse waren für seine amerikanischen Hörer bestimmt. Dann strahlten Goebbels' Leute sie entgegen der Vereinbarung mit dem Auswärtigen Amt auch nach England aus. Damit veränderten sie ihren Charakter. Jetzt sprach der Engländer zu den Engländern, jetzt kamen sie über den Feindsender zu einer Nation ins Haus, die damals das Gefühl haben musste, nicht nur an der militärischen Front, sondern auch in der Propaganda-Schlacht zu verlieren. Dieses Gefühl der zunehmenden Unterlegenheit und Verunsicherung hatte einen Namen, nein, eigentlich zwei.

William Joyce (1906–1946) war einer der führenden englischen Faschisten und diente Oswald Mosley und der British Union of Fascists drei Jahre lang als Chef der Propaganda, bevor er seine eigene Partei gründete, die sich kurze Zeit darauf noch mal spaltete: Joyce war nicht so leicht einzubinden, denn er zeichnete sich durch einen besonders rabiaten Antisemitismus aus. Er floh im August 1939 nach Deutschland, nachdem ihn ein Mitarbeiter des englischen Geheimdienstes vor seiner bevorstehenden Internierung gewarnt hatte, und wurde nach Kriegsausbruch Mitarbeiter des Englanddienstes des Reichsrundfunks, erst als Sprecher, später als Verfasser und Sprecher seiner eigenen Texte im Germany-Calling-Programm.

Anders als Wodehouse blieben die Sprecher solcher Programme stets anonym oder hinter Pseudonymen verborgen, auch wenn sie wie Joyce einen festen Sendeplatz hatten. Das Verlangen, sie zu identifizieren, die körperlose Stimme aus dem Äther mit einem Gesicht, einem Namen, einer Geschichte zu verbinden, war natürlich übergroß; der Verräter, der im Namen des »Wir« zu sprechen sich anmaßte, kam einem ins Haus und blieb doch unfassbar. Auf die Stimme von Joyce wurden Wissenschaftler, Linguisten, Dialektforscher, Psychologen angesetzt, um ein Profil dieses »native speaker« zu erstellen. Er war aber längst mit einfachsten Mitteln der Gegenpropaganda und sehr viel wirksamer »gestellt« worden. Der Journalist Jonah Barrington, der sich das Abhören und Kommentieren der Feindsender zur Spezialität gemacht hatte, bemerkte im *Daily Express* vom 14. September 1939, er habe da eben ein »Englisch der Haw-Haw-Sorte, der gewissen ›Verflucht da, geht mir aus dem Weg‹-Attitude« vernommen, eine Formulierung, die ihm so gut gefiel, dass er sie in einem darauffolgenden Artikel personalisierte, um fortan das unbekannte Gegenüber als Lord Haw-Haw anzureden. Die Nobilitierung nahm Barrington einerseits vor, um die Arroganz des Sprechers zu charakterisieren, andererseits ergab sie sich aus seiner Gewohnheit, die Sprecher mit dem Namen der Sendestationen zu verbinden: »Winnie von Warschau (die in Wirklichkeit für die Nazistation in Breslau arbeitet) hat einen Nachfolger – Lord Haw-Haw von Zeesen.« Der bekannteste Spitzname des Zweiten Weltkrieges war erfunden. »Nach seinem Akzent und seiner Eigenart stelle ich mir ihn mit einem fliehenden Kinn vor, einer Schnüffelnase, schütterem, flachsblondem zurückgekämmtem Haar, einem Monokel, einem ausdruckslosen Blick, einer Gardenie im Knopfloch. So ziemlich wie den Bertie Wooster bei P. G. Wodehouse.« Den Kollegen von der *Daily Mail* ging das zu weit: »Einige meinen, er sei ein monokeltragender Esel, wie eine der Aristokratengestalten, die P. G. Wodehouse geschaffen hat. Das halte ich für eine Beleidigung sowohl des Schriftstellers P. G. Wodehouse als auch der Aristokratie.« Aber die Assoziation Wodehouse blieb irgendwie hängen: Einer der BBC-Verantwortlichen hatte im Dezember 1939 die Idee, nur ein Humurist wie P. G. Wodehouse könne am besten »Seine Lordschaft karikieren«, also Gegenpropaganda im englischen Stil betreiben. Es sollte anders kommen. Der Angesprochene, der zu dieser Zeit noch relativ unangefochten in Le Touquet wohnte, hätte sich zwei Jahre später selbst ein Bild von seinem – man darf fast sagen – Kollegen machen können. Es ist aber nicht überliefert, ob Wodehouse im Sommer 1941 seinem Landsmann, der weltberühmten Auslandsstimme des Reiches, vorgestellt wurde. Der äußere Eindruck, den er gewonnen hätte, hätte die Assoziationen Adel und Bertie Wooster nicht bestätigt. Ein starkes Kinn mit einem markanten Grübchen, einen irischen Quadratschädel mit hoher Stirn und einen blassen Teint hätte er bemerkt, darunter den relativ schlanken, trainiert wirkenden Körperbau eines eher kleinwüchsigen Mannes. Ein besonderes Kennzeichen war eine Narbe, die vom linken Ohr bis zum Mund reichte, das Andenken an eine Straßenschlacht aus der BUF-Zeit.

»Wir werden das schon für euch in Ordnung bringen«

Aber nicht nur das Bild, das Barrington zu Lord Haw-Haw assoziiert hatte, war falsch, es war mit Sicherheit auch nicht Joyce, den er im September 1939 im Radio gehört hatte. Doch der Spitzname, einmal geprägt, tausendmal bereitwillig aufgenommen, blieb an jenem Sprecher hängen, der im Folgenden immer prominenter wurde, bis er sich am 2. 4. 1941 selbst als William Joyce vorstellen durfte und dann auch mit »William Joyce, alias Lord Haw-Haw« eingeführt wurde. Hört man die zahlreich erhaltenen Sendungen ab, so fällt es sogar schwer, den Haw-Haw-Effekt, die Snobbery im Sinne von Barrington nachzuvollziehen. Dieser besaß vermutlich nicht die innere und äußere Distanz, um zu merken, dass der Auslandsdienst der BBC, soweit er in der Muttersprache sendete, die hohe Schule des Upper Class-English war. George Orwell, der für das Indien-Programm arbeitete, nannte diese Sprecher kurz »stripetrousers«. Wenn Joyce zu Recht vor 1939 als einer der begnadetsten Agitatoren des englischen Faschismus galt, was wir nicht mehr überprüfen können, dann hat er die Rhetorik der Massenansprache, die Goebbels immer beibehielt, vor dem Radio-Mikrophon abgelegt. Joyce schreit nicht, er sucht auch nicht das Espressivo um jeden Preis, sondern bleibt relativ gedämpft und holt gelegentlich die Sätze und die Argumente wie aus einem Hinterhalt hervor. So wie man engstirnig sagt, so könnte man die Artikulation engstimmig nennen. Der Vortrag stößt einen nicht dramatisch ab, aber er wirkt unangenehm. Man hat das Gefühl, dass man einem Menschen ausgeliefert ist, dem man nicht ausweichen kann und der einem aus dem Schatz seiner bombenfesten Überzeugungen ganz viel mitzuteilen hat.

Ein Produkt der Angstlust in Kriegszeiten blieb Joyces Lord Haw-Haw, auch nachdem die Engländer ihn und er sich selbst identifiziert hatten. Als Kunstfigur bevölkerte er Radioshows und Kabarett-Nummern und blieb so unter Kontrolle, aber nicht kontrollieren ließ sich, dass der falsche Lord falschen Alarm auslöste. Wie kaum eine andere Größe des Kriegs wurde Joyce zum Gegenstand von »urban legends«. Viele waren überzeugt davon, dass die Deutschen, um Lord Haw-Haws Wirkung zu erhöhen, ihm substantielle Informationen über Angriffsziele und Erkenntnisse ihrer Auslandsspione mitteilten. Dementsprechend hörte man seine Sendungen auf mehr oder minder versteckte Botschaften ab. Berühmt wurde die Geschichte mit den öffentlichen Uhren. In zahlreichen Orten wollte man gehört haben, dass Joyce ganz konkret Uhren ansprach und feststellte, dass sie entweder nach- oder vorgingen oder ganz stehengeblieben waren. »In Cambridge hatte man gehört, dass er bemerkte: ›Macht euch nur ja keine Sorgen um eure neue Uhr an der Guildhall. Wir werden das schon für euch in Ordnung bringen.‹ In Wolverhampton ›blieb eine Uhr um 8.55 abends stehen und es hieß, dass der Sender Bremen diese Tatsache um 9.15 Uhr abends brachte‹.«

Dass hier die unheimliche Fünfte Kolonne am Werk und England von Spionen welcher Herkunft auch immer unterwandert war, glaubten viele, denn die Reichweite dieser Sendungen war beträchtlich: 1940 hörten sechs Millionen Briten die Sendungen täglich, 18 Millionen gelegentlich. 58 Prozent gaben an, dass sie Lord Haw-Haw hörten, weil seine Nachrichten so phantastisch seien, dass sie nur komisch wirkten, was zugleich stimmt und eine klassische Ausrede darstellt. Aber nicht alle politisch Verantwortlichen waren davon überzeugt, dass sich die Stimme des Feindes durch Komik entkräften ließ. Kurzfristig kam es zur Gründung einer Anti-Haw-Haw-League of Loyal Britons, die sich verpflichteten, keine seiner Sendungen zu hören und sich an der Lord-Haw-Haw-Hysterie nicht zu beteiligen. Am Radio sollten diese loyalen Briten ein Schild mit der Aufschrift »Dieser Apparat ist Anti-Haw-Haw. Er hört nichts Böses, spricht nichts Böses« befestigen. Weil man damit aber gewissermaßen auf gleicher Wellenlänge mit dem Feind angelangt war, verfolgte man diese Art von Propagandabekämpfung nicht weiter. George Orwell, damals für die BBC arbeitend, dürfte aber solche Vorgänge aufmerksam gespeichert haben.

Es blieb jedoch Nancy Mitford vorbehalten, die Haw-Haw-Hysterie in einem Roman mit dem vorläufigen Titel »The Secret Weapon: a Wartime Receipt« zu verarbeiten. Sir Ivor King, der »König des Gesangs«, wird entführt. Der ungemein populäre Sänger, dem zuliebe die Oper Norma in »Norman« umgeschrieben wurde, wird erst für tot gehalten, meldet sich dann aber am Radio wieder, in

Propagandasendungen, die vermutlich aus Deutschland kommen, auf jeden Fall aber geeignet sind, die britische Moral zu untergraben. »Ein Konzert mit subversiven Liedern wird immer wieder von beunruhigend genauen Informationen unterbrochen, zum Beispiel der, dass Mr Eden heute Nachmittag gesehen worden sei, als er um 17 Uhr 46 das Innenministerium betrat. ›Das Unheimliche daran war, dass Mr Eden an dem fraglichen Nachmittag das Innenministerium tatsächlich um 17 Uhr 46 betreten hatte. Aber wie konnten sie das um 18 Uhr 30 wissen?‹« Die Erklärung, die der schnell gestrickte Roman anbietet, ist viel zu kompliziert, um sie hier nachzuerzählen. Mitgeteilt sei nur, dass Sir Ivor England gar nicht verlassen hat, sondern im Keller eines Krankenhauses gefangengehalten wurde. Bemerkenswert ist an diesem längst vergessenen Buch, das 1940 unter dem Titel *Pigeon Pie* erschien, die schnelle Reaktion der Verfasserin auf die neue Form der Bedrohung. Mitford hatte das Manuskript im Dezember 1939 beendet, da war William Joyce gerade mal drei bis vier Monate auf Sendung.

An dem Tag, da Wodehouse nach Berlin kam, hatte der deutsche Angriff auf Russland begonnen. Diese Wendung und das unmittelbar darauf geschlossene Bündnis zwischen England und Sowjetrussland bedeutete für die deutschen Radiokommentatoren ein gewaltiges Stück Mehrarbeit. Während Wodehouse also seine Lager-Erlebnisse zum Besten gab und mit keinem Wort auf die Weltlage einging, hörten seine Landsleute aus Berlin von Lord Haw-Haw Folgendes:

»Kein Ereignis dieses Krieges erscheint so folgerichtig wie der Schulterschluss Churchills mit Stalin, obwohl Churchill doch so viele Jahre lang behauptet hat, dass er den Kommunismus bekämpfe. Denn die Philosophie des Marxismus riecht nach letztem Jahrhundert. Sie war eine natürliche Antwort auf den liberalen Kapitalismus, der nun in seinen letzten Zügen liegt und niemals wieder auferstehen wird. Der Kapitalismus alten Stils, den Churchill repräsentiert, war so geartet, dass er den Hass der Arbeiter auf sich ziehen musste, und das Weiterleben dieser alten Werte bedeutet nur eine ewige Fortsetzung des Klassenkampfes. Die natürliche Entwicklung des 20. Jahrhunderts ging aber dahin, das Beste aus Nationalismus und Sozialismus zu synthetisieren. Eine solche Synthese musste kommen, sollte die Menschheit nicht in Disintegration untergehen. Die Leistung Hitlers und Mussolinis bestand darin, einen neuen Sozialismus auf einer nationalistischen Basis zu errichten, das Volk mit dem Staat, das Individuum mit der Gemeinschaft zu versöhnen. Weil dieses Unternehmen gelang, versuchten diejenigen, die nicht zufrieden waren, wenn ihnen weniger als die halbe Welt gehörte, das Rad noch einmal zurückzudrehen. Mit der gnädigen Unterstützung Gottes werden sie dabei untergehen.«

Als Analyse taugt dieser Kommentar nichts. Die Folgerichtigkeit, die der Autor dem Ereignis Churchill-Stalin-Pakt unterstellt, wird auf der von ihm betretenen Ebene einer globalgeschichtlichen Betrachtung nicht evident. Vielleicht will er ja sagen, dass die andere Seite dazu verurteilt ist, ihre unvereinbaren Positionen zu einem äußerlich bleibenden Bündnis zusammenzufügen, während Faschismus und Nationalsozialismus die Desintegration im Inneren und im internationalen Kontext durch ihre Synthese überwinden. Aber er sagt es nicht. Der Rest ist dieses unerträglich banale Verteilen der großen Spielmarken auf dem in schwarz-weiß geteiltem Brett der Weltgeschichte und -politik. Das 19. und das 20. Jahrhundert, der Faschismus, der Kapitalismus, der Kommunismus, das Unnatürliche und das Natürliche, die Disintegration und die Synthese usw. – ab wann eigentlich, seit 1914, seit Chamberlain und Spengler oder schon seit Marx und Engels, gilt diese Art von Platzanweiserei als politische Analyse?

Auf die Gefahr hin, mit William Joyce verwechselt zu werden: Das Ganze riecht stark nach 19. Jahrhundert. Es muss etwas mit dem Imperialismus zu tun haben; es ist eine Art Kolonialpolitik der Aufteilung der Welt durch Schlagwörter. Wenn Wodehouse sich in diese Art von Auseinandersetzung einmischt, dann klingt das so – nicht in der Radioansprache, sondern im Zeitungsartikel: »Das einzige Zugeständnis, das ich von Deutschland verlange, ist, dass man mir einen Laib Brot gibt, den Herrschaften mit den Musketen am Haupttor sagt, sie sollen mal zur Seite schauen, und den Rest mir überlässt. Im Gegenzug bin ich bereit, Indien abzutreten, ein signiertes Set meiner Bücher zu spenden und das Geheimnis zu verraten, wie man Kartoffelscheiben an einem Heizgerät brät. Dieses Angebot gilt bis Mittwoch nächster Woche.«

Der politische Propagandist hat außer seiner mehr oder minder wirksamen und allzeit alarmistischen Rhetorik seinem Zuhörer zwei Angebote zu machen: Er eröffnet ihm einen privilegierten Einblick in die Gesetzmäßigkeiten des Weltgeschehens, er weiß wie Joyce um das »Folgerichtige«, und mit diesem Wissen begabt, kann er dann sagen, was hinter allem steht, er liefert the news behind the news. Für Joyce und viele seines Schlages steht vor allem einer dahinter – der Jude. Joyce erkennt das Wirken des Judentums eigentlich überall, an Wall Street genauso wie an Fleet Street und ganz besonders im Kreml, auf den sich zunehmend sein Hass konzentriert. Am 13. Juni 1941, neun Tage vor dem Beginn des deutschen Angriffs auf die Sowjetunion, spricht Joyce ins Radio: »Der Kommunismus predigt das Gesetz des Dschungels. [...] In England habe ich gesehen, wie Horden untermenschlicher Kreaturen mit Rasierklingen und Bleirohren gegen kriegsverwundete Patrioten und Mitglieder der konservativen Partei vorgingen. In fast jedem dieser Fälle waren es Juden, die aus dem Hintergrund das Ganze befehligten. Mit dieser Art von Kreaturen hat Churchill seinen Pakt geschlossen.«

Propaganda »in the name of a little sanity and human intelligence«

Kehren wir aber an die Front zurück, an der die Deutschen Wodehouse im Propaganda-Krieg einsetzten, und das war die amerikanische. Im Moment des Überfalls auf Russland dürfte auch den fanatischsten Strategen in Berlin und in Rom bewusst gewesen sein, dass ein Engagement der USA ein zweites Mal den Weltkrieg entscheiden könnte. An dieser Front und durch die »devil box«, wie er das Radio nannte, kämpfte gleichzeitig ein anderer: »Mr Churchill, NICHT EINMAL Mr Churchill hat den Mut, den Amerikanern zu erklären, warum er sie sterben lassen will um was zu retten. Er kämpft für die Goldwährung und für das MONOPOL. Und das heißt dafür, die ganze Menschheit verhungern zu lassen und sie tief in die Tasche greifen zu lassen, bevor sie die Früchte ihrer eigenen Arbeit genießen kann. Seine Bande, ganz gleich ob Itzig, christlich oder gemischt, ist nicht in der Lage zu regieren. Und die Engländer MÜSSEN das einzige Volk bleiben, blöd und brutal genug wie sie sind, das für ihn kämpft.«

Hier spricht kein Parteisoldat und kein Propaganda-Mann, hier spricht der Dichter persönlich: »Ezra Pound speaking in the name of a little sanity and human intelligence.« Und der Dichter Pound macht seine Sache, immanent bewertet, um Längen besser, kraftvoller als der Propagandist William Joyce, mit dem er übrigens korrespondierte, zwei berühmte Stimmen des Faschismus, sich über *tricks of the trade* austauschend. Pound (1888–1927) war sehr beeindruckt von der deutschen Propaganda, gab an, Joyce regelmäßig zu hören und wünschte sich Rückmeldung aus Berlin, die eigenen Sendungen betreffend. Wenn das auch nicht zustande kam, so klingen die Verlautbarungen von diesseits und jenseits der Alpen doch immer wieder austauschbar – was die Kernsätze des faschistischen Credos anbelangt: »Winston Churchill ist der Diener, nicht des britischen Volkes, nicht des britischen Empire, sondern der internationalen Jüdischen Hochfinanz«, so Joyce im April 1943, zwei Jahre nach Pound. Aber das hatte Mosley, Joyces früherer Chef, schon am Tag des Kriegsausbruchs erklärt: »Dieser Krieg ist kein Krieg des britischen Volkes, sondern ein Krieg der jüdischen Finanzwelt [...].« Die Methode, die wir zuletzt kurz skizziert haben, ist dieselbe – Stichworte: *the news behind the news*, die wahren Motive, die Kräfte dahinter – , und auch die Weltanschauung stimmt, wobei der Auszug nur andeutungsweise den giftigen Antisemitismus erkennen lässt: Pound benutzt das altertümliche Schimpfwort »the kikes«, das wir hier mit Itzig übersetzen und wandelt Judentum in »kikeria« um. Man kann das auch heftiger haben: »It is a choice between Europe and the Jewry. [...] And England is on the Jew's side, against the rest of humanity.« (16. Mai 1943) Oder: »Hebrewism isn't race, it's illness.« Die »Judenfrage« wäre übrigens, ginge es nach Pound, leicht und unblutig zu lösen: »Dont't start a pogrom: SELL ›em Australia.«

Es ist und es ist nicht derselbe Ezra Pound, den wir zuletzt in Gießen angetroffen hatten, wo er von Ford Madox Ford eine Lektion in Sachen Modernität erhalten hatte. Auf schwankenden Gerüsten bewegte sich der hyperaktive Feuergeist weiter, um ein weiteres Mal, diesmal vor den Augen der Welt einzubrechen, aber was moderne Dichtung anbelangt, so hatte er keine Nachhilfestunden mehr nötig. Er begann die *Cantos*, sein Hauptwerk und carmen perpetuum, im Wunderjahr 1917. Im Moment der Radio-Ansprachen war er etwa bei Canto 50 anbelangt, 70 weitere sollten folgen. Seit den zwanziger Jahren lebte Pound in Italien, in Venedig und dann meist in Rapallo, wo auch seine Eltern ihren Lebensabend verbrachten. Aus dem England der Vorkriegszeit hatte Pound die Begabung für unlösbares familiäres Durcheinander beibehalten: Mit der Vortizistin Dorothy Shakespear war er verheiratet und hatte er einen Sohn, mit der Geigerin Olga Rudge aber lebte er die meiste Zeit zusammen und hatte er eine Tochter. Während Letztere zur Aufzucht ins tirolische Pustertal weggegeben wurde – die englische Wendung für Kinderverschickung »she was farmed out« erfüllte hier einen wörtlichen Sinn –, hockten die anderen im kleinen Rapallo ziemlich dicht beisammen, bis sie im Krieg, der es drei Fremden aus dem feindlichen Ausland nun wirklich nicht leicht machte, gezwungen wurden, in einem winzigen Haus zusammenzuwohnen, der Dichter, die Malerin, die Musikerin.

Pound hatte sich seit Anfang der dreißiger Jahre für den Faschismus begeistert und blieb ihm treu bis zum ersten Zusammenbruch 1943 und dann noch einmal bis zum Ende der sogenannten Republik von Salò im April 1945. He was in for the long haul, keine Distanzierung, keine Zweifel – Durchhalten und Mitarbeiten bis zum Schluss. Dass da tiefe, echte Überzeugungen am Werk waren, ist unzweifelhaft, aber man darf einen äußeren Umstand nicht unterbewerten: den Umzug nach Rapallo. Pound war seit seiner Ankunft in London eine Art Ein-Mann-NGO der Künste gewesen. Seine Umtriebigkeit, seine Projektemacherei, seine Hilfsbereitschaft waren legendär. Er gründete Gruppen, Bewegungen, Zeitschriften, organisierte Events, Hilfskomittees und Rettungsaktionen für in Not geratene oder zu Unrecht vernachlässigte Kollegen. Als Impresario der Moderne absolvierte er ein Pensum, das andere krank gemacht hätte. Auch in Rapallo gab er nicht Ruhe, bevor er dem ruhevollen Küstenbad nicht auch sein Musikfestival, seine »settimane di cultura«, seine Dosis moderne Kunst implantiert hatte. Aber jetzt operierte er wirklich allein bzw. auf der Basis eines Familienbetriebes. Die zunehmende Isolation machte, dass der Mangel an äußerer Aktivität und Kommunikation durch eine innere Hektik und noch größere Selbstsicherheit (über-)kompensiert wurde. Je mehr Pound spürte, dass er an Gehör verlor, desto lauter wurde er. Er war immer ein Mann mit »strong opinions« gewesen, aber er hatte sich die Freiheit des Irrtums vorbehalten. Jetzt geht alles in die Richtung der unbequemen, aber dafür umso notwendigeren und ewigen »Wahrheiten«. Und für sie werden alle Kräfte eingespannt: die Familie, die Kunst, die Medien, ja, wenn es nach ihm gegangen wäre, auch der Fürst und sein Staat. Pound pflegte renaissancistische Vorstellungen von Mussolini und dem faschistischen Italien und vor allem von seiner eigenen Rolle im Staat. Noch in den letzten Tagen des Krieges arbeitete er für den zuständigen Minister ein Programm der Volkserziehung aus, in dem er Rache an Plato nahm: Hatte dieser aus seinem totalen Staat den Künstler verbannt, so setzte Pound nun sich selbst als Mastermind und obersten Consigliere ein. In dem Moment, da andere Faschisten aus dem ersten Rang ihre Papiere verbrannten, schrieb Pound neue Kulturprogramme.

Interessanterweise kommen Pounds fixe Ideen, die richtige Regierungsart, die Natur des Geldes, die Rolle der Juden betreffend, im Briefwechsel mit Ford nur en passant vor, und Ford ist, soweit es die erhaltene Korrespondenz erkennen lässt, nicht auf Pounds Engagement für den Faschismus und alles, was damit zusammenhing, eingegangen. Er selbst hatte das Erscheinen seiner Bücher im nationalsozialistischen Deutschland verboten. Ford hatte vor dem Krieg und im Krieg den vollen Einsatz für seine Vaterländer gebracht, jetzt versuchte er im Vaterland seines Herzens und seiner künstlerischen Überzeugungen, in Frankreich, eine bescheidene, bukolisch zu nennende Existenz zu führen. Es ist eine wunderbare Aufnahme der beiden erhalten, entstanden vermutlich 1932 in Rapallo. Der schreiende Gegensatz, den sie herauspräpariert, so als ginge es um eine Aufnahme für eine Typenkunde, hat wohl immer bestanden. Ford erscheint in der befriedigten Haltung eines Rotinierd, der seine Boccia-Kugeln in günstiger Position weiß, gehüllt in die sommerlich helle Kleidung des Habitués und Kurgastes, eine gut genährte Bonhommie ausstrahlend. Pound dagegen richtet seinen Blick ins Unendliche. Er ist dunkel gekleidet, spindeldürr, mit wildem (rotem) Haar und scharf gemeißelten Zügen. Am auffälligsten aber ist die geschraubte Figur, die sein Körper beschreibt, so als müsste er auf ewig das Zentralmuster der Vortizisten-Bewegung, den Vortex-Wirbel, verkörpern. Seine Tochter sagte einmal, ihr Vater habe viele Dinge nur durch Gewichtsverlagerung von einem Fuß auf den anderen mitteilen können.

»HEUL HITLER«

»With Phantoms«, eine Ansprache vom 18. Mai 1942 zum Thema Deutschland: »Two topics I have rarely touched in these conversations – Germany and Lord Tennyson.« So geht es los, immer in medias res und oft gänzlich unerwartet. »Und von Tennyson werde ich nur einen Vers zitieren: ›Shall come to fight with phantoms and to fall‹ (vielleicht hieß es aber auch *fail*). Ich habe in letzter Zeit nicht viel Tennyson gelesen, aber soviel ist mir aus den *Idyllen* im Gedächtnis geblieben. ›Shall come to fight with phantoms and to fall.‹ Ich nehme mal an, es war doch *fall*. Nehmen Sie diese Worte als eine Prophezie. Und das Phantom, das die anglojüdische bzw. die angloamerikanische Welt bekämpft, auf Betreiben der jüdischen Wucherer, ist das deutsche PHANTOM, NICHT die Realität. Und dieses Phantom hat man solange aus Lügen aufgebaut, bis MILLIONEN frommer und netter Amerikaner und schlichter englischer Blödmänner es glauben, sehen, hören. And FAIL to grasp or to face the reality.« Das Gedicht Tennysons trägt den Titel »The Princess« und handelt davon, dass das Geschlecht dieser Prinzessin mit dem Fluch lebt, dass es »die Substanz vom Schatten nicht unterscheiden kann« und deshalb Gefahr läuft, »mit Schatten zu kämpfen und unterzugehen«.

Der Radiosprecher fährt fort: »Nun, ich spreche so gut wie nie über Deutschland, da ich wenig von Deutschland kenne.« Das hatte er auch Joyce erklärt, um seine Entscheidung zu rechtfertigen, von Italien aus zu senden: »Ich kenne dieses Land und kenne Deutschland nicht und spreche auch nicht Deutsch genug, um meine Ideen klar mitzuteilen.« Wie zum Beweis schließt der Brief mit den Worten »HEUL HITLER and nach Vladivostock«.

Und weil aller guten Dinge drei sind, gibt Pound in seinem Deutschland-Feature auch noch zu, dass er bisher keine Zeit hatte, Hitlers *Mein Kampf* zu lesen (wie angeblich alle anderen auch nicht). Was der Phantomvertreiber daraufhin über »Bruder Hitler« (!) und seine Politik mitzuteilen hat, ist nach der vollmundigen Eingangserklärung höchst dürftig. Hitlers drei Maximen würden lauten: Erstens das Prinzip »persönliche Verantwortung für Politiker«, womit Pound sagen will, dass dank Hitler Politiker nicht länger von den Puppenspielern Hochfinanz und Judentum geführt würden, sowie zweitens und drittens: »Breed GOOD, and preserve the race.«

Die Sendung vom 18. Mai 1942 wartet mit einer Überraschung auf. Pound lässt einen alten Bekannten auftreten »Nun, ich spreche so gut wie nie über Deutschland, da ich wenig von Deutschland kenne. Der gute alte Ford schleppte mich durch Hessen-Darmstadt im Jahr 1911 und erzählte mir, was für ein wunderbares Land Deutschland ist. Danach schrieb er *When Blood Is Their Argument*.«

Pound kam nicht nur bei dieser unwahrscheinlichen Gelegenheit auf die Gießener Tage zu sprechen. Die Kopfwäsche, die ihm Ford dort erteilte, hat er immer wieder hervorgeholt und überdacht. Vielleicht datierte von daher die Adoption seines Mottos und Imperativs: »Make It New!« Und das war auch das Credo der italienischen Faschisten. Pound fühlte sich aus mehreren Gründen bei den Faschisten weltanschaulich aufgehoben, aber vor allem anderen schätzte er an ihnen, dass er seine Überzeugungen als Neuerer, als Avantgardist nicht ablegen musste, und mehr noch, dass er das Gefühl haben konnte, der italienische Faschismus wisse genau die Mischung aus Moderne und Geschichte zu würdigen, die er in den *Cantos* herstellte, damit sie dieses großartige Parallelunternehmen zum *Ulysses und* zur *Divina Comedia* werden konnten. *Kultur* mit einem Wort. Ich gebe einmal die Liste der Namen von Kulturschaffenden, die Pound in *einer* Sendung erwähnt und zum Teil ausführlicher behandelt – es ist dies die Sendung, die wir oben anzitiert haben und die mit dem Frontalangriff auf Churchill beginnt: Enrico Pea, Gino Saviotti, Carlo Monotti, James Joyce, T. S. Eliot, Thomas Hardy, Ford Madox Ford, Konfuzius, Vivaldi, Händel, Bach, Mozart, Rossini, Casella, Toscanini, Cornelio Di Marzio, Giam Battista Vicari, Villon, Mallarmé, Rilke, Whitman, Whistler, Henry James, Hilaire Hiler, Cummings, Kitason Katue. »Ich sage Ihnen, dass Italien genauso WEITERmacht. *La rivoluzione continua*«, resümiert er die kulturelle Großwetterlage im Italien des Jahres 1941. »Di Marzio gibt eine Zeitung heraus. Vicari ediert eine Monatsschrift, die nur dem ›Narrativen‹ gewidmet ist, nichts als das Narrative zum Gegenstand hat und eine genaue Diskussion des Narrativen und wie man es am besten anlegt. Drüben in Barcelona drucken sie eine Serie mit dem Titel *Poesia a mano*, zweisprachige Ausgaben von Villon bis zu Mallarmé und Rilke und, so sagt man mir, von Ihrem Gesprächspartner, wenn sie denn jemanden finden, der mich übersetzen kann. EUROPA ist ein organisches Gebilde, sein Leben geht weiter, und das, woraus es besteht und was unser Leben bis zu diesem Moment lebenswert macht, hat seine URSPRÜNGE genau hier in Europa.«

Das war neben den propagandagerechten Attacken auf Churchill, Roosevelt (»Rosenfeld«), die Juden, das Finanzkapital die Hauptbotschaft der Ansprachen, die durch eine »Phalanx der Details« unterstützt wurde: Der Faschismus ist der Garant der Kultur, ja der kulturellen Freiheit. Vielleicht sollte man aber aus unserer Sicht statt Freiheit Freizügigkeit einsetzen. Mussolini wusste nicht, was Pound im Namen von Radio Rom über den Äther verbreitete; Hitler und Goebbels dagegen waren sehr wohl im Bild in Bezug auf ihren erfolgreichen Propagandisten Joyce. Der italienische Faschismus hatte weder im politischen noch im kulturellen Raum jemals die absolute Oberhoheit und totale Kontrolle erreichen können, wie sie für das »Dritte Reich« typisch ist. Wenn dort ein Wodehouse seine nicht gerade konformen Erzählungen absetzen konnte, dann geschah das, weil die für Deutschland ebenso typische Kompetenzüberschneidung der nationalsozialistischen Organe immer wieder unerwartet und kurzfristig Freiräume schuf. In Deutschland führte also ein Übermaß an Kontrolle zu deren partieller Implosion. In Italien dagegen traten Mächte wie die Kirche, der König, die Wirtschaft, die Kultur relativ parteifern auf und garantierten einen Zustand, den Juan Linz »limited pluralism« genannt hat. Das ist ein Begriff, der sich auch gut auf Pounds Verlautbarungen übertragen lässt. Wie alle Faschisten ist er ein unerträglicher Monologisierer, aber anders als alle Faschisten lässt er in seiner Rede vielleicht nicht konträre, aber doch auch die Stimmen der anderen zu – und sei es zu Propagandazwecken. Propaganda ist für ihn Kulturvermittlung. »Seine [Pounds] Ausführungen sind so unzusammenhängend, dass sie die mitschreibenden amerikanischen Zensoren zur Verzweiflung bringen und von den faschistischen Behörden häufig für einen Geheimcode der Gegenseite gehalten werden.« Mit Zensoren sind die Mitarbeiter des Foreign Broadcast Intelligence Service gemeint, die auch die Ansprachen von Wodehouse dokumentierten. Pound nannte diesen übrigens Woodlouse.

Das Ende der Renegaten

Bevor wir das Ende der drei Radio-Propagandisten berichten, müssen wir noch einmal zu den unendlich ergiebigen Mitford-Sisters zurückkehren. Während Unity einfach glücklich und zufrieden war, wenn sie in Hitlers Gegenwart weilen durfte, verfolgte Diana, ihre klügere und zielbewusstere Schwester, einen Plan. Wir haben schon von den Schwierigkeiten der englischen Faschisten gehört, dazu gehörten nicht zuletzt finanzielle. Nachdem Dianas Mann beträchtliche Summen aus eigenem Vermögen investiert und Mussolini nicht weniger großzügige Zuwendungen gemacht hatte, waren irgendwann die Mittel erschöpft, und die beiden kamen auf eine geniale Geschäftsidee. Zu keiner Zeit war der Rundfunk mehr Staatsinstrument als in den dreißiger Jahren, aber es gab Ausnahmen. Sie hießen Radio Normandie und Radio Luxemburg, beide sendeten nach England und beide waren kommerzielle Radiostationen, was in England nicht erlaubt, aber offenbar sehr beliebt war. Es gab aber Probleme mit der Reichweite. Mosley und seine in Radio-Angelegenheiten hochqualizierten Kompagnons verfolgten dasselbe Vorhaben, wandten sich aber nach Deutschland als möglichem Standort. Diana sprach deswegen mehrfach Hitler an, aber Hitler, der in Gegenwart seiner schönen Bewunderinnen höchst ungern mit geschäftlichen Dingen konfrontiert wurde, erwies sich als keine große Hilfe. Diana blieb jedoch hart und erreichte schließlich Verhandlungen zwischen den Vertretern ihres Mannes und deutschen Regierungsstellen. 1938 lag der Entwurf eines Vertrages vor, der den Bau einer Station auf der Insel Helgoland vorsah. Diana und Oswald Mosley traten bei alldem nicht in Erscheinung, denn der wahre Zweck des Unternehmens, die British Union of Fascists mit seinen Erträgen zu finanzieren, sollte verborgen bleiben. Der schöne Plan blieb Papier, er geriet letztlich unter die Räder der Kriegsvorbereitungen.

Am 3. September 1939 war es dann soweit. Das englische Ultimatum wurde vom Deutschen Reich nicht erfüllt, und der Krieg zwischen beiden Mächten war beschlossene Sache. An diesem Tag übergab Unity Mitford dem Münchner Gauleiter Wagner in einem verschlossenen Umschlag ihre hochgeschätzten Nazi-Reliquien, darunter das berühmte Abzeichen, fuhr in den Englischen Garten und schoss sich eine Kugel in den Kopf. Dass sie überlebte, darf nicht als ein geplanter letzter Mediencoup interpretiert werden. Für sie war unter den Auspizien des Krieges weder in Deutschland noch in England Platz. Die beiden Hälften ihres Lebens hatten nie so recht gepasst, wenn auch Vorteile aus dem Austausch zwischen ihnen zu holen gewesen waren. Der Adelstitel, der Ausländerstatus, die familiären Verbindungen hatten ihre Wirkung bei den Deutschen getan. Umgekehrt sicherte Unitys Hitlerei ihr eine permanente Medienpräsenz in den englischen Blättern – als sie dem *Daily Mirror* im März 1939 ihre nationalsozialistische Weltsicht erläuterte, sollen nach Angaben des Blattes 1200 Leserbriefe eingegangen sein. Am 3. September 1939 schlossen die beiden Welten sich und damit Unity aus.

Sie überlebte zwar, aber die Kugel ließ sich nicht entfernen. Hitler besuchte sie einmal im Krankenhaus und bezahlte die hohe Rechnung. Die Nazi-Reliquien wurden ihr zurückgegeben, und in einem unbewachten Moment gelang es Unity, das legendäre Abzeichen zu verschlucken. Sie wollte daran ersticken. Auch dieser Versuch misslang. Das Abzeichen wurde ihr wieder entfernt. Als sie transportfähig war, wurde sie in Bern ihrer Mutter übergeben und von dort nach England gebracht, wo sie eine Pressemeute erwartete. Die Umstände ihrer Ankunft zu erzählen, würde zu weit führen – im Parlament gab es eine Fragestunde dazu. Aber wir notieren, dass schon damals bei solchen Anlässen um Exklusivrechte gerungen wurde. Lord Redesdale, der Vater, sagte, man habe ihm 5000 Pfund geboten. Der *Daily Mirror* stellte die entscheidende, nie offiziell beantwortete Frage:»Das Mitford-Mädchen, das mit den Feinden des Königs öffentlich gemeinsame Sache machte (sicher doch ein strafbarer Verrat, oder?), kommt ungestraft davon. Warum? Gott und das Oberhaus wissen warum.« Nachdem Diana und ihr Mann weggesperrt worden waren, erhob sich die Frage, warum nicht auch Unity interniert wurde. Die Regierung fand, dass sie in ihrem jetzigen Zustand keine Gefahr darstelle. Sie hatte recht. Die letzten Jahre ihres Lebens verbrachte Unity in totaler Isolation, gepflegt von ihrer Mutter, auf einer schottischen Insel. Sie erholte sich von ihren Verletzungen nie mehr richtig und starb an den Spätfolgen am 28. Mai 1948. Cyril Connolly schrieb in seinem Essay»Writers and Society 1940-3«:»In the long run all that fascism guarantees is a way of Death.«

Lord Haw-Haws Ende

Unity Mitford hatte sich selbst gerichtet. Die anderen überließen das den anderen. Das Strafmaß für die drei berühmtesten Radiosprecher der Achsenmächte fiel sehr verschieden aus: Hinrichtung durch den Strang, 13 Jahre Einweisung in eine psychiatrische Anstalt, Exil. Goebbels hatte in den Tagen des Zusammenbruchs strikte Anweisung gegeben, dass Joyce und seine Frau nicht in die Hände der Alliierten fallen dürften. Der Plan sah vor, sie über das noch besetzte Dänemark ins neutrale Schweden zu bringen. Vorher sprach Joyce, schwer betrunken, seine letzte Sendung. Das war am 30. April 1945. Sie noch einmal anzuhören, bereitet Beklemmung, nicht nur wegen der mühsamen Performance eines Mannes, der nicht aus verständlicher Furcht vor dem Kommenden oder aus tiefster Enttäuschung, sondern vor Trunkenheit jeden Moment abzustürzen droht. Das unangenehme Gefühl entsteht eher aus der Erkenntnis, dass der Propagandist auch im Angesicht des Scheiterns aller seiner Voraussagen und Drohungen immer noch eine Karte im Ärmel hat, eine, die auf ihre Weise durchaus sticht. Joyce spielt natürlich wie alle auf der deutschen Seite das antisowjetische Ass aus. Und er weist sehr geschickt auf das allererste Kriegsziel der Engländer hin, den Schutz des freien Polen, und dass man jetzt, nach sechs Jahren Krieg, zu dem Schluss gelangen muss, auch in England, dieses Ziel grandios verfehlt zu haben. »Stalin ist nicht zufrieden mit Polen, Finnland, den baltischen Staaten, Rumänien, Bulgarien, Ungarn und der Ost-Slowakei. Er will ganz Zentraleuropa, mit Norwegen, Türkei und Persien. [...] Mit Sicherheit kann man sagen, dass am 31. August 1939 die Atmosphäre in Europa explosiv war, aber heute ist sie hochgradig geladen mit Sprengstoff von größter Wirkkraft. Der schreckliche Krieg, durch den wir gegangen sind, ist nur das Vorspiel zu einem Kampf von sehr viel größerer Bedeutung.« Alles richtig, sogar prophetisch. Nur muss man zur Abrundung des Bildes die schlichte Wahrheit hinzufügen, die am 30. April 1945 keines Propheten mehr bedurfte: Immerhin war es gelungen, *eine* Macht des Schreckens dauerhaft zu beseitigen, und das war diejenige, die nicht nur den Krieg begonnen, sondern auch die großen Landmassen, die nun in die Hände der Sowjets fielen, erst übernahmereif gemacht hatte. Es war die Macht, der Joyce mit seinen letzten Worten huldigte: »Ihr hört vielleicht einige Monate lang nicht mehr von mir. *Es lebe Deutschland! Heil Hitler*, und lebt wohl.«

Über Hamburg und Flensburg erreichte das Ehepaar relativ unbehindert und durch die Befehle von höchster Stelle geschützt Dänemark. Dort exakt im Moment des Umkippens angekommen, mussten sie wieder nach Flensburg umkehren, wo sie den Einmarsch der

Engländer erlebten. Joyce und seine Frau Margaret wohnten weiter im Hotel, unternahmen Spaziergänge und begegneten ihren Landsleuten. Von außen betrachtet, erschienen sie unauffällig, ihre Papiere wiesen sie als Herr und Frau Hansen aus, ihre mangelnde Beherrschung des Deutschen aber und seine Stimme hätten die Verräter verraten. Sie kamen in einem kleinen Dorf bei Flensburg unter, wo sie sogar mit englischen Soldaten des Abends in gemütlicher Runde zusammensaßen. Bei einem Spaziergang traf Joyce am 28. Mai auf zwei britische Armeeoffiziere, die im Wald Holz sammelten. Er sprach sie auf Französisch an und wiederholte dann seinen freundlich gemeinten Hinweis auf Englisch: »Dort liegen noch ein paar Stücke.« Einer der beiden Offiziere, aufmerksam geworden, fragte ihn: »Sie sind nicht zufällig vielleicht William Joyce – oder?« Der derart Angesprochene griff nach seinem deutschen Pass. Der Offizier missdeutete diese Bewegung und feuerte seinen Revolver ab und schoss Joyce durch beide Oberschenkel.

Der Offizier Alexander Perry, dem die Ergreifung von William Joyce alias Lord Haw-Haw alias Wilhelm Hansen gelang, besaß ebenfalls einen zweiten Namen, seinen richtigen. In Wirklichkeit hieß er Horst Pinschewer. Englische Soldaten jüdischer Abstammung und mit jüdisch klingenden Namen wurden umbenannt, um sie im Fall ihrer Kriegsgefangenschaft vor den Deutschen besser zu schützen. Pinschewer gehörte zu den 4000 Deutschen und Österreichern, die auf der Seite der Engländer kämpften. Auch er hatte also die Seiten gewechselt. Aber damit der Koinzidenzen nicht genug. Der Zufall wollte es, dass Pinschewer nach der Besetzung von Lord Haw-Haws Station von dort aus die erste britische Rundfunksendung aus Hamburg begann und sagte:

»This is Germany Calling, calling for the last time from Station Hamburg. And tonight we will not share ›Views on the News‹ by William Joyce because Mr Joyce, known as Lord Haw-Haw to most of you in Britain, has been most unfortunately interrupted in his broadcasting career. And at present has left rather hurriedly for a vacation, an extremely short vacation, if the Second British Army has something to do with it, maybe to Denmark, another

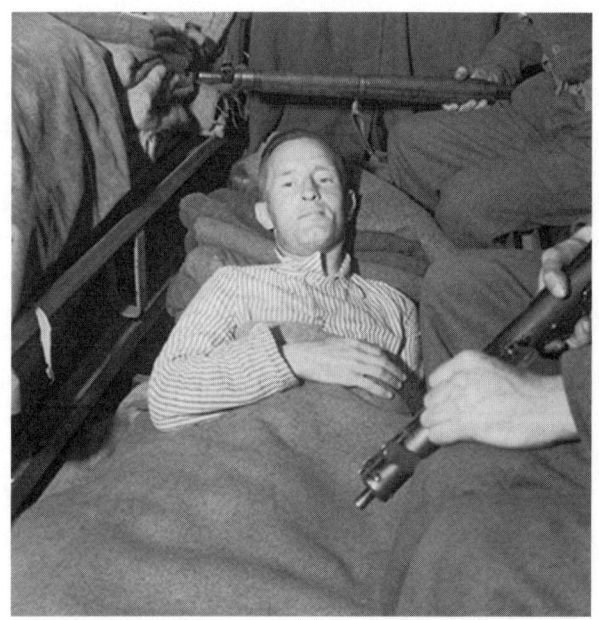

William Joyce, »Lord Haw Haw«, verletzt nach seiner Gefangennahme nahe der deutsch-dänischen Grenze am 28. Mai 1945, Aufnahme der britischen Streitkräfte

point north. And in his place this is the BBC, calling all the long suffering listerners in Britain who for six years had to put up with the acid tone of Mr Joyce, speaking over the same wavelength that I am using to talk to you now. I am seated in front of Mr Joyce's microphone...«

So hat Pinschewer William Joyce im Äther abgeschossen, bevor er ihn auf Erden anschoss.

»Es mag von Perry leicht impulsiv erscheinen«, schreibt Joyces Biograph, »dass er gar so schnell auf einen Zivilisten geschossen hat, der schließlich allein war. Man muss aber bedenken, dass der Krieg gerade erst beendet war, die Besatzungskräfte nicht wussten, welche Gefahren seitens der Bevölkerung auf sie lauerten. Und der Verdächtige war vielleicht Haw-Haw, der Superfeind, der erträglich wurde nur durch die Vorstellung, er sei ein Witz. Seine Agenten seien so allgegenwärtig, dass sie jede öffentliche Uhr in Großbritannien unter ständiger Überwachung halten konnten, der nicht nur britische Truppenbewegungen, sondern selbst den geringfügigeren Einsatz von Staatsbeamten genau vorausgesagt hatte, der im voraus die Ziele der deutschen Bomberflotte kannte und ihr befahl, je nach seiner Laune vorzugehen. Die britische Öffentlichkeit wäre nicht überrascht gewesen, wenn Haw-Haw in jenem Flensburger Wald eine Geheimwaffe in der Tasche getragen hätte, die eine ganze Panzerbrigade zu vernichten im Stande gewesen wäre.«

Am 3. Januar 1946 wurde William Joyce wegen Hochverrat am Galgen hingerichtet. Er wurde 39 Jahre alt. Seinen letzten Brief beschloss er mit einem dreifachen »Sieg Heil!«.

Der »Niemand« macht weiter

Die Federal Grand Jury klagte Ezra Pound 1943 des Landesverrats an: »knowingly, intentionally, willfully, unlawfully, feloniously, traitorously and treasonably« habe er sich den Feinden der Vereinigten Staaten, sprich dem Königreich Italien angeschlossen. Er wurde im Mai 1945 in das »Disziplinierungslager« von Pisa, zunächst in einen offenen Käfig mit den Maßen 1,80 x 2 m, eingesperrt, wo er auf dem Boden schlafen musste, bis ihm, nach einem Nervenzusammenbruch, ein Zelt und ein Feldbett zugewiesen wurden. Das Verbrecherfoto, aufgenommen am 26. Mai 1945, zeigt einen Wilden. »Don't let the press get a hold or even hear about this picture«, schrieb Pound auf die Rückseite. Wir denken nicht an Wodehouses Selbstporträt des Künstlers als Madman, trotz seiner 42 Wochen Ilag, trotz Einsperrung im ehemaligen Irrenhaus von Tost und Arbeit in einer Gummizelle. Wir denken eher an den späten Van Gogh. Es ist ein unheiliger Furor, der ihm aus Haaren, Miene und stechendem Blick stiebt. Aber es ist auch ein Bild der Stärke. Es zeigt einen Mann, der in wenigen Monaten 60 Jahre alt sein wird.

Pound hatte von sich schon sehr früh als von einem Exilierten ge-

Ezra Pound im Lager in Pisa, 26. Mai 1945. Aufnahme der amerikanischen Streitkräfte in Italien

sprochen; bisweilen gebraucht er auch das deutsche Wort »landlos«. »Have I a country at all?«, fragt er 1920 in einem Brief an William Carlos Williams, und in typisch Pound'scher Großmannssucht 1928: Der »Pound-Staat« sei schon vor zwanzig Jahren abgefallen. Niemand hatte ihn aus den USA vertrieben, aber was als Selbststilisierung begann, war gewissermaßen Routine geworden und hatte sich als Muster selbst bestätigt. London, Paris, Rapallo, Venedig, Pisa, Washington, Rapallo, diese Hauptstationen des Lebens fungierten als Orte eines gewissermaßen doppelten Exils: sie bedeuteten Distanzierung von der jeweils verlassenen Etappe und von den USA. Der Exilierte oder Expatriate hatte 1945 einen Status erworben, den Millionen mit ihm teilten: er wurde zur Displaced Person. Pound schlüpft in seinem ersten in Pisa verfassten Gedicht wieder wie in den ersten *Cantos* vor fast 30 Jahre in die Tarnmaske des großen Outis, des Niemand, den wir ja nicht nur aus der Odyssee, sondern auch aus dem Kindergedicht kennen: Niemand hat das Garn verfitzt, niemand hat die Wurst stibitzt... usw. In seiner Version ist der Niemand »a man on whom the sun has gone down«, so als sei er auf ein absolutes Ende zurückgestellt worden. Was für die große Geschichte aber nicht galt, hatte auch für ihn nicht Bestand. In Pisa, im Lager und mit Hilfe von vielleicht drei Büchern und einer ihm zur Verfügung gestellten Schreibmaschine, schrieb Pound die *Pisan Cantos* (mit den Nummern LXXIV–LXXXIV), die viele Kritiker für den wichtigsten Abschnitt und damit für eines der Hauptwerke der modernen Literatur halten. A »poem containing history« hat er es genannt, seine und die Geschichte der Welt enthaltend und sie so dicht miteinander verzwirnend, dass dieses Poem zu einem idealen Übungsfeld für Hypertexter werden konnte, ein halbes Jahrhundert später.

Pound machte also weiter, wo er aufgehört hatte, genauso wie Wodehouse, sein *Sagetrieb* (ein weiterer seiner Spezialbegriffe) ließ sich weder abstellen noch beirren, und man darf auch nicht erwarten, dass es zu einer Art Widerruf kam. Seine politischen Überzeugungen hat er nicht revidiert, aber sie auch nie mehr so offen verkündet wie in den Traktaten und Sendungen der vorausgehenden 20 Jahre. Im vertrauten Kreis ritt er die alten Attacken weiter, so ungebrochen, dass Charles Olson, der Dichter, der Pound regelmäßig besuchte, sich eines Tages sagen musste, dass er »nicht nur einem Faschisten« sein Ohr lieh, »sondern dem FEIND«. Dem größeren Publikum wurde fortan »the world according to Ezra Pound« in poetischen Anspielungen mitgeteilt. Zu den Kundigen gehörten nach vieljähriger Übung auch die Zensoren. Im »Canto LXXVI« gibt es die Stelle, die in allen Ausgaben so lautet:

> »Le Paradis n'est pas artificiel
>   States of mind are inexplicable to us.
>   δακρύων δακρύων δακρύων
> L. P. gli onesti
>   J'ai eu pitié des autres
> Probablement pas assez, and at moments that suited my convenience
>   Le Paradis n'est pas artificiel,
>   l'enfer non plus.«

Normalerweise würden Abkürzungen wie L. und P. einen nicht groß irritieren, die *Cantos* als Ganze funktionieren ja wie eine Art Geheimschrift. Aber 1958, als er diesen Canto auf Band sprach, löste Pound die Kürzel, die ihm die Zensoren hineingesetzt hatten, wieder auf und nannte die *Onesti*, die Ehrenwerten, die er beweint (δακρύων) und vielleicht nicht genug bemitleidet hat, bei ihrem Namen: Es sind Pierre Laval und Henri Philippe Pétain, Hitlers Statthalter in Vichy und wie Pound des Landesverrats angeklagt.

Im November 1945 wurde Pound in die USA ausgeflogen und dort in eine Verwahranstalt für kriminelle Geistesgestörte in Washington eingewiesen. Der Plan, den Dichter für unzurechnungsfähig erklären zu lassen, um ihm den Prozess und eine eventuelle Todesstrafe zu ersparen, stammte von Pounds Rechtsanwalt. Es ist schwer zu sagen, wie ein Gerichtsverfahren ausgegangen wäre, aber natürlich gab es öffentliche Stimmen, darunter die von Arthur Miller, welche Pound in dieselbe Kategorie einordneten wie William Joyce, der gerade hingerichtet worden war. Der Verteidiger Pounds hatte zunächst einmal Zeit gewinnen und seinen Klienten aus dem Gefängnis befreien wollen, dass seine Strategie aber so »erfolgreich« sein würde, dass Pound 13 Jahre lang in dieser psychiatrischen Anstalt eingesperrt blieb, das war nicht Teil des Plans. »Keinen Moment lang habe ich beabsichtigt, das Radio für meine persönlichen Idiosynkrasien zu missbrauchen, es ging mir darum, ein wahres Zeugnis abzulegen.« Diese Erklärung Pounds ging ohne Zweifel ebenso an der Wahrheit vorbei wie das lapidare Urteil, auf das sich die Kommission von Psychologen und Medizinern nach der ersten Untersuchung einigte: »He is, in other words, insane and mentally unfit for trial.« Nun bringt einen die Diagnose, einen Faschisten für paranoid zu erklären, nicht wirklich weiter, wie schon ein Kollege Pounds, William Carlos Williams, erkannte, denn der Faschismus war ja selbst ein paranoides System.

George Orwell befasste sich am 28. Juni 1944 in der Zeitung *The Tribune* mit Pounds Radiosendungen, die er, der Mitarbeiter der BBC, aus Transskripten kannte. Ein Leser hatte Pound mit dem Argument verteidigt: »Wenn man es mit einem wahren Dichter zu tun hat, dann kann man es sich leisten, seine politischen Ansichten zu ignorieren.« Orwell dazu: »Es versteht sich, dass man nicht sagen darf: X stimmt mit mir politisch überein, also ist er ein guter Schriftsteller. [...] Persönlich bewundere ich mehrere Autoren (Céline z. B.), die zu den Faschisten übergelaufen sind, und viele andere mehr, gegen deren politische Weltanschauung ich stärkste Einwände habe.« 1944 war das eine absolut souveräne und riskante Sichtweise. Heute würde sie auf wenig Widerstand stoßen. Die Zweiteilung des Dichters in eine poetische und eine politische Stimme hat sich durchgesetzt, und es sind ja nur noch wenige Autoren und Künstler, die uns mit ihren radikalen Ansichten vor die Herausforderung stellen: Love my politics, love my poetry! Wie aber, wenn man gar nicht trennen kann? Lassen sich die *Cantos* von den politischen Aussagen ihres Sängers reinigen? Yeats, den der junge Pound wie keinen anderen hoffierte, hat einmal gesagt: »Aus unserer Auseinandersetzung mit anderen machen wir Rhetorik, aus der Auseinandersetzung mit uns selbst Dichtkunst.« Für Pound gilt das absolut nicht – das macht seine Größe und seine Schwierigkeit aus.

Orwell stellt die Frage nach der Trennbarkeit nicht. Er sagt auch nicht, ob er Pound unter die widerwillig bewunderten Autoren rechnet. Es spricht nicht viel dafür. Aber er unterstützt die Zweiteilung, und das macht es ihm möglich, den Homo politicus Pound zur Rechenschaft zu ziehen, ohne den Homo poeticus mitzuverdammen. In dem nun folgenden Abschnitt stehen zwei Sätze, wegen denen allein es sich schon gelohnt hat, die oft fatalen Abenteuer unserer Engländer und dieses Wahlengländers und »undesirable alien« aus der Nähe zu verfolgen: »But one has the right to expect ordinary decency of a poet. Ich habe Pounds Radiosendungen nicht gehört, aber ich habe sie oft in den Abhörprotokollen des BBC nachlesen können, und ich fand sie intellektuell und moralisch ekelhaft. Antisemitism, for instance, is simply not the doctrine of a grown-up person. Menschen, die sich für so etwas engagieren, müssen die Konsequenzen tragen. Aber ich stimme mit unserem Korrespondenten darin überein, dass auch ich nicht hoffe, dass die Amerikaner Pound fangen und erschießen, wie sie es angedroht haben. Dies würde seine Reputation so dauerhaft befestigen, dass es mindestens hundert Jahre dauern wird, bis man leidenschaftslos entscheiden kann, ob seine vieldiskutierten Gedichte nun gut sind oder nicht.«

Der Homo politicus trug also die Konsequenzen von 13 Jahren Internierung. Wie das Strafmaß eines ordentlichen Prozesses ausgesehen hätte, wissen wir nicht, aber die eigentliche Ungerechtigkeit des Verfahrens oder Nicht-Verfahrens bestand darin, dass die Behörden Pound das Recht, bestraft zu werden, verweigerten. Das ist die nur scheinbar paradoxe Ansicht eines Juristen, der den Fall prüfte und resümierte: »Pound wäre [aus einer Gefängnisstrafe] herausgekommen als ein Mann, der seine Schulden bezahlt hat, als eine Person, die nach ihrem Fehlverhalten die moralische Balance wiederhergestellt hat, nachdem sie die von seiner Gesellschaft verhängte Strafe akzeptiert hatte.«

1953, in der ersten deutschsprachigen Publikation ausgewählter Gedichte Pounds, erwähnt Eva Hesse, seine treue deutsche Übersetzerin und Propagatorin, »eine Reihe von Vorträgen über Radio Rom, in denen er sich für einen Verständigungsfrieden einsetzte«. Da die Radio-Ansprachen erst 1978 komplett transkribiert vorlagen, konnte die Befreit-Pound-Bewegung und allen voran die einflussreiche Familie den Eindruck erwecken, hier würde an einem *Künstler* Rache genommen, der nun einmal wie alle großen Neuerer der Radikalmoderne sich nicht fügen konnte und wollte. Aber vielleicht hätte es ja gereicht, den »Canto LXXIII« zu lesen, den Eva Hesse kannte, aber in ihre Auswahl nicht mit aufnahm. Aus leicht vorhersehbaren Gründen nicht. In den Schluss dieses Gesanges arbeitete Pound eine Episode ein, die er als Titelstory im *Corriere della Sera* vom 1. Oktober 1944 gelesen hatte. Ein junges Mädchen hatte eine kanadische Einheit auf ein Feld gelockt, das zuvor vom Bruder vermint worden war. Sie riss 20 Soldaten mit in den Tod. Pound: »Im Norden [Italiens] wird das Vaterland wiedergeboren,/ Oh, was für ein Mädchen, was für Mädchen und Jungen, die Schwarz tragen!« »Das Vaterland! PATRIA MIA.« Ein Spezialist für die Literatur der letzten Kriegsjahre könnte vermutlich mit einem Parallelfall aus Deutschland aufwarten, aber leicht fiele die Suche nicht.

Wie starkt der Homo poeticus in der Anstalt Schaden nahm, ist schwer zu sagen. Ein Freund, der ihn 1948 besuchte, berichtete: »Ein Aufseher oder Wärter führte mich durch endlose unfreundliche Korridore, voll von lauten Insassen. Der Lärm und der Widerhall erinnerten mich an ein öffentliches Schwimmbad. [...] [Sein] Raum [...] enthielt ein eisernes Bett, einen Haufen Kleider und ein Durcheinander aus Zeitungen und Papieren. [...] Selbst in dieser kleinen Zelle mussten wir uns schreiend unterhalten, denn ein großer Fernsehapparat auf dem Gang übertönte alles. ›Sie versuchen uns Irre auf die Höhe des Wahnsinns draußen zu bringen‹, meinte Ezra dazu. [...] ›Hast du hier drin schon Gedichte schreiben können‹, fragte ich. ›Vögel singen nicht in Käfigen.‹« Was, für Pound gesprochen, nicht zutrifft – siehe die *Pisan Cantos*. Er übersetzte in der Anstalt 305 konfuzianische Oden und verfasste zwei weitere große Abschnitte seines Lebensgedichts, vermutlich die einzigen bedeutenden Werke der modernen Literatur, die, wie Richard Sieburth zu bedenken gibt, »bei und gegen laufenden Fernseher« entstanden sind.

»Wodehouse in Wonderland«

»Antisemitism is simply not the doctrine of a grown-up person«, hatte Orwell geschrieben – wie unendlich vertrackt diese Zeiten waren, mag man daran ermessen, dass Orwell, ausgerechnet er, den man den »saint of common decency« genannt hat, in seiner berüchtigten Liste der »Kryptokommunisten«, die er für die Spionageabwehr anfertigte, hinter einige Namen »Jew« oder »Jewish« schrieb, so als sei das Erklärung oder Inkriminierung genug. Im Juli 1946 kam Orwell auf das Thema der großen Verräter zurück und schrieb am Schluß seiner »Verteidigung von P. G. Wodehouse« – er hatte kurz nach dem Krieg ein Gespräch mit ihm in Paris gehabt: »Weniges in diesem Krieg war moralisch abstoßender als die jetzige Suche nach Verrätern und Quislingen. Im besten Fall kommt es hier zur Verurteilung der Schuldigen durch die Schuldigen. [...] In England wurden die wütendsten Tiraden gegen Quislinge von Konservativen gehört, die im Jahr 1938 für Appeasement waren, und von Kommunisten, die sich für dasselbe Ziel 1940 einsetzten. Ich habe hier versucht zu zeigen, dass der unglückliche Wodehouse – nur weil sein Erfolg und sein Leben im Ausland es ihm erlaubten, mental im Edwardianischen Zeitalter zurückzubleiben – zum Versuchsobjekt in einem Propaganda-Experiment gemacht wurde, und ich schlage vor, diesen Fall jetzt als geschlossen zu behandeln. Wenn Ezra Pound gefangen und von den amerikanischen Behörden erschossen wird, dann wird ihm das seinen Ruf als Dichter für die nächsten 100 Jahre sichern. Und auch im Fall von Wodehouse, wenn wir ihn jetzt dazu veranlassen, sich in die Vereinigten Staaten zurückzuziehen und ihm seine britische Staatsangehörigkeit absprechen, dann werden wir eines Tages uns furchtbar über uns schämen müssen.«

Der Streit um Wodehouse setzte sich in seiner Abwesenheit und ohne, dass man erneut von ihm hörte, fort. Einige Büchereien sortierten seine Werke aus, seine Verleger aber verkauften weiter: 450.000 Exemplare während der Kriegsjahre in England – nicht so viel wie früher, aber auch nicht gerade ein Zeichen des Boykotts. Gleichwohl war klar, dass die Sache ein Nachspiel haben würde. Wodehouse gehörte 1944 zu den ersten (mutmaßlichen) Kollaborateuren, deren Fall vom MI5 untersucht wurden. Was aber war in der Zwischenzeit geschehen? Im Juli 1941, also im Monat nach der Entlassung ihres Mannes aus dem Internierungslager, kam Ethel Wodehouse nach Berlin. Zusammen verbrachten sie die beiden folgenden Jahre abwechselnd in Berlin und auf dem Land, zuerst im Harz, dann in Oberschlesien. Das Adlon und die Güter ihrer Freunde waren keine schlechten Alternative zu dem, was sie anderswo, vielleicht sogar in England, erwartet hätte. Wovon lebten sie? Diese Frage hat die Gemüter, die um Wodehouses Schuld oder Nicht-Schuld ringen, immer wieder beschäftigt, auch zuletzt, da die Überweisung hoher Geldsummen an Wodehouse durch Dokumente belegt wurde, die kürzlich der MI5 freigab. War das der Judaslohn der Deutschen?

Die Antwort ist: nein. Wodehouse war ein immens reicher Mann, aber er hatte enorme Schwierigkeiten, vor allem während des Krieges, die Honorare von seinen ausländischen Verlegern ausgezahlt zu bekommen. Die Vergünstigung bestand darin, dass die Nazi-Behörden Gelder freigaben, die ihm zustanden: Honorare aus Deutschland, Spanien, Frankreich und aus den USA, solange diese neutral waren. Wenn dieses Geld nicht floss, verkaufte das Ehepaar Schmuck oder lieh sich etwas bei Freunden. Ihren Aufenthalt im teuren Adlon und auf dem Gut in Oberschlesien bezahlten sie selbst. Wenn Wodehouse ein Honorar für die Radiosendungen erhalten hat, was nicht endgültig geklärt werden konnte, dann war das nicht höher als 20 Pfund. Gleichwohl steht fest, dass jemand eine schützende und fördernde Hand über die beiden hielt. Dieser Einfluss reichte nicht so weit, dass man sie einfach gehen ließ wie andere ihres Alters auch. Aber man wollte auch nicht, dass ihnen etwas zustieß. Als die Luftangriffe auf Berlin zunahmen, sorgte Schmidt vom Auswärtigen Amt dafür, dass das Ehepaar Wodehouse nach Paris transferiert wurde, wo es bis zum Kriegsende ungestört, soweit das ging, lebte. Als das Propaganda-Ministerium Wodehouse nach Katyn bringen wollte, damit er von dort live über die sowjetischen Greueltaten berichtete, wurde das unterbunden. Es waren wohl Werner Plack und sein Chef Paul Schmidt, die sich aus persönlichen Motiven zuständig fühlten: Sie waren Bewunderer des Werkes von Wodehouse, Plack kümmerte sich um das Ehepaar, suchte seine Nähe, wenn es in Berlin war, später auch in Paris, als er dort an der Botschaft tätig war. Begeisterte Leser sind zu mehr fähig, als die Bücher ihrer Lieblingsautoren zu kaufen. Die Literaturgeschichte kennt dafür viele Beispiele.

Kurz nach der Befreiung von Paris begannen die Verhöre des MI5. Sie ergaben einen umfänglichen Bericht, den sogenannten Cussen-Report, der den Befragten weitgehend vom Vorwurf des Landesverrats freisprach. Ob der geringfügigere, aber immer noch ernste Vorwurf der »Unterstützung des Feindes« vorläge, wagte Major Cussen nicht zu entscheiden: Dabei würde die Intentionalität des Handelns von Wodehouse eine wichtige Rolle spielen. Seine eigene Aussage stünde gegen eine Interpretation, die ihm zielgerichtetes Handeln – Freilassung gegen Rundfunkreden – unterstelle. Hier tue sich, wie der untersuchende Offizier den höheren Instanzen deutlich klarmachte, der Spielraum politischen Handelns auf. Anders gesagt: Wollte man einen Wodehouse-Prozess? Es hat den Anschein, dass der 1944 amtierende Generalstaatsanwalt dieses nicht wollte. Sein Nachfolger erklärte im Unterhaus, die Frage eines Prozesses gegen Wodehouse werde entschieden, wenn er »in den Zuständigkeitsbereich unserer Gerichte zurückkehrt«. Dieser Hinweis war deutlich.

England kam nicht mehr in Frage. Die kurzfristige Verhaftung durch die französische Polizei sprach auch nicht gerade für eine Rückkehr in das im Übrigen schwer zerstörte Le Touquet. Die Familie Wodehouse beantragte Visa für die USA, verließ Europa im Jahr 1946 und kam nie wieder zurück.

Wodehouse hatte fünf Buchmanuskripte im Gepäck. Nichts hatte ihn von seinem Rhythmus – ein Buch pro Jahr – abhalten können: das Lagerleben nicht, die Aufregungen und Entbehrungen des Krieges nicht, der Wechsel der Orte und der politischen Systeme nicht. Viele werden das anders sehen wollen, aber im Grunde ist das auch ein Sieg. Nicht ein Sieg im »Krieg mit Deutschland«, wie er den ersten Versuch über seine Erlebnisse nannte. Aber doch ein Sieg im Krieg gegen den Krieg. Von den fünf Manuskripten wurden allerdings nur vier veröffentlicht. Als Wodehouse in Le Touquet verhaftet wurde, soll er gesagt haben: »Jetzt werde ich einmal ein ernstes Buch schreiben müssen.« Das fünfte Manuskript, mit besonderer Hingabe verfasst, sollte dieses Buch werden und sollte allen alles noch einmal erklären: Wie das wirklich gewesen war mit dem Krieg, mit der Haft, mit den Sendungen. Vermutlich war es Ethel, alias Jeeves, die das Buch verhinderte und das Manuskript verbrannte, sodass im Nachlass nur noch 60 Seiten aufzufinden sind. Wodehouse, alias Bertie Wooster, hatte ihm den Titel geben wollen: »Wodehouse in Wonderland«.

FÜNFTES KAPITEL

1945–1947. Die Wacht am Rhein

Die aktuelle Situation

»Die aktuelle Situation ist die, dass Englands Grenzen heute am Rhein sind und dass es deshalb zu einer europäischen Rolle genötigt ist. Es verfügt über die militärischen Mittel dazu. Wie steht es mit den geistigen Mitteln? Auch das ist eine Frage, die in diesem Zusammenhang auftaucht. Eine... offene Frage.« Ernst Robert Curtius hätte dazu seinen Freund Stephen Spender fragen können und eine ebenfalls offene Antwort erhalten: »Als Teil der englische Zone waren sie [die Deutschen] nun bereit, sich selbst zu sehen, und an der Frage, die ein führender katholischer Priester, Vater R –, mir stellte, ist nichts sehr Überraschendes: Glaubte ich, dass der Britischen Zone in zehn Jahren der Status eines Dominium verliehen werden würde.« In den USA glaubte man die Antwort zu haben. Sie fiel negativ aus. Harry Levin schrieb 1946 in der Zeitschrift *The New Republic*, »dass England, das seit längerem auf den Rang einer zweitklassigen politischen Macht zurückfällt, nun auch den Abstieg hin zu einer zweitklassigen Größe im Reich der Kultur begonnen hat«. Abstieg ist ein hartes, schwieriges Wort, aber um bei unserer beschränkten Themenstellung zu bleiben: Die Forschung ist davon überzeugt, dass England schon seit 1930 sich auf vielen Feldern der Kultur von dem Projekt der Moderne verabschiedet hatte. Die Auden-Gruppe, die Connolly gerne als die »Pylon Boys« ansprach, waren die letzten, die im Stile der Neuen Sachlichkeit ihre Gedichte auch durch moderne Realien auszeichneten. Wie man immer das Phänomen dieser Neuorientierung etikettieren will, als »culturalism«, »anthropological turn« oder »anglocentric turn«, es entstand ein englischer Partikularismus, eine Art kleinenglische Lösung, die auf dem Gebiet der Kultur weder der hegemonialen Rolle des Empire, noch den Herausforderungen der Kriegs- und Nachkriegszeit ein Angebot machte. Dem Ausland fiel das vielleicht gar nicht so auf, weil es sich an den Restbeständen des stereotypen England nostalgisch ergötzte: John Galsworthy, P. G. Wodehouse, Nancy Mitford, Edgar Wallace, Dorothy Sayers. Als Anthony Burgess zwanzig Jahre nach Kriegsende fragte, welches thematische Angebot die englische Literatur an die Nachkriegswelt gemacht hatte, fiel seine Bestandsaufnahme im Vergleich zur expansiven Literatur der USA nicht günstig aus: »Einige von uns kamen gerade noch rechtzeitig, um ein sterbendes oder mit heroischer Geste aufgegebenes Imperium festzuhalten. Der Übergang von einer freien Gesellschaft zum Wohlfahrtsstaat lieferte das Material für ein paar Romane, aber das Thema hat seitdem jegliche Vitalität eingebüßt.« Diese Befürchtung war in England von den Kennern der Szene schon viel früher geäußert und mit praktischen Konsequenzen beantwortet worden. Cyril Connolly (1902–1974), der wichtigste der »literary men«, fand zwar einerseits, dass England im Nachkriegseuropa eine »höchst wichtige Rolle« spielen könne, musste aber zur gleichen Zeit einsehen: »Jeder europäische Krieg ist ein Krieg, den Europa verliert, und jeder Krieg, den Europa verliert, ist ein Krieg, den England verliert.« Connolly stellte die von ihm herausgegebene Zeitschrift *The Horizon* nach zehn Jahren Erscheinen 1949 ein – *Penguin New Writing*, größter Konkurrent auf dem Markt literarischer Journale, folgte kurz darauf. »Niemals wieder«, hat man über *Horizon* gesagt, »würde ein kleines unabhängiges Magazin solch einen wichtigen Platz im kulturellen Leben der Nation einnehmen, würde so viele wichtige Schriftsteller anziehen, ohne dass Geld, politisches Programm oder die Verheißung einer neuen Bewegung als Attraktion dienten.« *Horizon*, eine literarische Monatszeitschrift mit einer Auflage von bis zu 8000 Exemplaren, hatte im September 1947 einen nur halb unernst gemeinten Aufruf an die wahren Gewinner, an seine Leser in den USA, gerichtet, mit Care-Paketen die Redaktion und die Autoren der einzelnen Hefte zu unterstützen. Die Aktion »Our American Bowl« brachte tatsächlich einen beachtlichen Rückfluss.

Der Aufruf begann mit den Worten: »Wir Engländer sind immer nur dann glücklich, wenn wir mit dem Rücken zur Wand stehen, und eine verständnisvolle Vorsehung hat dafür gesorgt, dass wir selten diese unsere Position aufgeben müssen.« Aber auch bittere Kommentare von Seiten der Kollegen der Tagespresse folgten, die fanden, Connolly habe »den Stolz und die Ehre einer ganzen Nation für eine Dose Frühstücksfleisch geopfert«. Connollys Begründungen lesen sich zum Teil, als könnten sie in den zwanziger Jahren verfasst worden sein, als der große Exodus aus London, aus der »unreal city« einsetzte. Connolly nannte die Metropole »a particularly disheartening centre from which to operate«, als auch das Nachkriegs-London nichts anderes bescherte als der Krieg: harte Winter, Rationierung von Lebensmitteln und Energie. Harold Nicolson schrieb in der *Daily Mail* von der Erfahrung, mit Handschuhen auf der Schreibmaschine zu tippen. Verglichen mit den Nöten der Deutschen waren diese nicht katastrophal. Es reicht eine Engländerin zu zitieren, die nach Stephen Spender auf das zerstörte Essen mit den Worten reagierte: »›Das ist auch kaputt, she said. Then she shrugged her shoulders and looked all around her at Essen, and said, ›Alles ist kaput.‹«

»Wie kann es dann sein, dass sie [die Deutschen] verlieren?«

Ernst Jünger notierte am 1. Mai 1945 in seinem Tagebuch: »Wir müssen den Weg, den Comte vorgezeichnet hat, zurückfinden: von der Wissenschaft über die Metaphysik zur Religion. Freilich, bergab ging es weniger mühevoll.« Wenige Monate später erhielt er Besuch von Stephen Spender. Dieser hatte auf der Reise quer durch die britische Zone Jüngers Buch *Feuer und Blut* (1925) über den Ersten Weltkrieg gelesen, eine Art Novelle, die von der deutschen Frühjahrsoffensive 1918 handelt, einer »Feuerprobe«, aus der ein »neuer Mensch« entsteht. Es ist der Sturmtrupper, der sich – allen katastrophalen Verlusten zum Trotz – zum Herrn des Materials macht und dabei nicht nur Gerät und Mensch, sondern auch seine einzelne Tat und den Willen der Nation »im Tiefsten« miteinander verschweißt.

»Krieg ist der Moment, in dem der Mann aufs Vollständigste in den Kampf des Materials eintritt und ihn ausschöpft; außerdem ist er der Moment, in dem er jenen schmalen Bezirk seines Mutes, seiner Isolation, seiner Existenz entdeckt, in dem er nicht vom Material abhängig ist.« Spenders kluger und sehr englischer Kommentar zu dieser Art von Vereinigungsphantasien und Schicksalsergebenheit – Jünger: »für uns und aus uns denkt das Schicksal selbst«: »Seine Kriegsmystik ist von der Art, dass er nicht glauben kann, dass es ›fair‹ sei, dass diejenigen, die dieses Mysterium teilen, besiegt werden dürfen. Die Deutschen haben in diesen Krieg den Glauben, der Berge versetzen kann, investiert, wie kann es dann sein, dass sie verlieren? Die Tatsache, dass sie den Krieg verloren, ist ein ›Misgluck‹.«

Aber es geht Spender mit Jünger, wie es eben mit Jünger geht. Er ist der »Feind, der leicht zu lieben ist«, wie Erich Fried einmal sagte, und im gleichen Sinne ist er auch der »Freund, der leicht zu hassen ist«. Spender findet, Jünger habe mit *Feuer und Blut* »a masterpiece from hell« geschrieben, ein Höllenwerk, aber eben auch ein Meisterwerk. Ähnlich hat es Stephen Hood empfunden, auch er ein unwahrscheinlicher Kandidat für einen Jünger-Fanclub. Hood war ein Sozialist, er hatte die deutschen Truppen in Italien als Partisan bekämpft; in Deutschland stationiert und mit Reeducation-Aufgaben betraut, übersetzte er für die englische Truppenzeitung einen Abschnitt der *Marmorklippen* und besuchte Jünger. Hood hat 1947 Jüngers Buch als Ganzes in Übersetzung herausgebracht.

Ernst Jünger hatte sich 1944 ins Pfarrhaus von Kirchhorst bei Hannover zurückgezogen, in ein ländliches Exil, das nach den Mitteilungen des Tagebuchschreibers sich über eine mangelnde Beteiligung an der »Feuer- und Schreckenswelt« nicht beklagen konnte: erst permanent überflogen und als falsches Ziel von Abwürfen getroffen, die für Hannover bestimmt waren, wurde Kirchhorst, an der B 3 gelegen, nach Kriegsende Durchgangsstation endloser, plünderungswütiger Flüchtlingsströme. Spender trifft ebenda im Oktober 1945 eine Herrenrunde an, die aus einem Regisseur namens Weimann und aus Klaus von Bismarck besteht, der später in der Bundesrepublik als Kirchenpolitiker und Rundfunkintendant eine große Karriere machen sollte. Der Hausherr hat seine Gäste ums Feuer versammelt und zu Kaffee und Kuchen gebeten. Wie bekannt, schätzte Jünger »das Paradoxe solcher Geschäfte inmitten der Katastrophen«, legte er sich gerne einen »Vorrat an Stabilität« an, wenn um ihn herum alles zusammenbrach. Als Hood und Spender bei ihm vorsprachen, hatte er bereits eine Übung im Umgang mit ausländischen Besuchern und ihren Fragen gewonnen. Durch sie wusste er auch, dass er international nicht vergessen war, sondern unter Überwachung stand. Am 30. Juni 1945, also keine acht Wochen nach Kriegsende, hörte er »überrascht«, dass die BBC »eine ausführliche Besprechung der *Marmorklippen*« gebracht und sich dahingehend geäußert hatte, dass das Buch von einem extrem gefährlichen Autor stamme, aber auch als Geheimschrift des Widerstands gegen das »Dritte Reich« zu lesen sei. Letzteres eine im In- und Ausland weitverbreitete Deutung, der Jünger selbst nicht beitreten wollte. Aber er kann an solchen Bewertungen nichts ändern. »Dass ich auf der Seite der Besiegten stehe, kann ich nicht abstreiten. Der Ausgang des Krieges hätte auch nichts daran geändert.« Wenn er nicht Deutscher wäre, hätte er vielleicht eher bei den Franzosen oder den Engländern reüssiert, so überlegt er, um mit dem für ihn klassischen Satz zu schließen: »Man kann und will sich sein Vaterland nicht aussuchen.«

Jünger – »Wer sich selbst erniedrigt, wird nicht erhöht werden« – beantwortete nicht die berühmten 131 Fragen des Fragebogens und musste deswegen bis zu seinem Umzug in die französische Zone ein Publikationsverbot auf sich nehmen. Dies schien ihn so wenig zu beeindrucken, dass er es in den eigens für die Veröffentlichung geschriebenen Tagebüchern, die 1949 unter dem Titel *Strahlungen* erschienen, nicht eigens kommentiert. Den ausländischen Besuchern gegenüber zeigte er sich aber aufgeschlossen und hielt eine bemerkenswerte Äquidistanz zwischen sich, den Deutschen und den Siegermächten. Wie Spender ist Jünger gegen eine Isolation Deutschlands und fragt seinen Gast, wie er sich »die Eingliederung und Wiedererstarkung der deutschen Kultur im Nachkriegseuropa vorstelle«. Spender bemerkt völlig zurecht, was wir im vorletzten Kapitel festgestellt haben, dass die deutsche Kultur in der Zwischenkriegszeit sich international nicht habe durchsetzen können und zum Schluss beinahe notwendig unter den Einfluss des Nationalismus geriet. Für

Spenders Idee einer europäischen Zeitschrift kann Jünger sich erwärmen: »Jünger war begeistert von dieser Idee und sprach sich dafür aus, die Zeitschrift in drei Sprachen erscheinen zu lassen. Er glaubte, dass sich jetzt große Möglichkeiten eröffneten, weil Deutschland in der Stimmung sei, Führung von außen anzunehmen.«

Die Kriegsschuld

Diese letzte Äußerung, vor allem die Worte »Stimmung« und »annehmen«, ergeben eine bemerkenswert vermessene Aussage. Man hat den Eindruck, dass Spender an dieser Stelle zurückgezuckt ist. Er gibt zu bedenken, dass viele andere Nationen nicht bereit seien, sofort in einen Dialog mit den Deutschen zu treten, und auch von Bismarcks »Neuorientierung der deutschen Jugend an religiösen Werten« kann ihm nicht genügen. Spender sagt, es »sei zuallererst nötig, dass Deutsche sich zu ihrer eigenen Schuld bekennen«. Die drei Deutschen am Kamin stimmen darin überein, dass die Deutschen in der letzten Kriegsphase das Verderben begriffen hätten, das sie über sich selbst gebracht hatten. Spenders Tagebuch ist vermutlich darin wörtlich zu nehmen, dass seine Gesprächspartner die Deutschen und nicht wir Deutschen gesagt haben. Aber davon abgesehen, begreift man die Reichweite dieser Aussage besser, wenn man den Bericht Stephen Hoods aus demselben Zeitraum heranzieht. Dieser Besucher ist verwundert angesichts der »political honesty« Jüngers, der umstandslos zugibt, dass er in den zwanziger Jahren Hoffnungen in den Nationalsozialismus gesetzt, sich danach aber distanziert habe. Wie alle Besatzungsoffiziere war Hood bisher vor allem Deutschen begegnet, die dem Nationalsozialismus ferngestanden hatten und kein Parteimitglied gewesen waren. Arthur Geoffrey Dickens hat in seinem *Lübeck Diary* unter dem 3. Juni 1945 festgehalten, was er von Kindern hörte, die im Garten unter seinem Fenster spielten: »›Hitler and Goering were wicked men, weren't they?‹ ›They certainly were.‹ ›My father and mother never belonged to the Party, did yours?‹ ›No, never.‹«

Der Kreis in Kirchhorst diskutiert nun die Frage aller Fragen, die Schuldfrage. Wenn er sagt, die Deutschen müssten sich zu ihrer eigenen Schuld bekennen, dann meint Spender nicht, »dass man das deutsche Volk als Ganzes schuldig sprechen dürfe auf Grund der Annahme, jeder sei für alle Verbrechen gleichermaßen schuldig. Das Problem der Schuld solle sich nicht als umfassende Anklage, sondern als umfassende Frage stellen; die Frage, wann und wo und wie und in welchem Maße einzelne Deutsche sich schuldig gemacht haben, und nicht, ob alle Deutschen unterschiedslos schuldig sind.«

Spender spricht hier nicht nur zu seinen deutschen Gesprächspartnern, sondern ganz entschieden auch zu seinen englischen Lesern im Jahr 1945. Spätestens seit 1939 hatte sich in England eine Haltung etabliert, die unter dem Stichwort Vansittartismus firmierte, benannt nach dem Außenpolitiker Robert Lord Vansittart, der als Spitzenpolitiker und vor allem als Publizist die harte Linie gegenüber dem Reich vertrat und den Deutschen eine gleichsam genetische Grundverderbtheit bescheinigte.

Der Liberale und Deutschlandkenner Spender will die Kollektivschuld-These nicht unterschreiben. In seiner Darstellung gehen die Deutschen auf sein Konzept der Einzelfallprüfung bereitwillig ein – kein Wunder. Der Besucher mit Namen Weimann sagt: »›Wir sollten nicht so viel reden von den Deutschen, den Engländern, den Franzosen und so weiter. Vielmehr sollte jeder Deutsche sein eigenes Gewissen erforschen, ob er nicht für einige der Naziverbrechen verantwortlich ist, auch wenn er nie etwas von Belsen oder Buchenwald gehört hat.‹ Nach kurzem Schweigen fuhr er fort: ›Als Engländer, der jetzt Deutschland bereist, haben sie vielleicht den Eindruck, die Deutschen wollten gegenüber den Engländern nicht das Schuldbekenntnis ablegen, das die Engländer für alle diese Massengräber fordern, die Sie entdecken. Während der Luftangriffe auf Berlin habe ich oft in öffentlichen Schutzräumen geschlafen und war erstaunt, wie ganz normale Berliner, die in ihren Bunkern die Bomben fallen hörten, immer wieder sagten: ›Wir haben es so gewollt. So haben wir gegen die Juden gehandelt, und das kommt jetzt als Strafe über uns.‹« Jünger sagt zu Spenders Vorstellungen erst einmal Ja und fährt dann mit einem Aber fort: »Ja, aber es hängt auch von Ihren

Erwartungen an die Form ab, in der wir unsere Schuld zugeben sollen, und davon, was Sie unternehmen werden, wenn wir sie zugeben. Wir können sie nicht zugeben, wenn Sie sie auf die Formel bringen ›Du bist schuldig und deshalb bin ich berechtigt, dir deine Brieftasche fortzunehmen.‹«

Jünger spricht hier unter dem Eindruck fortgesetzter Plünderungen und Zerstörungen in seiner unmittelbaren Umgebung und vor allem der Vertreibungen aus dem Osten. »Einäugige Humanität ist widriger als Barbarei«, lautet die für seine Denkweise typisch extreme Maxime. Jünger verweist seine englischen Besucher auf einen Bauernhof, in dem noch eine Bande von Plünderern hauste, die den Besitzer des Anwesens »auf schauerliche Weise abgeschlachtet« hatten. Die Gäste zeigen sich nicht angemessen betroffen: »Ich notiere das ohne spezielle Kritik, als menschlichen Zug. Der Mensch wird immer nur das Unglück sehen, das seine Vorstellung erfüllt. Es fällt ihm nichts schwerer, als einen Unglücklichen überhaupt wahrzunehmen, der einfach leidet [...].« Damit ist zweifellos Richtiges getroffen und zugleich die Apperzeptionsverweigerung konstatiert, welche die Deutschen angesichts der Konzentrationslager vor und nach 1945 an den Tag legten.

Neusachlicher Blick auf das zerstörte Deutschland

Aber Jünger fährt nicht nur die Retourkutsche, zumindest tut er das im Tagebuch nicht. Seine Einstellung zur Schuldfrage ist merkwürdig zwiegespalten. Einerseits folgt er dem klassischen Ursache-Wirkungsmodell: »Was kommen musste, ließ sich erraten, als er [der Deutsche] in Russland die Kirchen, in Deutschland die Synagogen in Brand steckte und als er seinesgleichen ohne Recht und Urteil in den Zwangslagern verkommen ließ. Die Dinge erreichten den Punkt, an dem sie zum Himmel schreien.« Andererseits schreibt er aber auch angesichts des zerstörten Hannover, seiner Heimatstadt: »Die Katastrophe musste kommen; sie wählte sich den Krieg als ihren besten Förderer. Doch hätte auch ohne ihn der Bürgerkrieg das Werk vollbracht, wie es in Spanien geschah, oder ganz einfach ein Komet, ein Feuer vom Himmel, eine Erderschütterung. Die Städte waren reif geworden und mürbe wie Zunder [...].« Wieder heißt es »musste«, aber warum waren die Städte für die Katastrophe »reif« geworden? Hier kündet sich Jüngers tiefste Überzeugung an, die man auf die Formel von der »grenzüberschreitenden Schuld« (Thomas Koebner) bringen kann. Es herrscht eine große Übereinstimmung zwischen Benn, Jünger, Schmitt und Heidegger, dass an allen Übeln und Verbrechen nicht die Deutschen oder der Nationalsozialismus schuld waren, sondern das höhere Verhängnis der technischen Rationalität und Vermassung.»Viele deutsche Intellektuelle und Politiker lokalisierten die Ursachen für den Nationalsozialismus in den allgemeinen Entwicklungstendenzen der Geschichte des Westens – inklusive Nihilismus, Säkularisation und ›Vermassung‹. Dementsprechend wiesen sie die Auflagen der Re-education und den Vorwurf der ›Kollektivschuld‹ als Versuch zurück, Deutschland als Sündenbock für die pathologischen Entwicklungen in Anspruch zu nehmen, die den Westen als Ganzen betrafen. Wie wir sehen werden, bezeichneten sie ein solches Denken (ohne Anflug von Ironie!) als ›pharisäisch‹ und spielten damit auf die jüdische Sekte an, die nach christlicher Auffassung aus Heuchlern besteht.« »Völker der Erde, Ihr haltet Euer Gericht«, dichtete Werner Bergengruen im selben September 1945, »der Ruf des Gerichts gilt uns allen.«

Die Runde von Kirchhorst konnte der Stunde Null aber auch positive Seiten abgewinnen. »›Auf gewisse Weise‹, sagte Herr Weimann, ›hat es Vorteile, wenn man in Ruinen lebt. Es ist sicher schön, Besitztümer zu haben, aber man ist freier ohne sie. Nun da wir frei sind, haben wir die Möglichkeit zu einer großen geistigen Erneuerung [...].« Alfred Andersch hat es bekanntlich etwas später ganz ähnlich gesehen und ausgedrückt: »Deutschland besitzt aus der unglaublichen Gunst der Niederlage heraus die Kraft zur totalen Wandlung.« Der Hausherr jedoch, wie immer mit seiner Witterung voraus, hatte schon unter dem 19. Mai 1944 in Paris dem Tagebuch anvertraut: »Das Eigentum wird auch den Eigentümern von innen heraus zweifelhaft, ja lästig und langweilig.« Es fehle der Epoche an »besitzender Kraft«. »Dazu kommt die Anschauung, die Nähe der

Vernichtungswelt. Wer einmal eine Großstadt wie von einem Meteor getroffen aufflammen sah, der wird sein Haus und seine Schränke mit neuen Augen anblicken. Vielleicht erleben wir noch Zeiten, in denen man das Eigentum zum Geschenk ausbietet.« Und unter dem Eindruck fortgesetzter Plünderungen der unmittelbaren Nachkriegszeit geht er noch ein Stück weiter: »Wir sind in Zeiten eingetreten, in denen das Eigentum nicht mehr als Diebstahl, sondern als Selbstmord bezeichnet werden sollte; zahllose ließen ihr Leben dafür, weil sie es nicht rechtzeitig aufgaben.« Aber ganz so weit ist man in Kirchhorst noch nicht. Die große Attraktion des englischen Gastes besteht nicht zuletzt darin, dass er demnächst wieder in Paris sein wird. Jünger bittet ihn, dort einige Gänge für ihn zu erledigen. Er habe in Paris eine Kiste Champagner zurückgelassen, Florence Gould könne ihm bei deren Wiedergewinnung vielleicht helfen.

Gespräch über den Teufel

Spender bringt offenbar die Rede auf seine Lektüre von *Feuer und Blut* nicht beim Kaffee, aber dann beim Hinausgehen will er doch von seinem Gastgeber wissen, ob dieser seitdem seinen Standpunkt geändert habe. Jünger bejaht und verweist seinen Besucher auf die Tatsache, dass er 20 Jahre alt gewesen sei, als er das Buch verfasst habe: »At 20 a man is a warrior«, daran ist sicher etwas dran, nur war Jünger 30, als *Feuer und Blut* herauskam, und er sagt auch nicht, worin er sich geändert habe. Spender seinerseits unterlässt es, das Heldenideal seiner Generation und Gruppe, die Lehre vom Truly Strong Man, vorzutragen.

Jünger war mit der Darstellung nicht zufrieden, die Spender von dem Besuch in Kirchhorst gab, da ging es ihm nicht anders als Curtius, der höchst entsetzt über den Report war, den Spender über ihn und ihre Gespräche im *Horizon* veröffentlichte. Er beschwerte sich bei Eliot und dem Erzbischof von Canterbury. Jünger: »Ein Besuch von 20 Minuten gab Mr Spender genug Material nicht nur für sein Buch *European Witness*, sondern auch für Zeitungsartikel. Ich schreibe diese merkwürdige Optik der besonderen Perspektive der Sieger zu, welche diese offenbar nicht vermeiden können.« Wir bezweifeln, dass Spenders Besuch nur 20 Minuten gedauert hat – solche Kürze war nicht seine Art.

Das eigentliche Gespräch über Jünger kommt dann mit einem Jünger Jüngers zustande, den Spender in Bonn trifft. Dieser, ein Student, stimmt Spenders Charakterisierung von *Feuer und Blut* als »a masterpiece from hell« zu: »›Ich kann dem nicht widersprechen. Jünger ist ein Teufel, und ich verstehe soviel von Teufeln, dass ich diabolische Bücher nicht im Geringsten verdammen kann.‹ Als er dies sagte, empfand ich eine seltsame, erregende Sympathie für ihn. ›Was meinen Sie mit Teufel?‹, wollte ich wissen. ›Ein Teufel‹, entgegnete er, ›ist eine Person, die sich ihrer selbst als eines einzigartigen Bestandteils der Existenz bewusst ist. Zu existieren und Teil der menschlichen Existenz zu sein, ist wichtiger für ihn als die Gesellschaft und wichtiger als die ganze Welt. Die meisten Menschen sehen sich ja als Teil ihrer gesellschaftlichen Umwelt, ihres Berufs, ihrer Klasse und so weiter. Sie denken nicht viel darüber nach, dass sie existieren. Ein Teufel steht deswegen weitgehend außerhalb seiner Umwelt.‹« Die Nazis, so der Student, den Spender mal Auerbach, mal Aulach nennt, hätten sozusagen den Teufelstest nicht bestanden, weil sie die wahren Teufel in ihren Reihen, Röhm und seine Sturmtruppen verraten hätten. Teufel dürften, ja müssten alle »festen Formen von Institutionalisierung« zerstören, aber dabei sich selbst und einander treu bleiben und zusammenhalten. Spender wendet dagegen ein, dass auch die Menschen, welche erkannt hatten, dass soziale Formen und Institutionen wenig Beziehung zur Wahrheit hätten, zugeben müssten, dass diese gleichwohl zur Linderung menschlicher Leiden beitrügen. Auerbach/Aulach kann damit nichts anfangen: »Alle Institutionen und alle politischen Programme begründen eine Art von Routine [...], die das Leben der Menschen absorbiert und bewirkt, dass sie sich als Teil einer Struktur empfinden. All das hat nichts mit der Wahrheit zu tun, die schlicht und einfach darin besteht, dass man lebt und sterben wird. Alles Gerede von Wahr und Falsch ist nur der Versuch, das Individuum für etwas, das außerhalb seiner eigenen Existenz liegt, zu verpflichten. Deswegen ist er unauf-

richtig.« Von daher verwundert es nicht, dass für Spenders Gegenüber »Demokratie genauso schlecht ist wie der Faschismus« und dass er »Fortschritt, Wiederaufbau und Umerziehung« ablehnt. »Das sogenannte Gute ist nur eine Fassade aus Unwahrheiten. Gesellschaftliche Ziele wie Demokratie, Fortschritt, Wiederaufbau und Umerziehung, von denen Sie reden, wollen doch nur Routine erzeugen, und zwar in der irrigen Annahme, es läge etwas Konkretes und Dauerhaftes in Nationen, Parteien, Unternehmen und Maschinerien [...].«
Dieser Jünger Jüngers und Enkelschüler Nietzsches ist gerne totalitärer als der Totalitarismus. Hier spricht einer, der immer noch (oder wieder?) bereit ist, für die Barbarei zu optieren und die Entscheidung für das Böse im Sinne eines Privatfaschismus zu rechtfertigen, als ein letzter, nach innen gewendeter Heroismus, der ganz der Steigerung des Selbstgefühls gilt – Jünger hätte hier die Korrektur angebracht, dass dieses Selbstgefühl auch und gerade durch die epochale Situation, am besten durch die von anderen angerichtete Katastrophe, sich induzieren lässt. Die Teufel, sagt der junge Deutsche, der sich ihnen als weltanschaulicher Werwolf gerne anschließen würde, »sind bereit, alle äußerlichen politischen Strukturen zu zerstören, um die Wahrnehmung ihres eigenen Seinszustands zu intensivieren«.

Von allen Gesprächsprotokollen unserer Deutschlandreisenden ist dieses das Einzige, in dem ein echter Widerstand, eine Resistance des Geistigen spürbar wird. Der Student erwartet nichts von Spenders Engagement für eine Nachkriegsfriedensordnung und gezielte Erziehungsmaßnahmen: »Sie sind also nach Deutschland gekommen, weil Sie glauben, Kriege könnten verhindert werden, indem man etwas gegen sie unternimmt, Lebensbedingungen verbessert, Kriegsgrunde beseitigt, eine neue Welt plant, Vereinte Nationen gründet. Sie liegen völlig falsch damit und werden keinen Erfolg haben.« Er vertritt mit dem Jünger von *Feuer und Blut* das Konzept einer blinden, »willensunabhängigen Geschichte«. Dieser junge Mephistopheles weiß aber auch, dass trotz des Scheiterns der echten und der unechten Barbaren die Weltgeschichte dem großen Klassenziel Untergang zustreben wird:

»›Ich habe kürzlich einen Essay über die Bedeutung der Atombombe geschrieben.‹ ›Und worin liegt ihre Bedeutung?‹, fragte ich. ›Es ist sehr bezeichnend‹, antwortete er, ›dass neunzig Prozent ihrer Erfinder Juden waren. Wir sind den Juden gar nicht dankbar genug dafür. Die Atombombe ist die letzte Kulmination des jüdisch analytisch-destruktiven Genies, das nicht erschaffen, sondern nur zerstören kann. Sie wird zum Dritten Weltkrieg führen, der die unerledigte Aufgabe dieses Krieges vollenden wird.‹ – ›Und worin besteht diese?‹ – ›Die ganze unnatürliche, dekadente Zivilisation der Großstädte zu vernichten. Aus den Ruinen unserer Zivilisation werden Menschen hervorgehen, die unserem Materialismus für immer entsagt haben.‹«

Das Spaltprodukt, das der zersetzende jüdische Geist hervorbringt, wäre also ein neues Naturreich – immerhin noch von Menschen belebt. Der Student ist hier ganz nahe an Jünger und seinen Betrachtungen zu Hannover dran, ohne sie kennen zu können: die moderne Stadt, aufgerichtet und zerstört von derselben Zivilisation, reif für den Untergang. Wissen die beiden, dass in den USA ein hochrangiger jüdischer Politiker namens Morgenthau ihnen genau diese Zukunft vorbestimmt hat, ganz ohne Zersetzung und Atombombe – Deutschland, eine Pastorale?

Dieses Gespräch über den Teufel und die Welt findet bemerkenswerterweise während eines Ausflugs statt, den Spender und der Student an den Rhein machen. Der Rhein ist jetzt ein gutes Stück englisch geworden, von Godesberg an. Darauf war in der deutschen Geschichte niemand vorbereitet gewesen, immer hatte man ihn gegen Frankreich beansprucht und verteidigt. Aber es gab Vorzeichen und Warnungen: Erst kamen die Kickleburies, die englischen Rheinreisenden des 19. Jahrhunderts, die zu Zehntausenden den Strom hinauf- und hinabfuhren. Und dann kamen englische Soldaten, welche eine Besatzung in Köln und Umgebung von 1918 bis 1926 hielten. Und jetzt gilt mit den Worten von Curtius: »Die aktuelle Situation ist die, dass Englands Grenzen heute am Rhein sind [...].« Auch für Spender war der Strom eine Art Schicksalsfluss. Er erlebte dort im Herbst 1929 seinen »summer of love«, als er mit Herbert List eine immer noch romantisch gestimmte Rheinreise zu Fuß antrat. »Die Burschen in Lederhosen, die Mädchen in weiten Röcken standen abends am Ufer und blickten auf den Fluss, während ein schwerer Duft sich ins Dunkel mischte und die drachenhafte Sinnenfreude der Landschaft alles zu verschlingen schien.« Das hätte dem Tenor nach auch Violet Hunt 1913 schreiben können – wir vermerken aber das ominöse Wort Drachen, das gleich noch in einer anderen Zusammensetzung auftauchen wird. Auf der Wanderung den Rhein hinauf und bezeichnenderweise im Schwimmbad und beim Sonnenbaden fangen List und Spender sich einen jungen Burschen ein, einen Arbeitslosen, der zwar nicht derselben Bildungsschicht und Generation angehört wie der Student Aulach oder Auerbach, aber wie dieser von Spender als phänotypischer Vertreter seiner Epoche beschrieben wird: »ein Bruchstück aus der Geschichte der Generation, die im Krieg geboren war, nach dem Krieg Hunger gelitten und in der Inflation alles verloren hatte und die jetzt, ohne Geld und ohne Glauben, ausnehmend schmuck auf ihre unpersönliche Art, mitten im Herzen Europas aufschoss wie Drachensaat und auf einen wartete, der sie führte.« Diese Sätze hat Spender nach dem Krieg geschrieben; 1929, als er die Rheinwanderung zum Herzstück des Romanfragments *The Temple* machte, ist der junge Mitwanderer und Geliebte Lists, der hier Heinrich heißt, »ein schlauer, durch und durch normaler Bauer und Dörfler«, ein Naturbursche mit einer bisweilen wilden Unterströmung und damit ein perfektes Gegenbild zu dem anderen jungen Deutschen, den List/Joachim verkörpert: den raffinierten Großstadt-Dandy. Heinrich, der »traditionelle Barbar« aus der Vorratskiste der nationalen Stereotypik, ist vor allem körperlich präsent.

Eine ganz andere Begegnung hatte Victor Gollancz mit einem Studenten, der ihm aus tiefster Not zurief: »For God's sake don't make us Nazis«, eine Äußerung, sagt Gollancz, die ihn stärker getroffen habe »als die halbverhungerten Menschen, die fehlenden Schuhe der Schulkinder und die Kellerwohnungen mit ihren vier, fünf, neun Bewohnern«. Er habe diesen hochintelligenten Menschen zuerst 1945 kennengelernt und in ihm einen Deutschen gefunden, der bereit gewesen sei, die Schmach seines Volkes anzunehmen und zu tilgen zu versuchen und die »Wandlung«, ein Zauberwort der unmittelbaren Nachkriegszeit, einzuleiten. Mit anderen Worten ein Antipode von Spenders Student und dessen gepflegtem Nihilismus. Ein Briefwechsel, eine Einladung des jungen Mannes nach England folgten. 1947 traf Gollancz seinen jungen Freund wieder und stand einem veränderten Menschen gegenüber: ungepflegt, kränklich wirkend das Äußere, im Inneren mürbe und verzweifelt. »Er sprach von der schrecklichen Korruption, die alles und alle erfasst habe, er sagte, dass Anstand, Menschlichkeit, Ehrlichkeit, Ehre verloren gingen; er sprach über den Schwarzen Markt, den Grauen Markt, die Tauschwirtschaft, die Kompensationsgeschäfte, die Prostitution für den Preis von Zigaretten, den letzten kalten Winter, den grässlichen Hunger in diesem Frühling. Doch immer wieder kam er auf das rapide Verschwinden der christlichen Moral zurück. Und dann sagte er, nicht trotzig und erst recht nicht mich als Mitglied der Besatzungsmacht angreifend, sondern im Tenor einer aussichtslosen Misere und Verzweiflung: ›Mit mir ist nichts mehr los. Ich habe die Kraft verloren, so zu fühlen, wie ich fühlte, als ich Ihnen schrieb und mit Ihnen redete: Die schiere Möglichkeit, aus Deutschland, aus dem Deutschland im jetzigen Zustand, etwas Anständiges zu machen, ist nicht mehr gegeben.‹«

The Waste Land 2

Die Einheit der europäischen Kultur lautete das Thema einer Folge von drei Radiovorträgen, die T. S. Eliot 1946 über die BBC an die Deutschen richtete. In ihnen spricht der Dichter nicht zum real-existierenden Deutschland der Jahre ab 1945, er sagt nichts zu den deutsch-englischen Kulturbeziehungen und sei es nur zu denen, die er selbst erlebt und mitgestaltet hat. Er spricht auch nicht als Sieger und im Namen von Reeducation. Er nimmt auch nicht zum Thema aller Themen, zur Schuldfrage Stellung, obwohl er als Christ dazu eigentlich befähigt, ja herausgefordert wäre. Merkwürdig stoisch kommentiert er auch die Bedingungen, unter denen europäische

Kommunikation stattfindet: »Wir können zur Zeit nicht viel Verkehr miteinander pflegen. Wir können einander nicht als Privatpersonen besuchen; wenn wir überhaupt reisen, können wir es nur über Regierungsstellen und mit offiziellen Aufträgen.« »Aber«, fährt Eliot dann fort, und selten sind ein Aber und ein darauffolgendes Wenigstens schwerer belastet worden, »aber wir können wenigstens versuchen, die Güter zu retten, deren Treuhänder wir alle sind: das Erbe Griechenlands, Roms und Israels und das Erbe Europas aus den letzten zweitausend Jahren. Wer so viel Verwüstung in der sichtbaren Welt erlebt hat wie wir, der sieht auch die geistigen Güter unmittelbar bedroht.«

Ein zweites Mal ist Eliot mit einem Wüsten Land namens Europa konfrontiert, aber diesesmal gibt er sich mit der Beschreibung der Verwüstungen und der Reflexion ihrer Ursachen nicht ab. Dafür sagt er viel genauer, mit welchen Bruchstücken er die Ruinen stützen will, um es mit *The Waste Land* 1 zu sagen.

Eliot ist 58 Jahre alt – auch jüngere Zeitgenossen haben in dieser Situation nicht viel anderes anzubieten als ihre Überzeugungen von vor 1939. 1939 stellte *The Criterion* das Erscheinen ein, 1946, in Eliots Rundfunksprachen, lebt das Programm der Zeitschrift in der Gestalt wieder auf, die sich in den dreißiger Jahren konsolidiert hatte. Man hat von einem christlichen Klassizismus gesprochen, der auf den Säulen Griechenland, Rom und Christentum aufruhe.

Im zweiten Vortrag spricht Eliot ganz anschaulich von dieser seiner Zeitschrift *The Criterion* und wie er als Herausgeber versucht habe, das Beste aus allen europäischen Ländern zusammenzutragen, bis in den dreißiger Jahren an vielen Orten eine »Kulturautarkie« eingesetzt habe, die es immer schwieriger gemacht habe, Beiträge zu finden, welche international rezipierbar gewesen seien. Diese Rückentwicklung vom Kulturkontinent zur Kulturnation sei eine Folge der zunehmenden Politisierung gewesen: »Wenn sich alles überall auf Politik einstellt, so wirkt das nicht einigend, sondern trennend.« Von daher bezeichnet es Eliot als »unsere gemeinsame Verantwortung [...], unsere gemeinsame Kultur von politischen Einflüssen rein zu halten«. Dieser Appell gehört zu den Standardmotiven der intellektuellen Auseinandersetzungen nach 1945, und er war als Argu-

ment schon in der englischen Abwehr des Nationalsozialismus vorbereitet. In seinen »Three Anti-Nazi Broadcasts« hatte E. M. Forster bereits 1940 gesagt: »Deutschland ist nicht gegen Kultur eingestellt. Es glaubt an Literatur und Kunst. Aber es hat einen desaströsen Fehler begangen: Es hat zugelassen, dass seine Kultur Regierungskultur geworden ist, und aus diesem Fehler resultieren alle anderen Übel.«
Gottfried Benn schreibt im Juli 1948 an Hans Paeschke, der mit seiner Zeitschrift *Der Merkur* an die Tradition von *The Criterion* anschließen will: »Das Abendland geht nämlich meiner Meinung nach gar nicht zugrunde an den totalitären Systemen oder den SS-Verbrechen, auch nicht an seiner materiellen Verarmung oder an den Gottwalds oder Molotows, sondern an dem hündischen Kriechen seiner Intelligenz vor den politischen Begriffen. Das Zoon politikon, dieser griechische Missgriff, diese Balkanidee – das ist der Keim des Untergangs, der sich jetzt vollzieht.« Hier spricht der Intellektuelle, der die Besetzung seiner Sphäre für gravierender ansieht als die Unterwerfung ganzer Nationen und Systeme unter politische Begriffe – andere würden an dieser Stelle sagen: unter Ideologien. Benns Ressentiment nährt sich weiterhin aus seiner Abneigung gegen die »Clubdebatteure, Round-table-Vor- und Beisitzer, Versammlungsmatadore«, welche die offizielle, von den Alliierten unterstützte Debattenkultur prägen – und zu deren Kreisen er nicht zugelassen ist. Noch hat er Publikationsverbot; er glaubt es zumindest – ganz sicher ist das nicht. Aber auch ohne diese äußere Behinderung ist Benn nicht für diese Art von Öffentlichkeit geschaffen. Er war es vermutlich nie, aber nach 15 Jahren einer zurückgezogenen Existenz kann nicht jeder aus dem Stand heraus die Rolle des öffentlichen Intellektuellen ergreifen, selbst wenn er es wollte. »Dass diese politischen Begriffe die primären seien, wird von dieser Art Intelligenz der Clubs und Tagungen schon lange nicht mehr bezweifelt, sie bemüht sich vielmehr nur noch, um sie herumzuwedeln und sich von ihnen als tragbar empfinden zu lassen. Dies gilt nicht nur für Deutschland, das sogar in dieser Hinsicht in einer besonders schwierigen, fast entschuldbaren Lage ist, sondern ebenso für alle anderen europäischen Intelligenzen, allein aus England hört man gelegentlich eine andere Apostrophierung.«

»Der große Kritiker und gute Europäer«

Wollen wir die schwierige Übereinstimmung, in der sich Eliot und Benn zusammenfinden, resümieren, dann kann man vorläufig das Paradox wagen: Das Prinzip des Politischen hat ausgedient, weil Politisierung trennt, im großen Maßstab die Nationen, Klassen, Parteien, Blöcke, und im Kleinen die menschlichen Gemeinschaften. Politisierung führt aber auch zu einem »Kaninchengedränge« (Benn), sie schafft Kollektive und nimmt dem Einzelnen Atem und Überblick, wenn nicht das Leben. Leider gibt Eliot keine Beispiele, nennt keine Autoren und Texte, mit denen er seine Erfahrungen als Herausgeber und Kurator der europäischen Kultureinheit gemacht hatte; der einzige Deutsche, der in diesen Vorträgen für Deutsche namentlich vorkommt, ist Theodor Haecker (1879–1946), »der große Kritiker und gute Europäer«, dessen kürzlich erfolgten Tod (im April 1945) Eliot betrauert. Damit stellt er einen aktuelleren Bezug her, als es uns heute vielleicht erscheinen mag, denn Haecker gehörte zu den unbelasteten Deutschen; als einer der geistigen Väter der Weißen Rose wurde er selbst des Hochverrats angeklagt und entkam dieser und anderen Gefährdungen nur durch eine Serie von teils unglaublichen Glücksfällen. 1932 hatte der Katholik Haecker das andere Kreuz, das Hakenkreuz als »die letzte deutsche Schmach« bezeichnet. »Das Hakenkreuz ist das Symbol des Dreh«, schrieb er 1932 und ließ den Satz sperren, damit auch jeder aufmerksam würde. »Was ist der Dreh? Die Wirkung und Wechselwirkung subjektiven und objektiven Schwindels, die einander steigern – eben zum Dreh.« Damit nicht genug – im gleichen Jahr sagte er voraus: »Welche Provinzen wird dem Deutschen das Dritte Reich kosten und welches das Vierte und Fünfte? [...] Bleibt im deutschen Reiche die Hegemonie bei Preußen, so ist Ostpreußen mit Sicherheit verloren.«

Eliot hatte sich vor und während des Krieges mehrfach auf Haeckers Schriften *Christentum und Kultur* (1927) und *Vergil, Vater des Abendlandes* (1931, englisch 1934) bezogen, weil er in ihnen den Blueprint seines Kulturprogramms für Europa im Grunde fertig ausgearbeitet vorfand. Das gilt für das Konzeptionelle, nicht für die Art des Vortrags. Die Emphase und polemische Erhitzung, die Haecker auszeichnet, war Eliots Sache nicht. Vielleicht war dies auch der Grund, warum er nur einen einzigen Aufsatz Haeckers im *Criterion* abdruckte und als einflussreicher Mitarbeiter von Faber & Faber sich offenbar nicht für eine Aufnahme seiner Schriften im Verlagsprogramm eingesetzt hat. Andererseits ließ er Haecker durch einen Freund übermitteln, dass er der einzige deutsche Autor sei, den er verstünde.

Dem Vergil-Buch hat Haecker die Worte eines imaginären Dialogs über Europa vorangestellt: »In solcher Zeit, o meine Freunde, wollen wir beizeiten überlegen, was wir mitnehmen sollen aus den Gräueln der Verwüstung. Wohlan: Wie Äneas zuerst die Penaten, so wir zuerst das Kreuz, das wir immer noch schlagen können, ehe es uns erschlägt. Und dann, was einer am heißesten liebt. Wir aber wollen nicht vergessen unsern Vergil, der in eine Rocktasche geht.« Die Penaten, die Schutzgötter, die aus dem Waste Land in das neue Europa gerettet werden sollen, sind also das Kreuz und das Werk Vergils. Vergil, die anima naturaliter christiana, stiftet den Übergang vom Imperium Romanum über das Sacrum Imperium des Reiches bis hin zu den wie auch immer gearteten Reichen des Nachkriegseuropa. Um dieser Traditionslinie und diesem »Vater« zu entsprechen, mussten sich alle guten Länder gewaltsam relatinisieren lassen: »Wenn wir alles abzögen, was von Rom herkommt«, schreibt Eliot über die englische Kultur bereits 1923, »alles, was wir der Normannisch-Französischen Gesellschaft, der Kirche, dem Humanismus […] verdanken, was bliebe übrig? Einige wenige teutonische Wurzeln und leere Hülsen. England is a ›Latin‹ country.« Aber ebenso ist Rechristianisierung das Gebot der Stunde: »Die Kraft, die zwischen Völkern mit eigener Kultur eine Kulturgemeinschaft entstehen lässt, ist vor allem die Religion«, sagt Eliot 1946 über den Rundfunk. »Auf dem Boden des Christentums hat sich unsere Kultur entwickelt. Ohne das Christentum als Hintergrund hätte unser Geistesleben keinen Sinn.« Ohne diese Basis »würde Europa durch viele Jahrhunderte der Barbarei hindurchmüssen«. Wir wissen, dass Eliot in diesen Jahren unter einem großen Kruzifix schlief, das seine Freundin Mary Trevelyan bei Kriegsende aus deutschen Ruinen geborgen hatte.

Eliot stand der Begriff des Abendlandes nicht zur Verfügung. Oswald Spenglers Hauptwerk, das wohl mehr zur Verbreitung des Schlagwortes beigetragen hat als alle anderen Kulturgeschichten und -kritiken, hat im Englischen den matten Titel *The Decline of the West*. Gleiches gilt für Haecker: *Vergil, Father of the West*, so heißt die Übersetzung von 1934. Es ist interessant zu beobachten, wie deutsche Autoren, wenn sie selbst für ihre Übersetzungen verantwortlich waren, gerne die vermittelnde Formel »occidental West« einbrachten, sich aber damit nicht durchsetzen konnten. Die allgemeine Westorientierung bewirkte vielmehr, dass im Nachkriegseuropa diesseits des Eisernen Vorhangs die Berufung auf das Abendland zunehmend obsolet und durch den politisierten und globaleren Begriff des Westens ersetzt wurde.

Abendland, das war in Deutschland jedoch ein Hauptbegriff gewesen – in den zwanziger Jahren und dann noch einmal nach 1945. Jedesmal wurde er als kulturelle und politische Ordnungsvorstellung stark aufgeladen, beide Male unterstützt durch eine Zeitschrift gleichen Namens, die zuerst 1925 erschien und ab 1946 dann *Neues Abendland* hieß. Die »Abendländerei«, wie man nach 1945 bald im Spott sagte, war eine katholische und mehrheitlich süddeutsche und österreichische Angelegenheit. Als gegen Preußen und tendenziell auch gegen den Nationalsozialismus eingestellte Orientierung gehörte sie zu den unentbehrlichen Requisiten des geistigen Wiederaufbaus nach 1945, und wenn sie auch deutlich antidemokratische Züge hatte, so wurde sie doch von den Besatzungsmächten befürwortet oder toleriert, da der Antikommunismus der Abendland-Bewegung außer Frage stand.

Vergil, Dante, Eliot – und Curtius

So abgehoben Eliots Adresse an die Deutschen vielleicht auf uns Heutige wirken muss, er sprach eine genuin deutsche Idee an, die als kulturkonservative Alternative zum »Amerikanismus« und Kommunismus den westlichen Europäern geistige Aufrüstung versprach und den Deutschen half, Krieg und Faschismus wegzublenden. In der Kölner Erklärung vom Juni 1945 identifizierte die neugegründete CDU den Nationalsozialismus als einen »habgierigen Materialismus«, dem man mit »ehrlicher Besinnung auf die christlichen und abendländischen Lebenswerte« begegnen müsse. Das wissenschaftliche Buch zur Europa-Orientierung hatte aber Ernst Robert Curtius bereits in den Jahren des Nationalsozialismus verfasst. Es erschien 1948 unter dem Titel *Europäische Literatur und lateinisches Mittelalter* (in englischer Übersetzung 1953). Dieses wichtigste wissenschaftliche Werk zur Europa-Tradition aus dem Geiste der Latinität »war«, wie sein Autor erklärte, »nicht aus rein wissenschaftlichen Zwecken erwachsen, sondern aus Sorge für die Bewahrung der europäischen Kultur«. »Es macht den Versuch die Einheit dieser Tradition in Raum und Zeit mit neuen Methoden zu beleuchten. Im geistigen Chaos der Gegenwart ist es nötig, aber auch möglich geworden, diese Einheit zu demonstrieren. Das kann aber nur von einem universalen Standpunkt aus geschehen. Diesen gewährt die Latinität. Das Latein ist die Bildungssprache der dreizehn Jahrhunderte gewesen, die zwischen Vergil und Dante liegen.« »Diesen gewährt die Latinität«, das sagt Curtius gegen die politische Zwangsgermanisierung des Mittelalters, welche die nationalsozialistischen Wissenschaftler mit großem Einsatz betrieben hatten. Es hatte aber bereits in *Criterion*-Zeiten Zweifel daran gegeben, ob man Deutschland für das europäische Projekt gewinnen könne, ob sein Germanismus nicht eine grundsätzliche Unvereinbarkeit mit den anderen westlichen Nationen stifte. Max Rychner jedoch hatte im Jahrgang 1926 dagegen massiv Protest eingelegt: »Dann ist da ein geistiges Deutschland, welches davon überzeugt ist, dass es zum früheren Imperium Romanum gehört und dass seine Vorfahren innerhalb des Limes siedelten.«

Was Curtius zu Vergil schrieb, liegt ganz auf der Linie von Eliot und Haecker: »Er ist über die Jahrtausende hinweg der geistige Genius des Abendlandes.« Curtius hoffte aber auch, dass Vergil seine geistige Mission noch einmal erfüllen könne oder dass eine Figur von seiner Statur wiedererstehe: »Denn unsere Hoffnung wenigstens lässt sich nicht verbieten, aus der heutigen Not und Verwilderung unseres Erdteils nach einem künftigen musischen und religiösen Restaurator des Okzidents auszuschauen.« Vielleicht hatte man ihn 1945 ja aber bereits gefunden, den Präzeptor Europas, der diese beiden, im Zeichen der Moderne schwer zu vereinenden Qualifikationen aufzuweisen hatte: als Künstler und als Christ den Weg zu zeigen. War nicht der Nobelpreis von 1949 die endgültige Sanktionierung dieser Erwartungen gewesen? Hatte Curtius Eliot nicht schon 1929 als den »Führer conservativer Geistespolitik« ausgerufen? Und hatte er nicht selbst einmal geschrieben: »Ich studierte das Werk [The Waste Land], so wie ich Dante studierte.« Dante wäre in diesem Sinne die Potenzierung des europäischen Klassikers gewesen, da der Dichter der *Divina Comedia* sich ja der Führung Vergils anvertraut – bis die christlichen Gefilde beginnen. Nach dem Tod Paul Valérys und in Abwesenheit Thomas Manns hatte Eliot, der Europäer aus St. Louis, nolens volens oder aus echter Verantwortung heraus die Rolle des »homme superieur«, des Wegweisers und Weltgewissens angenommen. 1950 schrieb er: »Nobody thinks of me as a poet any more, but as a celebrity.«

Aber wenn es einen deutschen Statthalter dieser Funktionen gab, dann war es Ernst Robert Curtius, dessen paneuropäisches Engagement in der Zeit zwischen den Kriegen sich nun für ihn auszahlte, obwohl er in Nazi-Deutschland geblieben, nicht emigriert war. Man muss sich das vorstellen: Als Isaiah Berlin in einem langen Rückblick auf das Jahr 1949 für die *Encyclopedia Britannica* zu den Werken kam, welche die Wissenschaften in diesem Jahr entscheidend vorangebracht hatte, nannte er außer Gilbert Ryles *The Concept of Mind* als einziges anderes Buch das Werk eines Deutschen: *Europäische Literatur und lateinisches Mittelalter*, das genaugenommen schon ein Jahr früher herausgekommen war. Eliot seinerseits schickte Spender 1945 eine Ausgabe der *Four Quartets*, damit er sie Curtius überreiche. Laut Widmung handelte es sich um das einzige Exemplar der Erstausgabe, das Eliot geblieben war. Ohne Übertreibung kann man also sagen, dass von allen in Deutschland verbliebenen Intellektuellen Curtius der einzige und wichtigste Geisteswissenschaftler war.

Die Eliot-Mania grassierte in mehreren Ländern. Thomas Mann weiß aus amerikanischer Quelle von »tausend Büchern und Studien, die über Eliot geschrieben« und berichtet schon 1949 von dem bis heute anhaltenden Wettbewerb, möglichst jede Zeile als Zitat nachzuweisen, also Eliots Werk als »das Resumierende« der Weltliteratur aufzufassen. Es blieb aber den Deutschen vorbehalten, diese Mania mit deutschen Mitteln auf die Spitze zu treiben. Peter Suhrkamp, der sich die Rechte für das Werk Eliots gesichert hatte, wollte zu einem deutschen Eliot per Abstimmung gelangen. »Ich habe eine Reihe von jüngeren deutschen Dichtern aufgefordert, die dafür ein Organ haben könnten, sich an dem Werk zu beteiligen, und zwar in einer Art Wettbewerb. Die Ergebnisse sollen dann einem Kuratorium zur Entscheidung und Auswahl vorgelegt werden.« Hans-Erich Nossack, der so im April 1949 nebst einer Reihe anderer deutscher Dichter angeschrieben wurde, empfand »große Ehre und Verantwortung«. Man kann es sich schon vorstellen, was daraus wurde: Dieser »Wettbewerb« kam nicht zustande oder führte nicht zu brauchbaren Ergebnissen, und es passt sehr gut zum übertriebenen Charakter des Projekts, dass Eliot wenig Glück mit seinen deutschen Übersetzern hatte. Der übervorsichtige Suhrkamp streckte später die Waffen und brachte eine Parodie auf *The Waste Land* als vollgültige Übersetzung heraus. Nossack schrieb später in seinem Tagebuch: »Kürzlich bei einem Empfang machte sich Rehfisch, der aus Amerika hier ist, über den Kult lustig, der mit Eliot getrieben wurde. ›Gott. Dazu wie ein Heiliger‹, sagte er zu mir. Ganz gleich, wie ich darüber denke, aber man hätte sehen sollen, wie zwei literarische Gehirne minderen Formats, die daneben saßen, sich die Lippen leckten und geradezu auflebten, weil vor ihren Augen ein Größerer gestürzt wurde. ›Ja, nicht wahr‹, schrien sie mit einer Stimme.«

Ein Deutschlandbesuch und seine Herausforderungen

Als Eliot 1949 eine Reise nach Berlin und durch die britische Zone antrat, sprach er zu Themen wie »The Idea of a European Society« nicht nur vor überfüllten Häusern, sondern stürzte seine deutschen Kollegen auch in von ihm ungeahnte Konflikte und Nöte. Gottfried

Benn schreibt an F.W. Oelze am 26.10.1949: »Ich bin von englischer Seite angefragt worden, ob ich in ganz kleinem Kreis an einem Abend mit Eliot hier zusammen sein wolle. Ich habe abgelehnt, da ich diese herumreisenden Stars nicht zu amüsieren gedenke, sollen die Einlader sehen, wie sie ihm die Zeit vertreiben. Ich habe das natürlich nicht ausgesprochen. Aber ein wesentlicher Grund war auch, dass ich ja kein Englisch kann (...).« Frau Benn war allerdings unerschrocken den Einladungen zu den Abenden mit Eliot gefolgt – was sie zu berichten hatte und was Benn Oelze weitermeldete und was er außerdem via Radio von Eliot gehört hatte, weicht von Eliots standardisierter Botschaft nicht ab: »Eliot: meine Frau sehr beeindruckt von seinem Äußeren, sie sagt: alt, müde, gebeugt, völlig in sich gekehrt, abgezehrt und dabei elegant – und dann sagte sie ›demütig‹. Immer dies Wort, das ich neuerdings so oft höre und mit dem ich mich auch von Neuem auseinandersetzen muss. Ich hörte E.[liot] gestern im Radio, ein Interview, das mir gefiel, er sprach gut deutsch, er sagte: zurück zu den Klassikern, zurück zu den alten Mächten, zurück zum christlichen Abendland, aber er sagte auch, ein Volk, das keinen Dichter mehr hat, ist am Ende, schon tot und leer, und natürlich kann ein Dichter heute nicht mit der Sprache seines Vaters oder Großvaters reden, sondern eben neu, von heute.« Mit mehr Verwunderung nehmen wir dagegen eine Äußerung Eliots auf, die Ilse Benn von Rolf Italiaander hatte: »Eliot sei sehr pessimistisch in Bezug auf Europa und: ›wenn noch etwas kommt, kann es nur aus Deutschland kommen‹.« Vielleicht bezieht sich Eliots Erwartung ja auf eine erste Kenntnisnahme des Werkes von Benn. Der *Merkur*-Herausgeber Hans Paeschke teilte dem von ihm sehr umworbenen Autor mit, dass er Eliot nach dessen Göttinger Vorträgen ein Gedicht des ihm unbekannten Benn vorgetragen habe: »Es ist doch erschreckend, wie wenig Eliot um Deutschland weiß.« Das ist der alte Kehrreim, den wir schon im vorletzten Kapitel angestimmt hatten. 1936 hatte Hans Hennecke in der *Europäischen Revue* ausgerufen: »Kennte Eliot nur die deutsche Dichtung nicht so beklagenswert wenig!« Eliot hat sich dann in dem späten Essay »Three Voices of Poetry« auf Benn bezogen, damit war aber der Theoretiker der Lyrik, weniger der Lyriker und ganz bestimmt nicht der politische Benn gemeint. Benn war freilich für Eliots Kulturprogramm nicht zu haben, für keinen der Hauptpunkte auf Eliots Agenda. »Eine neue große Woge von Frömmigkeit geht über den Erdteil«, schrieb Benn 1950 und verbot sich selbst den Rückgriff, die »Rechristianisierung«.

Seine Begründung: »Gott ist ein schlechtes Stilprinzip« ist der typische Schmäh des weltanschaulichen Nihilisten und »Intellektualisten«, der einzig daran interessiert ist, seine Artistik aus dem allgemeinen Zusammenbruch zu retten. Auch auf die großen Idole des Säkularen möchte sich Benn nicht mehr einstellen müssen, ganz gleich ob sie Nation, Europa, Abendland, Humanismus heißen. Er will nicht mehr »an diesem Vaterland [...] mit einer Zeile mitwirken und prägen; auch nicht an dem von der Unesco zwangsverwalteten geistigen Europa, hinsichtlich dessen man nur hoffen kann, dass bald ein Kosackenhacken vorstößt und es rechts in den Atlantik und links ins Mittelmeer verfrachtet, – dann ist es gewesen und endlich ist Ruhe.« Das heißt, dass Benn für Eliots Traditionalismus nicht zu gewinnen ist: »Ich persönlich glaube nicht an Restauration.«

Das einfache Leben

Die Auden-Gang hatte den Krieg überlebt. Sehr gut überlebt sogar. Auden und Isherwood hatten sich 1939 in die USA abgesetzt. Spender war bei der Londoner Feuerwehr untergekommen. Auden ließ sich im Frühjahr 1945 in der Uniform eines Offiziers nach Deutschland schicken, um im Auftrag des US Strategic Bombing Survey die Bewohner der im Luftkrieg zerstörten Städte zu interviewen. Sein Freund James Stern (1904–1993) hatte ihn für diese Aufgabe gewonnen, beide wollten ihre Erfahrungen in einem Buch verarbeiten. Diesem Vorhaben blieb nur Stern treu, als er 1947 *The Hidden Damage* publizierte. Auden war von diesem Auftrag bald frustriert: »We got no answers which we didn't expect« – und von der Konfrontation mit dem zertrümmerten Deutschland erschüttert, er wusste aber auch, wie man sich mit diesen Bedingungen arrangiert. Er organisierte einen deutschen Fahrer und einen jungen blonden Koch namens Hans. Auden in einem Jeep, beladen mit Kochtöpfen, Matratze, Büchern, Lampe, Schallplattenspieler, Weinkiste und einem Relief mit Richard Wagner im Profil, durchquerte die amerikanische Zone wie auf einer Landpartie. Sein Freund Spender hatte sich seinen Auftrag geschickter zugeschnitten: Er fuhr im Auftrag der englischen Militärregierung durch die britische Zone, um die Einstellung deutscher Intellektueller und Professoren zu erkunden und sich ein Bild über die Situation der Bibliotheken zu verschaffen. »Eine Art geistiger Bestandsaufnahme inmitten unseres Trümmerfeldes« hatte Jünger im Mai 1945 den vergleichbaren Auftrag zweier amerikanischer Journalisten genannt, die ihn besuchten. Seinen Reisebericht publizierte Spender zuerst in Cyril Connollys Zeitschrift *Horizon* und dann in dem Buch *European Witness* (1946).

Einer der wichtigsten Gründe für Spenders Deutschlandmission war der Wunsch, den Kontakt mit Ernst Robert Curtius wiederaufzunehmen. Hatte Curtius Anfang der Dreißiger für den jungen Engländer eine wichtige Mentorenrolle innegehabt, die persönliche wie professionelle Belange gleichermaßen umfasste, so war jetzt das Verhältnis neu zu klären. Spender hatte Karriere gemacht. Als kontaktfreudiger und unerschrockener Mensch hatte er nach seiner Rückkehr aus Deutschland das literarische England erobert und war zu einem vielbeschäftigten Herausgeber, Lyriker, Kritiker und Essayist geworden. Es ist ein bisschen traurig, was Spender von seinen wiederholten Besuchen bei dem Bonner Gelehrten und seiner Frau Ilse berichten muss: »Mittagessen bestand aus gekochten Kartoffeln und gekochtem Kohl. Nichts sonst. Curtius sagte: ›Sie sehen, wir leben Diät à la Tolstoi. Immer haben wir mit Bewunderung vom einfachen Leben gesprochen. Jetzt haben wir es.‹« Curtius will den Gast benutzen, um seine Garderobe wiederzuerlangen, die ihm die Besatzer weggenommen hatten. Der zuständige Offizier verweist Spender auf größere Notlagen, auf weinende Frauen z. B., denen er das Haus wegrequirieren musste. Spender teilt diese Meinung und findet das Drängeln des großen Mannes eher peinlich, kann sich also offenbar in die typischen Empfindlichkeiten eines Mannes nicht hineinversetzen, der auf eine andere Behandlung Anspruch zu haben glaubt.

In seinem Hauptwerk hatte Curtius die Einheit Europas aus dem Lateinischen und aus der bleibenden Wirkmacht der antiken Kultur deduzieren wollen und hatte sich, anders als Eliot, nicht zum christlichen Erbe des Abendlandes geäußert. Spender gegenüber spricht sich Curtius auch über diese Frage aus: »Er sagte, dass die einzige Lösung für die Probleme Europas im Christentum läge. Ich sagte, dass ich es schwierig fände, das Christentum ohne Christen, christliche Denker, christliche Institutionen zu denken, und dass letztere mich meistenteils abschreckten. Sogar Eliot setze den Akzent seines Denkens auf die rigide und autoritäre Orthodoxie, auf die ritualistische und dogmatische Seite der Kirche, und obwohl ich Gründe dafür einsehen könnte, könnte ich sie für mich nicht akzeptieren. Curtius antwortete, dass Eliot ein Anglo-Katholik sei und das ergäbe für ihn nicht mehr Sinn als Eliots Erklärung, er sei Royalist.« Curtius bezieht sich hier auf Eliots Credo aus *The Sacred Wood*, dass er sich »in der Literatur zum Klassizismus, in der Politik zum Royalismus, in der Religion zum Anglo-Katholizismus« bekenne.

Die Produktion des Absurden

Der Zweite Weltkrieg war für die Engländer zu lang und zu erschöpfend gewesen, und als er endlich vorüber war, war er noch lange nicht zu Ende: Die Entdeckungen, die man in den Konzentrationslagern machte, ließen einen formellen Kriegsschluss inklusive Friedensvertrag einfach nicht zu, und der Nordwesten Deutschlands, den die Engländer für die nächsten Jahre regierten, war selbst bei 1000 Kalorien pro Kopf der Bevölkerung noch eine schwere Belastung. Hinzu kamen die Kosten der Besatzungstruppen und der Verwaltungskräfte. Es ist schwer, deren ständig wechselnde Kopfstärke zu fixieren, aber in Hamburg, der eigentlichen Hauptstadt (die offizielle war Bad Oeynhausen), betrug die Zahl der in der Verwaltung tätigen Engländer 20.000. Jenseits des Kanals waren es 1946 400.000 Deutsche und in der englischen Zone 1, 2 Millionen, die in britischer Kriegsgefangenschaft gehalten wurden. Niemals in der Geschichte zuvor hatten Engländer und Deutsche so viele und so intensive Kontakte. Aber man kann nicht behaupten, dass unter den gegebenen Bedindungen daraus sehr viel wurde. Kein Wunder, dass auf der Insel die Klagen über diese Fortsetzung der Kriegskosten rumorten und man von umgekehrten Reparationszahlungen sprach. In diesem Klima entstanden keine großen Bücher zum Thema Krieg und Nachkrieg – Bücher von der Qualität des vierteiligen Weltkrieg I -Romans von Ford Madox Ford, um einen Autor zu zitieren, der uns hier so lang beschäftigt hat. Er hatte übrigens untersagt, dass in Hitler-Deutschland seine Bücher erschienen.

Was bleibt, wenn eine gewissermaßen epische Kriegsprosa nicht möglich ist? Am überzeugendsten sind die Versuche, dem Leben in Krieg und Nachkrieg mit einer absurden Pointe zu begegnen, die Sorgen in ein emblematisches Kürzel einzustellen – siehe Ernst Jüngers Sorge um seine Champagner-Vorräte in Paris. Ein schönes Beispiel für diese Figur hat Rebecca West (1892–1985) geliefert. Die deutsche Ausgabe ihrer zuerst als Zeitungsartikel erschienenen Beiträge über den Nürnberger Prozess von 1945/46 ist unter dem Titel *Gewächshaus mit Alpenveilchen* erschienen, was eine mutige Hervorhebung des literarisch beseeltesten Kapitels darstellt – in einem Buch über den Nürnberger Prozess wohlgemerkt. Es ist hier einiges in Vorbereitung: Peter de Mendelssohn schreibt aus Nürnberg, der Prozess mute ihn merkwürdig verfehlt an, die Anklage richte ihre unvorstellbaren Vorwürfe an die Adresse »irgendwie unproportionierter« Typen, die auch als »Straßenbahnschaffner« oder »Platzanweiser im Kino« durchgehen würden – eine frühe Auseinandersetzung mit der Banalität des Bösen. De Mendelssohn bringt diesen Gedanken formal konservativ ein. West tut das, wie wir sehen werden, indem sie thematisch den Fokus verschiebt – vom Hohen Gericht zum Gewächshaus.

Der Haupttext hat anders als die vorausgehende Reportage über den Londoner Prozess gegen William Joyce, alias Lord Haw-Haw, seine Schwächen, die sicher aus der kurzen Teilnahme seiner Verfasserin an den abschließenden Sitzungen – auch diese nennt sie einen »Höhepunkt der Langeweile« – sowie aus der intensiven Liebesaffäre resultierte, die West mit einem der US-amerikanischen Ankläger hatte. Immerhin ist der Nürnberg-Bericht als Ganzer für Jahrzehnte das letzte Mal, dass eine bedeutende englische Autorin ein Geschehnis in Deutschland aussucht bzw. behandelt. Wir richten den Blick auf eine scheinbare Nebenpassage, die aber die Essayistin West auf der Höhe ihres Könnens zeigt. Es geht um die Unterkunft der ausländischen Berichterstatter, ein Schloss und seine besonders lehrreichen Annexe, die vor der Stadt in einem 50 Hektar großen Park lagen. Im Unterschied zu der gepflegten Wohnkultur der aus ihr vertriebenen Adelsfamilie nehmen die Räume jetzt bis zu acht Journalisten auf – wir denken an so berühmte Teilnehmer wie Hemingway und Steinbeck. Beim Hauptbau handelt es sich um das 1903 entstandene Schloss der Bleistiftfabrikanten Faber-Castell, die vor dem Krieg im Übrigen auch in London tätig waren. Für West ist der Familiensitz eine Exravaganza in historistischem Design, die Züge von mittelalterlicher Burg und Renaissance-Palast miteinander vereint, wohingegen das Innere wie eine Stilfibel Räume vom Mittelalter bis zum Jugendstil aufweist. Hier und in den Annexen erscheint die Dekoration nur in einem banalen Sinn als absurd, vergleicht man die gesteigerte Bedeutung des Begriffs in der Nachkriegsästhetik. Für West liegt die Kontinuität auf der Hand, die in diesen materiellen Zeugen von der wilhelminischen Großmannssucht bis zum »Dritten Reich« reicht. Zum »Geist des Schlosses« schreibt die Feministin: »Seine Hallen waren für Frauen entworfen worde, die in ihren Korsagen wie in Gefängnistürmen lebten, deren Haar zu einem festen und komplizierten Kunstwerk frisiert worden waren, bis es zur Hälfte einem Hut glich, deren Füße in Schuhen eingesperrt waren, die sie vom schnellen Gang abhielten und verkündeten, dass ihre Trägerinnen sich im Genuss ewiger Muße befanden.« Die modisch eher fortgeschrittene und zeitgenössische Frau, die einer der Berichterstatter im Schloss der Faber-Castells vor dem Krieg getroffen hatte, soll eine Geliebte von Göring gewesen sein – also auch negativ konnotiert.

Der Wechsel zum Glashaus reiht das Anwesen ein in einen Zusammenhang englischer Assoziationen, welche die Autorin bereitwillig zugibt: die Lage auf dem Lande, der im englischen Stil angelegte Garten, das Gartenhaus und das Glashaus – Letzteres »hätte vor 1939 in einem der großen englischen oder schottischen Garten stehen können«. West konzentriert sich auf das Glashaus, das »weit entfernt von Zeit und Raum« existiert und so zur gut lesbaren Allegorie des Haupthauses jene Distanz und jenen Widerstand bildet, welche das »Echt-Absurde« braucht, also das Absurde, das z. B. nicht auf übertriebener Zurschaustellung von Reichtum basiert. Das Gewächshaus ist eine gesellschaftliche Anomalie. Vor 1945 hätte Hitler-Deutschland, nach 1945 die Besatzungsmacht eine solche Verschwendung von Energie und Arbeitskraft nicht geduldet. »Man konnte meinen, es sei unter keinen Umständen von großem Interesse, dass jemand ein florierendes Geschäft mit Topfblumen begonnen hatte. Doch das hier war Deutschland, das war 1946, und es war, als säße man in einer Schleuse und sähe ein kleines Wasserrinnsal zwischen den Toren, was bedeutet, dass die Schleuse im Begriff war, sich zu öffnen.« Aber es war außer einem minderjährigen Mädchen nur ein Mann, ein Kriegsversehrter mit nur einem Bein, der aus eigener Idee und in eigenem Auftrag den aufwendigen Betrieb eines Gewächshauses für empfindliche Topfblumen unterhielt, »ein versessener Gärtner«, wie es in Audens »Ode« heißt.

Erst setzt die Autorin also die Allegorie des deutschen Schicksals fort. Das Gehumpel des Gärtners will West als einen »weiteren Unterschied zwischen dem britischen und dem deutschen Schicksal ins Gedächtnis« rufen. Aber dann markiert sie immer stärker die Differenz des Nicht-Typischen. In der gerade zitierten längeren Passage kommen zweimal die Bilder von Fluss und Schiff vor; es sieht so aus, als würde West das Symbol suchen, um das Fließende der deutschen Verhältnisse zu fassen. Ihre Erzählung enthält aber andere Hinweise ohne die effektive Geschäftsgrundlage des Symbolismus: z. B. die Darstellung einer Art von selbstgewählter Aufgabe und langfristiger Planung in kurzfristiger Zeit, denn der Gärtner erzeugt das ganze Jahr über nur Topfblumen. Woraus die rührende Enttäuschung des Mannes resultiert, der das zügige Ende des Prozesses am 1. Oktober 1946 beklagen muss, wo er sich doch für den Winter ein gutes Geschäft erhofft hatte.

Der Reiz, den einbeinigen Gärtner und sein Gewächshaus gegen die Nazi-Größen und ihr Tribunal aufzubauen, hat sehr viel mit der Umstellung der Lesart, mit der Andacht für das Unerklärliche zu

361

tun. Diese Umstellung ist aber nicht gleichzusetzen mit Entpolitisierung, sie versucht nur mit Mitteln der Kunst das Unlösbare darzustellen. Das Getriebensein eines Einbeinigen – man denke nur an die Beschaffung des nötigen Heizmaterials – ist West Anlass genug, um ihm die praktische und sinnbildliche Nutzbarkeit zu entziehen. »Doch er war in eine andere Dimension geflohen, in der die Schmerzen keine Macht über ihn besaßen. Er war in seine Arbeit geflohen.« Das zugegebenermaßen taugt dann doch als Vorlage einer allegorischen Lesart des kriegversehrten Sisyphus als Deutschem.

Buckingham Palace – Schloss Kronberg – Kreml

Die moderne Ausgabe des Grotesken, nämlich das Absurde, muss man nicht aufwendig präparieren, wie West das tut, man kann es unter den Bedingungen der Jahre ab 1945 auch selbst erzeugen – mit einer gewissen Lust sogar. Wir kommen zu Anthony Blunts (1909–1983) deutscher Mission, die nur wenige Tage dauerte, aber dank der englischen Vorliebe für Spionagegeschichten intensiver und umfangreicher ventiliert wurde als alle anderen englisch-deutschen »Abenteuer«. Schon das darf als Absurdität gelten. Blunt ist sicher eine der widerssprüchlichsten Figuren Englands in der Zeit vor und nach 1945. Von der Ausbildung her ein Kunsthistoriker, ein gelehrtes Haus mit einer Vielzahl von Veröffentlichungen zu Renaissance und Barock, hatte er nach dem Studium in Oxford die ebenso konventionelle Seitenbeschäftigung Intellektueller übernommen und arbeitete für den russischen Geheimdienst und während des Krieges auch für den englischen MI5. Hinzu kam bei ihm die Nähe zum Königshaus, die ihm 1946 das Amt eines »Surveyor of the King's Pictures« und eine Vertrauensposition eintrug, die ihn auf die folgende Tour schickte.

Die englische Krone hatte mit einigen ihrer Zacken Beziehungen zum Reich und dann auch zum nationalsozialistischen Deutschland. Am stärksten waren die Sympathien in letzterer Hinsicht beim Herzog von Windsor und seiner Frau entwickelt. Die Kontakte liefen über das Haus Hessen. Prinz Philipp von Hessen und sein Bruder Christoph waren über ihre Mutter, die Tochter einer Tochter der Königin Victoria, mit den Royals verbunden, die sich ihrerseits bis 1917 Sachsen-Coburg nannten, in Erinnerung an ihre deutschen Ursprünge. Die Prinzen von Hessen waren unter Hitlers Mitarbeitern die ranghöchsten Adligen; sie hatten außerdem ihre Ränge durch Eintritte in die Partei der Nationalsozialisten vor der Machtergreifung erworben. Philipp brachte es bis zum Oberpräsidenten Hessens, was in etwa der Position eines heutigen Ministerpräsidenten entsprach. 1937 besuchte der Herzog von Windsor Berlin, wo er von den Größen des Reiches empfangen wurde. Der Vermittler dieser Reise und ständiger Kontaktmann des Herzogs war Philipp von Hessen. Neun Jahre später, 1946, machte sich Blunt zusammen mit dem obersten Bibliothekar des Königs auf nach Kronberg in Hessen, um im dortigen Schloss bestimmte Archivalien aus dem hessischen Familienarchiv einzusammeln. Anders als in vielen Schriften zu diesem Thema behauptet, war Kronberg nicht das einige Ziel der Mission Blunts. In Hannover und in Dorn, dem letzten Wohnsitz des letzten Kaisers der Deutschen, handelte Blunt im gleichen Auftrag: Es galt, Dokumente einzuziehen, die einen zu engen Kontakt zwischen den Windsors und Deutschland belegten. Die konservative Geschichtsschreibung besteht darauf, dass es sich um die Briefe handelte, die zwischen Königin Victoria und ihrer nach Deutschland verheirateten Tochter Friederike hin- und hergingen. In der Tat war diese Korrespondenz Teil der Beute Blunts – sie wurden übrigens 1951 zurückgegeben. Die Autoren, die den Quellen gerne mehr abgewinnen wollen, aber auch die hochseriöse Darstellung von Jonathan Petropoulos behaupten, das Interesse der englischen Abgesandten habe vor allem Dokumenten gegolten, welche die guten Beziehungen zwischen dem Herzog von Windsor und den Nazioberst belegten. Es unterstützt diese Version, dass der zuständige Offizier der Amerikaner – Kronberg lag in der US-amerikanischen Zone – sich entfernte, um eine Erlaubnis für die englischen Abgesandten einzuholen, und dass seine Besucher kurzerhand die Unterlagen durchsahen und mitnahmen, was ihnen von Wert erschien. Dies ist die von Blunt selbst verbreitete Version.

Dass Blunt die deutsche Mission seinen russischen Auftraggebern nicht mitgeteilt haben soll, ist unwahrscheinlich, erstens da sie von Blunts englischen Genossen in der Spionage informiert worden wären und zweitens, da er in der ersten Nachkriegszeit, nachdem er nicht mehr Mitarbeiter des MI5 war, seinen russischen Auftraggebern nicht allzu viel Neues mitzuteilen hatte. Andererseits wäre die russische Publikation oder die Verwendung der Funde in Verhandlungen ziemlich gefährlich gewesen, da die englische Seite sofort die Herkunft identifiziert hätte. Wenn die Russen etwas zurückgehalten haben, dann auch die Engländer. Es hält sich die Meinung, dass nach der Enttarnung Blunts Königin Elizabeth darauf drang, dass seine Mission nach Hessen und seine Mitbringsel nicht Gegenstand einer öffentlichen Untersuchung wurden. Blunt hat das indirekt durch die abweisende Reaktion auf die dementsprechenden Fragen eines Dritten bestätigt.

Blunt veröffentlichte 1949 den heute vergessenen Roman *On a Dark Night*, der im Umfeld des Nürnberger Prozesses spielt, zu dessen Details er durch seine Bekannte Rebecca West einen privilegierteren Zugang hatte als der normale Zeitungsleser. Es kann vermutlich nicht ausbleiben, dass die Hauptfigur einen deutschen General auf Leben oder Tod anklagt und ihm gleichzeitig in einer intensiven Hassliebe verbunden ist. In Deutschland versuchte der russische Spion englischer Nationalität und Überzeugug das englische Königshaus vor einer zu engen Verbindung mit den Deutschen zu bewahren. Nehmen wir die konservative Version der Kronberger Mission an, also die Beschlagnahmung des fraglichen Briefwechsels, so wäre der Wille höchster Stellen, eine Verbindung zwischen zwei Frauen aus dem englischen Königshaus und dem 19. Jahrhundert sauber zu halten, schlicht absurd. Dass die Aktion durch einen Informanten der Russen erfolte, bedeutet eine Steigerung des Absurditätsgrades und vielleicht eine zusätzliche Dimension, insofern als der Hofbeamte Blunt in seinen Aktionen die bewahrenden Kräfte Englands und den machtbewussten Opportunismus der UDSSR vereinte.

»In den Gärten des Westens schließen sich die Tore«

Wie sehr der Kriegsgewinner England sich als Pfleger der Tradition begriff und dabei die Jugend verlor (an die Hauptgewinner, die Amerikaner), kann uns zum Schluss ein erneuter kurzer Blick auf die Nicht-Begegnung Benn–Eliot lehren. Eliot war wie gesagt im Herbst 1949 in Berlin, und Benn sollte bei einer Abendeinladung den großen Engländer treffen. Sehen wir davon ab, dass solche Einladungen wenig bringen, die Idee als solche war nicht falsch: als Lyriker waren die Eingeladenen ebenbürtig, und Benn durfte seinen hohen Rang bis in die Gegenwart des Jahres 1949 halten, während Eliots schmale Altersproduktion dann doch durch eine neue Generation von Dichtern ins Hintertreffen geriet. Wie er selbst am besten wusste, war er vor allem als Repräsentat von Dichtung gefragt.

Benn hatte seinem vertrauten Briefpartner F. W. Oelze seine Ablehnung der Einladung folgendermaßen erklärt: »Aber ein wesentlicher Grund war auch, dass ich ja kein Englisch kann und vor allem, dass ich keinen anständigen Abendanzug besitze, im Straßenanzug aber nicht abends bei Engländern herumsitzen mag, auch der Straßenanzug ist nicht mehr ersten Ranges. Aber, wie Sie wissen, interessiert mich alles Gesellschaftliche und Modische sehr – also was zöge man da passend an? U.A.w.g., bitte! Auch z. B. Schuhe: wann zieht man eigentlich Lackschuhe an, nur zu Smoking und Frack? Sonst schwarze Halbschuhe? Sie sehen, Sorgen hat man, nicht bloß lyrische.« Wie immer wissen wir nicht, was Oelze, der feine Herr aus Bremen, der von Benn gerne in solchen Fragen der Etikette kontaktiert wurde, geantwortet hat. Aber wir können uns einen Reim auf seine Antwort zu der Frage »Wann Lackschuhe?« machen, wenn wir im übernächsten Brief Benns lesen: »Vom 2. Besuch meiner Frau bei Eliot noch Folgendes: er trug einen blauen Anzug, silbernen langen Schlips (›wie ein Hering‹) u. – bleiben Sie bitte sitzen – L a c k schuhe.« Natürlich wirkten Lackschuhe im ausgepowerten Westberlin wie ein Affront. Andererseits aber hatte gerade Benn für seinen Nachkriegshabitus ein Programm zurechtgelegt, das sich mit Lackschuhen glänzend vertrug: »Aber das Apokalyptische weltmännisch zu empfinden und auszudrücken, das scheint mir ein Zeichen sublimer Gegenwärtigkeit zu sein und eine Pflicht für den écrivain und poète.«

Wir haben dieses Kapitel mit einem Zitat aus Curtius' Würdigung Eliots als Träger des Nobelpreises begonnen. Die Rede war von Englands Rolle als europäische Macht gewesen, als Macht am Rhein. Was die Strahlkraft der »geistigen Mittel« angeht, welche England aufzubieten hatte, so war Curtius sich nicht so sicher, auch oder weil er gerade einen englischen Nobelpreisträger würdigte. Vielleicht hatte die Zurückhaltung mit dem Faktum zu tun, dass Curtius, ein Bewohner der britischen Besatzungszone, seine Garderobe an die englischen Besatzer hatte abgeben müssen und dass auch der Einsatz des Freundes Stephen Spender, der ihm im Übrigen die Grüße von Eliot überbrachte, daran nichts ändern konnte. Es wird Zeit, dass wir Schluss machen. Aber noch ein Zitat. Es sind dies die letzten Sätze, die im Dezember 1949 Cyril Connolly an die Leser seiner einmal so erfolgreichen und die »geistigen Mittel« Englands aufs Vorteilshafteste anwendenden Zeitschrift *Horizon* richtete:

> »Nothing dreadful is ever done with, no bad thing gets any better; you can't be too serious. This is the message of the Forties, from which, alas, there seems no escape, for it is closing time in the gardens of the West and from now on an artist will be judged only by the resonance of his solitude or the quality of his despair.«

> »Nichts Schreckliches lässt sich jemals überwinden, Schlechtes wird nicht besser; man kann nicht zu ernst sein. Das ist die Botschaft der vierziger Jahre, vor der es leider kein Entkommen zu geben scheint, denn in den Gärten des Westens schließen sich die Tore, und von nun an wird ein Künstler nur noch auf der Basis des Echos seiner Einsamkeit oder der Qualität seiner Verzweiflung bewertet werden.«

Nachweis der Zitate

Erstes Kapitel

S. 12 *Als ich:* Elizabeth von Arnim, Elizabeth auf Rügen, übers. von Anna Maria von Welck, Frankfurt a. M./Berlin 1995 [1906], S. 140. — S. 12 *In diesem*: Jerome K. Jerome, Three Men on a Bummel, London o. J. [1900], S. 66. — S. 13 *Das Baden*: von Arnim (wie S. 12), S. 220. — S. 13 *Stumm gingen*: Ebd., S. 98. — S. 15 *Es ist*: Ebd., S. 63. — S. 15 *Einen ›Bummel‹*: Jerome (wie S. 12), S. 207. — S. 16 *In jedem*: Paul Fussell, Abroad. British Literary Traveling Between the Wars, New York 1980, S. 203. — S. 18 *Das beglückende*: von Arnim (wie S. 12), S. 176. — S. 19 *Ich hatte*: Ebd., S. 184. — S. 20 *schmuddeligen Bogengang*: Ethel Smyth, Ein stürmischer Winter. Erinnerungen einer streitbaren englischen Komponistin, Kassel 1988, S. 8. — S. 20 *in einem*: Ebd., S. 11. — S. 22 *Why, everybody*: William Makepeace Thackeray, The Kickleburys on the Rhine, in: Miscellanies, Leipzig 1851, Bd. II, S. 30. — S. 23 *Ja, wir*: Ebd. — S. 24 *I was*: Harold Nicolson, Diary and Letters 1930–1961, hrsg. von Stanley Olson, London 1980, S. 13. — S. 25 *Vom Autor*: Elizabeth von Arnim, Elizabeth und ihr deutscher Garten, übers. von Adelheid Dormagen, Frankfurt a. M. 1990 [1898], S. 74. — S. 26 *Elizabeths Kinder*: Ebd. — S. 26 *You are*: Patricia Meehan, A Strange Enemy People. Germans Under the British, 1945–1950, London 2001, S. 134. — S. 26 *es wohl*: Ebd., S. 135. — S. 28 *Ich grüße*: Daniel Farson, Henry Williamson. A Portrait, London 1982, S. 81. — S. 29 *Am Weihnachtstag*: Ebd., S. 93. — S. 29 *Teil meines*: Peter Krahé, Chinese Whispers. Der T. E. Lawrence-Mythos im Spiegel des 20. Jahrhunderts, in: Anglia 121, 2005, S. 43. — S. 30 *Farson* (wie S. 28), S. 98. — S. 31 *Da Du*: E. M. Forster, Selected Letters, Bd. 1: 1878–1923, London 1983, S. 81. — S. 33 *Durch den*: von Arnim, (wie S. 25), S. 216. — S. 34 *Weitere Literatur*: Edith Sitwell, Mein exzentrisches Leben, übers. von Karl A. Klewer, Frankfurt a. M. 1989 [1965]; Victoria Glendinning, Edith Sitwell. Eine Biographie, übers. von Karl A. Klewer, Frankfurt a. M. 1994; Barbara Belford, Viktorianische Liebesspiele: die Geschichte von Violet Hunt und ihrer Liebhaber und Freunde, übers. von Leonard Schwartz, München 1996; Victoria Glendinning, Rebecca West. Ein Leben, übers. von Monika Blaich, Zürich 1992; Claire Tomalin, Katherine Mansfield. Eine Lebensgeschichte, übers. von Eike Schönfeld, Frankfurt a. M. 1990; Karen Usborne,

Elizabeth von Arnim. Eine Biographie, übers. von Klaus Modick, Hamburg 1996; Selina Hastings, Nancy Mitford. Eine Biographie, übers. von Reinhard Kaiser, Reinbek 1994 [zuerst 1983]; D. H. Lawrence: Robert Lucas, Frieda von Richthofen. Ihr Leben mit D. H. Lawrence, München 1973; Brenda Maddox, Ein verheirateter Mann. D. H. Lawrence und Frieda von Richthofen, übers. von Erica Fischer, Köln 1998 [1992]; Nigel Nicolson, Portrait einer Ehe. Harold Nicolson und Vita Sackville-West, übers. von Peter de Mendelssohn, München 1978.

Zweites Kapitel

S. 36 *I have*: Ford Madox Ford, Your Mirror to My Time, New York 1971, S. XIX. — S. 38 *There was*: Jörg W. Rademacher (Hrsg.), Vater und Sohn. Franz Hüffer und Ford Madox Ford (Hüffer), Münster 2003, S. 222. — S. 39 *Dann erzählte*: Juliet M. Soskice, Chapters from Childhood, London 1995, S. 153ff. — S. 41 *Für uns*: Victoria Glendinning, Rebecca West. Ein Leben, übers. von Monika Blaich, Zürich 1992, S. 205. — S. 41 *Mein privates*: Frank MacShane, The Life and Work of Ford Madox Ford, London 1965, S. 165. — S. 42 *Das waren*: Ford Madox Ford, Return to Yesterday, London 1932, S. 128. — S. 42 *Das war*: Ebd., S. 115, 117. — S. 43 *Es war*: Ebd., S. 173. — S. 43 *Als er*: Ebd., S. 125. — S. 43f. *Es war*: Ford Madox Ford, When Blood Is Their Argument, London 1914, S. 75. — S. 44 *Hätte ich*: Violet Hunt und Ford Madox Ford, The Desirable Alien, London 1913, S. IX. — S. 45 *Fords Zustand*: Thomas Moser, The Life in the Fiction of Ford Madox Ford, Princeton 1980, S. 55. — S. 45 *Die Krankheit*: Ford (wie S. 42), S. 266. — S. 46 *Das Gefühl*: MacShane (wie S. 41), S. 95. — S. 47 *Die Jahreszeiten*: Rademacher (wie S. 38), S. 222. — S. 48 *Ich bin*: Ebd., S. 159. — S. 48 *Deutschland hat*: Ford (wie S. 44), S. 311. — S. 49 *Diese erschien*: Ford (wie S. 42), S. 269. — S. 51 *Zehn Stunden*: Ebd., S. 271. — S. 51 *Ja, Sie*: Ebd., S. 273. — S. 52 *Doch die*: Joseph Conrad, Das Herz der Finsternis. Gesammelte Werke in Einzelbänden, Frankfurt a. M. 1968, S. 157. — S. 52 *Aber dies*: Hunt/Ford (wie S. 44), S. 16. — S. 54 *Meine Sekretärin*: Ford (wie S. 36), S. 309. — S. 57 *Bei Hennef*: Maddox (wie S. 34), S. 182f. — S. 58 *Aber endlich*: Lucas (wie S. 34), S. 97. — S. 58 *Die Frieda*: Ebd. — S. 58 *Ich will*: Ebd., S. 132. — S. 58 *ein Geschenk*: Maddox (wie S. 34), S. 182. — S. 61 *Der Zeitung*: Ebd., S. 258. — S. 61 *Wenn ein*: Lucas (wie S. 34), S. 128. — S. 62 *Von seinem*: Martin Green, Else und Frieda. Die Richthofen-Schwestern, München 1976, S. 356. — S. 62 *So wie*: Ford Madox Ford, Parade's End, New York 1950, S. 341f. — S. 65 *Warum muss*: Violet Hunt, I Have This to Say, London 1924, S. 48. — S. 67 *Das alles*: Ebd., S. 131. — S. 68 *Siehst du*: Belford (wie S. 34), S. 228. — S. 68 *eine junge*: Ebd. — S. 69 *Ich schäme*: Hunt (wie S. 65), S. 102. — S. 70 *Nachdem er*: Ebd., S. 135f. — S. 70 *Der Zeitpunkt*: Ebd., S. 138f. — S. 71 *Die Gräfin*: Ebd., S. 141. — S. 73 *In dem*: Ebd., S. 145f. —

S. 73   *28. Okt.*: Ford Madox Ford, Letters, hrsg. von R. H. Ludwig, Princeton 1965, S. 44. — S. 74 *Kurz nach*: Hunt/Ford (wie S. 44), S. 24ff. — S. 76 *trug er*: Belford (wie S. 34), S. 239. — S. 77 *ein perfektes*: T.S. Eliot, Turgenjev, in: Egoist 4, 1917, S. 165. — S. 78 *in einer*: Max Saunders, Ford Madox Ford, Bd. 1, Oxford 1994, S. 343. — S. 78f. *Und er*: Ezra Pound, Canto XX, in: The Cantos, London 1975, S. 89. — S. 80 *Bertrans de Born*: Ezra Pound, Personae. Sämtliche Gedichte 1908–1921, übers. von Eva Hesse, Zürich 2006, S. 19. — S. 80 *Es handelt*: Ezra Pound – Ford Madox Ford. The Story of a Literary Friendship, New York 1982, S. 172. — S. 80 *Das ist*: Ford (wie S. 73), S. 54. — S. 81 *Ich musste*: Saunders (wie S. 78), S. 343. — S. 82 *Wir essen*: Detlev von Liliencron, Einer Toten, in: Adjutantenritte und andere Gedichte, Leipzig 1883, S. 45. — S. 82ff. *To All*: Ford Madox Ford, To All the Dead, in: Collected Poems, London 1914, S. 39ff. — S. 86 *zwei, drei*: Ford Madox Ford, Critical Writings, hrsg. von F. MacShanus, Lincoln 1964, S. 41. — S. 87 *Funken Chromgelb*: Blaise Cendrars, Turn, in: Poesies, Düsseldorf 1962, S. 75. — S. 87 *Sehen Sie*: Saunders (wie S. 78), Bd. 1, S. 353. — S. 89 *Und Joseph*: Hunt (wie S. 65), S. 75. — S. 91 *Lügner sehen*: Glendinning, Rebecca West (wie S. 34), S. 42. — S. 92 *Der Throne-Fall*: Saunders (wie S. 78), S. 374. — S. 93 *Der Große*: Ford Madox Ford, Return to Yesterday, London 1932, S. 419. — S. 96 *Ja, mein*: Ford Madox Ford, Die allertraurigste Geschichte, übers. von Fritz Lorch und Helene Henze, Frankfurt a. M. 2000, S. 10f. — S. 96 *Ich kann*: Ebd., S. 10. — S. 96 *Nein, bei*: Ebd., S. 11. — S. 96 *Dies ist*: Ebd., S. 7. — S. 97 *Wie überall*: Leo Tolstoi, Anna Karenina, Berlin 1951, Bd. 2, S. 262. — S. 98 *Die sensiblen*: H. Schramm, Der Gute Ton, Leipzig 1895, S. 327. — S. 99 *Die alte*: Ford (wie S. 96), S. 49. — S. 100 *Florence war*: Ebd., S. 56. — S. 100 *[Ford] wanderte*: Hunt/Ford (wie S. 44), S. 159. — S. 101 *Plötzlich spürte*: Ford (wie S. 96), S. 59. — S. 102 *Sehen Sie*: Ebd., S. 58. — S. 105 *Sie realisierte*: Saunders (wie S. 78), Bd. 1, S. 359. — S. 105 *Auf meine*: Ford (wie S. 96), S. 289. — S. 108 *Es muss*: Katherine Mansfield, In einer deutschen Pension, übers. von Ute Haffmans, Frankfurt a. M. 1983, S. 15. — S. 109 *Ein großes*: Ebd., S. 19. — S. 110 *Natürlich ist*: Ebd., S. 23. — S. 110 *Die Deutschen*: Jerome (wie S. 12), S. 207. — S. 111 *Ruhe, vollkommene*: James und Alix Strachey, Kultur und Psychoanalyse in Bloomsbury und Berlin, hrsg. von Perry Meissel, übers. von Rotraut DeClerc, Stuttgart 1996, S. 169. — S. 112 *Einer ihrer*: E. M. Forster, A Room With a View, o. O. 1944 [1908], S. 9. — S. 113 *Die Brotsuppe*: Mansfield (wie S. 108), S. 9. — S. 114 *Irgendwann Ende*: Tomalin (wie S. 34), S. 106. — S. 115 *Ich bin*: Mansfield (wie S. 108), S. 44. — S. 115 *Sie sank*: Ebd. S. 40. — S. 116 *Der kleine*: Ebd., S. 84. — S. 117 *Frau Professor*: Somerset Maugham, On Human Bondage, London 1929, S. 109. — S. 118 *Eines der*: Cecily Ullmann Sidgwick, Home Life in Germany, London 1904, S. 241. — S. 118 *Einige vollbringen*: Ebd., S. 243. — S. 118 *Sehen Sie*: Christopher Isherwood, Leb´ wohl Berlin. Ein Roman in Episoden, übers. von Susanne Rademacher, Hamburg 1949, S. 11. — S. 119 *Was mag*: Ebd. S. 13ff. — S. 121 *Die drei*: Maugham (wie S. 117), S. 125. — S. 122 *Die Gesellschaft*: Cecily Ullmann Sidgwick, Home Life in Germany, London 1904, S. 244. — S. 122 *Oh was*: Evelyn

Hanquart, E. M. Forster's Travelogue, in: E. M. Forster, A Human Exploration, London 1979, S. 168. — S. 123 *Ein- oder*: Dorothy Richardson, Die Schatten der Giebel, übers. von Clare Munk, o. O. 1998 [1915], S. 173. — S. 124 *Während die*: Ebd., S. 172. — S. 124 *Sie hat*: Virginia Woolf, The Tunnel, in: Women and Writing, London 1979, S. 191. — S. 125 *Komische deutsche*: Richardson (wie S. 123), S. 109. — S. 125 *Die Art*: Ebd. S. 173. — S. 126 *Ein Landstück*: Ebd., S. 157. — S. 126 *Es machte*: Ebd. — S. 127 *Ihre halbe*: Ebd., S. 157. — S. 127 *Ohne die*: Gloria G. Fromm, Dorothy Richadson, Urbana 1997, S. 70. — S. 129 *Alles würde*: Richardson (wie S. 124), S. 230. — S. 129 *Auf einen*: Ebd., S. 209. — S. 130 *Es gäbe*: Ebd., S. 208. — S. 130 *Wie unterrichte*: Ebd., S. 23. — S. 131 *Sie geben*: Ebd., S. 200. — S. 131 *Hier saßen*: Ebd., S. 102. — S. 132 *Sie hörte*: Ebd., S. 102f. — S. 133 *Drei Tassen*: Ebd., S. 103f. — S. 134 *Das wird*: T. S. Eliot, The Letters, hrsg. von Valerie Eliot, London 1988, Bd. 1, S. 50 — S. 135 *Deutschland kämpft*: Ebd., S. 54.

Drittes Kapitel

S. 138 *April, der*: T. S. Eliot, The Waste Land, Übersetzungen größtenteils nach dem Projekt des Literaturhauses Bremen, übers. von Norbert Hommel: http://www.literaturhaus-bremen.de/site/literatur_im_web/forum.html, Vers 1–18. — S. 140 *Rede des anderen*: Michael Bachtin, Formen der Zeit im Roman, Frankfurt a. M. 1989, passim. — S. 141 *In der*: Michael H. Leverson, A Genealogy of Modernism, Cambridge 1984, S. 85. — S. 143 *War broke*: Wilfried Owen, Gedichte, zweisprachig, übers. von Joachim Uts, Heidelberg 1993, S. 45. — S. 144 *Just now*: Rupert Brooke, The Old Vicarage, Grantchester, Vers 1–6. — S. 144 *Oh! there*: Ebd., Vers 7–11. — S. 145 *Here am*: Ebd., Vers. 19–24. — S. 146 *God! I*: Ebd., Vers. 72–75. — S. 147 *And there*: Ebd., Vers 31–33. — S. 148 *Ich denke*: Paul Fussell, Abroad: British Literary Traveling Between the Wars, New York 1980, S. 52. — S. 149 *Ästhetischen Internationalismus*: Modernism 1890–1930, hrsg. von Malcolm Bradbury und James McFarlane, London 1976, S. 101. — S. 151 *In dem*: D. H. Lawrence, A Letter From Germany, in: Selected Essays, Harmondsworth 1955 [1923], S. 175. — S. 151 *Doch in*: Ebd. — S. 151 *Es ist*: D. H. Lawrence, Phoenix. The Posthumous Papers, London 1961, S. 108. — S. 152 *Das junge*: Manfred S. Fischer, »Europa« und »das Nationale« bei Ernst Robert Curtius, Aachen 2001, S. 87. — S. 152 *Nur schwache*: Alfons Paquet, Rhein und Donau, in: Neue Rundschau 1921, 1, S. 235. — S. 153 *Es gibt*: Max Richner, German Chronicle 1926, in: The Criterion 4, 1926, S. 728. — S. 153 *Who are*: T. S. Eliot, The Waste Land, V. 368–70. — S. 153 *Denn die*: T. S. Eliot, A Commentary, in: The Criterion 5, 1927, S. 99. — S. 153 *Wir hören*: Ebd., S. 97f. — S. 154 *Nur aus*: Ernst Robert Curtius, Deutscher Geist in Gefahr, Stuttgart 1932, S. 50. — S. 154 *Das ist*: Lawrence (wie S. 150), S. 179. — S. 154 *Zur gleichen*: Ebd. — S. 155 *Die Landschaft*: Kurt Lewin, Kriegslandschaft (1917), in: Jörg Dünnes und Stephan Günzel (Hrsg.), Raumtheorien.

Grundlagentexte aus Philosophie und Kulturwissenschaften, Frankfurt a. M. 2006, S. 130f. — S. 156 *Zum ersten*: D. H. Lawrence, Mr. Noon, Zürich 2007, S. 156f. — S. 157 *Nina schaute*: Evelyn Waugh, Vile Bodies, London 1998 [1930], S. 168. — S. 158 *Dichten ist*: Jewgenij Pasternak (Hrsg.), Briefwechsel Rilke, Zwetajewa u. a., Frankfurt a. M. 1983, S. 120. — S. 159 *Mélange Adultère*: T. S. Eliot, Collected Poems, 1903–1935, London 1936, S. 47. — S. 160 *Der ist*: Katherine Bucknell und Nicholas Jenkins (Hrsg.), The Language of Learning and the Language of Love, (Auden Studies 2), Oxford 1994, S. 14. — S. 161 *Stop all*: W. H. Auden, Early Auden, hrsg. von Edward Mendelson, London 1981, S. 163. — S. 162 *Leichtigkeit ist*: Ebd., S. 365. — S. 163 *Now while*: Eliot (wie S. 134), S. 40f. — S. 164 *Berlin ist*: Humphrey Carpenter, W. H. Auden, A Biography, London 1983, S. 90. — S. 165 *Ein Fehltritt*: Gregor von Rezzori, Ödipus siegt bei Stalingrad, Reinbek 1963, S. 66. — S. 166 *Ich habe*: Michel De-la-Noy, Eddy. The Life of Edward Sackville-West, London 1999, S. 117. — S. 167 *durch eine*: Auden (wie S. 161), S. 37. — S. 168 *Ich wusste*: Carpenter (wie S. 164), S. 100. — S. 169 *Lehrbuch der Psychiatrie*: Eugen Bleuler, Lehrbuch der Psychiatrie, Berlin 1929 [1916], S. 406. — S. 170 *Der Wahrhaft*: Samuel Hynes, The Auden Generation, London 1976, S. 127. — S. 170 *Die Geschichte*: Ebd., S. 127. — S. 172 *Erst heute*: W. H. Auden, in: Auden Studies 2, Oxford 1990, S. 106f. — S. 172 *Wenn jemand*: Ebd., S. 107. — S. 173 *Subjekt absolut*: W. H. Auden, Forewords and Afterwords, London 1973, S. 100. — S. 173 *Für uns*: Ebd., S. 101, 103. — S. 174 *To live*: Hynes (wie S. 170), S. 88. — S. 174 *Zuerst stehe*: Auden (wie S. 172), S. 106. — S. 175 *Jede Liebe*: David Constantine, The German Auden, in: Auden Studies 1, Oxford 1990, S. 4. — S. 176 *For each*: Auden (wie S. 161), S. 162. — S. 179 *Wie der*: Christopher Isherwood, Christopher and His Kind 1929–1939, London 1977, S. 67. — S. 179 *Ich kann*: Ebd., S. 16. — S. 179 *In den*: Ebd., S. 36. — S. 180 *Er konnte*: Ebd. — S. 180 *Sex mit*: Ebd. — S. 180 *Ein Teil*: Caren Kaplan, Questions of Travel, Durham — London 1996, S. 45. — S. 182 *Die Sonne*: Martin Green, Children of the Sun, London o.J., S. 141. — S. 183 *Die literarische*: Clive Fisher, Cyril Connolly, New York 1991, S. 113. — S. 184 *England, this*: Auden (wie S. 161), S. 62. — S. 184 *I am*: Marie-Jacqueline Lancester, Brian Howard. Portrait of a Failure, o.O. 2007, S. 158. — S. 184 *Das ganze*: Stephen Spender, Welt in der Welt, München 1992, S. 138. — S. 185 *Unterhaltungen zwischen*: Times Literary Supplement 7.12.2007, S. 221. — S. 187 *Ich habe*: De-la-Noy (wie S. 166), S. 116. — S. 188 *Berlin, 22. Januar*: Harry Graf Kessler, Tagebücher 1918–1939, Frankfurt a. M. 1979, S. 365. — S. 190 *Oh, that*: James Lees-Milney, Harold Nicolson, A Biography 1886–1929, London 1989, S. 325. — S. 190 *Die Diskussion*: Ebd., S. 339. — S. 191 *Da fand*: Ebd., S. 353. — S. 191 *ein großer*: Waugh (wie S. 157), S. 35. — S. 192 *The Thing*: Lancaster (S. 184), S. 146. — S. 193 *Er wurde*: Norman Page, Auden and Isherwood. The Berlin Years, Basingstoke 1999, S. 10. — S. 193 *Erde, Die*: Spender (wie S. 184), S. 169. — S. 194 *Ich sehne*: James und Alix Strachey, Kultur und Psychoanalyse in Bloomsbury und Berlin, hrsg. von Perry Meissel, übers. von Rotraut DeClerc, Stuttgart 1996, S. 164. — S. 194 *Wir haben*: Cyril Connolly, Writers Society,

1940–3 in: The Selected Essays, hrsg. von Peter Quennell, New York 1984, S. 139. — S. 195 *fast nichts*: Eliot (wie S. 134), S. 565f. — S. 195 *Dieses furchtbar*: Hugo von Hofmannsthal, Das Schrifttum als geistiger Raum der Nation, München o. J., S. 16. — S. 196 *I do*: Hermann Hesse, On Recent German Poetry, in: The Criterion 1, Oktober 1922, S. 93. — S. 196 *I can*: Ezra Pound, ABC des Lesens, Berlin/Frankfurt a. M. 1957, S. 72. — S. 197 *Nearly all*: Leonard Woolf, Downhill all the Way, London 1965, S. 100. — S. 197 *Wir veröffentlichen*: Strachey (wie S. 194), S. 29. — S. 198 *Ich sage*: Cyril Connolly, Conversations in Berlin, in: The Condemned Playground. Essays 1922–1944, London 1945, S. 211. — S. 199 *Zwei braungebrannte*: Ebd., S. 214. — S. 199 *In der*: Ebd. — S. 200 *Emil Ludwig*: Harold Nicolson, Diary and Letters, hrsg. von Nigel Nicolson, London 1966, S. 208. — S. 202 *So gab*: Ethel Smyth, Ein stürmischer Winter, Kassel/Basel 1988 [1923], S. 7. — S. 203 *Schön, dass*: Lees-Milney (wie S. 190), S. 326. — S. 203 *Ich, schwer*: Nigel Nicolson (Hrsg.), Vita and Harold. The Letters of Vita Sackville-West und Harold Nicolson, London 1995, S. 212f. — S. 204 *Ah, ah*: Paul Bowles, In Touch. The Letters of Paul Bowles, hrsg. von Jeffrey Miller, London 1994, S. 69. — S. 205 *ich werde*: Ebd., S. 70. — S. 205 *Missbilligend bemerkte*: Paul Bowles, Rastlos. Erinnerungen eine Nomaden, übers. von Pociao, München 1990, S. 120. — S. 205 *ich bin*: Bowles (wie S. 204), S. 67. — S. 206 *letzte nacht*: Ebd., S. 71. — S. 207 *in hannover*: Ebd., S. 68 — S. 208 *sie hatten*: Paul Bowles, Rastlos (wie S. 205), S. 213. — S. 208 *sein atelier*: Bowles (wie S. 204), S. 69. — S. 208 *Als Schwitters*: Bowles, Rastlos (wie S. 205), S. 126. — S. 209 *Ich habe*: Christian Ferber (Hrsg.), Der Querschnitt. Das Magazin der aktuellen Ewigkeitswerke 1924–1939, Berlin 1981, S. 261. — S. 210 *immer nur*: Dieter Wellershof, Gottfried Benn. Phänotyp der Stunde, Köln 1958, S. 112. — S. 210 *Die Berliner*: Martin Kessel, Betriebsamkeit. Vier Berliner Novellen, Frankfurt a. M. 1927, S. 34. — S. 210 *Es bekundet*: Ferber (wie S. 209), S. 159. — S. 211 *Berlin ist*: Ebd., S. 262. — S. 211 *Des Nachts*: Ebd. — S. 214 *Kam Sommer*: W. H. Auden, Early Auden, hrsg. von Edward Mendelson, London 1981, S. 95. — S. 215 *Under the*: Stephen Spender, The Collected Poems 1918–1953, London o. J., S. 35. — S. 215 *Mischung aus*: Stephen Spender, Welt in der Welt, München 1992, S. 94. — S. 215 *Diese Dichter*: Samuel Hynes, The Auden Generation, London 1976, S. 121f. — S. 216 *das selbstbezogene*: Stephen Spender, The Temple, London 1988, S. 123. — S. 217 *Aber beim*: Stephen Spender, Gedichte, über. von Ernst Robert Curtius, in: Neue Schweizer Rundschau 8, 1930, S. 595f. — S. 218 *Unter meinem*: Christopher Isherwood, Leb' wohl Berlin. Ein Roman in Episoden, Hamburg 1949, S. 9. — S. 218 *I am*: Ebd. — S. 219 *Registriere den*: Ebd. — S. 219 *Ich war*: Damien McGuiness, Gesa Ufer, Szenen einer Metropole, in: Deutschlandfunk 24. 8. 2004. — S. 220 *das grässliche*: Klaus Stromeyer (Hrsg.), Berlin in Bewegung, Reinbek 1989, Bd. 1, S. 248. — S. 221 *Wenn ich*: Isherwood (wie S. 218), S. 143. — S. 222 *Um Gottes*: Ebd. S. 79. — S. 222 *Von Natur*: Ebd., S. 46. — S. 223 *Kommt, seht*: Ebd., S. 63. — S. 225 *Wie viele*: Ebd., S. 102 — S. 226 *Alle umdrängten*: Ebd., S. 165. — S. 226 *Wenn Otto*: Ebd., S. 107f. — S. 227 *Peters*

Zimmer: Ebd., S. 118f. — S. 227 *Du gehst:* Ebd., S. 120. — S. 229 *Er hat:* Ebd. S. 109. — S. 229 *Sagen Sie:* Ebd., S. 226f.

Viertes Kapitel

S. 231 *The Condemned Playground* ist der Titel einer Essaysammlung von Cyrill Connolly, die 1945 herauskam. — S. 232 *Gebückte Haltung:* Das Braunbuch über Reichstagsbrand und Hitler-Terror, Basel 1933, S. 175. — S. 233 *Und ich:* Herbert Read, Collected Poetry, London 1966, S. 137. — S. 233 *Am Beginn:* Samuel Hynes, The Auden Generation, London 1976, S. 133. — S. 233 *Von jetzt:* Ebd. — S. 235 *Das alte:* Lion Feuchtwanger, Exil, Berlin/Weimer 1976, S. 123f. — S. 236 *Der Terminus:* Bernard Schweizer, Radicals on the Road. The Politics of English Travel Writing in the 1930s, Charlotteville 2001, S. 2. — S. 238 *Sie standen:* Sybille Bedford, Treibsand, Erinnerungen einer Europäerin, übers. von Matthias Fienbork, München 2006, S. 250. — S. 238 *Die beiden:* Ebd., S. 288. — S. 239 *Als sie:* Ebd., S. 295. — S. 239 *In der Erinnerung:* Theodor Adorno, Minima Moralia, Frankfurt a. M. 1965, S. 56. — S. 240 *Willie [Seabrock]:* Heinke Wunderlich, Sanary-sur-Mer. Deutsche Literatur im Exil, Stuttgart 1973, S. 34. — S. 241 *Thomas Mann:* Sybille Bedford, Aldous Huxley, Bd. 1, London 1978, S. 237. — S. 241 *Das Schauspiel:* Aldous Huxley, Letters, London 1963, S. 375. — S. 244 *Ein halbes:* Bedford (wie S. 238), S. 343. — S. 245 *Ich sah:* Humphrey Carpenter, W. H. Auden. A Biography, London 1983, S. 177. — S. 245 *Maria ging:* Bedford (wie S. 238), S. 342. — S. 246 *Und dann:* Ebd. — S. 247 *Wie ich:* Christopher Isherwood, Christopher and His Kind 1929–1939, London 1977, S. 218. — S. 247 *Das deutsche:* Fussell [wie S. 16], S. 115. — S. 249 *Seine nach:* Edith Sitwell, Mein exzentrisches Leben, übers. von Karl. A. Klewer, Frankfurt a. M. 1989, S. 155. — S. 250 *zu Teilen:* D. G. Bridson, The Filibuster. A Study of the Political Ideas of Wyndham Lewis, London 1972, S. 97. — S. 250 *der Meinungen:* Wyndham Lewis, The Art of Being Ruled, Santa Rosa 1989 [1926], S. 322. — S. 250 *In such:* Ebd. — S. 251 *Du als:* Bridson (wie S. 250), S. 185. — S. 251 *Männer von:* Ebd., S. 126. — S. 251 *A fiery:* Wyndham Lewis, Hitler, London 1931, S. 4. — S. 252 *Hitler ist:* Wyndham Lewis, Hitler und sein Werk in englischer Beleuchtung, Berlin 1932, S. 31f. — S. 254 *Ich glaube:* Lewis (wie S. 252), S. 48. — S. 255 *Warum hat:* Vincent Sherry, Ezra Pound, Wyndham Lewis, and Radical Modernism, New York 1996, S. 126. — S. 255 *Ich muss:* Paul Edwards, The Growing and Modernising in the Writing and Paintings of Wyndham Lewis, London 1994, S. 391. — S. 256 *Der Nationalsozialismus:* Wyndham Lewis, The Hitler Cult, London 1939, S. 30f. — S. 256 *eine Episode:* Ebd. — S. 258 *Ein effizienter:* Wyndham Lewis, Tarr, London 1918, S. 78. — S. 258 *-the licking:* John Pearson, Facades. Edith, Osberth and Sacheverell Sitwell, London 1979, S. 271. — S. 259 *when he:* Ebd., S. 280f. — S. 260 *ein so:* Selina Hastings, Nancy Mitford, eine Biographie, übers. von Reinhard Kaiser, Reinbek 1994, S. 132. — S. 261 *Wir briti-*

schen: Ebd., S. 125f. — S. 262 *Mit ihrer*: Ebd., S. 127. — S. 262 *Sie heißt*: Friedrich Percyval Reck-Malleczewen, Tagebuch einer Verzweiflung, Lorch 1947, S. 31. — S. 263 *Sie missbraucht*: Nancy Mitford, Wigs on Green, London 1933, S. 35. — S. 264 *Aber Liebling*: Hastings (wie S. 260), S. 150. — S. 265 *By June*: Ebd., S. 68. — S. 267 *Das große*: David Pryce-Jones, Unity Mitford. A Quest, London 1976, S. 169. — S. 268 *Der ganze*: Ebd., S. 214. - S. 269 *Er lebt*: Marie-Jacqueline Lancaster, Brian Howard. Portrait of a Failure, S. 204. — S. 270 *And while*: Pryce-Jones (wie S. 267), S. 169. — S. 270 *Dr. H.*: Ebd., S. 204. — S. 272 *Wenn Connolly*: Jeremy Lewis, Cyril Connolly. A Life, London 1998, S. 163. — S. 272 *Wir nahmen*: Cyril Connolly, Year Nine, in: The Contemned Playground. Essays 1922–1944, London 1945, S. 155.— S. 273 *the ineffable*: Ebd., S. 157. — S. 273 *Unsere Justiz*: Ebd., S. 157f. — S. 273 *Unwillkürlich! Aber*: Ebd., S. 158. — S. 278 *Angenehme Vorliebe*: Ebd., S. 29. — S. 278 *Ich führe*: Samuel Becketts Berlin, hrsg. von Erika Tophoven, Berlin 2006, S. 15. — S. 278 *Denn mit*: Samuel Beckett, Traum von mehr oder minder schönen Frauen, hrsg. von Therese Fischer-Seidel, übers. von Wolfgang Held, Frankfurt a. M. 1996, S. 20f. — S. 279 *He cannot*: Samuel Beckett, Disjecta, hrsg. von Ruby Cohn, London 1983, S. 67. — S. 280 *Always elsewhere*: Beckett (wie S. 278), S. 119. — S. 280 *Die Reise*: Ebd., S. 119. — S. 280 *Es ist*: Iain Sproat, Wodehouse At War, London 1981, S. 52. Die Rundfunkansprachen sind im Internet nachzulesen unter http://Wodehouse.org/pgw-broadcast1.html. — S. 281 *Dies ist*: Ebd. — S. 282 *Winky und Boo*: Francis Lansdale, P. J. Wodehouse, London 1982, S. 154. — S. 283f. *Was mich*: Sproat (wie S. 280), S. 108. — S. 285 *Wenn ich*: Cyril Connolly, Enemies of Promise, Harmondsworth 1961, S. 266. — S. 286 *Ich denke*: Philip Ziegler, Oswalt Sitwell, New York 1999, S. 226. — S. 286: W.H. Auden, Early Auden, hrsg. von Edward Mandelson, London 1981, S. 325. — S. 287 *In Tost*: Robert McCrun, Wodehouse. A Life, London 2004, S. 300. - 107. — S. 288 *Seit dem*: Sproat (wie S. 280), S. 107. — S. 292 *Es war*: Ebd., S. 131. — S. 292: Adrian Weale, Renegades. Hitler's Englishmen, London 1994. — S. 293 *Im Moment*: Sproat (wie S. 280), S. 107. — S. 295 *Der Park*: Martin Green, Children of the Sun, London o.J., S. 101. — S. 295 *Tante zu*: P.G. Wodehouse, The Inimitable Jeeves, London 1928, S. 78. — S. 297 *Ich verstehe*: Frances Donaldson, P. G. Wodehouse. A Biography, London 1987, S. 163. — S. 297 *In der*: Ebd. — S. 298f. *Warum glauben*: Bridson (wie S. 250), S. 96f. — S. 300 *Fisbo reviews*: Philipp Ziegler, Oswalt Sitwell, New York 1999, S. 226. — S. 300 *The trouble*: P. G. Wodehouse, The Code of the Woosters, London 1938, S. 153. — S. 301 *Wissen Sie*: P. G. Wodehouse, Alter Adel rostet nicht, übers. von Harald Raykowski, Reinbek 1997, S. 134. — S. 301f. *Über unserer*: Lancaster (wie S. 268), S. 214. — S. 304 *Nach seinem*: John A. Cole, Hier spricht der Großdeutsche Rundfunk. Der Fall Lord Haw-Haw, Wien 1965, S. 137. — S. 304 *Einige meinen*: Ebd., S. 139. — S. 306 *In Cambridge*: Cole (wie S. 304), S. 184. — S. 307 *Ein Konzert*: Hastings (wie S. 260), S. 161. — S. 307f. *Kein Ereignis*: William Joyce, Germany Calling, Sendung vom 27. Juni 1941. — S. 309 *Der Kommunismus*: M. R. Doherty, Nazi Wireless Propaganda. Lord Haw-Haw and Britain Public Opinon in the Second

World War, Edinburgh 2000, S. 132. — S. 309 *Mr Churchill*: Ezra Pound, Ezra Pound Speaking. Radio Speaches of World War II, hrsg. von Leonard William Dood, Westpard (Conn.) 1976, S. 7. — S. 310 *Ezra Pound*: Ebd., S. 81. — S. 310 *It is*: Ebd., S. 310. — S. 310 *Hebrewism isn't*: Ebd., S. 243. — S. 313 *Two topics*: Ebd., S. 131. — S. 314 *Nun, ich*: Pound (wie S. 309), S. 137. — S. 315 *Di Marzio*: Ebd., S. 9. — S. 316 *Seine [Pounds]*: Ezra Pound. Personae. Sämtliche Gedichte 1908–1924, übers. von Eva Hesse, Zürich 2006, S. 432. — S. 318 *Das Mitford-Mädchen*: Pryce-Jones (wie S. 263), S. 247. — S. 319 *Stalin ist*: Doherty (wie S. 309), S. 182. — S. 321 *Es mag*: Cole (wie S. 304), S. 296f. — S. 323 *Have I*: Alex Zwerdling, Orwell and the Lefties, New Haven 1974, S. 254. — S. 324 *Le Paradis*: Ezra Pound, Canto LXXVI, in: The Cantos, London 1975, S. 460. — S. 325 *Keinen Moment*: George Orwell, Collected Essays, Bd. III, Harmondsworth 1970, S. 404. — S. 325f. *Es versteht*: Ebd., S. 106. — S. 326 *But one*: Ebd. — S. 327 *Pound wäre*: Conrad Rushing, Mere Wounds: The Trial of Ezra Pound, in: Critical Inquiry 17, 1987, S. 131. — S. 327 *Im Norden*: Ezra Pound, Canto LXXIII, nicht in der Gesamtausgabe, siehe Barbara Eastman, The Gap in The Cantos: 72 and 73, in: Paideuma VIII, 1979, S. 415ff., und Ezra Pound, Die ausgefallenen Cantos LXXVII und LXXVIII, übers. von Eva Hesse, Zürich 1991.

Fünftes Kapitel

S. 332 *Die aktuelle*: Ernst Robert Curtius, T.S. Eliot, in: Merkur 3, 1946, S. 15. — S. 332 *dass England*: Michael Shelden, Friends of Promise. Cyril Connolly and the World of Horizon, London 1990, S. 164. — S. 333 *Einige von*: Jed Esty, Shrinking Island. Modernism and National Culture in England, Princeton-Oxford 2004, S. 1. — S. 333 *Niemals wieder*: Shelden (wie S. 332), S. 221. — S. 334 *Wir Engländer*: Ebd., S. 186. — S. 334 *Wir müssen*: Ernst Jünger, Strahlungen II, in: Sämtliche Werke, 1. Abt., Bd. 3, Stuttgart 1979, S. 422. — S. 334f. *Krieg ist*: Ernst Jünger, Feuer und Blut, Magdeburg 1925, S. 241.— S. 335 *Seine Kriegsmystik*: Stephen Spender, Deutschland in Ruinen, Heidelberg 1995. S. 84. — S. 336 *Man kann*: Jünger (wie S. 334), S. 422. — S. 337 *Hitler and*: Arthur Geoffrey Dickens, Lübeck Diary, London 1946, S. 81. — S. 338 *dass man*: Spender (wie S. 335), S. 255. — S. 338 *Wir sollten*: Ebd. — S. 338 *Ja, aber*: Ebd. — S. 339 *Einäugige Humanität*: Jünger (wie S. 334), S. 474. — S. 339 *Ich notiere*: Ebd., S. 449. — S. 339 *Was kommen*: Ebd., S. 195. — S. 339 *Die Katastrophe*: Ebd., S. 195. — S. 340 *Viele deutsche*: Jeffrey K. Olick, In the House of the Hangman. The Agonies of German Defeat, 1943–1949, Chicago-London 2005, S. 96. — S. 340 *Auf gewisse*: Spender (wie S. 335), S. 255. — S. 341 *At 20*: Stephen Spender, Journals 1939–1985, hrsg. von John Goldmith, London/Boston 1985, S. 87. — S. 341 *Ein Besuch*: Elliot Y. Neaman, A Dubious Past. Ernst Jünger and the Politics of Literature After Nazism, Berkeley u.a. 1999, 161. — S. 342 *Ich kann*: Spender (wie S. 335), S. 246. — S. 342f. *Alle Institutionen*: Ebd., S. 85. — S. 343 *Sie sind*: Ebd., S. 117. — S. 344 *Ich habe*: Ebd.,

S. 248. — S. 346 *Er sprach*: Victor Gollancz, Germany Revisited, London 1947, S. 17. — S. 347 *Wir können*: T.S. Eliot, Die Einheit der europäischen Kultur, Berlin 1946, S. 59. — S. 347 *Wenn sich*: Ebd., S. 33. — S. 348 *Deutschland ist*: E. M. Forster, Two Cheers for Democracy, London 1951, S. 43. — S. 348 *Das Abendland*: Gottfried Benn, Hans Paeschke, Joachim Moraes, Briefwechsel 1946–1956, Stuttgart 2004, S. 11. — S. 348 *Dass diese*: Ebd. — S. 349 *Das Hakenkreuz*: Theodor Haecker, Betrachtungen über Vergil, Vater des Abendlandes, in: Essays, München 1958 [1932], S. 471. — S. 350 *In solcher*: Theodor Haecker, Vergil, Vater des Abendlandes, München 1947, S. 7. — S. 350 *Wenn wir*: T. S. Eliot, Note, in: The Criterion, Oktober 1926, S. 104f. — S. 352 *Es macht*: Ernst Robert Curtius, Europäische Literatur und lateinisches Mittelalter, Tübingen/Basel 1995 [1993], S. 9 (aus dem Vorwort der 2. Auflage). — S. 352 *Er ist*: Ernst Robert Curtius, Kritische Essays zur europäischen Literatur, Bern 1950, S. 26. — S. 352 *Denn unsere*: Ebd. — S. 353 *Führer conservativer*: Jason Harding, The Criterion. Cultural Politics and Periodical Networks in Inter-War Britain, Oxford 2002, S. 223 — S. 353 *Nobody thinks*: Lyndall Gordon, T. S. Eliot. An Imperial Life, London 1993, S. 437. — S. 354 *Ich habe*: Hans-Erick Nossack, Briefwechsel, hrsg. von Gabriele Söhling, Frankfurt a. M. 2001, Bd. I, S. 451. Auch bei: Hans-Erich Nossack, Die Tagebücher 1943–77, hrsg. von Gabriele Söhling, Frankfurt a. M. 1994, S. 174. — S. 355 *Ich bin*: Gottfried Benn, Briefe an F. W. Oelze, 1945–1949, hrsg. von Harald Steinhagen und Jürgen Schröder, Frankfurt a. M. 1982, S. 258. — S. 355 *Eliot: meine*: Ebd., S. 214. — S. 355 *Es ist*: Benn (wie S. 348), S. 43. — S. 355 *Kennte Eliot*: Harding (wie S. 353), S. 223. — S. 356 *Eine neue*: Gottfried Benn, Doppelleben, in: Sämtliche Werke, Bd. V, Stuttgart 1991, S. 166. — S. 356 *an diesem*: Benn (wie S. 348), S. 117. — S. 356 *Ich persönlich*: Ebd., S. 474. — S. 356 *We got*: Carpenter (wie S. 164), S. 335. — S. 357 *Mittagessen bestand*: Spender (wie S. 335), S. 65. — S. 360 *Seine Hallen*: Rebecca West, Gewächshaus mit Alpenveilchen. Im Herzen des Weltfeindes Nürnberg, Berlin, übers. von Elke und Gundolf Freyermuth, Berlin 1995, S. 53. — S. 360 *hätte vor*: Ebd. S. 55. — S. 361 *Man konnte*: Ebd., S. 58. — S. 362 *Doch er*: Ebd., S. 60. — S. 363 Zu Blunts Kronberger Auftrag s. Barrie Penrose, Conspiracy of Silence: the Secrit Life of Anthony Blunt, Princeton 1986; John Costello, Mask of Treachery, New York 1988; Jonathan Petropoulos, Royals and the Reich, Oxford 2009. — S. 365 *Aber ein*: Benn (wie S. 355), S. 258. — S. 365 *Vom 2.*: Ebd., S. 262. — S. 365 *Aber das*: Ebd. S. 180.

Bildnachweis

© Alexander Turnbull Library, Wellington, New Zealand: S. 60
© CORBIS: S. 64 (F: E. O. Hoppé), 77 (F: E. O. Hoppé), 189 (F: Bettmann)
© Getty Images: S. 36 (F: E. O. Hoppé), 150 (F: Hulton Archive), 290 (F: Popperfoto)
© Insel Verlag, Frankfurt a. M.: S. 10
© National Portrait Gallery, London: S. 134 (F: John Gay), 143 (F: Sherril Schell), 187 (F: Lady Ottoline Morrell)
© The Estate of Samuel Beckett: S. 275
© ullstein bild: S. 113 (F: Roger Viollet), 213 (F: Granger Collection), 266 (F: ullstein bild)

Personenregister

Acton, Harold 185, 192
Adorno, Theodor W. 239
Alexandra Fjodorowna, Zarin von Russland (geb. Alix von Hessen-Darmstadt) 70
Alice von Hessen *siehe* Alexandra Fjodorowna
Alverdes, Paul 277
Andersch, Alfred 340
Andreas-Salomé, Lou 161
Aman, Dudley Leigh *siehe* Marley
Aragon, Louis 220
Arnim-Schlagenthin, Baron Henning August von 9, 32
Arnim, Elizabeth von Arnim (eigentl. Mary Annette von Arnim-Schlagenthin, geb. Beauchamp) 9–14, 17f., 20, 22, 25, 28, 31–34, 59, 62
Arnold, Matthew 121
Auden, W. H. (Wystan Hugh) 10, 27, 34, 160–174, 176–181, 183f., 186, 190–193, 197, 211–216, 226, 234f., 242, 244f., 254, 257, 276, 286, 332, 356f., 361.

Bachtin, Michael 140
Bacon, Francis 164
Balfour, Arthur 92
Ballinger, George 285
Barnekow, Erich (Raven) Baron von 289, 291–293
Barnes, Julian 104
Barrington, Jonah (Pseudonym; eigentlich: Cyril Carr Dalmain) 303–305
Bartók, Béla 206

Bartók, Márta (geb. Ziegler) 206
Baum, Peter 81
Baumeister, Willi 277
Beardsley, Aubrey 70
Beauchamp *siehe* Arnim, Elizabeth von
Beckett, Samuel 27, 275–279
Bedford, Sybille 237–240, 242–246
Bedford, Walter »Terry« 246
Bell, Clive 187, 192
Bell, Quentin 190
Bell, Vanessa 190
Belloc, Hilaire 41, 55
Benjamin, Walter 219f.
Benn, Gottfried 21, 155, 205, 210, 340, 348f., 355f., 365
Benn, Ilse 355
Bennett, Arnold 41, 81
Beresford, John Davys 123
Bergengruen, Werner 340
Berlin, Isaiah 353
Bernard, Elizabeth 237
Bertrand de Born, Vicomte d'Hautefort 79f.
Betjeman, John 192
Bismarck, Klaus von 335, 337
Bleuler, Eugen 169
Blunt, Anthony 362–364
Bodehausen, Anga von (geb. von Douglas) 293
Boleyn, Anna 73
Borchardt, Rudolf 195
Boughton, George 65
Bowles, Paul 204–208, 215, 223
Bowles, Sally 107
Bradbury, Malcolm 149

Braun, Eva 268
Brecht, Bertolt 161f., 193
Brentano, Clemens 44
Britten, Benjamin 171, 176f.
Britting, Georg 277
Broch, Hermann 195, 239
Brooke, Rupert 34, 107, 143f., 146f., 177
Brooks, John Ellingham 120
Buber, Martin 126
Bucer, Martin 100
Burgess, Anthony 333
Byron, George Gordon, Lord 144, 191f., 205

Campbell, Roy 236, 251, 257
Canaris, Wilhelm 267
Canetti, Elias 220
Carl Alexander, Herzog von Württemberg 201
Carossa, Hans 277
Carpenter, Humphrey 244
Casanova, Giacomo 66
Casella, Alfredo 315
Céline, Louis-Ferdinand 326
Cendrars, Blaise 87
Chamberlain, Arthur Neville 24, 308
Chamberlain, Houston Stewart 255, 270
Chaplin, Charlie 259
Chaucer, Geoffrey 137f.
Chesterton, Gilbert Keith 41, 55
Christoph Prinz von Hessen-Kassel und Hessen-Rumpenheim 363
Churchill, Winston 29, 254, 267, 307–310, 315
Connolly, Cyril 34, 183, 192, 194, 198, 237, 272, 274, 285f., 318, 332–334, 357, 366
Conrad, Jessie 44
Conrad, Joseph 37, 41, 44f., 52, 67, 91, 141, 240
Constant de Rebecque, Benjamin 199
Copland, Aaron 205, 209
Coward, Noel 264, 282, 284
Crawfurd, Oswald 65f.
Crowe, Sir Eyre 24
Cummings, Edward Estlin 315
Cunard, Nancy 158, 185, 192, 212, 258

Cunninghame Graham, Robert Bontine 67
Curtius, Ernst Robert 152, 154, 158, 195, 216f., 235, 332, 341, 344, 351–353, 357f., 366
Curzon, Cynthia 253
Curzon, George Nathaniel, Lord Curzon of Kedleston, Vizekönig von Indien 253
Cussen, E. J. P., Major 330

D., H. [i. e.: Doolittle, Hilda] 67, 77
Daniel, Arnault 78f., 158
Dante Alighieri 158, 194, 197, 351–353
Dauthendey, Maximilian 81
Di Marzio, Cornelio 315
Dickens, Arthur Geoffrey 337
Dickens, Charles 140
Dinesen, Isak 240
Dix, Otto 277
Döblin, Alfred 253
Donaldson, Frances 297
Doolittle, Hilda, bekannter unter ihren Initialen »H.D.« siehe D., H.
Droste-Hülshoff, Annette von 46f.
Druten, John van 219
Dunn, Kit 264

Eden, Sir Robert Anthony 166, 307
Edward VII, König von Großbritannien und Irland und Kaiser von Indien 93
Einstein, Albert 84, 254, 271
Eliot, T. S. (Thomas Stearns) 11, 34, 76f., 82, 133–135, 137, 139, 142, 144, 146–149, 152f., 155, 158f., 163, 177, 187, 194–196, 204, 210, 214, 234, 251, 257, 279, 296, 315, 341, 346f., 349–356, 358, 365f.
Elisabeth von Ungarn [i. e. Elisabeth von Thüringen, Kirchenheilige] 99
Elizabeth II., Königin von Großbritannien und Nordirland 364
Empson, William 183
Engel, Gerhard 267
Engels, Friedrich 398
Epstein, Jacob 67
Ernst, Max 206
Erskine, Hamish St. 264

379

Faber-Castell, Familie 360
Feuchtwanger, Lion 235, 240f.
Firchow, Peter Edgerly 141
Fisher, Clive 183f.
Flaubert, Gustave 84, 86
Ford, Ford Madox (eigentl. Ford Hermann Hueffer) 20–22, 34–55, 58f., 62–69, 71–83, 86–96, 99–105, 131, 135, 183, 194, 249, 311–315, 359
Forster, E.M. (Edward Morgan) 32, 34, 41, 107, 109, 111, 119, 166, 184f., 245, 348
Franco, Francisco, General 236
Frank, Bruno 271
Franz, Robert (eigentl. Robert Franz Julius Knauth) 82
Freeman-Mitford, David Bertram, Lord Redesdale 262, 318
Freud, Sigmund 49f. 195–197, 227, 271
Fried, Erich 335
Fromm, Gloria G. 127
Furtwängler, Wilhelm 235
Fussell, Paul 16, 148, 247

Galsworthy, John 48, 203f., 333
Garnett, David 166
Gaudier-Brzeska, Henri 67
Gaulle, Charles de 241
George, Stefan 81, 195
George V., König von Großbritannien und Irland 253
Gide, André 242
Giehse, Therese 245
Goddard, Arthur 285
Goebbels, Joseph 243, 253, 291, 303, 305, 315, 318
Goesen, Emma 39f., 45
Goethe, Johann Wolfgang von 15, 200, 202
Goldring, Douglas 92
Gollancz, Victor 231, 345f.
Gottwald, Klement 248
Gould, Florence 341
Grant, Arthur 285
Grant, Duncan 190, 273 (Nacnud Tnarg)
Graves, Robert 183
Green, Martin 191

Greene, Graham 183
Grimm, Gebrüder 42, 44, 66
Gross, Otto 55f., 58, 61f., 66
Grosz, George 220
Gründgens, Gustaf 243
Guiness, Bryan 264, 270f.

Haecker, Theodor 349–352
Haferkorn, Prof., Leiter der Radiopropagandaabteilung 292
Hanfstaengl, Erna 268,
Hanfstaengl, Ernst (»Putzi«) 254, 267, 269–272
Happich, Hannah 135
Hardt, Ernst 81
Hardy, Thomas 41, 48, 315
Harmsworth, Alfred; Lord Northcliffe 61
Harmsworth, Harold Sidney; Lord Rothermere 251f.
Hathorne-Hardy, Robert 50
Hauptmann, Gerhart 46, 48
Heidegger, Martin 340
Heine, Heinrich 44, 46, 196
Heinrich VIII., König 103
Heinz siehe Neddermeyer, Heinz
Hemingway, Ernest 360
Hennecke, Hans 355
Hesse, Eva 327
Hesse, Hermann 194–196, 277
Hiler, Hilaire 315
Hille, Peter 81
Himmler, Heinrich 268
Hindenburg, Paul von 299
Hinkley, Eleanor 135
Hirschfeld, Magnus 50, 179, 235
Hitler, Adolf 24, 28–31, 162, 204, 231–233, 239, 242f., 247, 251–257, 259, 262f., 265–270, 286, 289, 308, 314–319, 325, 337, 359, 361, 363
Hofer, Karl 277
Hofmannsthal, Hugo von 81, 149, 153, 195f.
Hölderlin, Friedrich 193, 211
Hood, Stephen 335–337
Howard, Brian 34, 183–185, 192, 240, 269–272, 301
Huch, Ricarda 9

Hueffer, Christina 45
Hueffer, Elsie (geb. Martindale) 44, 63, 71, 92f., 104
Hüffer, Familie 37, 41, 46f., 63
Hüffer, Franz Carl Christoph Johannes 38
Hüffer, Leopold 40
Hugenberg, Alfred 179
Hunt, Alfred 66
Hunt, Violet 21, 34, 52f., 62, 64–75, 77f., 90–93, 100–102, 105, 249, 345
Husserl, Edmund 135
Huxley, Aldous 183, 185, 192, 221, 237, 241f., 260
Huxley, Julian 241
Huxley, Maria 237 [KORR: Marie], 241f., 245f.
Hynes, Samuel 233

Isherwood, Christopher 10, 34, 107, 111, 117, 118f. (»Issyvoo«), 161, 164, 167, 170f., 178–180, 183f., 186, 192f., 212f., 215f., 218–221, 225f., 228, 234, 242, 244, 246f., 260, 279, 356
Italiaander, Rolf 355

James, Henry 44, 48, 141, 315
James, Norah C. 185
Jatho, Carl 44
Jepson, Edgar Alfed 73
Jerome, K. Jerome 12, 15, 110, 284
John, Paul 73f., 91
Joyce, James 77, 117, 130, 149, 183f., 188, 199, 234, 251, 277, 296, 301, 315
Joyce, Margaret 320
Joyce, William (»Lord Haw-Haw«) 260, 294, 303–310, 314f., 318–322, 325, 359
Jünger, Ernst 179, 196, 334–344, 357, 359

Kafka, Franz 196
Kaplan, Caren 181
Katharina von Aragón 103
Katue, Kitason 315
Kessel, Martin 210f., 223
Kessler, Harry Graf 188f., 197
Keyserling, Eduard von 195

Klinger, Max 206
Koebner, Thomas 340
Kolbenheyer, Erwin Guido 277
Kraus, Karl 45

Larisch-Wallersee, Marie Louise von (geb. Mendel, verh. Larisch-Moennich] 139
Lasker-Schüler, Else 81
Laval, Pierre 325
Lawrence, D. H. (David Herbert) 34, 41, 54–62, 65, 67, 72, 90, 150–152, 154–156, 164, 171, 183f., 237
Lawrence, Frieda (geb. von Richthofen, verh. Weekly, später Lawrence) 54–61, 66
Lawrence, T. E. (Thomas Edward) 29–31
Layard, John 168f., 276
Lehmann, John 183, 186, 212, 218
Lerski, Helmar 205
Lesclide, Richard 65
Levenson, Michael H. 141
Levin, Harry 332
Levy, Emil 78
Lewin, Kurt 155
Lewis, Percy Wyndham 34, 41, 67, 130, 234, 236, 249–259, 298
Liliencron, Detlev von 81
Linz, Juan 316
List, Herbert 165, 218, 344f.
Lubbe, Marinus van der 231
Lublinsky, Hermann 90f.
Luckner, Graf Felix von 291
Ludwig II., König von Bayern 139
Ludwig IV. von Hessen-Marburg 103
Ludwig, Emil 199–201
Ludwig, Herzog in Bayern 139
Luke, David 173
Luther, Martin 100, 102–104, 271

MacNeice, Louis 215f.
Maddox, Brenda 59
Mallarmé, Stéphane 315
Mann, Erika 27, 238, 241, 243–245, 269
Mann, Friedrich 49f.
Mann, Heinrich 48, 241f.
Mann, Katja 239
Mann, Klaus 238f., 242–244, 269

381

Mann, Thomas 48f., 195f., 199, 202–204, 237, 239–241, 271, 277, 353
Mansfield, Katherine (geb. Beauchamp) 10f., 34, 40, 61, 67, 81, 107–117, 119, 123, 126, 128
Marinetti, Emilio Filippo Tommaso 79
Marley, Lord (eigentl. Dudley Leigh Aman) 231
Marx, Karl 308
Mary, Königin von Großbritannien und Irland (eigentl. Maria von Teck) 253
Massis, Henri 152f.
Maugham, Somerset 34, 65, 107, 117, 120, 183, 237, 282
McCrum, Robert 287
Meier-Graefe, Annemarie 239f.
Meier-Graefe, Julius 238–241
Mendelssohn, Peter de 359
Meredith, George 33
Meyer, Gerhart 167–170, 172, 174
Middleton Murry, John 60–62, 67, 116
Miller, Arthur 352
Minderop, Conrad 191
Mitchinson, Naomi 237
Mitford, Diana (verh. Bryan Guiness, verh. Mosley) 243, 253, 260, 262, 264f., 267, 271f., 302, 316–318
Mitford, Sydney Bowles, Lady Redesdale 261
Mitford, Unity Valkyrie 261–270, 316–318
Mitford, Nancy 186, 192, 260–265, 306f., 333
Mitford, Pam 264
Mizener Arthur 45
Molotow, Wjatscheslaw Michailowitsch 348
Mombert, Alfred 81
Monotti, Carlo 315
Moore, Eric 285
Moore, Henry 257
Moore, Unity 261
Morrell, Lady Ottoline 117, 186, 242
Mortimer, Raymond 198
Mosley, Sir Oswald 28, 243, 251, 253, 260f., 264, 272, 298–300, 302f., 310, 317

Mühsam, Erich 232
Müller, Hermann 223f.
Münzenberg, Willi 231f.
Musil, Robert 98
Mussolini, Benito 233, 286, 312, 315f.

Nabokov, Vladimir 33, 240
Natorp, Paul 135
Neddermeyer, Heinz 244, 246–248
Nichols, Robert 300
Nicolson, Ben 190
Nicolson, Harold 11, 24, 34, 181, 188–191, 198–200, 202–204, 209–211, 220, 223, 299f., 334
Nicolson, Nigel 190
Nietzsche, Friedrich 271
Nightingale, Florence 296
Nossack, Hans-Erich 354

Oelze, F. W. (Friedrich Wilhelm) 355, 365
Olson, Charles 324
Ompteda, Ludwig Freiherr von 48
Orage, A. R. 81
Orwell, George 144, 183, 257, 260, 268, 274f., 297, 305f., 325f., 328
Ossendowski, Ferdynand 152
Ossietzky, Carl von 232
Owen, Winfried 143

Paeschke, Hans 348, 355
Paquet, Alfons 152
Patmore, Birgit 67, 105
Pea, Enrico 315
Perry, Alexander (eigentl. Horst Pinschewer) 320f.
Pétain, Henri Philippe 325
Petrarca, Francesco 197
Petropoulos, Jonathan 363
Philipp, Prinz von Hessen-Kassel und Hessen-Rumpenheim 363
Philipp der Großmütige, Landgraf von Hessen-Marburg 103
Plack, Werner 290–294, 330
Plato 312
Plivier, Theodor 196
Plutarch 259
Portheim, Cohen 191

Pound, Ezra 11, 34, 37f., 41, 67, 76–83, 91, 141f., 158, 183, 196, 234, 249, 251, 257, 260, 296, 310–316, 322–329
Power, Arthur 149
Proust, Marcel 199
Pryce-Jones, David 263
Pudowkin, Wsewolod Illarionowitsch 190

Quennell, Peter 183, 192

Randall, Alec 195
Raykowski, Harald 301
Read, Herbert 232, 257
Reck-Malleczewen, Friedrich Percyval 262
Redesdale, Familie 253
Redesdale, Lady siehe Mitford, Sydney Bowles
Redesdale, Lord siehe Freeman-Mitford, David Bertram
Rehfisch, Hans José 354
Reinhardt, Max 271
Remarque, Erich Maria 196
Renn, Ludwig 196
Rezzori, Gregor von 165
Ribbentrop, Joachim von 261
Richardson, Dorothy 10, 62, 123, 126–128, 130, 132, 199
Richthofen, Elsa von 56
Richthofen, Frieda von siehe Lawrence, Frieda
Rilke, Rainer Maria 158, 161, 188, 193, 196f., 277, 279, 315
Rodd, Peter 261
Roditi, Edouard 205
Röhm, Ernst Julius 342
Roosevelt, Theodore 315
Rossetti, Dante Gabriel 38, 51
Rossetti, William 51
Rückert, Friedrich 44
Rudge, Olga 311
Rudolf, Erzherzog von Österreich 139
Ruskin, John 66
Russell, Bertrand 56
Russell, Edith 59
Russell, Francis 59
Ruttmann, Walter 209

Rychner, Max 153, 195, 352
Ryle, Gilbert 353

Sackville-West, Eduard (Eddy) 34, 50, 166, 187f., 190–192, 237, 241
Sackville-West, Vita (verh. Nicolson) 17, 34, 166, 187–190., 197f., 204
Saunders, Max 92, 102, 105
Saviotti, Gino 315
Sayers, Dorothy 333
Scheffler, Karl 209
Schleicher, Kurt von 299
Schmedding, Laura 41, 45
Schmidt, Paul 292–294, 330
Schmitt, Carl 340
Schmitt-Rottluff, Karl 277
Schopenhauer, Arthur 38
Schröder, Fräulein (eigentl. Meta Thurau) 107
Schücking, Familie 46f., 53
Schücking, Levin 46–48
Schücking, Lothar 46
Schücking, Louise (geb. von Gall) 47
Schücking, Margarethe Hermine Schmitjan 46
Schwitters, Kurt 204, 206, 208
Seabrock, William 240
Sejanus, Lucius Aelius 73
Shakespear, Dorothy 311
Shakespeare, William 156f., 169, 173f.
Shaw, George Bernard 67
Shelley, Percy Bysshe 51
Sidgwick, Cecily Ullmann 118, 122
Sieburth, Richard 328
Simmel, Georg 219
Sinclair, May 67
Sitwell, Edith 34, 158, 185, 192, 197, 249f., 258f.
Sitwell, Osbert 15, 185, 192, 250, 258f., 286
Sitwell, Sacheverell 185, 192, 250
Smyth, Ethel 19f., 117, 200f.
Sobieniowski, Floryan 116
Sokrates 233
Soskice, Juliet 39f., 45
Spender, Stephen 10, 21, 34, 41, 174, 178, 180, 182–184, 186, 193, 197, 205,

212–218, 225, 233f., 242, 245, 257, 279, 332, 334–338, 341–346, 353, 356–358, 366
Spengler, Oswald 195, 270, 308, 351
Spottiswoode, Sybil 106
Stalin, Jossif Wissarionowitsch 233, 286, 307f., 319
Stein, Gertrude 207f.
Steinach, Eugen 50
Steinbeck, John 360
Stern, Gladys Bronwyn 67
Stern, James 356
Sternberger, Dolf 72
Sterne, Richard 199
Stieglitz, Alfred 205
Stirner, Max 258
Stokes, Adrian 166
Strachey, Alix 111, 194, 198
Strachey, James 198
Sudermann, Hermann 48
Suhrkamp, Peter 354

Tennyson, Alfred Lord 313
Thackeray, William Makepeace 22f.
Tito 260
Toklas, Alice B. 208
Toller, Ernst 193
Tolstoi, Leo 97, 357
Tomalin, Claire 116
Trevelyan, Mary 350
Trojan, Sandra 142
Tschechow, Anton 116f.
Turgenjew, Iwan Sergejewitsch 76f.

Valéry, Paul 153, 199, 237, 353
Vansittart, Lord Robert 338
Vergil 350–352
Vicari, Giam Battista 315
Victoria, Königin von Großbritannien und Irland 117, 363
Viebig, Clara 48
Villon, François 315
Vollmöller, Karl 81

Wagner, Adolf 317
Wagner, Ernst August 169f.

Waley, Arthur 197
Wallace, Edgar 333
Walpole, Hugh 32
Walter, Bruno 200
Walter, Charlie 114
Watson, George 281
Watson, Peter 272
Waugh, Alec 183
Waugh, Evelyn 156, 183, 185, 191f., 221, 236f., 260, 264, 295, 301
Weale, Adrian 292
Wedekind, Pamela 243
Weekley, Ernest 59–61
Weinheber, Josef 193
Wells, H. G. (Herbert George) 37, 41, 48, 55, 62, 65, 67f., 237
West, Rebecca 34, 41, 62, 67, 91, 260, 297, 359–362, 364
Wharton, Edith 237
Whistler, James Abbott Mac Neill 315
Whitman, Walt 315
Wiechert, Ernst 277
Wilde, Oscar 65, 192
Williams, Raymond 210
Williams, William Carlos 323, 325
Williamson, Henry 27–31
Windsors, Familie 363
Wodehouse, Ethel 282–286, 329–313, 331
Wodehouse, P. G. (Pelham Grenville) 34, 183, 253, 260f., 269, 281–298, 301f., 308f., 316, 322, 324, 328–331, 333
Wolff, Kurt 199
Woolf, Leonard 188–190, 197
Woolf, Virginia 34, 124, 170, 186–190, 197, 246
Worthington, Marjorie 240

Yeates, V. M. (Victor Maslin) 31
Yeats, William Butler 41, 67, 183, 326

Zweig, Arnold 240f.
Zweig, Beatrice 240
Zwetajewa, Marina Iwanowna 158
Zwingli, Ulrich 100, 104